イスラエル軍事史

終わりなき紛争の全貌

モルデハイ・バルオン編著／滝川義人訳

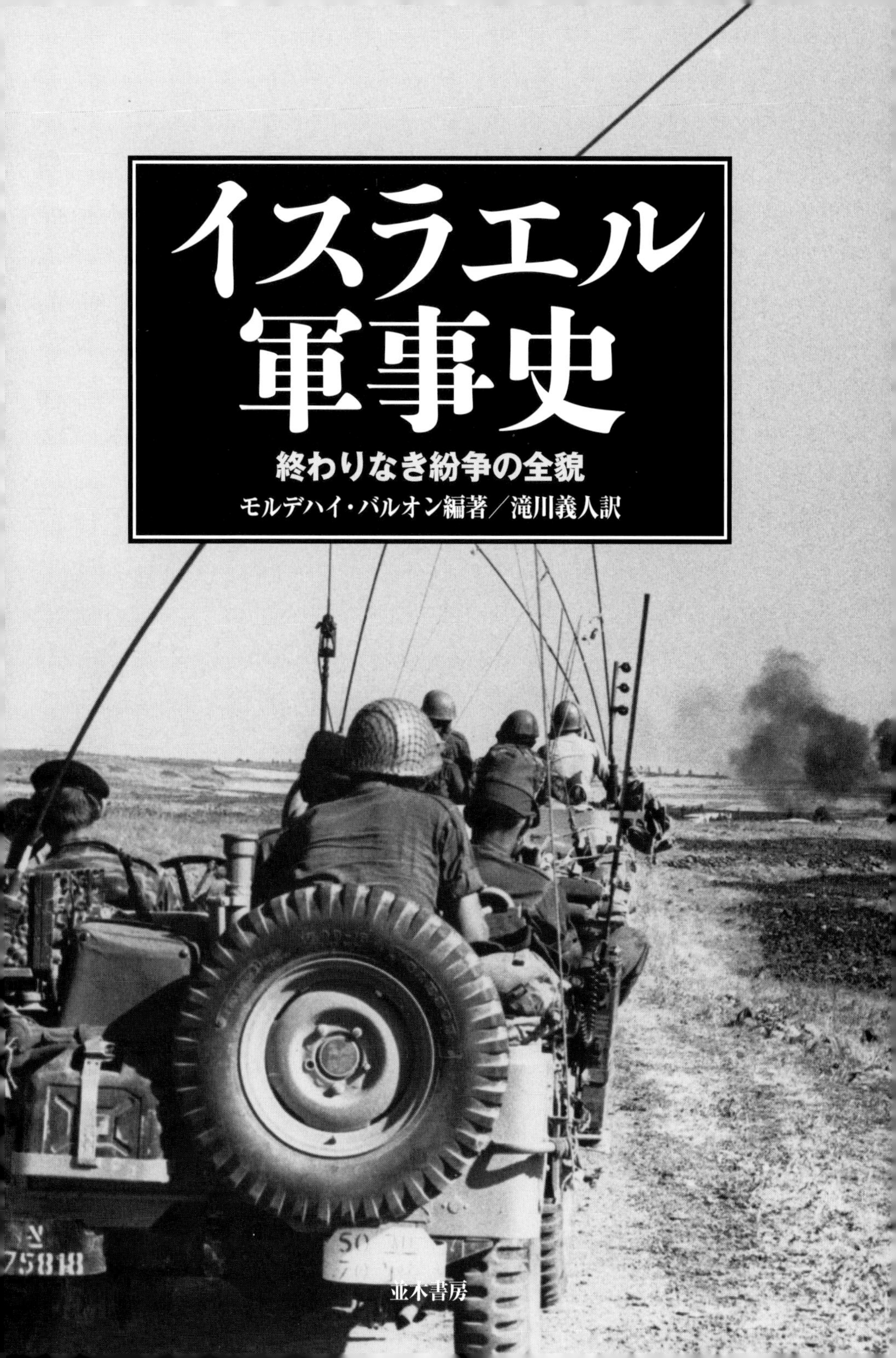

並木書房

A NEVER-ENDING CONFLICT
A Guide to Israeli Military History
Edited by Mordechai Bar-On

独立戦争時のイスラエル軍第8旅団将兵（1948年10月、ネゲブ砂漠にて）写真提供
GPO：政府報道局（以下同）

第1次中東戦争時のエジプト兵捕虜（1948年10月18日、フレイカットにて）

第1次中東戦争「ホレヴ作戦（ネゲブ砂漠からのエジプト軍駆逐を目的）」のアブアゲイラの戦闘において投降するエジプト兵（1948年12月）

イスラエル空軍のパイロット（1949年）

イスラエル空軍のモスキート戦闘爆撃機（1950年）

シナイ戦争の端緒となる「カディシュ作戦」の発動に備え火器の手入れをするイスラエル兵（1956年10月）。この部隊はミトラ峠でエジプト軍と交戦した（第2次中東戦争）

独立記念日の戦車隊（センチュリオン戦車）パレード（1964年、ベエルシェバにて）

独立記念日の戦車隊（AMX13戦車）パレード（1965年、テルアヴィヴにて）

飛行訓練中のミラージュ戦闘機編隊（1967年3月1日）

ネゲブ砂漠で冬季演習中の空挺隊隊員（1967年3月1日）

センチュリオン戦車（105ミリ砲装備）の前に整列する戦車兵（1967年5月、ネゲブにて）

第3次中東戦争時、ネゲブの作戦基地にヘリで到着した南部作戦担当の軍首脳。中央の3人、左からハイム・バーレブ参謀次長、アリエル・シャロン機甲師団長、イシャヤフ・ガビッシュ南部軍司令官（1967年6月1日）

第3次中東戦争時、東エルサレムの神殿の丘に到達後、イスラエル国旗を掲げる空挺隊員（1967年6月7日）

第3次中東戦争時、右手にシャルムエルシェイクを見ながらチラン海峡を哨戒航行するイスラエルの砲艇（1967年6月8日）

シャルムエルシェイク（後方）水域を哨戒中のイスラエルの砲艇（1967年6月8日）。シナイ半島の突端である当地はイスラエル海軍が占領確保した。

第3次中東戦争時、スエズ運河北域を砲撃するイスラエルの砲兵隊（1967年6月8日）

消耗戦争時、運河東岸域を哨戒するイスラエルのパトロール隊（1969年11月4日）

地上待機中のミラージュ戦闘機（1973年5月）

ヨムキプール戦争時、シリア機の対地攻撃で退避するイスラエル兵（1973年10月8日、ゴラン高原にて）

ヨムキプール戦争時、反撃戦のため陣地に進入するセンチュリオン戦車（1973年10月8日、ゴラン高原にて）

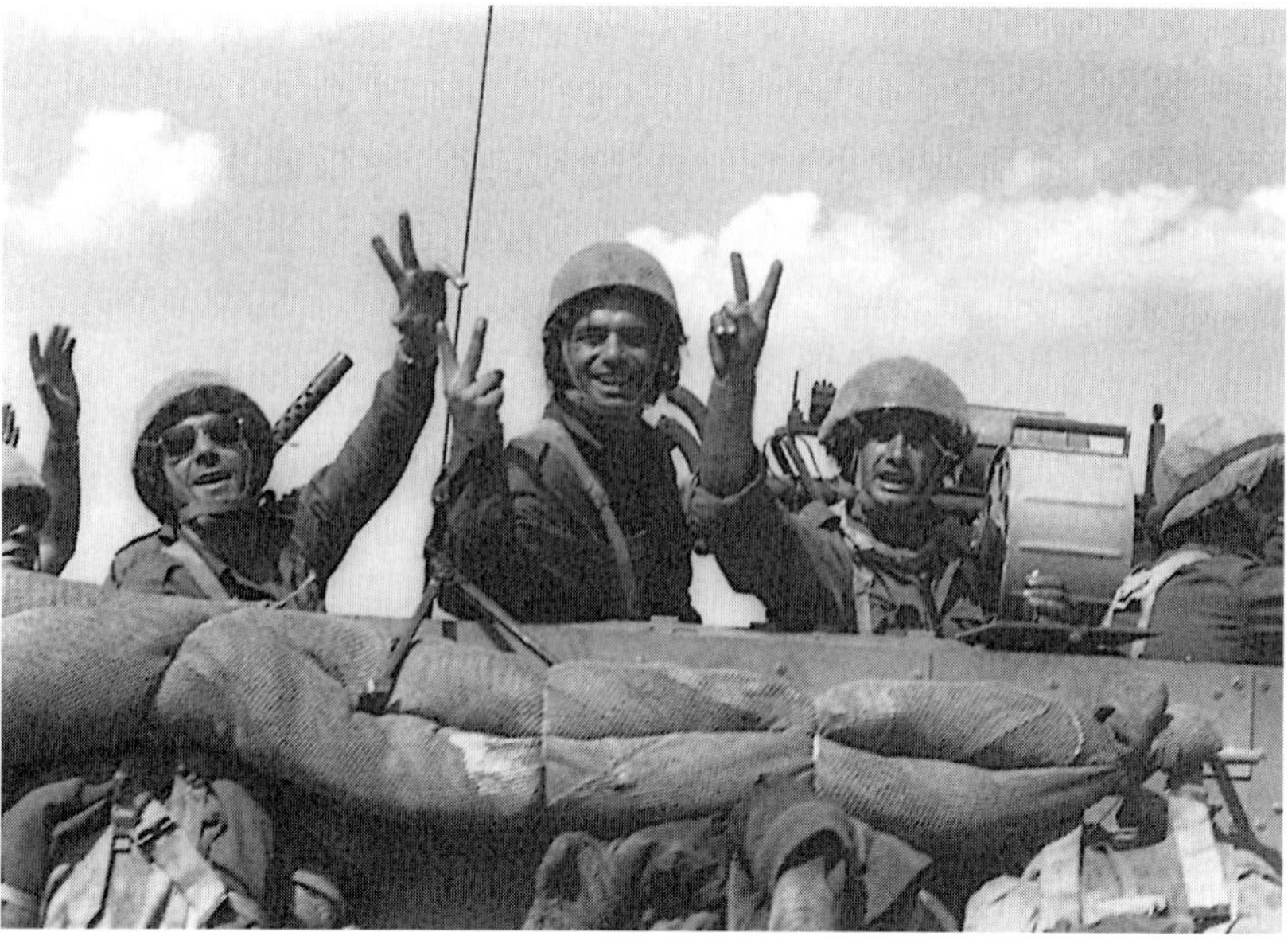

ヨムキプール戦争時、ゴランの停戦ラインを突破して、クネイトラ・ダマスカス街道を進撃するイスラエル兵（1973年10月13日）

ヨムキプール戦争時、兵士とともに祝杯をあげる隻眼のダヤン国防相（左）とホフィ北部軍司令官

兵力分離協定の成立で、シナイのレピディムから撤収するM60パットン戦車隊（1980年2月23日）

ヨムキプール戦争時、スエズ運河西岸橋頭堡の構築で戦死したイスラエル兵の墓碑

目次

第5章　水資源戦争（一九六〇年代）　アミ・グルスカ　200

第6章　六日戦争　ミハエル・オレン　234

第7章　消耗戦争（一九六九～一九七〇年）　ダン・シュフタン　256

序文　終わりなき紛争の着地点

モルデハイ・バルオン

パレスチナの地をめぐる激しい闘争が、三世代にわたって続いている。現住のアラブ人、そこを父祖の地ユダヤ文明揺籃《ようらん》の地と考えるユダヤ人。この二つの民の闘争である。一八八〇年代、初期のシオニスト開拓村が建設されて間もなくして、散発的な襲撃事件が発生するようになった。(1) 二〇世紀の初め、パレスチナアラブ人の間に初期的な民族意識が芽生えてくる。(2) しかし、シオニストの事業に対する彼らの抵抗が組織化され、政治活動と軍事行動が組み合ってくるのは、一九二〇年代になってからである。

一九一七年、大英帝国は、シオニスト運動に対し、パレスチナにおけるユダヤ人の〝ナショナルホームランド（民族の故国）〟建設を支援すると公約した。それに対してレジスタンスが始まる。この公約は、一九一七年一一月二日に出されたバルフォア宣言で表明されている。そしてこの宣言は、一九二二年に国際連盟によって認知され、国際連盟規約第二二条によって導入された英・パレスチナ委任統治令に、組み込まれた。(3) 警戒心をつのらせていたアラブ人たちは、ユダヤ人移住の増加に刺激され、闘争を組織化するようになった。目的は、シオニズム運動の撃退である。(4)

一九二〇年および一九二一年、民族感情に刺激されたアラブ人たちが、シオニスト開拓地やアラブ人とユダヤ人の混在する町のユダヤ人を狙って、次々と襲撃事件を起こした。当地には第一次世界大戦以来、英軍部隊が駐留しており、この時の暴動は駐屯部隊によってすぐ鎮圧された。その後の八年間は平穏であったが、一九二九年に前にもまして大規模な暴動が発生し、二〇〇人ほどのユダヤ人が殺され、いくつかのユダヤ人居住地が被害を受けた。とくにヘブロンは徹底的に破壊された。

ユダヤ人社会の急速な成長にともない、自前の警備組織が生まれる。一九二〇年に誕生したのが、准軍事組織「ハガナ（防衛の意）」である。一九二九年の暴動時、まだ装備も貧弱でよく組織化されていなかった。イギリスは、周辺諸国の英軍部隊からも増援して、この年の暴動を鎮圧した。パレスチナのアラブ側指導部は、一九三六年時点で全面暴動を組織できるまでに成長し、アラブ対ユダヤの正面衝突を指導した。この年に始まる一連の暴動は〝アラブの反乱〟と呼ばれ、三年間続いた。数々の戦闘で双方に多数の死傷者がでた。

それ以来、束の間の小康状態はあったものの、このパレスチナ・イスラエル紛争は、政治的、経済的、文化的問題を派生しつつ継続し、次第に軍事的に先鋭化していく。民族感情に動かされた戦闘が発生しない年はなかった。終りなき闘争は、激化、沈静を繰り返した。数年間は低レベルの紛争で維移するが、火の手が上がって極めて劇的な衝突が生起する。この種の反復的衝突は、第一次〝アラブの反乱〟（一九三六〜三九年）から、〝エルアクサ・インティファダ〟（二〇〇〇年九月）まで主なもので一二回発生し、インティファダは本稿執筆の段階で、まだ続いている。

この一連の事件については、数百数千の調査報告や研究書が出されている。さらにこの紛争は、激しい史観論争とイデオロギー闘争をまき起こした。それは、イスラエル、パレスチナ双方の支持者たちだけでなく、イスラエル国内でも歴史学者と政治評論家の間でも論争が展開するのである。残念ながら一般の読者は、誰でもこの膨大な資料にアクセスできるわけではない。そのため研究者の中には、簡約版を出して要望にこたえる人もいる。最近の例では、ベニー・モリスとアヴィ・シュライムの出した要約書がある。(5) 我々がまとめた本書では、この二人とは異なるアプローチをとっている。この一連の闘争に極めて精通しているイスラエルの歴史学者一二人が参加し、(6)それぞれの見解と歴史的評価をベースとして記述し、読者に自己の意見と最新の分析を提示する。

第一に指摘しておかなければならないことがある。本書の各章は、イスラエルの立場を代弁しているわけではないが、イスラエルを柱として記述されている。最近の動向として、イスラエル史に対する批判的アプローチがある。各章の大半は、大なり小なりこの動向を反映し、あるいは少なくともこの動向をとりあげ、誠実に向き合おうとしている。編集者は、各章の担当者の見解、手法、そして記述にいっさい干渉しなかった。

アラブ・イスラエル紛争は、時間の経過とともに複雑に入り組んできた。錯綜した状況を考えるうえで、この方法が読者により豊かな識見を提示できるのではないか、と期待している。

しかしながら、紙幅の都合から記述量を制限せざるを得ず、各担当者は関連するすべての問題を扱うことができず、詳細かつ総合的な記述ができなかったことを、指摘しておかなければならない。しかしながら、この紛争の主な事象、側面ははっきりと記述されている。

この序文は、役割としては状況展開を総括し、各章の記述をつないで、全体的な流れを紹介することにある。序文で示した問題への着眼と解釈は私自身のものであり、必ずしも各担当者の見解を反映するものではない。

すでに指摘したように、「第1章」で扱う一九三六年のアラブの反乱は、シオニスト運動とその後楯のイギリスに対する、やや統一のとれた最初の大規模抵抗であった。ユダヤ人社会の准軍事組織ハガナは、まだ初歩的な組織ではあったが、ユダヤ人開拓地の破壊、ユダヤ人移民の阻止、ユダヤ人社会の発展妨害を意図するパレスチナアラブの行動に対抗できる力は備えていた。しかしそうではあっても、イガル・エヤルが第一章で記述するように、アラブの反乱を鎮圧するのは、英軍と警察の仕事であった。第二次世界大戦の暗雲が漂い出すと、大英帝国はアラブに対する宥和《ゆうわ》を考えるようになる。そのアラブは、シオニストだけでなくイギリス政府にも反乱を起こしていた。最初のアラブの反乱は、一九三九年までに鎮圧され、その軍事および政治組織は徹底的に潰された。

パレスチナアラブ人は、シオニスト運動の成長、発展を妨害、阻止しようとして完全に失敗し、反乱は崩壊したが、重要な政治的成果を手にした。一九三九年、大英帝国は中東のアラブの機嫌をとるため、〝白書〟を出した。パレスチナにおけるユダヤ人の〝故国〟建設を手助けするという公約を、事実上撤回したのである。五年の期間が過ぎれば、移民はアラブの同意を条件とし、ユダヤ人の土地取得が徹底的に制限された。

その後の六年間（一九三九～四五年）に、パレスチナ地域内の暴力犯はほぼ全員が逮捕された。第二次世界大戦中パレスチナとその周辺諸国には英軍部隊が大々的に展開し、パレスチナアラブ人の指導者はその多くが逃亡ないしは移送され、さらに彼らの指導者ハッジ・アミン・アルフセイニがナチ・ドイツと組んだので、戦後になるとパレスチナ人の組織再編に支障が生じた。対ヒトラー戦でユダヤ人は対英協力を決めた。それにより、彼らが〝イギリスの裏切り〟と考えることに対して、反対闘争を控えるのである。

この紛争の一時的鎮静時期、シオニスト運動は、ユダヤ人の人口・経済基盤を固め、軍事力を強化することに努めた。イギリスのパレスチナ支配は三〇年続く。この間ユダヤ人口は、一九一八年時の五万人から一九四七年末までに六五万人となった。パレスチナのユダヤ人は戦時中、英軍に入隊してドイツと戦い、戦闘技術を身につけた。それ以外に、ユダヤ人将兵だけで編成された〝ユダヤ旅団〟に約三万人が入隊してイタリア戦線で戦い、戦闘経験を積んだ。中東には過剰なほど兵器その他の装備が集積されており、ユダヤ人は、兵器を不法に取得し、秘匿することができた。

第二次世界大戦の終結で、ホロコーストの実態が明らかになり、シオニストは非常な打撃を受けた。それはトラウマとなって残る。彼らはユダヤ人国家の建設に不退転の決意をする。イギリスはその〝白書〟の政策を依然として変更しなかった。一九四六年、四七年とパレスチナにおけるユダヤ人の武力抵抗は、イギリスに向けられた。イギリスをターゲットにした攻撃、イギリス人を狙ったテロ行為、そして大規模な非合法移民で対抗したので、イギリスは大規模な軍隊と警察力を保持して対応せざるを得ず、それは財政的にも耐えがたいほどの負担になった。(7) 一九四七年、大英帝国はパレスチナにおける統治責任の放棄を決め、統治権を国連（UN）に渡した時、信用失墜状態にあるアラブ側指導部は、組織再編と民族運動の立て直しに困難をきたしていた。一方ハガナは、武力闘争を予期し、いまだ装備充実とはいかなかったが、組織化を進めた。アラブ側は混乱状態にあった。

「第2章」は、紛争が武力闘争となって展開し、一八カ月間続く戦争を扱う。血みどろの決戦である。この一九四八年の戦争は、ユダヤ側は〝独立戦争〟、アラブ側は〝ナクバ（破滅）〟と呼ぶ。一九四七年一一月二九日、国連総会が決議第一八一を採択すると、すぐに戦闘が始まる。この決議はパレスチナ分割決議と称される。ユダヤ人国家に六〇パーセント、アラブ人国家には残る四〇パーセントが割り当てられ、エルサレムとその周辺部は国連の管理下に置かれるのである。無理からぬことであるが、パレスチナアラブ人は、人口上は圧倒的多数派（一二五万人）であり、ユダヤ人社会の目覚しい成長発展にもかかわらず、国連決議を拒否し、近隣アラブ諸国の支援を得て、武力に訴えてでもユダヤ人国家の独立を阻止することに決めた。(8)

ゲルバー教授が指摘するように、現有力と潜在力を併せた双方の実力について、アラブ側は判断を誤った。緒戦の数カ月間、近代的兵器を保有するアラブ側は、戦闘上も優勢であった。一方、守勢に立つユダヤ人社会は、人口数でも劣っていたが、総動員体制で兵力を揃え、貧弱であった装備も整ってきた。そのおかげでイスラエル側は、アラブの投入能力を上回る兵力を、配備できるようになった。ゲルバーが示唆するように、アラブ、イスラエル双方は戦争にはいわば初心者、戦闘に不慣れで不手際が多く、たびたびミスを犯して、出さなくても済むはずの損害を多く出した。もっとも、誤りを犯したのはアラブの方が多く、戦闘上の積極果敢という点でも、イスラエル兵に劣った。イスラエル兵は、あとがないという状況で必死であった。

戦争は、パレスチナアラブ人にとって潰滅的な結果で終った。ユダヤ人国家の独立を阻止できなかっただけではない。イスラエルは、国連分割決議の割り当て領域を越えた地域を確保した。パレスチナアラブ人口の約六〇パーセントは、居住地から引き離され、難民になった。アラブの手中に残った西パレスチナの地域（ヨルダン川両岸域をパレスチナとする概念。ここではウエストバンクを指す）は、トランスヨルダンのアブダッラー王の手に落ちた。

その後この領域はヨルダン川東部と統合されてヨルダン・ハシェミテ（ハーシム）王国となり、アブダッラーは国王になった。ヨルダン川西岸域およびエルサレムのアラブ領域を王国の一部として編入することによって、(9) 国王はパレスチナアラブ人の民族的独立と政治主権を否定した。その後数十年、政治的存在としてのパレスチナアラブ人は消え去る。(10)

この戦争における人的損害は、すさまじかった。アラブ側の戦死者数は算定されていないが、二万人を越えると推定される、ユダヤ人の戦死数は六〇〇〇人。当時のユダヤ人口の一パーセントである。しかしながら、戦争に勝利して、主権を守りぬいたおかげで、ユダヤ人移民を受け入れ、土着アラブ人のいなくなった土地を含む過疎地への大々的な人口移入が可能となった。

一九四八年の戦争は、平和をもたらすことなく終った。イスラエルとアラブ四国（エジプト、レバノン、ヨルダン、シリア）とが個々に調印した休戦協定で、休戦ラインが引かれた。イスラエルはこれを事実上の恒久的国境線として維持したかったが、アラブ側は一時的な停戦ラインとみなした。戦時中、国連がパレスチナに派遣した監視団をベースとして、国連休戦監視団（UNTSO）が設置された。休戦協定の順守をモニターし、協定の正確な解釈をめぐる争いを調停することが任務であったが、脆弱な機構であった。

イスラエル、そしてアラブ諸国のいずれも、恒久的な平和条約を結ぶ用意がなかった。一九四九年の冬、スイスのローザンヌで、国連パレスチナ和解委員会（PRC）による会議が開催されたが、何の成果もなくPRCの意図は失敗に終った。[11] アラブ穏健派でも、絶対譲れない問題が二つあった。戦争後半盛り返したイスラエルは、分割決議線を越えた地域を確保したが、そこからの撤退が第一。第二が難民数十万人のイスラエル国内への帰還である。この二つが最小限の要求であったが、イスラエルの立場からすれば、まったく受け入れられない要求であった。アラブ側は、シオニスト国家の存在を認めることができず、イスラエル建国をシオニストの侵略とみなし、早晩これに結着をつけるとの期待感を抱いた。

「第3章」はダビッド・タル博士の担当する休戦期の戦争である。[12] 七年間（一九四九〜五六年）に及ぶ低強度の戦闘が主で、休戦ライン域で日常的に発生した局地的な小競り合いである。時には、イスラエルの報復政策が引き金になって、大規模な戦闘に発展することもあった。長期に及ぶこの低強度戦争は、主として休戦協定に関する双方の解釈の違いに起因していた。イスラエルは、平和条約が存在しない状況下で、休戦協定が（つなぎ的役割を有し、平和条約締結まで）一定期間戦争状態を停止し、すべての敵対行為を禁じている、と考えた。一方アラブ側は、一時的な休戦で、敵対行為権をすべて否定しているのではない、と解釈した。(13)この解釈の相異が食い違いを生じ、いくつかの分野で対立した。イスラエルが、アラブ連盟によるアラブ経済ボイコット、アラブのコントロール下にある船舶通航水路の封鎖を休戦協定違反とみたのは、その例である。

休戦協定の条項そのものでも、いくつかの点で双方が対立した。たとえば特定地域へ行くため相手側の領域を通る自由交通路に関して、ヨルダンとイスラエルはともにその条項を守らなかった。ラトルンを経由してエルサレムへ行くイスラエルの権利、イスラエルが保持するエルサレム郊外を経由してベツレヘムへ行くアラブの権利、エルサレム旧市の西壁へ行くユダヤ系イスラエル人の権利も然りである。ガリラヤ地方のイスラエル・シリア境界域に、いくつか非武装地帯が存在し、シリアはそこを国連の管轄区域とみなし、イスラエルがその土地に手をつけようとすると妨害した。イスラエルは、非武装地帯であっても自国の領域に変わりはないとして、他者の軍事プレゼンスを排除し、完全な主権を要求した。

タル博士は、休戦ライン沿い全域で日常的に発生した衝突を記述する。居住地から引き離されたパレスチナアラブ人たちの越境侵犯が無数にあり、激烈な戦闘をともなう武装侵犯も時々みられた。この越境侵犯には、さまざまな動機があり、たいていは経済的背景（収穫、家財道具の回収、盗みなど）があった。しかし、パレスチナアラブ人の離散に対する復讐としてユダヤ人を殺すことも、目的の一つであった。戦闘をともなう越境は、さまざまな非政府組織が政治的利用を目的に実行する場合があった。のちにアラブ諸国政府もやるようになった。イスラエルは防御的措置で対応したが、破壊的な越境侵犯の波を食い止めることができず、報復手段をとるようになった。越境攻撃である。越境テロを取り締まるよう、アラブ諸国政府に圧力をかけたのである。

本章でタル博士は、イスラエルの報復攻撃は、たかだか一時的な侵犯阻止の効果しかなく、ガザ回廊の場合、越境テロがエスカレートしていったと論じる。一九五五年春、当時イスラエルの安全保障政策を支える人物は、ベングリオン国防相とモシェ・ダヤン参謀総長であったが、この二人が休戦協定はもはやイスラエルの国益に合わなくなった、と考えるようになった。エジプトとソ連の間に大規模な武器供給協定が結ばれたあと、この結論に達したのである。ちなみにこの協定は、一九五五年九月二七日に、ナセル大統領が発表している。(14) この取り引きで、イスラエルの抑止力は大幅に減退する。エジプトが、停戦ラインを自国に都合のよい線へ変えようとする恐れがあり、イスラエルは軍事対決を真剣に考えざるを得なくなった。しかしながら、ベングリオン国防相は躊躇した。彼は、フランスと武器供給協定を結んでエジプトの軍事力増強を相殺して、脅威を除去する道を選んだ。協定は一九五六年六月末に締結された。狙いはナセルの野望を打ち砕くことにあり、有事に備えて、多岐に及ぶ情報交換と協調行動が協定にうたわれた。

イスラエルは、一九五六年のスエズ戦争を、アラブの敵対行為に対する戦いの一環、と考えた。闘争は継続中という見方であるが、ナセルが一九五六年七月二六日にスエズ運河公社を国有化し、それが引き金になって国際的な危機が生じ、この一連の動きがなければ戦争にはならなかったであろう。ナセルのこの行為にフランスとイギリスが憤激し、両国はイスラエルと結託して、ここに世にも奇妙かつ意外な三者連合が成立した。この連合は、相互連携を認めることなく、さらに事前に合意した共通目標もなくエジプトと戦争に突入し、目的を達成することに失敗した。

「**第4章**」は、モッティ・ゴラニ博士が執筆を担当する。詳細を極める全二巻の『シナイ戦争』の著者である。(15) ゴラニ博士は、この戦争の興味ある副次的な側面を追究する。三者は連合して、ナセルを打倒して、スエズ運河を再び国際化すべく行動するが、ゴラニ博士は、この三者の複雑な関係についても触れる。フランスおよびイギリスの立場からすれば、最初から無謀な試みであった。ポスト第二次世界大戦期の新しい国際秩序を完全に誤解していたのである。ヨーロッパの二大列強は、軍事作戦の完遂を阻止され、撤退せざるを得なくなった。フランスとイギリスが、〝大国〟としての地位を失ったのは明白であった。世界は二極化していた。

イスラエルの立場からみれば、状況はまったく違っていた。イスラエルは、シナイ半島全域を占領し、軍事作戦を完遂できた。しかし、国際的重圧にさらされ、三カ月に及ぶ外交工作も空しく、イスラエルもまたこの作戦で占領したシナイ全域を手放さざるを得なかった。しかしイスラエルは、ゲームのルールを変えることに成功し、対エジプト関係については、今後一〇年間主導権を握り、安全と繁栄を謳歌した。イスラエルの南西境界線沿いに国連緊急軍が展開し、そのおかげでイスラエルは、チラン海峡の航行の自由を享受し、テロと報復攻撃の悪循環を断つことができた。

この戦争の主たる勝者はエジプトの大統領ガマル・アブダル・ナセルであった。シナイで自国軍が敗北したことは、北方からの英仏両軍の侵攻に備え兵力集中を図るための転針で、事前計画にもとづく行動であると言い逃れができた。彼は、危機的状況から立ち直り大勝利を得たと主張したが、理由なきにしもあらずである。この後数年間、ナセルは並ぶ者なきアラブ世界の盟主として君臨し、第三世界ではナセルの名声はとみに上がった。この後一〇年、彼は幾分慎重な態度を示して、イスラエルを挑発して戦争になるような行動は避けた。

緊張緩和で、イスラエルの安全保障問題が解決したわけではない。アラブ世界に過激性を強めた民族主義集団が登場してきたのである。とくに指摘すべきはパレスチナ人の動向で、一九六〇年代中頃、再浮上してきたのであるが、今度はパレスチナ解放機構(PLO)の旗印を掲げ、やがてヤセル・アラファトを指導者として行動するようになった。難民キャンプで成長したパレスチナ人青年は、イスラエルが年々発展していくさまがよくわかった。イスラエルは事実上平和を享受し、シオニズムはイスラエルの地にしっかり根づいていた。イスラエルのユダヤ人口は増加の一途をたどり、経済的社会的環境は不断に改善しつつあった。一九六四年には、ガリラヤ湖を水源とする（すなわちヨルダン川の分水になる）全国配水網が完工し、南の砂漠地帯でも水道水が利用できるようになった。アラブからみれば、イスラエルの勝利を象徴する事業であった。先陣をきって対抗したのがシリアである。一九六一年、エジプトとの合邦制であるアラブ連合から離脱すると、非武装地帯に関するイスラエルの一方的解釈の押しつけに異議を唱え、激しく抵抗するようになった。パレスチナゲリラのイスラエル襲撃を支援し、ガリラヤ湖へ注ぎこむヨルダン川の三源泉のうちシリア領内にあるハスバニの流れを変えようとした。

これが、アミ・グルスカが「**第5章**」で述べる水資源戦争（ヨルダン川の水をめぐる戦い）の背景である。[16] イスラエルは、流域変更計画をすべて阻止したが、パレスチナゲリラに対するシリアの支援を断つことができず、境界沿いで発生する小競り合いを避けることもできなかった。

この紛争の記述を読むにあたっては、イスラエルと新手《あらて》の勢力との緊張を理解しておく必要がある。新手とは、過激民族主義、社会主義、そしてシリアの親ソ派政権である。この緊張関係が、やがて一九六七年六月の「六日戦争」をもたらすのである。

「**第6章**」は、ミハエル（マイケル）・オレンが執筆担当である。この戦争に関する最新の総合戦史『第三次中東戦争全史』の著者で、さまざまな事象のからみ合いを解きほぐし、開戦からイスラエル軍の圧勝、そして政治的、軍事的状況の劇的変化へと至る一連の流れを記述する。オレンが指摘しているように、当初この戦争は誰も望まず、勃発を予期する者もいなかったが、誤認、偽情報、そして誤算が重なり合って、起こってしまったのである。[17]

六日戦争は、さまざまな興味ある結果をもたらした。イスラエル国内の政治的景観を変えてしまい、エジプト社会の特定エリート層の消滅をもたらし、ヨルダンの命運が変わった。逆行不可能の変化である。一方、この戦争はパレスチナ人を紛争の中央に押し出した。ソ連の演じた役割が一種の謎として今日に至るまで残っている。ソ連は、ダマスカスのバース党政権の将来を本当に心配し、シリア国境域でイスラエルの冒険主義を阻止したいと願っていたのかもしれない。しかし、イスラエル国防軍（IDF）予備役部隊が北部域に大々的に集結中というソ連のでっちあげ情報は、容易に見破ることができたはずである。それではナセルは、その嘘をなぜ飲み込んだのであろうか。当時エジプトの外征軍が、イエメン内戦の泥沼にはまり込んでいたので、その部隊の引き揚げを狙った策略だったのだろうか。それとも、長年の夢、すなわちイスラエルのネゲブ（砂漠）を結節点とした、北アフリカとアジアのアラブをつなぐ回廊を手に入れるための言い訳ではなかったのか。本章でオレンは、この一連の疑問のいくつかに答える。しかし、アラブ側の資料公開がないので、答えのない疑問点がいくつもある。

イスラエル空軍は、アラブ諸国の空軍を六時間足らずで壊滅させた。シナイ、ウエストバンクおよびゴラン高原でイスラエルと戦ったアラブの地上軍は、六日間で撃破された。まさに鎧袖一触の戦いであった。敗北したアラブ側指導者の多くは、イスラエルを軍事的に抹殺するのは不可能であり、恒久的存在として認めるべきであると考えるに至った。しかしそれには、イスラエルが最近の戦争で手にした占領地を全面的に返還すればという条件がついていた。

さらに、指導者は全員が全員このように冷静な結論に到達しているわけではなかった。パレスチナゲリラの若手指導者たちは、一九六九年にPLOの主導権を握った連中であるが、自分たちの願望を放棄する気はまったくなかった。つまり、シオニストは早晩敗北し、いわゆる歴史的パレスチナを領域とするパレスチナ国家が出現する、と信じたのである。アラファトのファタハのように、パレスチナ諸派はイスラエルがウエストバンクとガザを占領するずっと前に設立されている。つまり、彼らは目的を〝シオニスト社会の潰滅〟と定義していたので、過激姿勢をやわらげるのは難しく、全体の状況をもっと現実的に考えるようになるのは、何十年もあとである。

これに対してイスラエル人の多くは、自信過剰に陥っていた。さらに、最近の戦争でイスラエルが占領した地域には、ユダヤ人にとって二千年来の聖地が含まれていた。とくにエルサレム旧市とその中心にある神殿の丘である。だが、穏健派のアラブ人ですらそこから撤収せよとイスラエルに迫った。大半のイスラエル国民にとって、そこはユダヤ教揺籃の聖地であり、相手の撤収要求に応じることは、極めて難しかった。イスラエルは、戦略的理由ないしは感情的動機によって、東エルサレムを併合し、占領地の一部に入植を始めた。

パレスチナアラブ人は、間もなくして敗北のショックから立ち直り、ゲリラ戦とテロ活動を再開した。一方、エジプト側は、そして規模はずっと小さいがシリア側も戦闘を再開した。ナセル大統領言うところの〝消耗戦争〟である。「**第7章**」でこれを扱う。

南ではスエズ運河の東岸沿いに展開するイスラエル軍、北ではゴラン高原の新しい停戦ライン沿いの部隊が攻撃対象になった。パレスチナ〝人民闘争〟組織については、さまざまな集団が拠点をヨルダン川東岸域（イーストバンク）に置いて蜂起を試みた。占領地になった対岸に渡って道路に地雷を敷設し、通行車両に待伏せ攻撃をかけ、あるいはイスラエル側施設を襲撃しようとした。しかし、うまくいかなかった。地理、地勢ならびに地形上の特異性（ウエストバンクは北から南へ高地が続き、その東斜面からヨルダン川へ至る地域は、一部を除き砂漠地帯である）のため、これといった攻撃をかけることができなかった。しかも、イスラエルは防御措置をとっており、エアボーンによる迅速対応で退路を断ち、さらに空挺部隊を東岸深く進出させて報復作戦を実施した。パレスチナ人は、イスラエルの占領地維持に打撃を与えようとしたが、ＩＤＦがその破壊活動をことごとく阻止した。一方、パレスチナテロ作戦はイスラエル国内の市町村へ浸透し、国内外のイスラエル国民とユダヤ人がテロの対象となった。打撃効果はこちらの方があった。

「第９章」では、ベニー・ミハエルソンが、世界各地とイスラエルの人口密集地におけるパレスチナ人の反攻作戦を詳述する。この作戦には、ヨーロッパとアジアを舞台にイスラエルの外交官をターゲットにした襲撃、民間機ハイジャック、イスラエル国内における自爆攻撃が含まれる。この種のテロ攻撃はイスラエルに多くの犠牲を強要し、パレスチナ問題を世に知らしめ生かし続ける役割を果した。(18) 一九六〇年代末から七〇年代の初めにかけて、イスラエルはゲリラの根絶に困難を極め、有効な反撃法も持っていなかった。ヨルダンのフセイン国王は自国内のゲリラ運動を弾圧し、一九七〇年九月に幹部たちを王国から追放したが、イスラエルはその後もまだ有効な手段を持たず状況は同じであった。

スエズ運河域の消耗戦争は、「第７章」でダン・シュフタンが明らかにするが、不正規戦とは違ったコースをたどった。ＩＤＦは、スエズ運河沿いに一連の防備強固な守備拠点を設けて、防衛線をつくった。当時の参謀総長の名前をとって、〃バーレブライン〃と呼ばれる。この拠点は、大砲と迫撃砲による砲撃に対して坑たん性があり、伏撃および地雷敷設でも被害を極限できた。問題は相手の意志の破砕である。エジプト軍が仕掛けてきた攻撃に対して、イスラエルは渡河襲撃と航空攻撃で報復した。空爆はエジプトの内陸部を対象にするようになったが、エジプト軍の意志をくじくことができなかった。しかし、イスラエル機がエジプトの空域を我が物顔に飛びまわる状況は、エジプトが防空上の要求をソ連に出す際の説得材料になった。ソ連は一連の地対空ミサイルを供給した。さらにエジプトに駐留するソ連軍人の介入も、劇的に増えた。それは、イスラエル機とソ連のパイロットが搭乗する戦闘機の〝空中戦〟に発展し、ソ連機五機が撃墜された。

イスラエルとエジプトは、実質的には行き詰まりの状態で撃ち合い、消耗していった。その状況が、アメリカと国連の提唱する停戦を生み出す。一九七〇年八月である。千日に及ぶ連続撃ち合いのあと、イスラエルとエジプト間の〝消耗戦争〟は終った。戦争が始まった時と終った時の領土上の変化はない。しかし、最終段階になって、エジプト軍は「撃ち方やめ」の機会を利用して、ソ連製対空ミサイルを多数前方へ移動させることに成功した。この前方展開がイスラエル空軍の命取りになることが、すぐに判明する。さらに、外交努力による打開の希望は実現しなかった。このあと三年間、和解への前進はなかった。(19)

イスラエルは、パレスチナテロのため安心できない面はあったが、一九七一〜七三年頃の境界域では全正面で比較的平穏であり、これが危険な幻想をもたらし、一種の自己満足感を生み出した。イスラエルの社会、そしてとくに軍指導部内には、楽観的な空気が漂っていた。一九六七年の占領地はしっかり掌握し、防備を固めている。周辺のアラブ諸国は、イスラエルにとっては嫌な譲歩を強要するための力はなく、開戦するだけの余裕はない。すなわち軍事的選択肢はアラブの手には残っていない。このような背景のもとで、国連などの調停者やイスラエルの何人かの政治指導者が、さまざまな提案を行なったが、とりあげられなかった。国防相として強い指導力を有するモシェ・ダヤンは、「平和なきシャルムエルシェイクは、シャルムエルシェイクなき平和にまさる」と言った。この考え方が当時のムードを物語る。イスラエルは、この占領地にユダヤ人入植地の建設を続けた。数十カ所はつくられた。ゴラン高原、ヨルダン河谷沿い、そしてシナイ半島にも建設された。シナイでは、ガザ回廊の西方にヤミットというニュータウンすらできた。東エルサレムについては、一方的な宣言ではあったが、クネセット（議会）の法改正で正式に併合した。

一九七〇年九月、故ナセルを継いでエジプトの大統領になったアンワル・サダトは、状況をよく理解していた。つまり、時間がたてばたつほど、イスラエルは占領地にしっかりと食い込んで、固定化が進み、世界の世論も状況の変化に順応するということである。このように認識するサダトは、だからといって自国の軍にイスラエル軍を撃破する力はなく、シナイ半島全域の奪還もできないこともわかっていたが、軍にスエズ運河の渡河作戦を命じるのである。東岸域の一部奪還の可能性はある。少なくとも政治的行き詰まりを打開するチャンスはある。それによって国際世論を動かし、その圧力によって、どうしても応じようとしない譲歩をイスラエルから引き出す。サダトはそう信じたに違いない。戦争になった場合、イスラエル軍が南部正面に集中すればエジプトとしては困るので、圧力軽減のためイスラエルの兵力を分散させなければならない。それには北のゴラン正面でシリアの機甲部隊が同時に攻撃をかける必要があった。[20]

一九七三年一〇月に生起した一八日間の戦争は、イスラエルでは「ヨムキプール戦争」と呼んでいるが、シモン・ゴランが「**第8章**」でその経過を詳述する。この戦争は悪夢の奇襲となってイスラエルを打撃し、自己満足の世界が微塵に砕かれる。情報機関が適時適切な警報を提示し得なかった件については、多く書かれているし、発言も多々ある。[21]それに比べ、イスラエル軍が緒戦数日間の（エジプト軍の）渡河作戦時に遭遇した戦場の劇的変化は、もっと大きい奇襲効果があったが、こちらは注目度が比較的小さい。一九六七年以来、六年間に戦場の性格が変わっていたのである。イスラエルの作戦策定者は、エジプト軍がいつか渡河作戦を実施するとは考えていたが、現役部隊が相手を拘束する間に予備役の機甲部隊の動員と急速進出によって、相手の意図を阻止できると確信していた。事実、予備役の二個機甲師団が、驚くべき速度で進出し、運河地帯への幹道接近経路沿いに展開し、動員発令から三六時間以内で、事前策定の反撃戦を開始した。しかしながら、大々的な弾幕射撃と極めて有効な対戦車ミサイル（サガー）の濃密な集中投入のおかげで、エジプト軍は、東岸沿いの進出域を保持できた。消耗戦争の最終段階で、エジプト軍は地対空ミサイルを運河地帯に展開できたので、イスラエル空軍機は、機甲師団に期待の対地支援ができなかった。さまざまな高度に対応するソ連の各種最新式地対空ミサイルが、数段構えで大量に配備され、戦闘ゾーンは低空から高々度までミサイルの傘で守られた。簡単にいえば、エジプト軍は、地上部隊をイスラエル機から守る、有力な防空網を準備していたのである。

イスラエルが本領を発揮するようになるのは、いくつかの段階を経たあとのことである。まずシリア軍をゴラン高原から駆逐し、エジプト軍機甲師団のシナイ内陸部への進出を阻止し、地対空ミサイル陣地に対する強力な攻撃へと続く。逆渡河に成功した機甲三個師団は、東岸に展開中のエジプト二個軍の退路を断ち、包囲環を形成していく。そのうち一個軍（第二軍）は、強力な国際圧力のおかげで包囲殲滅をまぬがれる。停戦交渉がまとまり、戦闘が終った時、イスラエルの機甲師団は、カイロまで六〇マイル、ダマスカスへ約三〇マイルの地点に到達していた。(22)

緒戦時、IDFが直面した多大な困難を考えると、これは大した成果である。しかし、緒戦時の敗退と大きい人的損害（戦死三〇〇〇人強、負傷はその三倍）、そして停戦時エジプトの二個軍がまだ東岸に展開していた事実から、イスラエル国民の大半はこの戦争を完敗とみなした。ヘブライ語のマフダル（〝手抜かり〟、あるいは〝不注意な誤り〟）という言葉は、開戦直前までの自己満足と対になっている。思い上がりが急転直下戦争へ至る政治、軍事状況とその判断ミス、そして緒戦時のまずい処置につながる。

戦後、復員した予備役兵たちによる大規模な街頭デモが始まった。自然発生的で、しかも、それは一回だけの現象ではなく、継続し、勢いが増すばかりであった。高まる圧力にさらされて、政府は調査委員会の設置を余儀なくされる。シモン・アグラナット最高裁長官を委員長とする委員会は、最終報告で参謀総長エラザール中将、国防軍情報部長ゼイラ少将、南部軍管区司令官ゴロディシュ少将の解任を勧告した。アグラナット調査委員会は、政治家に関しては判断を下さなかったが、国民の怒りは収まらず、結局ゴルダ・メイヤー首相とモシェ・ダヤン国防相は辞任するのである。

結果からみると、ＩＤＦは軍事的には勝利したのであるが、サダト大統領の計略はうまくいき、エジプトに赫々たる心理的勝利を与えた。向こう見ずとも思える果敢な抵抗は、一九六七年の敗北で打ち砕かれたエジプト国家の威信と自尊心を回復した。イスラエルは軍事的な勝利であっても自己満足から沈滞ムードへ変わり、エジプトは敗北であっても惨めな気持ちから一転して高揚した気分に変わった。双方の矛盾したムードの変化が、長い間置き去りにされていた平和への道を切り開くのである。今やイスラエルは、暫定協定（兵力分離協定）を結んでよいという立場に立つようになった。エジプトに対しては、シナイ半島西部域に相当幅のある帯状（ゾーンＡと称する）の地域を認め、シリアにはゴランの中心都市クネイトラを認めた。以後四年間に状況は急進展する。サダト大統領の劇的なクネセット訪問に続く、アメリカのジミー・カーター大統領による精力的な仲介工作によって、イスラエルとエジプトの間についに平和条約が結ばれた。そしてイスラエルは、シナイ半島全域から撤退する。ただしガザ回廊は保持したままであった。一方、シリアとの間については、同種の打開はなかった。(23)

エジプトは、一九七八年のキャンプ・デービッドの合意が、パレスチナ問題を解決する、と考えた。

彼らから見れば、三〇年間イスラエルといがみ合ってきた喧嘩の主たる原因は、この問題なのであった。一九七八年の合意には、イスラエルによる〝パレスチナ人民の政治的権利〟の公式の承認が確かにうたってある。しかし、イスラエルとエジプト間の自治問題協議（一九七八〜八〇年）は、合意に達することができなかった。ガザ回廊とウエストバンク（ヨルダン川西岸域）のパレスチナ人は、イスラエルの支配下に残ったままで、その間占領地における土地収用とユダヤ人入植地がどんどん増えていった。予期されるように、パレスチナ人はイスラエルに対して、ゲリラ戦とテロ攻撃を続ける。

一九七〇年九月、パレスチナゲリラ集団がヨルダンから追放された。PLOとその傘下のさまざまな武装集団は、レバノンへ移動し、難民キャンプを活動拠点にした。PLOは軍事訓練施設、弾薬庫、司令部のほか、一九七〇年代レバノンにさまざまな施設をつくりあげた。教育、医療、社会、文化関係を網羅した施設群である。レバノンに居座ったパレスチナ人は、自治的支配の特徴を身につけた。レバノン社会は、さまざまな宗教、部族集団の間で摩擦が絶えず、さらにレバノン政府の力が弱いことも、これを助長した。(24)他人の目から見れば、パレスチナ人はレバノンに〝国家内国家〟をつくったように思われた。この一連の発展は、一九七五年に一つの山場を迎える。長い間レバノン内でくすぶっていた軋轢が、ついに全面的な内戦に発展したのである。キリスト教マロン派、ドルーズ教徒、そしてスンニ派ムスリムの三つ巴の戦いであった（シーア派ムスリムはこの段階ではまだ前面に出ていなかった）。パレスチナ人は、難民キャンプ、レバノン南部の大半、ベイルートの一部をコントロールし、その支配域はよく組織化されていた。彼らも内戦に参加し、マロン派民兵と戦った。シリア軍も介入する。そしてベッカー高地全域とベイルートへの東域接近経路をすぐに制圧した。

パレスチナ人は、非常な損害をこうむったが、拠点の大半は死守した。さらに、内戦の激化とともにますます自治支配権を強め、反イスラエル闘争継続の決意を固めた。

「第9章」でベニー・ミハエルソンが、一九七〇年代にパレスチナゲリラの使ったさまざまなイスラエルへの攻撃法について記述する。海上からの上陸襲撃（テルアヴィヴの中心地への突入を含む）、越境伏撃、イスラエルの軍駐屯地や農村への急襲、ナハリヤ、キリヤトシュモナなどの北部市町村に対するカチューシャ（多連装ロケット弾）攻撃が含まれる。

この時代IDFは、レバノンのパレスチナ人基地に対し、大規模攻撃や遠距離急襲をかけた。戦術的には成功したが、それでパレスチナ人の暴力が中断することはなかった。サード・ハダッド少佐を司令官とした南レバノン軍が（ハダッドの死後アントワーヌ・ラハド准将が就任）、キリスト教徒を主力として編成された。しかし、イスラエル北部への攻撃を完全に阻止することができず、限定的な静穏をもたらしただけであった。

混迷するレバノン情勢とそのレバノンに拠点を持つパレスチナ人が執拗に攻撃をかけてくる状況から、イスラエルは、マロン派と組むようになる。マロン派は、レバノン社会で自己陣営の力が減退しているのは、パレスチナ人のせいであると考えていた。この同盟関係は公表されたわけではないが、かなり濃密な関係であった。イスラエルはマロン派民兵に対し、兵士の訓練、装備品の提供、情報協力、財政支援など、間接的だが大々的に支援した。このような梃入れにもかかわらず、マロン派はパレスチナ人を拠点から排除できなかった。メナヘム・ベギンを首班とするイスラエル政府は、攻撃精神旺盛なアリエル・シャロン国防相に煽られ、一九八二年六月ついに大規模なレバノン進攻作戦を開始した。作戦目的は、パレスチナ〝国家〟を潰滅し、レバノンからシリアを排除し、最有力の社会集団として〝レバノン杉の国〟にマロン派を復帰させることにあった。ベギンは、この作戦を独りよがりに〝ガリラヤ平和作戦〟と名づけた。

この戦争は、軍事上政治上極めて複雑にもつれ合いながら展開し、予想よりも長く続いた。エヤル・ジッサーが「第10章」でこの戦争を分析する。[25] IDFは、レバノンへの接近経路上からシリア軍を駆逐し、防空網を破壊したが、ベッカー高地から排除できなかった。一方、レバノンに構築したパレスチナ人の社会および軍事インフラは、徹底的に破壊された。PLOのヤセル・アラファト議長は、やがてレバノン退去を余儀なくされる。アラファトを護衛して一緒にレバノンを去った多数のゲリラ戦士は、アラブ諸国に分散した。アラファト自身はチュニスに司令部を置き、そこを本拠地とした。PLOの遍歴史レバノンの章は、かくして終りを告げた。[26]

一方、イスラエルの戦略が破綻したのが、対マロン派工作である。同盟関係が役に立たなかった。〝イスラエルの銃剣のもとで〟次期大統領に選出されたバシール・ジュマイエルは、選出後間もなくして暗殺された。あとを継いだ兄のアミンは、急遽でっちあげられたレバノン・イスラエル平和協定など承認するなとシリアに圧力をかけられた。イスラエルが追求した政策は、ドルーズ教徒、スンニ派ムスリム、シーア派ムスリムなどの集団を疎外した。そのシーア派から生まれたゲリラ組織が、最初アマル、そして次にもっと攻撃性の強いヒズボラであるが、パレスチナ人にとって代り、レバノンに駐留するイスラエル軍部隊を執拗に攻撃し、悩ますようになった。

IDFは、このような圧力にさらされて、戦時中占領した地域から、一歩一歩後退せざるを得なかった。そして一九八四年春までに、IDFはレバノンの主要陣地から撤収するに至る。残るは、南部レバノンのいわゆる〝安全保障地帯〟だけである。そしてその地域は、南レバノン軍（SLA）の統制下に置かれた。イスラエル軍はいくつか拠点を維持し、パトロール隊を送り込み、SLAと協力してシーア派ゲリラを国境地帯から排除した。

イスラエルがマロン派と組んだ不幸な同盟は、イスラエルの道義的イメージも傷つけた。マロン派民兵が、ベイルートのＩＤＦ司令部によって、パレスチナ人のいるサブラ、シャティラへの進出を許された。イスラエル軍部隊は離れたところにいたので、自由行動を認められたも同然である。マロン派民兵はキャンプ住民を殺しまくった。最も忌むべき虐殺であった。

レバノンにおける行動そのものが、イスラエルの政界のみならず社会で大問題となり、激しい論争を引き起した。事態の進展とともに、首相が最初に言っていたことと現実が食い違いのあることが判明した。メナヘム・ベギンは、ＩＤＦの行動は、一時的進攻であり、国境から四〇キロの線を越えない限定作戦であり、その地域内にあるパレスチナ人の軍事インフラの破壊が目的であると言った。運命的というか致命的なマロン派との関わり合いとベイルート（西）包囲戦に、イスラエル社会は次第に批判を強めていく。

イスラエルの平和運動は、サブラ、シャティラの虐殺に反応して、労働党をはじめとする社会、政治諸勢力と力を合わせ、イスラエル史上最大規模のデモを組織した。二五万人を越える人々がテルアヴィヴ市庁舎前広場に集まり、アリエル・シャロンの解任を要求した。大失敗の元凶とみなされたのである。

一九八三年初め、政府によって設置された国家調査委員会はカハン最高裁長官を委員長に調査を行ない、シャロンの国防相解任を求めた。シャロンは国防相としては辞任したが、無任所相として政府部内には残った。その後の一九八四年の選挙で、ベギンの党は国民の支持を多少失い、シモン・ペレスを党首とする最大野党の労働党と連立を組まざるを得なくなり、イツハク・ラビンが国防相に指名された。[27]

一九八七年頃を境に、パレスチナ人の間に変化がみられるようになる。イスラエルが占領したいわゆる管理地区のパレスチナ人たちは、経済的後進性に苦しみ、占領体制下で屈辱感はつのる。外部勢力に翻弄され絶望的になる。彼らの目には、まだＰＬＯが〝パレスチナ人民の唯一の代表〟と映り、アラファトも彼らの尊敬すべき指導者と考えられていたが、多くの者がＰＬＯは自分たちを救済できない、と自覚した。行動に出たのが若い世代である。目覚めた学生たちが、自分たちの未来は自分たちの手で勝ちとることを決意、パレスチナ管理地区でいっせいに決起した。一九八七年一二月である。

その決起は〝インティファダ〟（アラビア語で揺り起こす意）として知られるようになる。青年男女、そして子供たちまでが、街頭デモに繰り出し、民族旗を掲げ、取り締まろうとするイスラエルの部隊に投石し、火炎瓶を投げた。[28] 虚をつかれたのはイスラエル軍である。この種の闘争対処には不慣れで、過剰反応を示した。非武装デモに対応できる適当な手段に欠け、銃撃して追い散らそうとしたため、パレスチナ人の間に死傷者が出た。大半が若者で被害がうなぎのぼりに増加した。これが、さらに抵抗に火をつけてデモはエスカレートし、投石対銃撃の対比構造は国際社会におけるイスラエルのイメージを著しく傷つけた。イスラエル兵の対応は、電子メディアなどで目をそむけるような残虐行為として描き出され、世界中に伝えられた。パレスチナの若者たちがあたかも「我々にはわかっている。我々はイスラエル人を殺せない。しかし我々にできることがある。彼らに我々を殺させて、行き詰まり状態を揺り起こし、占領に終止符を打つことができるのだ」と叫んでいるかのようであった。

「第11章」でルーベン・アハロニが記述するように、第一次インティファダの時、パレスチナ人の抵抗は、イスラエル兵に挑みかかる若者たちが、路上で小競り合いを演じるのが、特徴であった。パレスチナ人たちは若者を誇らかに〝石の世代〟と呼んだ。投石デモと対になったのが、公共の建造物に吹きつけるグラフティである。所属集団によって、使うペンキが赤、黒、緑と違うが、上から下まで壁一面にびっしりとスローガンや戯画を書き込むのである。パレスチナ管理地区の至る所で、この落書きキャンペーンが行なわれた。商業ストや労働ストも頻繁に起きた。イスラエル民政局で働くパレスチナ人労働者が、いっせいに職務を放棄したこともある。何かをするのは、憎むべきイスラエル当局に届け出が必要だが、出願の苦痛を避けるため、地域や民族レベルの集団が、社会、医療、教育および行政の分野で自助組織をつくった。パレスチナ社会の意気は大いに上がった。

自発的な蜂起として始まったインティファダは、地域の指導層をとりこみ、占領地に居住する民族レベルの指導者が加わる。インティファダ勃発後間もなくして、指導グループが激励調の〝公式〟声明を出すようになった。ストライキやデモの指示、運動上の連絡事項が内容である。しかしながら、現地の不安、動揺が内部亀裂を深めていった。そのような状況の時、強硬姿勢が説得力を持つ。かくして、勢いを増してきたのがハマスなどのイスラム過激派集団である。一九八八年一二月、ＰＬＯ民族評議会は、指導力を取り戻そうとして、仮想パレスチナの建国とイスラエル国家の承認を宣言した。(29)

一方イスラエルでは、一九八四年の選挙の結果、左派労働党と右派リクード党との勢力が伯仲《はくちゅう》して政治的行き詰まりを生じ、イスラエルの政治が金縛り状態となり、インティファダが始まった一年目には政治的に適切な対応がとれなかった。一九八八年一〇月の選挙では、頑固一徹の現職シャミール首相に率いられるリクード党が、ライバルのシモン・ペレスより議会勢力はやや優勢であった。しかし、政治的行き詰まりは変わらなかった。シャミールが重い腰をあげて、パレスチナ人の蜂起に適切な政治的対応をとるようになったのは、アメリカの強い圧力があってからである。シャミールは、ＰＬＯの承認はもとよりの建設に絶対反対であり、ＰＬＯの承認はもとよりパレスチナ国家交渉も拒否し、その姿勢を変えなかった。一方、パレスチナ人の政治的将来を話し合う米ロ共催の国際会議については、参加拒否の姿勢を再考せざるを得なかった。

一九九一年冬の湾岸戦争時、イスラエルは長射程ミサイルで攻撃され、テルアヴィヴ等に堪大な被害をこうむった。喜んだのはパレスチナ人である。歓声をあげ、サダム・フセインを称えた。ＰＬＯもイラク政権とイラクのクウェート侵略を正式に支持した。それでもアメリカは、真剣な和平プロセスを後押しする必要があると判断した。対イラク戦を主導して勝利したアメリカは、アラブ諸国（シリア、サウジアラビア、エジプトを含む）連合に支えられた経緯があった。

シャミール首相は、アメリカによる経済制裁の威嚇を受けながら、一九九一年秋に開催されたマドリッド会議に、渋々出席した。首相は、ＰＬＯの出席を是認する気持ちにはなっていなかった。マドリッド会議は、それ自体が美辞麗句を連ねた演説の場でしかなかったが、交渉をつなげる役割は果した。それがワシントン会議で、イスラエル、その敵であるシリア、レバノン、ヨルダンが参加した。パレスチナ人代表は占領地のパレスチナ人がヨルダンの代表団に含まれていた。当初、これは真剣な和平プロセスの始まりとみられ、第一次インティファダに終止符を打った。不幸なことに、建設的な結果は生まれなかった。

イスラエルでは、労働党が指導力を回復し、首相公選制の導入でイツハク・ラビンが首相に選出された。そして、ラビンを首班とする連立政権が誕生し、ライバルのシモン・ペレスが外相になった。リクード党が野党になったのである。ラビンは、マドリッドでつくられた交渉パターンを踏襲しようとした。しかし、交渉相手のパレスチナ人は、意志決定ができないことが、すぐに判明した。チュニスを本拠地とするＰＬＯ指導部の意向を、伺わなければならなかったのである。

アラファトは、湾岸戦争時、親サダム路線をとったため、政治的に極めて弱体化し、アラブ産油諸国の財政支援も激減し、経済的にも困っていたが、パレスチナ人の忠誠心はまだ保持していた。ラビンとペレスは、真剣な和平プロセスを構築するには、Ｐ

LOとの直接交渉しかないとの結論に到達する。オスロにおける秘密交渉は、一九九三年八月のオスロ合意を生み出した。ホワイトハウスの芝生で調印式があり、アラファトとラビンが握手した。合意そして握手、いずれも有名になった。(30) アラファト、ラビン、そしてペレスにノーベル平和賞が授与され、一〇〇年に及ぶアラブ・ユダヤ間のパレスチナ紛争に結着がつくとの期待を、いやがうえでも高めた。解決へのさきがけ的外見をつくりだしたのである。しかし、「第12章」が明らかにするように、ストックホルムの栄誉は、たぶん時期尚早であった。その後、流血と苦難がもっと続くからである。

オスロ合意は、要するに安全と独立の交換である。イスラエルには安全保障パレスチナには独立という結果になるのが、暗黙の了解であった。しかし合意は欠陥があった。つまり、究極の目的が明確に規定されていなかった。正式には、これは暫定合意のためのものであり、境界線、エルサレムの将来、パレスチナ難民問題などの大きい問題は先送りしていた。つまり、この一連の事項は双方で詰めて解決策をたたき出さなければならない。オスロ合意がもたらした具体的変化は、パレスチナ自治政府(PA)の設置である。まずガザ回廊とエリコ、それからウエストバンクの主要都市に導入された。アラファトと部下たちは独立国家への地固めを期待しながら、チュニスなどからパレスチナへ戻った。

最初、楽観的ムードが広がった。しかし、和平プロセスに反対する強硬派集団が台頭し、ハマスを先頭にしてイスラエルを挑発し、テロ行為を継続して報復を受けた。一九九五年一一月、ラビンが暗殺され、やがてリクード党が政権の座に復帰、ベンヤミン・ネタニヤフが首相に就任し、オスロ合意の行末が不透明になった。そしてイスラエルの都市部で自爆テロが頻発した。テロの波にイスラエルは治安対策を強め、占領地の生活は耐えがたいものになった。一二万人を越えるパレスチナ人労働者がイスラエルで働いていたが、外人労働者に切り換えられたため、パレスチナ社会の失業率は劇的に増えた。パレスチナ人の町や村は封鎖され、道路網には要所に障害物が置かれてイスラエル兵が交通を規制した。パレスチナ人の屈辱感は増すばかりである。

二〇〇〇年六月、クリントン大統領の仲介で開催されたキャンプ・デービッド会議に招かれたバラク首相は、アラファトとの会談で、勇気ある大胆な提案を行なったが、手荒く扱われ、妥協に到達できなかった。そしてその年の一〇月、新しくリクード党の党首となったアリエル・シャロンが、神殿の丘を訪問した。この挑発的行動に、パレスチナ人青年たちは反射的に反応して暴動になった。暴動鎮圧の過程で、暴動に参加した青年数人が死亡し、これが騒乱の火に油をそそぐ結果となり、パレスチナゲリラのデモと暴力が大きなうねりとなり、挑発されたイスラエル軍部隊は、厳しい弾圧で対応した。再発したパレスチナ人の蜂起は、すぐに〝第二次インティファダ〟とか〝エルアクサ・インティファダ〟と呼ばれるようになる（神殿の丘にある古いモスクの名前にちなむ）。

第一次インティファダは、市民的不服従が中心で、低レベルの路上暴力を特徴とした。これに対して第二次は極めて暴力的で、破壊的な性格をすぐに帯びるようになる。自爆隊がイスラエル市内の路線バス、レストラン、カフェ、バス停留所などを襲い、女性、子供を含む無辜の市民を多数殺傷した。さらに路上の待伏せ攻撃も無数にあり、占領地のユダヤ人入植地に対する大胆な潜入攻撃も発生した。かくして国民の安全感が急速に衰えていく。

ＩＤＦとイスラエルの警察は、厳しい対応策をとった。それには、自治区市町村への再三にわたる大規模掃討作戦が含まれる。そこは、オスロ合意にもとづいて、パレスチナ自治政府の管轄下にある地域であった。掃討作戦には、大量逮捕、家屋破壊、ヘリによるテロ犯狙い撃ち攻撃（傍観者がまきこまれる場合があった）、自治区封鎖が含まれる。そして、ヤセル・アラファトをラマッラの司令部に監禁するに至る。このような対策で、パレスチナ人の抵抗に終止符を打つことはできず、多数のパレスチナ人が傷つき、パレスチナ社会全体が貧窮した。三年に及ぶ第二次インティファダで、千人近いイスラエル人と三千人を越えるパレスチナ人が殺された。負傷者数は少なくともその三倍である。

「第12章」でシャウル・シャイが、今なお続く紛争を分析するが、おそらくいちばん荷の重い作業である。やむを得ない事情で妥当な見通しを欠き、イスラエルの社会と国際舞台では、イデオロギーおよび政治上反目し、民族的な敵対感情が複雑にもつれている。発生する事件も多岐にわたる。軍事と政治の要素がからみ合っている。そして希望と絶望が周期的に入れ替わる。以上の状況から、シャイの分析作業は著しく困難である。紛争が生じた場合、世論が割れるのは珍しくないが、とくにこの紛争は、イスラエルの世論を完全に分極化している。このような一面もあって、偏見のない分析評価として、すべての読者を満足させる記述の提示は、ほとんど不可能に近い。しかし、たとえそうであっても、読者が自分で判断するに十分な事実関係は、「第12章」で提示されている。

本書で扱う紛争は、今なお続いているが、本質は一つの土地をめぐる二つの願望の衝突である。ユダヤ人が、民族揺籃の地に自決権を確立したいと願えば、同じ土地に対する土着アラブ人の願いもある。ちなみに、この土地は双方の民が何世紀も生き続けてきた地である。[31] 当初パレスチナ人が脆弱で、組織力にまさるイスラエル人に敗北した結果、パレスチナ周辺のアラブ四カ国とイラクを中心に、アラブ世界が仕事を引き継いだ。一九四八年五月から一九七三年一〇月までの戦争は、第2章から第8章までアラブ正規軍が戦い、パレスチナ人は脇に立ち、ほとんど行動しなかった。シオニストの事業に対するパレスチナ人の抵抗として始まった一九三六年の蜂起、そして一九四八年前半の闘争は、怨念として残った。ゲリラ騒ぎのあと、パレスチナ人が一九六五年に再登場する。第一次インティファダ（一九八七

〜九〇年）の人民蜂起によってはずみがつき、二〇〇〇年一〇月に始まる一段と暴力的な第二次インティファダで、さらに勢いがつくのである。

イスラエルがエジプト、ヨルダンと平和条約を結び、シリアとレバノンは比較的弱体化し、イラクも二〇〇三年に崩壊する。このような状況展開で、パレスチナ人は一人で自由に行動できる立場になった。同時に彼らにつきつけられた現実がある。イスラエルのユダヤ人とパレスチナのアラブ人の民族的願望を両立させるには、痛み分けしかない。つまり、フェアかつ双方が合意するかたちで土地を分割し、痛みのともなう歴史的和解のみが、紛争を解決するということである。

パレスチナ人とイスラエル人の間では、繰り返し世論調査が行なわれている。双方とも大多数はすでにその結論に達している。もちろん、全員にそれがあてはまるわけではない。パレスチナ人の中には、少数派だが暴力的で強力な武装集団は、武力によるユダヤ人国家の解体が可能、と考えている。イスラエルのエリート層の中には、ヨルダン川西岸全域を引き続き支配すべきであると考えるグループが存在する。強力でまだ影響力を持つ一派で、もちろんパレスチナ人の願望と権力を否定する。双方の過激分子の間に和解は不可能である。したがって、双方の過激派が影響力を持つ限り、紛争に終止符を打つことは難しい。

単純明快な歴史事実を認めなければならない。それは、紛争そのものが、パレスチナアラブ人がすでに居住している地へ、ユダヤ人が招かれざる客として集団で移住したことに起因する。しかし、シオニストの建国運動は、パレスチナアラブ人が独自の民族意識を持ち始めるよりも二世代前に起きている。そしてその運動は、ヨーロッパの植民地主義が悪とはみなされない世界で、構想されたのである。六〇〇万人のユダヤ人が虐殺されてから三年。すなわち一九四八年時点で、パレスチナにはすでに六五万人のユダヤ人が居住していた。その多くの者が、私と同じようにこの地に生まれ育った住民であった。選択の余地はない。個人として生きのび、集団の自決権を守るために、戦う以外にないのである。

この一九四八年の戦争の結果は、事実上の妥協を生み出した。実際には、土地はユダヤ人とアラブ人の間で分割されたのである。双方の過激派は、この分割を認めようとしなかった。パレスチナ人難民の全員帰還を要求するアラブ人は、ユダヤ人に国を与えた歴史の審判を受け入れない。その国でユダヤ人は、多数派として民族のアイデンティティを強めているのである。一方、ヨルダン川西岸全域の保持を今なお熱望しているユダヤ人は、パレスチナ人のために土地を残した歴史の審判を受け入れない。その土地でパレスチナ人は、自由と独立のうちに、独自の民族としてのアイデンティティを発展させていく。

本書を読む人は、過ちと失われた機会を容易に察知できるであろう。さらに、たくさんの無分別な処置にも気づくであろう。どちらかが仕掛けた悪としか考えられない処置である。しかしこれは、悪漢と正義の士との対決史ではない。自分の所属する民の安寧と繁栄のために身を捧げた人々の対決史である。どちらが悪いというのではない。一つの小さい土地をめぐって二つの民族運動が衝突し、現代で最も複雑にからみ合ってしまった悲劇の歴史である。

悪漢と正義の士の戦いであるならば、善意の国際社会の助けを得て、正義が悪に勝ち、戦争はとうの昔に終っていただろう。大義の軛《くびき》から己れを解放し、自分たちの夢と希望の顕現にもっと現実的な限界を設け、その中で生きていくことを学ばなければ、悲劇はいつでもとりついて離れず、人々を苦しめていく。

最近、パレスチナ人対イスラエル人の紛争は、正念場を迎えているように思われる。バリケードの双方にいる冷静な人間には、問題解決の落としどころがわかっている。すなわち、一九六七年六月五日現在の休戦ラインにほぼ沿った線を境界とし、ガザ回廊とウエストバンクにパレスチナ国家を建設することである。エルサレムは双方の首都として分け合う。パレスチナ人難民問題は、新生パレスチナ国家の国民としての受け入れるほか、現在住んでいる国での継続的居住、移民として受け入れる国への移住をもって解決する。彼らが紛争でこうむった資産損失は、もちろん十分な補償が必要である。なかには、トンネルの先に光をすでに見ている人もいるが、そのトンネルを抜けるには、先見の明ある双方の指導者が、それぞれの人民を説得する必要がある、夢を失うのは大変つらい。しかし、激しい苦痛をこらえて空しい夢を持ち続けるよりは、現実と妥協し残された唯一の解決法を受け入れる方が、ずっとよいということである。

第1章 アラブの反乱（一九三六～三九年）

イガル・エヤル

パレスチナ・アラブ社会の動向

一九三六～三九年のパレスチナアラブ人の暴動は、一般に〝アラブの反乱〟として知られるが、アラブ、ユダヤ双方の社会にとって、さらには大英帝国のパレスチナ統治にとっても、重大な岐路であった。アラブ人社会は、イギリスの支配に対する闘争を通して、対決意志とその遂行手段を鮮明にした。すなわち、同じ土地をめぐるユダヤ人社会との闘争で、自分に有利な解決をかちとるために、ゲリラ戦とテロを中心にする暴力手段を選択したのである。

一九三六年の反乱は、国際、中東および地域の状況がからみ合って暴発に至った。パレスチナのアラブ人社会は、一九三五年末から一九三六年前半にかけて、一定の民族的覚醒を抱くまでに成長し、パレスチナのアラブ政党五派の長が共同して、英高等弁務官に〝三項目〟文書を提出した。三項目とは三つの要求である。すなわち、

（1）多数派支配の法則を確立する。
（2）ユダヤ人に対する土地譲渡を禁止する。
（3）ユダヤ人移民を直ちに禁止し、今後の移民吸収力を精査する調査員会を設置する。

彼らの目的は、英政府にせまって、一九一七年のバルフォア宣言にもとづく政策をかえさせることにあった。バルフォア宣言は、パレスチナにおけるユダヤ人のナショナルホーム建設を支援する英政府の公約で、この公約は国際連盟が大英帝国に与えた委任統治で、国際社会に認知された。ユダヤ人社会は

この国際認知が郷土建設を推進すると考えていた。しかしながら、この段階でイギリスの行政府内にはパレスチナの自治制は時期尚早というコンセンサスがあった。[1]アラブでは、別の考え方をしていた。ロンドンで影響力を持っているから、ユダヤ人はそのおかげで政治的に有利な立場にある。アラブの要求が拒否されたのは、その証拠であるとした。

パレスチナアラブ人指導者たちにはあせりがあった。近隣アラブ諸国の指導者たちは、大きい政治的権力と地位を手にしており、ユダヤ人のナショナルホームは成長、発展している。

パレスチナアラブ人の法制上の地位をかえるはずの政治プロセスに着手することに失敗し、今後何もしなければ、ますます自分たちの立場が絶対不利になるという恐れを強めた。

パレスチナアラブ人たちは、エジプト、シリアで起きている政治情勢の変化に鼓舞されていた。大英帝国は、エジプト政府と新しい条約の締結に向けて交渉せざるを得なくなった。

この条約は一九三六年八月に調印されたが、国際危機時にはエジプト政府と協議することをイギリスに義務づけ、エジプト国内の英軍基地は整理し、すべてスエズ運河地帯に集中することが、うたわれていた。この新しい政治情勢にシリア人が刺激され、シリア国内に不穏な動きが生まれ、反仏デモが発生した。これがまわりまわってパレスチナアラブ人を刺激するのである。[2]

パレスチナ・ユダヤ人社会の発展

パレスチナのユダヤ人社会は、この一九三六～三九年に人口もかなり増えて、しっかりした社会基盤ができていた。シオニストの事業はパレスチナに根付き、もはや解体、放棄はできないところまで成長していた。移民は順調に増えて、イェシュブ（パレスチナのユダヤ人社会）人口は、一九三六年までに四〇万人となった。しっかりした人口構成となり、経済、産業および農業面の発達は目覚しく、パレスチナをユダヤ人大衆の安息の地に変えるというシオニストの夢が、持続可能なことを証明していた。
その頃、パレスチナ人の間に沸々とわきたってい
た民族意識がついに噴出し、表面化した。シリアの
不穏情勢に呼応して、全土で連帯会合が開催され、シリア支援の募金活動が始まった。アラブ紙もパレスチナアラブ人に〝偉大なるシリア同胞〟の後に続け、同じ目的のために戦えと、盛んに呼びかけた。アラブの中でパレスチナだけがまだ外国の支配下にある。この事実も、高まりいく不満に油を注いだ。ちょっとした火花でもすぐに点火して、爆発する状態であった。

サー・アーサー・ウォーチョプ高等弁務官（第三代）は状況をよく理解していた。中東における一連の事件は、パレスチナ内部に起きつつある事態に大きいインパクトを与え、アラブ人たちが言葉の域から行動へ移るきっかけになるということである。植民地相宛書簡で、高等弁務官は、「シリアとエジプトで最近起きている政治行動が、この地では強力なファクターとして作用する」とするダビッド・ベングリオンの判断も引用した。二週間後高等弁務官は再び書簡を送り、「エジプト、シリアが今より大きい独立を手にし、その一方でパレスチナでの立法評議会制定提案が拒否されるならば、パレスチナの強風は嵐と化すであろう」と警告した。[3] この再三に及ぶ警告にもかかわらず、一九三六年四月一九日に発生した嵐に、イギリスは虚をつかれた。

この時に勃発した軍事闘争は連続して三年間続き、激化、小康状態を繰り返し、多数の犠牲者が出たうえに、物的被害も極めて大きかった。英軍が反乱鎮圧に成功したのは、勃発から三年後であった。ヨーロッパではすでに大戦の暗雲が漂っていた。それでイギリスは、武力鎮圧に成功したにもかかわらず、中東に別の戦闘正面ができることを避けるために、対アラブ宥和政策に踏みきった。

一九三九年五月の白書（マクドナルド白書）は、ユダヤ人のナショナルホーム建設の将来に暗い影を落とし、大英帝国をユダヤ人社会の大敵にしてしまうのである。

第一段階

暴動勃発

一九三六年四月一五日、正午をまわって間もない頃、トルカレム・ナブルス街道を走行中のトラック輸送隊が、岩石を並べた応急の道路障害物に出くわした。トラックの一両には、運転席に二人のユダヤ人、ダンネベルクとハザンがいた。二人はハイファからテルアヴィヴへ行く途中であった。武装した覆面姿のアラブ人たちが、乗客たちから金を集め、二人のユダヤ人を至近距離で射殺した。「報復用の武器購入の資金集め」と彼らは言った。原理主義モスレムの指導者イッズ・アッディーン・アル＝カッサムが暗殺され、その復讐という。翌日、ペタハティクバ近郊の小屋で、二人のアラブ人が射殺された。犯人は不明であったが、警察は、ダンネベルクとハザン殺害の報復であろうとの見解を示した。この二つの事件が発端となり、テルアヴィヴのユダヤ人とヤッフォのアラブ人の間に報復の連鎖が続く。この衝突の背景には失業問題があった。当時ユダヤ人の間に失業者が増えており、ユダヤ人経営の企業にアラブ人労働者が雇用されていることから、反対キャンペーンが展開中であった。(4)

一九三六年四月一七日、テルアヴィヴで執り行われたハザンの葬儀は、ユダヤ人の民族感情が吹き荒れる日となり、警察が怒り狂った数人の会葬者を拘束した。狂信的ユダヤ人が引き起こした残酷な暴力事件は、ユダヤ人社会の指導部を震撼させた。ユダヤ機関執行部議長ベングリオンは、「先週金曜と土曜日テルアヴィヴで起きた、靴みがき少年殴打と閉店中のあるアラブ人店舗への乱入は、まさに冒瀆行為である」と嫌悪感をあらわにした。(5)

ヤッフォにも嵐を予兆する暗雲がひろがっていた。ハザンの葬儀がらみで発生した衝突事件に関して、さまざまな流言飛語がとびかった。警察は根も葉もない話として噂を打ち消そうとした。冷静な人間がいなかったわけではない。しかしアラブの一般大衆は、警察の言うことなど信じなかった。噂によれば、アラブ人四人がユダヤ人に殺されたという。大群衆がヤッフォ警察署をとり囲み、遺体の引き渡しを要求した。警察は制御できなくなり、暴徒化した群衆は、ヤッフォ市内をあばれまわった。最初の二日間だけで、ユダヤ人六一人、アラブ人六人が死亡した（ほかにユダヤ人七六人、アラブ人七一人が負傷）[6]。

この自然発生的な事件は、当初の衝動的行動が次第にパレスチナアラブ社会の指導部に掌握され、組織化されていく。暴動のニュースがヤッフォからひろがっていくと、人心を刺激し、ほかのアラブ人都市で次々とデモが発生した。ナブルスとトルカレムでは、警察が群衆を追い散らした。群衆といっても、大半が若者と学校の生徒たちであった。一九三六年四月二〇日、アラブ大衆にゼネストを呼びかける指導部のビラがまかれた。

高等弁務官は五人のアラブパレスチナ人指導者を呼び、次の五項目要求を示した。

（1）影響力を行使して不法行為をやめさせよ。
（2）根拠のない噂はすべて打ち消せ。
（3）資産破壊と住民襲撃を避けよ。
（4）警察が暴力行為をすべて制圧することを周知せしめよ。
（5）学校を再開し生徒を学校へ戻せ。

民族防衛党のガーレブ・ナシャシビ党首が、グループを代表して回答した。暴動は自然発生的に起きたのであり、誰も誘導などしていない。それは、いつまでも続くユダヤ人移住に対する、大衆の怒りの表明である、とナシャシビは主張した[7]。

進む暴動の組織化

一九三六年四月二三日、連携ストを打つために、いくつかのアラブの町に〝民族委員会〟が設置された。規模の大きい政党諸派は、統制を失うことを恐れ、民族団結の証しとして、いわゆるアラブ最高会議（Arab Supreme Committee：ＡＳＣ）に類する組織を設置した。エルサレムのムフティ（大法官）であるハッジ・アミン・アル・フセイニが、議長に選ばれている。最高会議は政策綱領に三つの要求を掲げた。それは、その年の早い段階で高等弁務官に送ったものと同じもので、ユダヤ人にとっては脅威になる内容であった。当時、民主的選挙が施行されていれば、アラブ側が勝利し、反ユダヤ政策が導入されたであろう。

最高会議は、アラブの要求を覚書にして、高等弁務官へ送ることを決定し、各地の民族委員会と連絡をつけ、英委任統治政府で働くアラブ人職員のストライキ参加打診も決めた。以上の決定は反乱に向かって進むうえで、内部結束上有意義であった。すなわち、統一指導部が組織化され、パレスチナアラブ人社会全体に受け入れられる政治要求が明確になったのである。

ウォーチョップ高等弁務官は、「最高会議なるものは、法にもとづいて選出された機関ではない」ので、公的存在として認めることはないとロンドン本省に報告した。[8] 英委任統治政府は、アラブ、ユダヤ双方の社会を極力引き離し、不法行為に対しては、加担しなかった者を除外することなく加害者側を処罰すると威嚇して、暴力行為の拡散を抑えようとした。しかし、できなかった。不穏事態があちこちで小規模衝突を生み、これが野火のようにひろがった。[9]

一九三六年五月、暴動に重大な要素が新たに二つ加わった。農村部の農民が参加し、ゲリラ隊が全土、とくに丘陵地帯で行動を開始したのである。暴動が町から丘陵地帯へ移るとともに、非合法活動が増えてきた。それには、爆弾投擲、[10] 大衆煽動、ユダヤ人輸送隊と英軍哨戒隊に対する伏撃、軍基地を狙った射撃、ユダヤ人耕作地の焼き打ち、ユダヤ人開拓地襲撃、電話線切断が含まれる。[11]

英当局は、暴動の首謀者たちを拘留し、各地へ追放した。追放対象者は、たちまち栄光に包まれる。彼らは移送される前、民族主義的表現を散りばめた、絶叫調の訣別文を発表した。かくして英委任統治政府は、うかつにも〝新しい英雄〟をつくりだした。[12] 一九三六年は、ユダヤ人社会の准軍事組織「ハガナ」が覚醒し、積極的な活動を始めた年でもあった。従来この組織は、不穏事態と暴動に備える状況対応型であったが、今回は、前とは違う質的変化も生じた。[13]

ユダヤ人社会の反応と英軍の処置

当初このユダヤ中央防衛組織は、今回の蜂起に虚をつかれた。タイミングもさることながら、規模、拡散速度、そして持続性に不意打ちされたのである。最初の数日、ハガナは消極的であった。その機能は、〝垣根の内から〟守る役割に限定されていた。メンバーは、興奮したアラブ人暴徒集団が近づいてくるまで、じっと待っているのが常で、塹壕から射撃して撃退するのは、その後であった。ハガナ司令部は、時代遅れの戦略伝統にしたがって対応した。英軍の治安部隊が到着し現場を掌握するまで、ユダヤ人の町や村を守れと指示したのである。

サー・アーサー・ウォーチョプ高等弁務官は、本件が悪化の一途をたどり、危機的状況になりつつある旨、ロンドン本省に報告した。高等弁務官の判断によれば、状況のエスカレートを防ぎ窮地を脱するには、政府調査団の派遣による状況の徹底的調査以外に方法はないのであった。

一方、英軍駐屯部隊は三つの対策をとった。重要施設の守備、鉄道および道路のパトロール、輸送隊の護衛である。極めて緊迫した状況にあるため、ハイファの鉄道工作場、エルサレムの燃料貯蔵施設、中央郵便局、発電所、ラマッラの放送局、ラムレの中央電話局を含め、多数の施設に部隊が張りつき、警備せざるを得なかった。

主な襲撃活動が内陸部の丘陵地帯へ移ったあとも、暴徒の巣窟は依然としてヤッフォであった。狭い道が迷路のように入り組み、テロリストにとって格好の潜伏場所であった。警察は、多量の武器がここに隠匿されている、と考えた。ヤッフォは古い町であり、暴徒たちは防壁から港を一望できるので、ユダヤ人とエジプト人のスト破りの動きをつかみ、妨害することができた。

　ウォーチョプは、ヤッフォの制圧が緊急課題と判断した。そのためには、居住区域を制限し、テロの策源地としての影響力を弱める必要があった。そこで計画されたのが、町の占領と、四つの通りの道幅拡張である。港へのアクセスを容易にするためである。それには、たくさんの家屋を取り壊す必要があった。英委任統治政府は、「道路拡張は保健衛生上、治安維持上、必要な措置」との立場を堅持した。一九三六年五月二八日、ヤッフォ旧市街の住民に、治安部隊に対する射撃をやめよという警告が発せられた。しかし、狙撃と爆弾投擲はやまなかった。五月三〇日、英軍部隊が突入した。大々的火力をもって攻撃したのであるが、一八日後に増援部隊が到着するまで、旧市街の完全制圧はできなかった。

傭兵部隊「カウクジ」の出陣

　八月は、〝暑い月〟であった。七月末、パレスチナアラブ人は、性格の異なるゲリラ集団を、一つの統一指揮下に置いた。八月七日、各ゲリラ集団の首領が、地域を三つの指揮区分に分けることに同意した。ナブルスの丘陵地帯とトルカレム圏、そしてハイファ、アッコ域である。さらに、裏切り者を裁くため、〝最高法廷〟が設置された。暴徒たちは、八月いっぱいをかけて、丘陵地帯の陣地化につとめた。とくに、トルカレム、ナブルス、そしてジェニンを結ぶいわゆる〝危険な三角地帯〟の防備を固めている。暴徒たちは日を追って大胆になっていく。白昼堂々と行動するようになり、交通線と通信線の破壊につとめた。鉄道襲撃、電話・電信線の切断、道路および鉄橋破壊が日常的に繰り返された。ナブルス、ハイファ、エルサレムの各都市では、テロ隊が暗躍。当局は深刻な危機感を抱いた(14)。

　その危機感は、近隣アラブ諸国から、ファウジ・エル・カウクジ指揮の傭兵部隊が到着したとの情報で、一挙に倍加した。カウクジは、イラク軍に勤務していたベテランのシリア人反徒であった。このカウクジ部隊は、〝フィラスチン（パレスチナ）防衛連盟〟によって、派遣された。部隊は、反乱にはずみをつけ、ゲリラ戦から正規戦に転換して英軍と戦うため、バグダッドで編成されたのである。[15]

カウクジは、イラク人支援者一〇〇人とともにヨルダン川を渡り、ナブルス近郊の丘陵地に布陣し、ここを本拠地に決めた。守りやすく攻めにくい地形で、カウクジは自分の指揮所を〝南シリア方面アラブ反乱軍総司令部〟と名づけた。彼は、いわゆる〝最高法廷〟も設置した。金銭問題、家族や農業上の紛争など民事問題を裁くのである。これは司法部門で、カウクジは大英帝国に代わる統治機構の整備の一環、と考えていた。カウクジ部隊は、隊員の出身に準じて、シリア隊、イラク隊、ドルーズ隊、パレスチナ隊の四隊に分けられた。

暴動鎮圧のため一個師団派遣

大英帝国政府は、状況の変化により戦略を転換せざるを得なくなった。九月二日付の閣議では、帝国（の威信）が傷つけられる懸念から、パレスチナアラブ人の暴動を徹底的に鎮圧し、権威を回復することが決まった、この日の閣議で植民地相は、現段階でのユダヤ人移民の制限は、暴力と犯罪に対する降伏である、と述べている。陸軍大臣は、上級将官を指揮官とする歩兵一個師団の派遣を、勧告した。なお師団は参謀本部直轄とし、師団長は高等弁務官の指揮統制に服さないとされた。[16]

この時の閣議で今後の方針が決まった。ユダヤ人移民の制限については決定が先送りされ、パレスチナアラブ人の暴動に対しては攻勢に出て（民間人の砲爆撃はしない）鎮圧し、法と秩序を可及的速やかに回復し、警察の治安維持、商業および収税活動を再開する。閣議は、必要であればパレスチナ全土ないしは一部の地域を軍政下に置くとする原則を認めた。[17]

右の目的のため、一個師団がイギリスからパレスチナへ派遣された。師団は（砲兵部隊を欠く）三個旅団（一三個大隊）と補助部隊の編成である。これまで英空軍（ＲＡＦ）が担当してきた軍事関係の業務は、ジョン・ディル中将指揮の軍に引き継がれた。[18]ところが、すぐに判明するのであるが、軍司令官と高等弁務官の間では、閣議決定の解釈が違っていた。軍は、軍事政権のもとに部隊を置く機会と考え、ウォーチョプ高等弁務官は、閣議決定がアラブ側指導部に対する警告にすぎない、要するに、暴力をなくすための行動をとるように指示しているのである、と解釈した。彼らに退去の機会を与え、限られた時間ではあるが、彼らに政治行動の余地を認めたかったのである。いずれにせよ、高等弁務官はこの委任統治領の問題を今後も扱うつもりであった。解釈の違いが、すぐに激しい論争に発展する。

反乱の中断

一九三六年九月三日、英軍部隊とカウクジの部隊が、初めて対戦した。トルカレムとナブルスを結ぶ幹道沿いの村バルアの近くである。英軍は、丘陵地帯にあるカウクジの本拠地を包囲した。ちょうどその頃、パレスチナアラブ社会の指導部は、数人のアラブの王や支配者からの呼びかけに感銘を受け、当面ゼネストを中止することに決めた。暴動勃発から一七六日後、ムスリム六〇〇〇人が、エルサレムのハラム・アシャリフに参集した。この後、商店が営業を再開し、公共の交通機関も動きだした。反乱の第一段はかくして終った。

反乱がこの段階で終ったのは、いくつかのファクターが作用した結果である。ストライキは、ブーメラン効果が出始め、パレスチナアラブ人社会に大きい打撃を与えた。商業、経済団体がアラブ高等委員会（High Arab Committee ：ＨＡＣ）にストライキ中止の圧力をかけ始めていた。近隣アラブ諸国の指導者たちによる、暴動中止の勧告があり、大英帝国は本国からの部隊増派を示唆していた。[19]

蜂起の勢いがなくなってくると、ディル中将は、この機に乗じて残存ゲリラの徹底殲滅を望んだ。しかし、高等弁務官に反対される。高等弁務官は、せっかく終息しつつあるのに、このような挙に出れば相手を刺激し暴力のサイクルに再び火がついて、ぶり返す恐れがあると考えた。とくにカウクジ部隊の処理については、委任統治政府と軍が真向うから対立した。ＨＡＣとナブルス市長は、軍事作戦の規模に驚き、丘陵地帯にいるカウクジとその部下たちの命運を心配して、高等弁務官に哀訴した。

包囲下にあるカウクジ部隊は逃げ場を失い、その命運はまさに風前の灯であった。結局、カウクジ部隊は、無罪放免となる。軍は不承不承従った。カウクジ部隊は火器と装備品を残らず携帯し、ヨルダン川を渡渉してトランスヨルダンへ退去した。ウォーチョプは、植民地相宛書簡で、勝敗の明確な武断的手段の行使を認められず、ディル中将が失望していると書いた。

小康状態は、この後一九三七年九月二六日まで続く。この日に行き詰まりの状態が終るのである。パレスチナアラブ人は、すべてのアラブ国家から支持を得ていた。大英帝国はパレスチナと中東全体における権益を保持できており、大英帝国の保護下にあるユダヤ人は、自分たちの〝ナショナルホーム〟を守り、建設を続けていた。負け犬は英陸軍であった。政治的目的のため政治家に利用され、裏切られた、と軍は考えた。将校の多くは、高等弁務官が閣議決定をゆがめたと考え、ゲリラの抵抗を潰滅せず中途半端のまま暴動が中断するのは、反乱再発の道を開くだけ、と確信していた。

第二段階

対立深める委任統治政府と英軍

反乱の第二段階は一九三六年一一月一一日に始まる。エール・ピール卿を団長する政府調査団が、この日エルサレムに到着。翌日、ガバメントハウスで結団式が挙行された。政府、軍隊等の高官、貴紳が集まり、祝賀的な雰囲気であった。三つの言語で任命状が読みあげられ、高等弁務官が調査団を祝福し、任務の成功を祈ると述べた。内閣は、反乱の初期段階で調査団派遣を決めていたのであるが、一九三六年五月一八日に、〝法と秩序の回復ならびに敵対行為の中止〟を条件として、派遣を見合わせていた。[20]

調査団が報告書をまとめている間、軍はこの小康期間を利用して、対テロ、対ゲリラ作戦上有用なインフラの整備に着手した。パレスチナアラブ人の農村と直結する新しい道路が何本も建設され、北部では、パレスチナをシリアとレバノンから遮断するため、防護フェンスが境界沿いにつくられた。委任統治警察のロイ・スパイサー長官も、ヨルダン川東岸に幅一〇マイルの帯状のセキュリティベルトを設定し、その中の住民から武器をとりあげ始めた。さらに長官は、川の西岸域について、川岸へ至る道路をすべてフェンスで遮断し、常時警戒を国境警察隊に指示した。北部境界沿いの綿密なパトロールが導入され、フェンス沿いに簡易警察派出所として、一連のブロックハウス（銃眼付き防御用家屋）がつくられた。[21]

しかしながら、委任統治政府と軍との対立は極めて厳しく、ロンドンが介入せざるを得なかった。ピール調査団の勧告（パレスチナの分割、一九三七年七月発表）は、内容が内容だけに懸案事項になる。ディルとウォーチョプの激しい対立関係では、この問題に対応できない。内閣はそのように認識し、文民統制に限界を設けた。すなわち、高等弁務官の指揮権は平時に限定されるのである。パレスチナにおいて軍政が敷かれると、軍の先任指揮官が最高の権限を掌握する。しかしそれでも、当面は高等弁務官が最高権力者の地位にとどまり、反乱対応法を決めるのである。

准軍事組織ハガナの強化

ユダヤ人たちも、反乱の第一段階から教訓を学んだ。彼らは自衛組織を改組し、軍事力を改善した。テルアヴィヴでハガナの指揮官会議が開かれ、今後のパレスチナ情勢を分析し、対策を話し合った。(22) 今回の反乱事件で、ユダヤ人社会では治安問題が最大の関心事となり、ハガナへの参加者がうなぎのぼりに急増した。一九三七年末までにハガナの隊員は二万五〇〇〇人に達した。現代戦に適合した軍事訓練に重点がおかれたが、「隊員たちは火器の扱いに不慣れで、自信をもって迅速に配備し操作できなかった。失敗の多くはそこに起因する」状態であった。(23)

ハガナは、訓練を急ぐとともに、新しい戦法の開発に取り組み、防衛戦術を変えた。ユダヤ人開拓村警察（ＪＳＰ）が新設された。分隊を単位とするネットワークで、青年男女が隊員となり、英当局から銃と特別の制服を支給された。合法的な補助警察隊である。ＪＳＰ分隊は軽トラックと機関銃を支給され、正式には同組織は警察の監督下にあったが、実際にはハガナの指示で行動した。

この組織のおかげで、准軍事組織ハガナは、キブツをはじめユダヤ人開拓村の建設でユダヤ人口が集中している地域を、コントロールする機会が与えられた。村や居留地には、ＪＳＰの〝分署〟が設けられ、そこに火器が保管され、ハガナ隊員が、訓練や警備任務に使用できた。初級および中級指揮官の養成訓練にも使われている。後年イスラエル国防軍の幹部になった者は、ＪＳＰでの軍事経験がある者が多い。

塔と防御柵（ホマ・ウ・ミグダル：Homa u Migdal）と称する即席入植村方式も導入された。ボランティア数百人と必要資材を積載したトラック隊が、夕暮にこれと定めた場所に向かって出発する。そして夜明けまでに組み立て式の木造家屋数棟とテントを設置してしまう。敷地は速成の防護柵で囲む。二重の板囲いで、間に砂利を詰めて強度を与えた代物である。そして敷地の中央に木製の塔を建てる。こちらも組み立て式で、見張り、発火信号による連絡に使われた。夜が明ける頃には、襲撃されても強度のある防護柵の内側から防御可能な、新しい村が完成する。(24)

防御柵からの出撃―ハガナの積極戦法

後年イスラエル国防軍の上級幹部になったイツハク・サデー（独立戦争時第八機甲旅団長）やエリアフ・ベンフル（少将の肩書を持ちながらギバティ旅団のハーフトラック操縦手であった）など数人の勇敢な若手指揮官が、さらに攻撃的な積極戦法を試みた。ユダヤ人社会は、イギリスの支配下にあるため、自己責任をもって行動することができず、アラブの反乱を自らの手で制圧することは不可能であった。一九三六～三九年の戦争では、主にパレスチナゲリラと英軍が戦った。それでも、アラブ側がユダヤ人をターゲットにして攻撃するケースが多々あり、英軍部隊が必ずしも急場に間に合うわけではなかった。英当局が期待するところでもあったが、少なくとも英軍部隊ないしは警察が到着するまで、ハガナが守りにつかざるを得ない場合がよくあった。サデーとベンフルは、この防御的役割を広義に解釈し、開拓村の塹壕で待機しアラブ人が来襲してから射撃を開始する代わりに、積極防衛戦法を考えた。アラブ人襲撃隊を途中で待ち伏せし、あるいは彼らの潜伏地へ乗り込んで攻撃した。

この新戦法は、考案者たちから〝防御柵からの出撃〟と名づけられ、続々とハガナに志願するユダヤ人青年にとって、野戦の経験を積む機会になった。ハガナ司令部は、この積極防御の利点を認め、機動に任じる特別隊を数隊編成した。この隊はフォッシュ（野戦隊を意味するヘブライ語の頭文字を組み合わせた呼称）と称され、常勤者が隊員になった。フォッシュは英当局によって非公式に認められた。[25]

アラブの反乱は、ハガナの組織改編と計画の見直しに拍車をかけた。一九二〇年代から一九三〇年代初めにかけて、ハガナは地域の自衛グループをまとめた大雑把な集合体であった。司令部はあってなきがごとくで、一括購入品を地方グループに供給し、時々思いだしたように専門的な訓練を実施する程度の組織であった。

アラブの反乱時、全土的規模の防衛計画が初めて策定され、各級指揮レベルの訓練も日常的に実施されるようになった。司令部はその権限を行使し始めた。いずれユダヤ人自体が、シオニスト事業の潰滅を意図するパレスチナアラブ勢力と正面から対応せざるを得なくなる。司令部は、そのような判断のもとで、初めて全土的な防衛を構想するようになった。そして作戦策定者たちは、ユダヤ人社会の防衛には、全土ないしはかなりの領域の軍事的占領が必要かもしれない、と真剣に考えた。(26)

一九三七年、ヨーロッパとアフリカではヒトラー、ムッソリーニの拡張主義政策をめぐって国際緊張が高まる状況のなかで、パレスチナではゼネストが一応終息して比較的落着いたので、大英帝国はパレスチナ駐留兵力を削減した。境界沿いにフェンスをつくる計画などのゲリラ浸透防止策は棚上げになった。英軍部隊の大幅引き揚げで生じた警備の穴を埋めるため、政府は現地警察力の増強を決めた。ロンドンは財政難で人材も乏しかった。これがユダヤ人社会に、パレスチナの防衛に積極的かつ公的にかかわる機会を与えた。委任統治政府のロイ・スパイサー警察長官(警視正)は、警備の穴を地方人〝とくにユダヤ人〟で埋めることも示唆した。ウォーチョプ高等弁務官はこれに同意し、一九三七年初め植民地省は、〝特別補助警察隊〟の新編成を許可した。(27)鉄道沿線と重要施設の警備を任務とする。ユダヤ人社会にとって、願ってもない決定であった。ユダヤ人青年数百人が合法的に訓練を受け、武器を手にするのである。

パレスチナ分割の提案

ピール調査団は、アラブ・ユダヤ紛争をさまざまな角度から精査し、徹底的な調査にもとづいた勧告をいくつか盛り込んで、報告書を提出した。いちばん重要な勧告が、パレスチナ分割である(エルサレムからテルアヴィヴ・ヤッフォへ至る回廊、ハイファ、アカバを英委任統治領として残し、あとはユダヤとアラブの二地区に分割)。これまでの大英帝国は、二民族統一国家として発展させる政策を追求していたから、この勧告はパレスチナ政策の革命的転換であった。

ピール調査団の報告がいよいよ発表される段になって、期待と不安が錯綜して、現地情勢が緊張してきた。ピール調査団はパレスチナ分割を勧告するとの噂が流れ、HACは動揺し、警戒心をつのらせて直ちに特使を全アラブ国家へ派遣した。分割反対の意志表示をしてもらうためである。大法官のハッジ・アミン自身も、同じ目的でダマスカスへ行った。その段階で、関係者はいずれも暴動再発を避けたいと考えていたが、ちょっとした事件が引き金になって全土に火がつくことを、十分に認識していた。

ピール調査団のメンバーも同じ認識で、調査団報告に「現地を調査し事情を知れば知るほど、この休戦が平和への前段ではなく、敵対行為の一時的停止にすぎないことが、いよいよ明らかになった……暴動がいつ再発してもおかしくない。これが各界の認識である。現地では、我々の滞在中殺人事件や襲撃事件が、単発的に数回起きた」と報じた。(28)

ハッジ・アミン議長の努力がみのり、一九三七年九月八日、シリアのリゾート地ブロダンでアラブ会議が開催された。会議は、アラブ諸国の公認を得られなかったものの、大いなる意志表示の場となり、結局それがパレスチナアラブ人の紛争に対する肩入れ強化をこぞって示唆することにつながった。つまり、それは反乱再興のシグナルであった。

会議には、エジプト、イラク、トランスヨルダン、レバノン、パレスチナ、そして会議の主催国となったシリアがもちろん代表を送り、総勢四〇〇人が出席した。会議は、反英反シオニズムの激しい敵意を表明する場となった。パレスチナアラブ人を支援する目的で、政治、経済、財政、宣伝を担当する委員会が四つ設置され、次の五項目が決議された。

(1)パレスチナはアラブ世界の不可分の一部であり、分離できない。

(2)パレスチナ分割とユダヤ人国家の創設は、絶対に受け入れられない。

（3）パレスチナ人を支援するため財源を確保する。
（4）ユダヤとイギリスの商品をボイコットする。
（5）親パレスチナ宣伝を行なう。

軍事の問題を扱う議事は一部非公開になった。反乱再興の正式決定はなかったが、九月一〇日に大法官と数人の護衛が神殿丘のモスク（ハラムエシャリフ）にこもった。この動きが休戦の終りを示すシグナルであった。

ユダヤ人側も、ピール調査団の勧告について、いくらかの対応を示した。分割の最終線引きを考え、それに先立つ居住域の急速な拡大を決めた。伝統的にアラブ人が居住する地域を含め、あちこちで土地が購入された。一九三六年から一九三九年までの間に、五二の開拓村が新設された。その多くは、遠方の辺鄙な地や僻地に、ホマ・ウ・ミグダル（塔と防御柵）方式で建設された。

第三段階

反乱再発

一九三七年九月二六日午後六時頃、一触即発の事態がついに発火し、たちまち全土に燃えひろがった。ガリラヤ地方長官のルイス・アンドルーズと護衛のマッキーワンが、日曜礼拝のためナザレのアングリカンチャーチへ歩いて行く途中、アラブ人四人に襲われ、射殺されたのである。イギリス政府は衝撃を受け、断固たる対応措置をとることに決めた。HACはこの殺人行為を非難した。しかしその非難声明は政府が突き返した。イギリスの公務員がパレスチナで殺害されたのは、今回が初めてであり、大英帝国は反乱再興の宣言行為とみなした。(29)

エルサレムの英委任統治当局は、直ちにいくつかの措置を講じた。当初、当局は宥和政策を棄てて、反乱の芽を未然に摘む決意のように見えた。(30) 警官が動員され、ナザレには夜間外出禁止令が敷かれた。

委任統治政府の〝執行委員会〟は、HACをはじめ地方の民族組織の非合法化、ハッジ・アミン議長およびHAC幹部たちの逮捕許可をロンドン本省に求めた。委任統治政府のバッターシル官房長は高等弁務官代行として行動し、本省からの回答を待たず、ガリラヤ地方、ハイファおよびサマリア地方のアラブ人百余人の即時逮捕を命じた。大半は警察のブラックリストに載っているテロリストや扇動者であった。

植民地相は、HAC幹部たちの逮捕とセイシェル諸島(インド洋)への追放を許可し、バッターシルに迅速かつ粛々たる行動を求め、これが公共の安全、治安維持のために必要との認識を示した。[31] 一〇月一日金曜日早朝、電話線が切断され、警官隊がHAC全幹部の自宅を急襲した。しかしながら、杜撰な情報のため、わずか数人しか逮捕できず、残りはどこかに隠れるか、シリアへ逃亡してしまった。

いちばん果断な措置が、ハッジ・アミン・アル・フセイニをモスリム高等委員会(High Moslem Council)の議長職から解任したことである。もともと一九二一年に英当局が本人を任命した地位である。HACの解体は、パレスチナ指導部の排除につながらなかった。指導部がなくなっても、すぐに後継者が現れた。あとに残った者、とくにフセイニ一族の者が、ゼネストの再興を呼びかけた。しかし、一般大衆の反応は冷やかで、ハラムエシャリフに逃げ込んだハッジ・アミンは、中止を呼びかけた。英当局も、ぐずぐずして、パレスチナ社会を襲った衝撃と混乱に乗じて、次の行動に出ることをしなかった。バッターシルは、治安の安定が一時的であることを実感した。それでも今後好機を待とうと考えた。[32]

イギリス政府は、厳しい措置がさらに必要と判断し、優柔不断で慎重居士のウォーチョプを解任し、もっと植民地の実務経験を持った人物を新高等弁務官に任命することに決めた。[33] 一方、ハッジ・アミンが逃亡を企てているという噂が流れ、ディル中将のあとに軍司令官になったアーチバルド・ウェーベル少将は、前任者と同じようにこの大法官がトラブルの元凶と考えており、本人を逮捕しようとした。大法官の仇名（レッドフォックス：赤狐）を借りて、逮捕作戦を〝タリホー〟と称した。狐狩りの時の掛け声を作戦名にしたのである。しかし大法官は英軍の裏をかいて、まんまと逃亡してしまった。ベドウィン女性に身をやつし、エルサレム旧市の城壁を下り、仲間の手引きでヤッフォへ行き、港から船でレバノンへ逃げたのである。レバノンで仏当局から政治亡命を認められている。正式には行動を制限されていたのであるが、大法官はダマスカスから遠隔操作をして、ＨＡＣを再建し、復活させた。

高等弁務官の誤判断

ウォーチョプは、一時職務に戻ったが、自分の間違った考え方に欺かれてしまった。つまり誤判断で行動し、そのつけを払わされた。反乱再開の呼びかけにパレスチナアラブ人たちが冷静な反応を示したので、ウォーチョプは、テロの波は引いたと考え、政治的対策が軍事手段にまさると判断した。そのためにウォーチョプは、軍政を敷くことに引き続き反対した。

パレスチナアラブ人の多くは、一九三六年の暴動が自分たちの権益増進につながらず、経済的打撃をこうむるだけに終ったことに気づいた。しかし、複数のゲリラ集団が暗躍、一九三七年夏の段階で活動を再開し、英軍が対応をせまられる事態になった。

一九三七年末になると、当局のとった軍事手段が効を奏せず、法と秩序の回復につながっていないことが明らかになった。バッターシルは植民地省宛の報告で、この地では生命財産が安全ではない。形勢は不利、全体的状況は暗く希望がないと指摘した。武装襲撃、殺人、暴力は日常茶飯事である。武装した男たちが誰からも制止されず、徘徊している。ユダヤ人たちは、反撃を開始し、その規模はしだいに大きくなっていった。

イギリス人は文民、民間人に限らず武器を携帯するか、警察の保護下に置かれた。[34] さらに内閣が外務省の圧力に屈する事態になった。外務省東方局長が内閣に覚書を送り、ピール調査団報告の棚上げを勧告したのである。近隣諸国ではアラブの武装集団が出撃準備を整え、待ち構えている。パレスチナゲリラの反英闘争に合流する機会をうかがっているのである。このように主張する局長は、イブン・サウド王の発言を引用してアラブ側の意図を示唆した。サウド王は、パレスチナの沿岸におけるユダヤ人国家の建設によって、ヨーロッパのユダヤ人が大波となって押し寄せる恐れあるとし、その可能性に鑑みて、アラブにとって多大な脅威になると考える、と言ったのである。

新しい調査委員会の任命が近いように思われた。サー・ジョン・ウッドヘッドが委員長就任を求められた。内閣によって、ピール調査団勧告の履行の実効性調査任務を与えられたのである。(35)

一九三八年四月二四日、調査委員会がパレスチナに到着した。HACは、ダマスカスの新しい本拠地から弾劾し、協力を禁じて早速行動に出た。ウッドヘッドの到着に合わせたように、これみよがしのテロ事件が起きた。タクシーでツファットからアッコへ向かう途中のユダヤ人六人が、殺害されたのである。さらにいくつかのユダヤ人開拓村が激しい銃撃にさらされ、交通線が襲われた。

第四段階

高等弁務官の交代

一九三八年三月一日、ウォーチョプは更迭され、植民地経験の豊かなベテラン実務家サー・ハロルド・マクマイケルが任命された(ウォーチョプは一九三一〜三五年の一期を務め、二期目の途中で更迭)。この(二期目の)二年間の状況展開に極めて大きい影響を及ぼしたウォーチョプは、内心の不満をあらわにしつつ、「最後の二年は多事多難、そして失望の時代として歴史に残るだろう……我々の願望とその達成度の差には、ただただ落胆するばかりである……しかしながら、ビジョンなきところに実

生活はない」と苦々しげに状況を総括した。(36)

高等弁務官の交代は、反乱の可及的速やかな鎮圧を大前提とし、そのために文民政府と軍との関係を改善して、二者の協力を円滑にすることにあった。ロンドンの内閣は、ヨーロッパで暗雲漂う状況から、この目的の貫徹を重大課題として位置づけた。次期植民地相のマルコム・マクドナルドは、マクマイケルに高等弁務官就任の祝意を表し、新しい任務はすべての植民地行政の中で最も困難な仕事であり、大英帝国が直面する問題でもいちばん難しいと述べ、内閣は現地のアラブおよびユダヤ人住民に対して道義上の責任を感じているとつけ加えた。大英帝国は、戦略的理由により、パレスチナにとどまる決意であった。(37)四月九日、ウェーベル少将も更迭され、ロバート・ハイニング中将が新しくパレスチナ駐留英軍司令官に任命された。

異能の士ウィンゲートとSNSの編成

反乱は、一九三八年夏にピークに達した。国際緊張が次第に高まってきたため、大英帝国はやむなくパレスチナから英軍部隊を逐次引き揚げていた。武装して実力を有する唯一の勢力がパレスチナゲリラで、相当の領域といくつかの主要都市を支配していた。委任統治政府は、治安維持のためユダヤ人社会にますます依存せざるを得ず、ユダヤ人補助警察官をどんどん採用した。

七月初めマクマイケルは、本省の植民地相宛報告で、現時点でユダヤ人五五〇〇人がさまざまな任務のために訓練を受け、一三四五人がユダヤ人開拓村に常勤で配置されている、と述べた。(38)ユダヤ人男性は、さまざまな職務に登用されるようになった。たとえば二五〇人が、作業が再開された北部境界沿いのフェンス建設で、作業員警備に投入された。ツファット警察には、二〇人が増強要員として派遣された。六月の時点で、ハイファからエジプトへ至る鉄道の路線警備は、ユダヤ人補助警察隊が担当していた。その後も警官養成は続く。ほかの鉄道路線を含め、鉄道沿線の要所要所に小さい鉄道要塞が設けられ、そこへの配置要員になった。植民地相宛報告で、高等弁務官は、反乱が続くならば、ユダヤ人を多数採用して武装させ、反撃作戦に投入せざるを得ないと述べ、このような動きは政治的に重大な影響を及ぼすので、投入は最後の手段と認識していると付記した。(39)

この方向で象徴的な処置がすでにとられていた。処置したのは、アラブゲリラの撲滅に新しい方式を模索していたウェーベル少将である。一九三八年二月、近衛砲兵連隊付き情報将校チャールズ・オルド・ウィンゲート大尉が、エルサレムの軍司令部に配属された。ウィンゲートは、北部視察の申請を出し、許可を得ると状況把握のため現地を訪れた。ウェーベルはウィンゲートを〝奇妙な奴〟と考えたが、本人の風変りな外見の中に、全然型にはまらぬ規格外の、異能の姿を見てとった。ウィンゲートは、ハイファに駐留する旅団司令部を訪れ、旅団長に会った。彼から見ると、〝物分かりがよく、協力的、かつ行動的〟な人物であった。ウィンゲートは、パイプライン防衛を目的とする英・ユダヤ特別混成部隊の編成を提案した。

イラク原油をハイファの精神所へ輸送するパイプラインであるが、アラブ人によって頻繁に襲撃されていた。軍首脳はパイプラインを大英帝国の重大権益と考え、その安全確保に苦慮していたので、ウィンゲートの提案は、その要望にこたえるものと思われた。ユダヤ人を攻勢作戦に投入しないとする従来の方針を破り、参謀本部はハイニング中将の特別夜戦隊編成提案を承認した。この隊は頭文字をとってSNSと通称される。

SNSの編成は、活動期間が一年足らずで、関与したユダヤ人は数十人にすぎなかったが、それでもハガナ史上画期的な出来事であった。参加したユダヤ人青年にとって、それは精神を昂揚させる体験であった。その彼らが、ハガナ、そしてその後のイスラエル国防軍首脳の中核になるのである。

エインハロッドでウィンゲートの実施した〝下士官訓練コース〟が、その後十年間、指揮官養成の手本となり、このコースから幹部が生まれたのである。ウィンゲートの教えは、何十年も先までユダヤ防衛軍の教義の土台として使われた。ウィンゲート自身が率いる分隊は、疾風神雷、アラブ支配地になぐり込みをかけ、アラブゲリラの本拠地で戦った。アラブゲリラの多くは、大きな損害をこうむり追い散らされた。ウィンゲートは、シオニスト運動に永遠の記憶として刻みつけられ、伝説的人物となる。指揮官先頭をモットーとし、勇猛果敢。部下となったユダヤ人青年は心服した。そのリーダーシップのみならず、青年たちに対する態度に彼らは深く感動したのである。

聖書を常に手許に置くこの大尉は、ユダヤ人の間でハイエディッド（親友）として知られた。SNSで得た戦闘体験、そして彼から受けた指導（戦術のみならず精神的な教えを含む）は、遺産としてユダヤ人社会の中に残った。(40)

ウィンゲートの作戦は成功し、そのおかげで当局のムードも変わった。アラブに攻撃されても防御に終始せず、逆に攻めこみ、その心臓部での戦闘を強要する積極戦法を前向きに考えるようになったのである。一方、イギリス官憲の多くは、ウィンゲート大尉の発想と行動を心よく思わなかった。情報将校の大半は、アラブ人をさらに疎外する恐れがあるとして攻勢作戦にユダヤ人を使うことに反対であった。ウィンゲートは、作戦が成功しているにもかかわらず、小競り合いで負傷したあと、一九三八年一二月一二日に更迭された。

後任の副隊長は分隊を順次解隊していった。残る一個分隊は、一九三九年七月末に解隊された。イラク石油公社が、隊に対する資金援助を中止したためというのが、解隊理由とされた。だが、ウィンゲート大尉にとって、ユダヤ人との共闘は、小さな挿話に終るものではなかった。ウィンゲートは遠大なビジョンを持っていた。彼の信じるところによると、この地の将来を決めるべきはユダヤ人であり、ユダヤ人は必ず将来を決める。ユダヤ人は、身を守るためにイギリスの銃剣を必要としない。彼らには強い

意志がある。戦う民族になる能力がある。大英帝国にとって中東第一の友邦国になる、とウィンゲートは確信していた。(41)

ハガナの抜本的組織改革

大英帝国は、アラブの反乱鎮圧にはユダヤ人社会に否応なしに依存せざるを得なかった。ユダヤ人は、委任統治政府の防衛計画で一定の役割を果たし、その経験からハガナの抜本的組織改革が必要になった。一九三八年七月、ソ連軍の元将校ヨハナン・ラトナーが、この地下組織の参謀総長に任命された。それまでハガナは、ユダヤ人社会の諸政党で構成される政治委員会に統制されていた。この委員会は国土指揮委員会（Country Command Committee）と改称され、社会全体を代表する新しい政治・文民統制機関になった。

軍事的にプロフェッショナルなハガナ参謀本部をつくりあげたのは、このラトナーである。ハガナは軍管区を七つに分けた。エルサレム、ハイファ、テルアヴィヴの都市圏と四つの地方区である。機動に任ずる常設の野戦隊（フォッシユ）の各中隊は、それぞれの管区指揮官の指揮、統制下に置かれた。JSP（ユダヤ人開拓地警察）が公式な組織として存在したため、これがまわりまわって、准軍隊の建設を進めるハガナに、半官的機関の性格を与えた。

ハガナの指揮官の多くは、JSPの下士官として正式に勤務していたが、実際にはハガナの指名した人事であった。JSPの駐在所に保管された武器が、ハガナ隊員の訓練に使われている。イギリス当局は、その段階ではアラブの反徒と戦っており、この方式に関心を抱き、ユダヤ人の半官的活動に少なくとも見て見ぬふりをした。

過激武闘組織イルグン

一九三八年夏、パレスチナ駐留部隊がさらに撤収し、英軍の部隊規模が一段と小さくなった。それに呼応したかのように、イギリス人とユダヤ人に対するテロ活動が激増した。それに刺激され何度か報復攻撃をしたのが、ハガナから分離したユダヤ人集団「イルグン・ツバイ・レウミ（略称イルグンまたはIZL、民族軍事機構の意）」である。一九三七年に、ゼーブ・ジャボチンスキー（ヤボチンスキー）に率いられた右派の政治団体がつくった、武闘組織である。イルグンは、ハガナの抑制策を非難した。統一指揮組織としてのハガナを認めず、その参謀本部の指揮にも従わなかった。彼らは攻撃精神に徹し、アラブに対し一連の報復攻撃を加えた。それには住民攻撃も含まれる。

一九三八年七月六日、イルグン所属の小さいグループが、ハイファのアラブ人市場に侵入し、群衆の中に爆弾を一発投げ込んだ。この攻撃でパレスチナアラブ人二五人が死亡し、一〇〇人が負傷した。エルサレムとヤッフォでも、やはり群衆をめがけた爆弾投擲があり、ほかの所でも非道な乱射事件が起きた。イルグンは、報復攻撃であると主張した。しかし、結果から判断すると、パレスチナにおけるユダヤ人とアラブ人の緊張を高めただけであった。一連の無規律かつ残酷な行為は、ユダヤ人に対するイギリス人の同情心を傷つけ、ロンドン当局に警戒心を抱かせた。イルグンが、過激陣営に惹かれる多数のユダヤ人青年の間で、人気があったので、とくに然りであった。(42)

ヨーロッパ情勢と英の中東政策

その年の夏の初め国際緊張がにわかに高まり、ロンドンは少しでも身軽になっておきたいとして、パレスチナの危機打開の方策をさぐった。一九三八年八月六日、マルコム・マクドナルド植民地相が、エルサレムを一日訪問の予定で、現地に到着した。新しい方針を固めるため、現地情勢を自分の目で確認したかったのである。

植民地相は高等弁務官に、警察を軍の指揮下に置くように促した。「法の支配を拒否する反対勢力は断固として制圧する」との意志表示である。(43)しかしそれでも、高等弁務官は、この地を軍政下に置くことを拒否した。駐留英軍の逐次撤収で、軍政に投入できる兵力がないというのである。

一方、植民地相は、ヨーロッパ情勢が複雑化し紛糾しつつある時、イギリスが中東問題に足をとられることを心配していた。そして、政策変更を考え始め、それはやがてピールが勧告した分割計画の放棄をもたらすのである。彼は、この際アラブ側指導者を懐柔する姿勢をとった方がよい、それが時宜に適していると確信する。マクマイケル高等弁務官は、あまり乗り気ではなかった。アラブ穏健派の指導者は現時点で大英帝国より過激派の方を恐れている、と判断していたからである。

アラブの一般大衆は、テロリストの脅迫に屈し、身に危険が及ばないよう言うなりになっている、と高等弁務官は説明した。村民たちは戦闘要員を差し出し、食料や金銭を提供、あるいは政府協力者を非難するなどして、テロリストに恭順の意を表しているという。マクドナルドは、フランス政府に呼びかけ、ハッジ・アミンとその司令部をシリアとレバノンから駆逐し、〝テロ組織の心臓部を叩き潰す〟ようにを求めるとした。[44]

状況はマクマイケルの言う通りで、極めて悪化していた。パレスチナアラブ人の政治団体は非合法化され、都市部の指導者の大半は逮捕されたか、あるいは逃亡していた。カウクジのような外国の指導者は、現地復帰が許されていなかった。このような状況下では、統制のとれた政治活動は無理である。武器で威圧し力をふるうことのできる集団は、ゲリラやギャング団だけで、地方はまさに百鬼夜行の状態にあった。大きい町でも彼らは、力で住民を威圧した。その支配力の大きさは、彼らの出した指示が象徴している。男性にはケフィヤとアカル（かぶりもの）の着用、女性には顔全体を覆うように命じた内容である。現実をみると、彼らは、政府に代わり支配権を握っていた。[45]大英帝国政府は、この象徴的な行為に危機感をつのらせ、パレスチナが混沌の世界になるのを防ぐため、強硬手段をとった。

第五段階

武断政策に転じた英参謀本部

一九三八年九月二九日、ミュンヘン協定が結ばれた。これでヨーロッパ情勢は一時小康状態になったとみられ、パレスチナにおける兵力増強があらためて可能になった。英陸軍参謀総長W・エドマンド・アイアンサイド元帥が、反乱鎮圧の決め手となる戦略策定のため、現地を訪れ視察した（原著注：現地視察は一九三八年一〇月。元帥昇格は一九四〇年）。彼は、政治宣言では何も達成できない、と確信していた。彼の考えによれば、文民政府の完全崩壊を防ぐには、軍事力の全面投入が必要であった。

ハイニング中将の軍司令部に、サー・チャールズ・テガートが配属された。イギリス警察で対ゲリラ戦の最高権威のひとりである。英軍部隊も歩兵二個師団が増派された。一九三八年一〇月時点で、パレスチナには一万八五〇〇人の将兵が駐留していた。第七師団（師団長：リチャード・オコナー少将）がエルサレム周辺、第八師団（同：バーナード・モンゴメリー少将）はハイファ周辺である。英空軍（ＲＡＦ）も戦闘機二個中隊が増強された。増派部隊が現地に到着して配置についても、ロンドンは議論と計画に明け暮れ、決断を引き延ばしにしていた。作戦命令が出たのは、ハイニング中将が辞任をちらつかせて威嚇したあとである。

作戦要旨には、新しい戦略の実施にあたり、文民政府がこれを〝支援する〟かたちをとらず、文民政府を〝交代〟せしめるとある。軍政とは明言してはないが、軍は緊急事態時の権限を幅広く手にし、警察は軍の指揮下に入った[46]。一〇月一九日、治安問題はすべて軍指揮官の手に移管されたとする政府声明が、官報と新聞に掲載された。各地区の文民知事は政治顧問になり、引き続き民生分野を担当するのである[47]。

反乱鎮圧はゆっくりしたペースで始まった。軍事行動と併せて、市民生活に制限が加えられた。交通機関、アラブ住民の通行と移動がとくに対象になった。反徒側の宣伝メディアで報復といった悪意の宣伝をされないように、軍司令部は、一連の制限に手心を加え、反発をかわないように苦心した。ハイニング中将は、軍事作戦が終れば民政に戻ると認識していたので、〝焦土作戦〟は避けたいと考えた。不法所持の武器をすべて没収することをもって、社会から反徒の脅威を排除して、大英帝国の威信を回復する。これがハイニング中将の基本路線であった。

旧市街の奪回

中将は、エルサレム旧市奪回に備えて、オコナー少将をエルサレム地区の知事に指名した。時間がたつうちに、城壁内の旧市街にはパレスチナアラブ人ゲリラが数百人も潜入し、市内を支配するに至った。一〇月八日には、彼らの指示ですべての城門が閉じられている。イギリスの警察は入門を拒否され、ダマスカス門の上にアラブの旗が掲揚される。オコナー少将は、被害を極限しつつ旧市街を奪回すると決意。次のように意図した。

（1）旧市を包囲し、隔離する。
（2）物理的、精神的に旧市全域を支配する岩のドーム（神殿の丘）を占領する。
（3）路地と屋根を伝って急速に展開し全域を制圧。とくに視界、眺望のきくモスクのミナレット（尖塔）を占領する。

連隊長たちは、師団長の作戦計画を極めて冷やかに受けとった。まず彼らに市街戦の経験がない。次に市街地での戦闘は被害が大きくなる恐れがある。オコナー師団長は、彼らがこの種の戦術に不慣れであるから足踏みするのであろうと疑ったが、これといった代案はないと考えた。(48) 攻撃は払暁を期し、一〇月一九日午前四時に開始された。兵隊は迅速な行動のため、必要最低限の装具を携行し、滑りやすい石畳み路での転倒を防ぐため、ゴム底の靴をはいた。二個大隊が包囲するなか、別の二個大隊が城門を破壊して突入し、路上の住民を先頭に立てて〝人間の楯〟に使いながら前進した。航空機が上空から部隊を誘導した。しかし、抵抗らしい抵抗はほとんどなかった。反徒の大半は、ハラムエシャリフの中に隠れていた。旧市街の掃討に四日を要したが、アラブ人四人と英兵一人の死亡で終った。

同じ日、アッコは〝奪回〟作戦で制圧され、一〇月三一日時点でヤッフォの掃討も始まった。英軍は、土地勘のあるユダヤ人たちに支援された。この作戦で損害はなく、アラブ側に死者四人、負傷者二人の被害が出ただけであった。尋問のため多数のパレスチナアラブ人が逮捕、拘留され、警察は日課の市内巡察を再開できるようになった。作戦がうまくいったので、軍警の士気は大いにあがった。ヤッフォはトラブルメーカーの温床として有名であったが、今やテロの主要策源地ではないのである。(49)

反徒側が勢力を失い、後退していることが明らかになってきた。この状況変化を示すのが、パレスチナアラブ人社会における〝平和集団〟の出現である。過激派に反対する集団が、ゲリラに脅迫されているアラブ住民を積極的に守るようになった。この社会は、三つの問題で分裂していた。反乱指導部の問題、英軍を向こうにまわした適切な対抗戦術問題、委任統治政府とユダヤ人に協力したアラブ人内通者の処置問題である。

フセイニ支持派と反フセイニ派はことごとに対立したが、第三の問題が主な争点であった。過激分子は、穏健派アラブ、そしてピールの分割勧告を支持したと思われる者を決して忘れなかった。(50)

宥和策の導入

一九三八年は、穏健派に対する脅迫とテロが劇的に増加した年である。穏健派を主導するナシャシビ一族は、先手をとって予防策を講じた。エルサレムとその周辺のアラブ人名士を動員して反フセイニで固め、反テロの〝平和集団〟を組織したのである。一一月一日、英軍は声明を出し、住民全員に身分証明書の携帯を義務づけた。パレスチナアラブ人はジレンマに陥った。身分証明書を申請すれば、ゲリラの報復を受ける恐れがある。申請せず携帯しなければ、外を出歩くことができず、商業活動もできない。当初アラブ住民の大半は、申請する方を選択した。柑橘類の収穫期で、彼らは収入源の収穫に必要という理由で、ゲリラに圧力をかけた。過激派は、柑橘類を港へ運搬するトラックの運転手に関しては譲歩した。ただし、一箱単位で課税し、反乱側に上納することを条件にしている。

マクドナルド植民地相は、穏健派を後押しするため宥和策の導入を決める。ウッドヘッド委員会の勧告を発表したのである。それは、ピールの分割勧告から後退した内容であった。マクドナルドは、政府がアラブ・ユダヤ会議をロンドンで開催する意図も発表した。アラブ諸国からも代表を招き、パレスチナの将来を話し合うというのである。アラブ人側は歓喜し、ウッドヘッド報告に、反乱が勝利した証拠を読みとった（原著注：一〇月に発表されたウッドヘッド勧告はピールの分割案を否定し、ユダヤ側の領域を縮小した二案を提示した）。しかしながら彼らは、ユダヤ人移民が中止されず、フセイニが交渉から排除されたので、不満であった。一方、ユダヤ人側はユダヤ人国家となる領域が沿岸の細い帯状に限定され、ガリラヤ地方全域が英委任統治領として残ることに、衝撃を受けた。

クリスタル・ナハト（水晶の夜）事件

一一月中頃になって、二つの新しい事態が見えてきた。第一がドイツにおける反ユダヤ主義の激化である。一一月九日夜、ポグロム（訳注：ロシア語で破滅させる、暴力的に破壊するを意味する。ユダヤ人に対する組織的な略奪や虐殺を指す）が発生した。ナチスによるクリスタル・ナハト（水晶の夜）事件である。ドイツをはじめとするヨーロッパのユダヤ人社会の命運を考えて、パレスチナのエシューブ（ユダヤ人社会）は動揺した。懸念は強まるばかりであった。高等弁務官サー・ハロルド・マクマイケルは「〝野蛮かつ残忍な暴発〟によって、世界はユダヤ人の命運に注目した」「これは世界の同情を

いちばん買いたい時に発生した。シオニストにとっては、まさに時宜に適した事件である」と、シニカルな意見を述べた。(51)

ちょうどその頃、パレスチナアラブ人社会では、内部闘争が山場を迎えていた。一一月一五日、ナシャシビ一族のファハリ族長が、高等弁務官宛の公開書簡を発表した。分割計画から後退したことで英政府に祝意を表明し、自分の率いる防衛党（Defense Party）が当地アラブ人口の五〇パーセントの意見を代表する、と主張した。彼は、フセイニの犯罪歴を暴いた小冊子も出版した。高等弁務官は、パレスチナアラブ人社会で起きているテロ合戦が一二月にピークに達し、反徒側が形勢不利になってきた、と判断した。パレスチナアラブ人は、いずれ選択をせまられる、と高等弁務官は確信する。経済的破滅と飢餓か、あるいは反徒への感謝かである。高等弁務官は、パレスチナアラブ人の困窮とユダヤ人社会の繁栄ぶりも比較している。その繁栄は、アラブ人所有車両の路上走行減少、アラブ人商店の頻繁な閉鎖、警察業務におけるユダヤ人雇用の増加、ユダヤ人と英軍の諸契約の増加に起因するという。おかげで、ユダヤ人の失業率は大幅に低下した。

一九三八年一一月、九月以来反徒の支配下にあったベエルシェバとヘブロンが解放された。作戦は迅速に進捗しなかったが、それでもハイニング中将は、これまでの成果に満足した。(52) 一二月初めの段階で、アラブ人村落千カ所のうち三分の一を掃討し、植民地相は、軍事作戦の目的完遂は近いと内閣に報告することができた。小規模の破壊活動が、それも散発的にみられる程度であった。(53) アラブ諸国は、近くロンドンで開催が予定されている会議に参加できるよう、セイシェル諸島に追放中のパレスチナアラブ人指導者の釈放を求めているが、今回の作戦成功で、この要請を前向きに検討できるようになった、と植民地相はつけ加えた。

最終段階

行き詰まる反乱

一九三九年は決断の年であった。あわただしい政治の動きで年が明けた。ロンドン会議が迫っている。一九三九年一月一一日、セイシェル諸島追放者たちは、ロンドンへ行く前にベイルートに集合した。フランス政府が会わせないと公約していたにもかかわらず、彼らはフセイニと協議するのである。(54) アラブ側フセイニはすっかり権威を回復していた。アラブ側代表団一三人は完全にフセイニの権威に服していた。従兄弟のジャナル・エル・フセイニが、団長に指名された。つまりそれは、和解や妥協を拒否する、パレスチナアラブ人の硬直した姿勢を示唆する編成であった。これは、反乱に終止符をうち対英協力に戻ろうとする穏健派にとっても、大きい打撃であった。

一方、現地パレスチナでは軍事作戦が続いた。一九三九年一月初め、第八師団長モンゴメリー少将は、北部の掃討作戦を開始した。師団長は、掃討後南下してほかの部隊と連結し、〝危険な三角地帯〟に反徒を追いつめて撃破する計画を立てた。マクマイケル高等弁務官は、パレスチナアラブ人社会が、当局に協力し始めたとの感触を得た。反徒の動きを知らせたり、身分証明書携帯に応じるようになったのである。しかしその一方で、アラブ人の手によるアラブ人暗殺がうなぎのぼりに増えていた。(55) ゲリラは英国人とユダヤ人をターゲットにヒットエンドラン戦法をとった。彼らはサー・チャールズ・テーガルトを含む英軍警幹部たちの殺害を企てた。

一月五日、エルサレム・ナブルス街道を走行中の輸送車列が伏撃された。八〇から一〇〇人の男たちが襲撃した。テーガルトの副官が殺されたが、コンボイは全速力で走り抜きエルサレムへ向かった。ほかでも、一月一六日にベンシェメン近郊で、ゲリラ二〇人からなる集団が、ユダヤ人騎馬警備員三人を襲撃した。この事件でユダヤ人二人とアラブ人一人

が殺害された。(56)

反徒たちは、果敢な行動にもかかわらず、パレスチナアラブ人の共鳴、支持を失い始めた。彼らは、ゲリラ戦の戦術鉄則に反して、大規模戦に走る場合が多く、非常な損害をこうむった。三月二七日、大物ゲリラ戦士のひとり、アブデル・ラヒム・エル・ハッジ・モハンメドが、ナブルス北方の戦闘で殺された時、反乱が自然消滅の道をたどり始めているのが明らかになった。反徒が一七歳未満の子供を募集し始めた事実が、彼らの置かれた絶望的状況を明確に物語る。幹部のうち数人は、シリアとトランスヨルダンへ逃げた。追放身分のフセイニは闘争資金集め、武器購入、シリア人志願兵の募集に力を入れて反乱継続をはかった。しかし彼は、現地の空気を知らなかった。現地住民は打ちのめされ、惨澹たる状態にあって、敗けいくさに身を挺する気はもはやなかった。

一方ドイツとイタリアは、戦雲暗くたれこめるヨーロッパ情勢にパレスチナ問題を利用しようとして、ゲリラに対する肩入れ工作（バグダッドおよびベイルートのドイツ領事が窓口になり、さらにヴィルヘルム・カナリス指揮の軍情報部がテコ入れし、ジュールから小火器をイラクおよびサウジ経由で供給）を行なったが、うまくいかなかった。(57)

パレスチナに関する新政策発表

一九三九年二月、セントジェームズ宮殿でロンドン会議が開催された（原著注：アラブ側の同席拒否で、二月七日から三月一七日まで、二つの円卓会議が別々に開かれた）。双方ともに従来の立場を変えなかったので、まったく結果を出せずに終った。大英帝国政府は、なんらかの手を打たざるを得なくなった。同年四月、第八師団長モンゴメリー少将は本国帰還を命じられた。少将は組織的反乱が潰滅したとの確信を胸に帰国し、第三師団長に就任した。(58)反乱が消滅したのは明らかであった。反対派活動家のひとりは、ナブルスで開かれた集会において、反徒の犯した数々の脅迫と殺人を勇を鼓して非難した。

散発的に事件が起きてはいた。一〇〇人編成のゲリラ集団が、ナザレの警察署と政府公舎を襲撃したのは、その一例である。しかし、今や全員が固唾をのんで、大英帝国の新政策発表を待った。複数のユダヤ人情報機関によると、エルサレムの政府筋は、この政策がアラブの反乱終息の吉凶を判断する材料になる、との意見であった。[59] シオニストにとって、〝ナショナルホーム〟の将来が危うくなっていた。

五月一七日、ロンドンが白書（マクドナルド白書と称する）を発表した。パレスチナに関する新政策である。イギリスが一〇年以内に独立パレスチナ国家を建設する。そんな約束が盛り込まれていたが、連邦制の言及はなかった。この声明は、カイロでアラブ諸国と協議したあとにまとめられたもので、今まさに勃発せんとするヨーロッパ戦で、イギリスの国益を守るべく意図されたのである。

中東に第二の正面をつくるのは、戦略上絶対に避けなければならない。白書は、移民と土地購入の分野でもユダヤ人側に厳しい制限を課した。白書は、大英帝国がシオニスト事業に対する態度を劇的に変えたことを物語る。おかげで、パレスチナのユダヤ人社会と大英帝国政府の関係は危機的状況になった。この声明がパレスチナ放送（PBS）で伝えられる少し前、ラマッラの放送局の電線が切断された。政府はユダヤ人を疑った。ユダヤ人社会は非常な挫折感を味わい、断固たる反英闘争の覚悟を決めた。しかし、その三カ月後、ヨーロッパで戦争が勃発し、シオニストとイギリスの正面衝突は五年後、すなわちヒトラー打倒まで延期されるのである。

まとめ

アラブ社会に対する反乱の功罪

アラブの反乱は軍事的には失敗したが、パレスチナ民族運動史上、画期的な出来事であった。パレスチナアラブ人は、パレスチナのイギリス支配に敢然として挑戦し、成果をあげたといえる。すなわち、自己の主張を帝国の懸案事項として組み込み、アラブ諸国を味方につけ、シオニストの事業に対する大英帝国の公約を撤回させたのである。アラブの反乱は闘争の源泉となった。今後パレスチナアラブ人は、そこから己れの夢と希望を汲んでいく。

しかしその反乱は、パレスチナのアラブ人社会に、負の結果ももたらした。人的損害と重大な経済疲弊である。社会が内部分裂を起こし、指導者層が一掃され、民族運動の発展に大きい足枷《あしかせ》となった。反乱がもたらした力の真空は、それぞれ思惑のあるアラブ諸国が埋めた。そして、パレスチナアラブ人の大義が、それぞれの思惑を隠す煙幕となった。

逆説的であるが、このアラブの反乱は、ユダヤ人社会の発展に起爆剤として作用した。ユダヤ人の郷土建設に大きい刺激を与えたのだ。ハガナには発展の励みになり、組織と戦略教義を飛躍的に向上させたし、ユダヤ人社会の経済インフラの発展に寄与したのである。ユダヤ人開拓村の新設を加速させ、ユダヤ人社会の指導部はその権威を固めた。アラブテロリズムに関し、あるいはイギリスの新しい反シオニスト政策に関し、その対応をめぐってさまざまな意見があり、紛糾していたのであるが、状況が団結心を強めた。政治的行動主義、経済成長、軍事力の強化、目的意識を持つ民族の大同団結の四つの総合力が、ナショナルホームの建設に必要であることが明らかであった。

新たな敵、大英帝国

反乱鎮圧は根気を要し、さまざまな困難のともなう作戦であったが、英軍指揮官たちは執拗かつ淡々として掃討を続け、結果を出した。一九三八年一〇月から一九三九年三月までの作戦で、英軍は反徒側に潰滅的打撃を与えた。これがなかったなら、反徒指導者たちは逃亡し、ゲリラ組織の潰滅も中途半端で終ったであろう。この掃討作戦は、アラブ人と英委任統治政府の協力関係の再建に、一種の環境作りの役割を果たし、中途半端ではあるが、パレスチナアラブ人とイギリスとの信頼関係が一部修復された。

一九四〇年五月七日、四月に着任した駐パレスチナ・トランスヨルダン軍の新司令官サー・ジョージ・ジェームズ・ギファード中将が、反乱を完膚無きまでに叩き潰したとして、作戦完了を発表した。軍司令官は、反乱が再発するならユダヤ人はこれまでとは違った対応をするであろうと予言した。この予想がどうなるのか。あと一〇年待たなければならない。そしてユダヤ人はそのうちに彼らの怒りを別の敵に向ける。大英帝国である。

第2章 一九四八年のアラブ・イスラエル戦争

ヨアヴ・ゲルバー

パンドラの箱

撤回されたイスラエル軍の戦争犯罪

ハイファ大学中東歴史学科に提出された修士論文が、波紋を呼んだ。それはパンドラの箱を開けたようで、三年以上もイスラエルの学界を騒がせた。その論文をまとめたテディ・カッツは、一九四八年の戦争における二つのアラブの村の状況をとりあげ、アラブの元住民とイスラエル兵の口頭証言にほぼ全面的に依拠しながら、地中海沿岸の村タンチュラで、イスラエル軍部隊が戦争犯罪に手を染め、村民二五〇人を殺した、と主張した。

この論文はすぐに報道機関に洩れた。イスラエルのアラブ系国会議員団は、反イスラエル宣伝の好機とみて、すぐに司法調査を要求した。この問題はメディアにとりあげられ、大論争になった。そしてある退役軍人グループが、カッツを名誉毀損で告訴する事態に発展した。アラブ系弁護士協会と複数のユダヤ人過激左派グループが、裁判費用集めの募金活動を開始した。彼らは法廷をナクバ裁判の場にしようと考えたのである。つまり、一九四八年時とその後のパレスチナアラブ人の苦しみ、そして犯罪行為の隠蔽で、イスラエルの責任を追及しようというわけである。しかしながら、公判が始まるとすぐに、さまざまな疑惑が浮上してきた。被告の論文執筆動機、方法論、能力・適性、そしてこの論文に九七点という突出した高得点を与えた指導教官と審査員たちの学問に対する姿勢および判断能力が、問題にされたのである。

法廷は、パレスチナアラブ人のナクバに対するイスラエルの責任を追及するどころか、論文の虚偽、歪曲を問う場になった。結局、裁判は、カッツが前に表明していた非難や告発的発言を撤回し、公に謝罪する結果で終った。のちにカッツはこれをさらに撤回しようとしたが、最高裁は本人の要求を拒否した。

ハイファ大学は、この事件を受けて、アラビア語と中東史の専門家で構成される委員会を設置した。委員たちは、オリジナルの証言テープを聴き、論文の中に手抜き、作話、偽装、無知、無視などが複数あることを発見した。この一連の欠陥がすべて同じ傾向を反映している事実が、単に無能にすぎないという可能性を否定した。カッツは改訂版提出機会を与えられた。しかし、外部審査員五人のうち三人が力量不足を痛烈に批判した。

このようなスキャンダルが化学や心理学の分野で起きれば、どうなるであろうか。化学者の発表した結論と実験結果の間に大きい相違があり、あるいは心理学者の推論と質問表の結果の間に食い違いが生じた場合——研究者が自分の出した結果を意図的に歪曲している場合なおさら——同僚の研究者たちは、本人をいかさま師と異口同音に非難し、学界から追放するだろう。しかしながら本件については、イスラエルの歴史学者は意見が割れた。類のない不名誉な話であると考える者がいれば、学問の新たなる真骨頂と切り返す者もいた(1)。

歴史学の定義は何か。一つの歴史研究が価値ある誠実な仕事か、それとも単なるプロパガンダや創作なのかを判定できる基準は何か。その考察はひとまず脇に置いて、我々は、相反する説明や集団と個人の記憶、あるいは神話、伝承、偏見の山をかきわけつつ、探究していかなければならない。本章では、一九四八年のアラブ・イスラエル戦争の基本的説明の進化を再検討する。それから、この戦争に関する私自身の研究成果と対比し、所見を述べたい。

まだ終決していない一九四八年の戦争

一九四八年の戦争は、イスラエル側の呼称では〝独立戦争〟、アラブ側では〝ナクバ（破滅）〟と称するが、いつまでも関心が持続しているのは、軍事史上の重要性や作戦としての特異性に起因している。この戦争は今なお学問上の関心を呼び、一般社会の好奇心をかきたてる。戦闘は限定されず、奥行きが深く幅も広い歴史的結果を生み出したからである。イスラエルが独立し国家として成長した。そしてその国家はヨーロッパ文明の尖兵のごとく、ユダヤ人国家として中東に根をおろし、存在感を強めている。その一方でアラブ・イスラエル紛争は延々として続き、パレスチナ問題は未解決のままである。この戦争に起因する歴史的変容は、ほかにもある。イスラム諸国には古代からユダヤ人社会が連綿として続いてきたが、住民のイスラエルなどへの移住で、その社会は消滅し、その戦争のあとアラブ諸国は政治的、社会的大変動に見舞われ、グローバルな方向性と位置づけも頻繁に変わった。

二〇世紀に勃発したほかの戦争と違って、一九四八年の戦争はまだ終結していない。歴史学者は、今なお尾を引く対決のなかで、この戦争の事象を書いているのである。戦争勃発に至った諸問題は、戦闘がときほぐしてくれなかった。さらに、作戦の結果、新しい重大問題が生まれた。たとえば、パレスチナアラブ難民の発生、あるいはエルサレムの地位についてである。この戦争に関する著作や発言は、一字一句、現実の流れのなかにあり、歴史という文脈の外、つまりは現在進行中の闘争のなかで解釈され、検討されているのである。その意味で、アラブ・イスラエル紛争の歴史学方法論は、紛争関係で前例がなく、類もないものになる。

この戦争の歴史学方法論に関するアンソロジーが、ケンブリッジ大学出版局から出版されている。これなど、この戦争史を学ぼうと考えている無邪気な読者が予期しなければならぬ、典型的な落し穴である。一見したところ公平で学術的な装いをこらしているが、執筆者の選択がかたより、親パレスチナ・反イスラエルの視点から、戦争が記述されている。同時に編集者は、修正主義者の見解を否定し、あるいは批判するさまざまな学術的研究を無視した。何も知らぬ読者は、本のタイトルから、バランスのとれた総合的研究書あるいは集大成と考えるかもしれないが、そのような性格のものではない。編集者は、〝新歴史学派〟を除くすべてのアプローチを神話的、廃れた代物として一蹴し、対象からはずしてしまったのである。(2)

紛争が継続しているため、現在の状況、局面に焦点があてられ、歴史的根源をわきに置く傾向が強まっている。このアプローチは間違っている。西ヨーロッパ、アメリカ、そしてイスラエルですらも、記憶の余命はだんだん短くなり、哀れにも薄れていき、プロパガンダが歴史的認識を侵食していく。ポストモダンの時代には、両方の識別はまず不可能である。

戦争史観

歴史学者の使命

この戦争の歴史学方法論という基本課題を一つとっても、イスラエル、アラブ双方の神話にすぐ緊張関係が生じる。その神話はそれぞれの物語に発展する。そして双方の物語と歴史調査の発見、所見との間に緊張関係が生じる。イスラエル、アラブ双方の同時期資料で、典拠の確かな公文書保管所の保存資料を比較検討すれば――このような比較が可能な場合の話であるが――対応する双方の記述には、比較的細かい溝しかないことがわかる。しかし、時間が経つうちに、自己の立場を正当化するための弁明と反論が、その溝を次第に広げていく。記述に多少の違いはあるが、もともと一つの歴史しかない。ところがその歴史が次第に分裂し、対立する二つの史観になっていく。その形成過程で、ユダヤ人とアラブ人のいわゆる〝集団の記憶〟は、作り話、固定観念、神話、弁解、そして反駁をベースとした物語が積み上がり、戦争をその分厚い層に包みこんでしまった。今日、歴史学者の任務は、この層の中と下に隠れている本当の戦争を掘り起すことにある。

この戦争に関するイスラエル側の認識は、戦闘中から休戦直後に、あるいは二回戦の暗雲が中東に漂い危機感に包まれたなかで、形成された。休戦ライン沿いでは日常的に小競り合いが発生し、政治戦、経済戦も続く環境が、いつまでも続く包囲戦の雰囲気をつくりだした。これが当然イスラエルの戦争観に影響を与えた。例外はあるが、一九五〇年代、六〇年代の戦争史観、記念論文、式辞、あるいは小説は、この戦争を奇跡の戦いとして称揚している。論者は戦争を白黒のはっきりした状況で描き、コントラストを浮き彫りにした。彼らの描く戦争は、弱者対強者の戦いである。「寡《か》を以て衆にあたり」、強者を倒した。正義が悪に勝ち、賢者が愚者を圧倒し、勇者が卑怯者を叩きのめした。生き残りにかけた者がどうでもよい者に勝利した。平たく言えば、巨人戦士ゴリアテに対するダビデの戦い、セレウコス朝の軍勢に立ち向かって勝利したマカベアの戦いである。

イスラエルの史家たちは、英雄的戦いを強調するあまり、イェシュブ（パレスチナのユダヤ人社会）に対するアラブの猛攻とイスラエル侵攻を指導したとして、イギリスを非難した。さらにユダヤ人国家の独立を阻止しようとして失敗すると、イスラエルが勝利の成果を手にするのを拒否したと、イギリスを糾弾した。戦争の学術的研究が進んでくると、このアプローチは変わり、誇張と言葉遣いから脱却し、もっと是々非々の批判的な姿勢に変わった。

専門的な歴史研究と著述が始まる前には、詩歌、演劇、映画、文学、学校の教科書、流行歌、記念碑、追悼図書、政治論争は、先の戦争史観をモデルにしていた。イスラエル国内では従来とは違う史観が生まれ、あるいは立場を異にする派が独自の史観を形成した。たとえば、ベングリオンの記述する戦争史と、左翼集団の史観は異なる。後者は、外交支援と戦闘資材の供給を通したソ連の援助を強調し、誇張して伝える。二つの軍事史学派、すなわちパルマッハと英陸軍退役軍人たちは、軍事的勝因について、見解を異にする。イルグン（ＩＺＬ）すら独自の軍事史観を持っている。

いずれにせよイスラエル各派の史観には、これまで一定の共通認識があった。すなわち、ユダヤ人社会に戦いの道義性（トハル・ハネシェク）ありとし、兵力と戦闘資材においてアラブ側が圧倒的に優位であった。アラブ側はユダヤ人を地中海に叩き込む決意であり、アラブ側指導部がパレスチナアラブ人に、一時避難を求め、アラブ諸国軍の勝利ですぐに帰郷できると公約した等々である。(3)

アラブの歴史学方法論の限界

一方、アラブ側では、アラブ各国がそれぞれに戦争史観をつくりあげ、パレスチナアラブ人も独自の史観を持った。アラブの世論は、戦争が終るまで、パレスチナで起きている実際の状況をわかっていなかった。アラブ諸政府は、休戦協定の本質とそれをもたらしたアラブ側の軍事的敗北をひた隠しに隠そうとした。

一九四九年初め、ロードス島でエジプトが休戦協議に応じている時、エジプトの大衆週刊誌「Akhir Sáa」が世論調査を行なった。それによると、二万のサンプル調査で七九パーセントが、「エジプトがシオニストギャング団との戦争で勝利した」と信じていた。アラブが抱いた初期の戦争史観は、通常〝集団の記憶〟を反映する話で、それは、非難あるいは弁解の回想で、学術的調査がほとんどないものであり、罪の投げ合いに終始していた。著述者は、パレスチナアラブ人にふりかかった悲運とアラブ諸国軍の敗北について、自己の行動責任を埒外に置き、他者に責任を押しつけて非難した。

小さなユダヤ人社会が独力でアラブ諸国軍に潰滅的打撃を与えたのは、彼らにはまったく意外なことで、思いも及ばなかったから、共犯者を指名して敗北感を軽減する必要があった。アラブがまず非難したのはイギリスである。シオニストを支援したとして、アメリカを責め、トランスヨルダンのアブドゥッラー王を侮辱した。王は、アラブ総崩れのなかで唯一利益を手にした人物であった。

この戦争の後、とくにパレスチナアラブ人が、自分以外の者すべてに怒りをぶつけた。エルサレム・パレスチナ民族委員会のアンワル・ヌセイバ議長は、一九四九年の回想記のなかで、他者に責任を負わせ、忿懣《ふんまん》をぶちまけている。彼によると、トランスヨルダンのアラブ軍団は、アラブとは名ばかりで、イギリス人の指揮であるからアラブの政策を遂行できなかったし、イラクは、イギリス大使館に支配されており、パレスチナアラブ人の指導者フセイニに対して、ラシード・アリの反乱（一九四一年）に果たした役割のため恨みを晴らしたいと考え、シリアとレバノンは、フランスを排除して独立を助けたとしてイギリスに恩義を感じていた。このように主張するヌセイバは、アラブ全国家を非難する。侵攻してすぐに第一次休戦に応じてしまった。それはアラブ諸国が最初からパレスチナ分割を黙認し、侵攻は大義名分を守るだけのもので無力を装ったのである、と強調した。

コンスタンチン・ズライク（ベイルートのアメリカン大学長代理）は、戦時中すでにそのように非難していた。戦後にはムーサ・アラミ（パレスチナ開発協会々長）が同じことを繰り返し、パレスチナアラブ人にふりかかった災難は英米のせいとして、この二カ国を非難した(4)。

この戦争に関するアラブの歴史学方法論には、今日まで続く強迫観念がもう一つある。不公平性と正義の問題である。アラブの研究者は、現実の過程を知ろうとしない。あの戦争で実際には何が起きたのか。いつ、どのようにしてなぜ起きたのかを追究することはほとんどなく、誰が正しいのか、どちらの主張が不法なのかを追究する。このなかで、資料の信頼性や議論の正確性といった問題は、当然といえば当然大抵は脇に置かれてきた(5)。

軍事的敗北について、パレスチナアラブ側の説は別として、初期のアラブ側記述は、敗北規模を隠し、敗戦結果の重大性を認識せず、あるいは過小評価し、完敗は国連と〝列強〟による介入のためとして、結果責任をそちらへ押しつけた。もちろん、シリア、イラク、ヨルダン、エジプトおよびパレスチナアラブ、それぞれの説は、互いに矛盾し、非難の応酬になっていることもままあるが、共通点もいくつかある。たとえば、ユダヤ人側に計画的なパレスチナ人追放策謀（デレット計画）があった、ディルヤシン虐殺が重大な結果をもたらした、ユダヤ側の軍事力が大きかった、世界がユダヤの大義を支持したといった説である。

国際圧力というのも典型的なアラブの神話である。それによると、アラブ侵攻軍は勝利の一歩手前で、威嚇をともなう国際圧力にさらされて第一次休戦をのまされ、おかげでシオニスト社会（アラブ側は〝存在体〟と呼ぶ）は徹底的潰滅をまぬがれたという。

歴史修正学派の調査研究

〝新歴史学派〟の欠陥

歴史には、想像、固定観念、断言がつきものであるが、本当の歴史の代用にはならない。一九八〇年代に資料公開が始まり、以来イスラエルの伝統的な戦争史観は、国の内外で批判にさらされるようになった。当初、批判的再調査はアラブの言動を無視し、イスラエルの国内状況を対象にした。一つの共同体（イェシュブと称する。パレスチナのユダヤ人共同体）から国家への移行過程、イスラエル国防軍（ＩＤＦ）の創設と発展、イデオロギー論争と政治紛争、そしていくつかの作戦史が、再吟味された。この一連の作業で、これまで当たり前と考えられてきた戦争史観に、重大な疑問が生じた(6)。

西側の学界では、この資料公開の有無にかかわらず、公開の前にイスラエルに対する態度を変えていた。ヨーロッパでは、ポストコロニアリズムの罪悪感が頭をもたげ、この新しい風潮を背景として、世界大戦の前後と一九四八年の余波が残る時代には、ほとんど影響を及ぼさなかったパレスチナ側のスローガンが、注目されるようになった。そのスローガンは、彼らの闘争がシオニスト植民地主義を相手にした民族解放運動であるとして、ユダヤ人の民族国家建設権を否定し、パレスチナに対する排他的主権を要求する。一九七三年のヨムキプール戦争後、対アラブ関係が安定してから、パレスチナアラブ人がアラブ・イスラエル紛争の中心に踊り出た。一九四八年の戦争に対する歴史的関心は、アラブ諸国軍を撃破したイスラエルの勝利から、パレスチナアラブ人の命運に及ぼした戦争の影響に移った。いわゆる〝新歴史学派〟の登場とともに、イスラエルの歴史研究に及ぼしたこの変質のインパクトは、一九八〇年代に明白になった。何をもってこの歴史学者たちを〝新〟というのであろうか。そしてまた彼らがどれくらい革新させたのであろうか。

イスラエルの戦史とその主張に対し、歴史修正主義（見直し）とイデオロギー上からの否定がある。両者は区別しなければならない。ベニー・モリス[7]とアヴィ・シュライム[8]の著作は前者であり、シムハ・フラパン[9]、バルーフ・キンマーリング[10]、トム・セゲヴ[11]、イラン・パッペ[12]は後者に属し、主としてイデオロギー上の否定を代表する。

戦史のさまざまな側面に対する分析的アプローチは、〝新歴史学派〟の出現前に発展していた。それでもなお、彼らは世間の注目をイスラエルの業績からパレスチナアラブ人の試練に転換して、課題を変えてしまった。

〝新歴史学派〟は、伝統的に継承されてきたイスラエルの史観を批判し、イスラエルと西側でほとんど忘却の彼方にあったパレスチナ側の史観を、再浮上させたのである。彼らは焦点をシフトし、アラブ諸国の侵攻軍に対するイスラエルの勝利から、それより少し前の時代の初期内戦へ、重点を移した。つまり、英委任統治がまさに消え去らんとする状況で生起したアラブ・ユダヤ間の闘争である。そしてその研究課題は、軍事上の動きと経過の分析ではなく、舞台裏の外交交渉、人口移動、文化構造の地理的変化、入植政策などの外交、社会的側面が対象になった。

しかしながら、この〝新歴史学方法論〟は深刻な欠陥を内包していた。際立つほどバランスを欠いていたのである。〝新歴史学派〟（そして〝批判的〟社会学者および地理学者）の大半は、パレスチナアラブ側の主張を心から全面的に受け入れ、それと同時にイスラエル側の主張を完全に否定したのである。この派は、パレスチナアラブ人を暴力と迫害（イスラエルによる）の被害者、共同謀議（イスラエルとトランスヨルダン）と二枚舌外交（大英帝国とアラブ）の犠牲者として描く。この派のなかには、イスラエル側を「力を恃《たの》む」冷酷な加害者として表現した者もいる。パレスチナ人の国家建設権を踏みつけにして、ユダヤ人国家に対する世界の支持を得ようとホロコーストをシニカルに利用した、邪悪な強奪者というわけである。意図的かどうかは別にして、彼らは、イスラエルが罪にまみれて作られたとするパレスチナアラブ側の話を全面的に補強したのである。

アラブ側の〝新歴史学〟は存在しない

一九四八年の戦争に関する歴史見直し派の解釈は、パレスチナアラブ人の悲運を強調するため、基本的諸事実を避けて通っている。たとえば、国連分割決議を即座に拒否したのは、パレスチナのユダヤ人社会ではなく、パレスチナアラブ人とアラブ連盟である。これは単純明確な事実であり、証拠資料ならたくさんある。しかるにラシード・ハリディは、パレスチナアラブ人の〝拒否主義〟をいっさい無視し、戦争勃発を青天の霹靂のように描く。(13) パッペは、全面的にパレスチナアラブ側に立ち、その分割決議拒否を正当化する。もちろん、その正当化は議論の対象になり得るが、拒否したという事実は議論の余地がない。

さらに、パレスチナアラブ人は、国連で分割決議が採択されると、直ちに暴力による決議履行阻止を開始した。イスラエルの〝新歴史学派〟は、パレスチナアラブ人史家にならって、この事実にも目をつぶる。アラブ連盟は最初からこの阻止キャンペーンを支持し、アラブ諸国は英委任統治の終了を期して戦闘に加入し、独立したばかりのユダヤ人国家に侵攻するのである。委任統治の末期、そして二度の休戦期間中、アラブ側は一貫して拒否姿勢をつらぬき、ユダヤ人国家の存在を認める妥協案は、頑として拒絶した。決議一八一（ユダヤとパレスチナに分割し二国家を設立）に始まり、決議一九四（〝帰還権〟を含む）に至る関連決議にすべて反対票を投じた。アラブが国連決議を自分たちの主張の手がかりとし、その厳密な履行を求めるようになったのは、軍事的敗北を喫してからである。

パレスチナアラブ人は被害者で、彼らだけが苦しんだと記述した研究は一方的であり、平明な事実を検討しなければ、不完全である。戦争の犠牲者としてみた場合、パレスチナアラブ人自身の行動が〝潔白・無罪〟を否定する。確かに彼らはその戦争で高い代償を払ったし、戦争以来苦しんでいる。しかしそれは、己れの愚行と好戦性、そしてアラブ友邦の無能の犠牲者なのである。

戦史研究方法論に関する近刊書の編集者たちがコメントしているように、歴史は勝者によって書かれるという古い格言は、この戦争の場合は、あてはまらない。敗北したアラブの全国家はもとよりパレスチナアラブ人が、それぞれ自己の戦史を書いた。歴史修正主義者の戦史が書けるのは勝者の特権であり、それが必ずしも誇らかな内容にはならない、と言った方がもっと正確であろう。これまでのところ、一九四八年の戦争に関するアラブ側の〝新歴史学〟は存在しない。(14)

パレスチナアラブ人史家のなかではラシード・ハリリが、比較的度量のある方だが、「相手がそうだからこちらがどうこうするといった、安易な対称性はない」と述べているので、見直し史観は生まれないだろう。(15)ユダヤ人史家は言うに及ばず、アラブ人史家自体がアラブの関連資料を利用できない。アクセスできない限り、アラブ側には学問的な〝旧歴史観〟すら存在しない。我々がアラブ側に関して持っているのは、学問的方法論にもとづく戦史ではなく、イスラエル側の二次資料（一次資料は滅多にない）の焼き直しでたいてい時代遅れである。しかも、選択的でバイアスのかかった読み方をしている。それに、イギリスと国連の資料が断片的にみられるほか、報道記事、アラブ人回想記、そして最近になって信憑性の乏しい、いかがわしい内容の口述証言がたくさん出ている。

パレスチナ・ユダヤ戦争

イスラエル独立戦争の二つの局面

これまで筆者は、この戦争に関してはイスラエルの国防軍の形成発展とそれにともなう国内の論争、一九四八年以前のアラブ・ユダヤ紛争の展開、侵攻に至るまでのユダヤ人社会の対トランスヨルダン関係をまとめてきた。ほかには、戦時におけるイスラエル情報機関の発展を調べ、最近の著書『パレスチナ一九四八年』では、一九四八年時点の双方の状況を調べ、難民問題に対する相矛盾する当事者間の認識を重点的にとりあげた。(16)

イスラエルの独立戦争には、二つの局面がある。この二つは連続してはいるが、別々の作戦で、イスラエルの対戦相手が違い、状況が異なる。最初の局面は一九四七年一二月初めに始まり、英委任統治の終了まで続いた。この局面は、パレスチナ域内に発生したユダヤ人とパレスチナアラブ人の戦闘である。すなわち、英委任統治政府が存在し、英軍部隊が駐留している状況下での内戦である。

第二の局面は、一九四八年五月一五日を期した、アラブ諸国の正規軍によるパレスチナ侵攻をもって始まり、イスラエルと侵攻したアラブ諸国との間に個々に休戦協定が結ばれた（イラクを除く）一九四九年前半まで、断続的に続く。こちらは、イスラエルとアラブ連合軍との正規軍どうしの戦いである。

その結果として、パレスチナアラブ人は自己の運命をアラブ諸国とその軍隊に託すことになり、その後数十年間アラブ・イスラエル紛争の軍事、政治舞台から姿を消す。

英駐留軍の撤収完了まで、アラブ、イスラエルいずれも土地の確保は――一時的であっても――できなかった。その本格的動きは、一九四八年四月初旬。第六空挺師団のドイツへの撤収で始まる。敵対者双方は、これといった軍事目標がないため、非軍事目標を攻撃し、一般住民を悩ませた。威圧、略奪、脅迫合戦の結果、弱い方、組織化が遅れ団結力も劣る後進的パレスチナアラブ社会が、それほど強力な圧力でもないのに崩壊してしまった。難民が流出し、アラブの人口密集地帯へ集まり、近隣諸国へ流れていった。敗北をいやがうえでも印象づける光景である。

アラブ解放軍（ALA）の敗退

この時期に、ユダヤ人社会の准軍事組織ハガナは、民兵集団から兵役をベースとする正規軍へ転換していった。それと同時に、英委任統治時代に出現したユダヤ人社会の民族自治機関が、独立した主権を持つ政府機関へ成長発展し、中央集権で、イェシュブの戦いを統制、指導した。

パレスチナアラブ人社会は後れをとった。パレスチナアラブ人指導者は、反植民地主義反乱と民族戦争の違いを認識せず、一九三六～三九年の反英暴動時と同じように、外国の安全な避難地に陣取って、闘争を指導するのを良しとした。パレスチナアラブ人は、戦争遂行に必要な、政治、財務、行政および軍事上の中央機関をつくることができなかった。統一指揮を欠くため、各地の組織がばらばらのまま急速に弱体化し、崩壊の一途をたどり、無政府状態になった。混乱に拍車をかけたのがアラブ連盟である。アラブパレスチナの政治的未来を決定できず、かといってパレスチナアラブ人が自己の未来を決めることも許さなかったのである。

アラブ連盟は、アラブの戦争行為の枠のなかで最初からパレスチナアラブ人に二次的な役割しか与えていなかった。一九四七年一〇月初め、アラブ連盟理事会が調査委員会を設置した。役割はパレスチナの軍事情勢の調査検討である。六週間後、委員長のイラク軍将官イスマイル・サフワト少将が、守り抜くためにはパレスチナ人に兵員、武器弾薬を供給し、経験を積んだ指揮官を派遣して大々的に支援する必要がある、と報告した。サフワトは、パレスチナ分割を阻止するには、アラブ諸国の正規軍による介入が必要である旨強調した。アラブ諸国軍は、この規模の戦闘任務につく態勢ができていなかった。そこでサフワトは、連盟加盟諸国に直ちに準備に入るよう促した。

一九四七年一二月、アラブ連盟は、パレスチナ作戦を主任務とするアラブ解放軍（ＡＬＡ）の編成に着手した（原著注：カウクジを司令官とするアラブ解放軍は、第一ヤルムーク大隊、第二ヤルムーク大隊、カディシャ大隊の三個大隊編成で、イスマイル・サフワトが監察官に任命された）。パレスチナアラブ人のほか、シリア、イラク、レバノン、エジプトおよび北アフリカ諸国の義勇兵で構成される。かつての傭兵部隊は准正規軍となった。解放軍はシリア（カタナ基地）で、あわただしく編成され、一九四八年一月から三月にかけてパレスチナへ進出した。

当初、解放軍は、英委任統治の終了までアラブ地域の確保を任務とし、英軍との衝突やユダヤ側との大規模な戦闘を極力回避するとされた。そのためパレスチナアラブ人の率先行動による戦闘が急速にエスカレートし、解放軍はタイミングの悪い段階で戦闘に介入することとなり、これがもとで崩壊していった。

英軍の撤収が進むにつれ、敵対者双方は戦術を変えることできるようになった。四月初旬ハガナが先制行動をとり、その後六週間大規模な作戦を展開した、対照的なのがアラブ側の戦闘諸隊で各地に分散し、右往左往していた。戦闘も横の連絡がほとんどない伝統的な小規模戦であった。新しい状況に合わない、時代遅れの旧式戦法である。一九四八年四月初旬から五月中旬にかけて、創成期のユダヤ軍がパレスチナアラブ民兵とアラブ連盟派遣部隊（アラブ解放軍）を撃破した。

この内戦は、英委任統治の最終段階で、今日的内戦の先例となった。ライバル関係にある民族集団間の戦いである。同じように、ポストオスマン帝国支配中東で生起した、最初の民族間紛争である。一九七〇年代から一九八〇年代にかけて生起したレバノン内戦は、この種の戦闘の残忍性を知るうえで、参考になるであろう。バルカン半島やコーカサス地方で近年発生している戦争は、民族間紛争の残忍な本質と一般社会に与える深刻な打撃を考えるうえで、やはり参考になろう。

たとえば、セルビア対クロアチア対ボスニア、アルメニア対アゼルバイジャン、あるいはグルジア対オセットの民族紛争にみられるように、近縁社会の衝突はなかなか決着がつかない場合が多い。だが一九四八年の内戦は例外であった。対戦相手の一方がたちまち有利となり、その優勢が決定的になったのである。パレスチナアラブ側が急速に劣勢になって、当事者のアラブ、イギリス、そしてユダヤの誰もが驚いた。

アラブ正規軍の侵攻

大英帝国の策謀

イギリスは、イスラエル側の主張とは違って、実際にはパレスチナアラブ人を支援しなかったし、アラブ正規軍の侵攻をすすめたわけでもない。現実には、大英帝国がまだパレスチナを支配していた時に、パレスチナアラブ側の崩壊が起きたのである。イギリスは、航空戦力と陸軍部隊を十分に保有していたから、ハガナの攻勢を阻止しようと思えば、それが可能であった。しかしイギリスは、スケジュールにしたがって完全に撤収することを決めていたので、介入には気が進まないのであった。一九四八年の四月から五月にかけて駐留英軍は、ハガナがパレスチナ武装勢力とアラブ解放軍を次々に撃破していくのを傍観していた。せいぜいのところアラブ側に輸送隊と護衛を提供し、彼らの脱出を手伝う程度であった。

イギリスのこの態度は、ユダヤの大義に同情したからではない。イギリスの主な目的は、委任統治終了後アブドゥッラー王がここのアラブ域を占領するための下地づくりであった。イギリスは、王の願望をかなえようと考えていた。それが、パレスチナ国家の建設を目的とする国連の分割決議に反しても構わないのである。しかるに、アブドゥッラー王の願望は、パレスチナアラブ人の間では嫌われ、ほかのアラブ諸国も反対すると考えられた。パレスチナアラブ人が敗北すれば、トランスヨルダンへの併合がもっとすんなりと受け入れやすくなる。ほかに現実的な選択肢がないから、大義名分も立つ。

パレスチナアラブ人をないがしろにする英・トランスヨルダン共同謀議は、あと一つパレスチナ分割決議の手直し計画を生みだした。こちらはイスラエルをないがしろにする。アラブ諸国は、トランスヨルダンの領土拡張におそらく反対であろう。そこでイギリスは、アラブの不満をやわらげるため、パレスチナの南部域であるネゲブ砂漠を、ユダヤ人国家から切り離すことを意図した。

イギリスからみると、アラブ世界が地理的につながっていれば、アラブパレスチナをトランスヨルダンへ編入することに対するエジプトの反対は弱くなる。ネゲブにサウジ・トランスヨルダン共同管理地をつくれば、サウジアラビアに地中海への出口を与えることになり、これが、敵視するハーシム家の領土拡張に対し、サウジのイブン・サウドには補償となる。

一方、トランスヨルダンのアブドゥッラー王からみると、アラブ域パレスチナの占領は右の理由によりアラブに対して大義名分が立つ。ユダヤ人との戦争を自制し、その一方でアラブパレスチナの占領を正当化できる。もちろんイスラエルは（ネゲブ切り離しで）損をする。

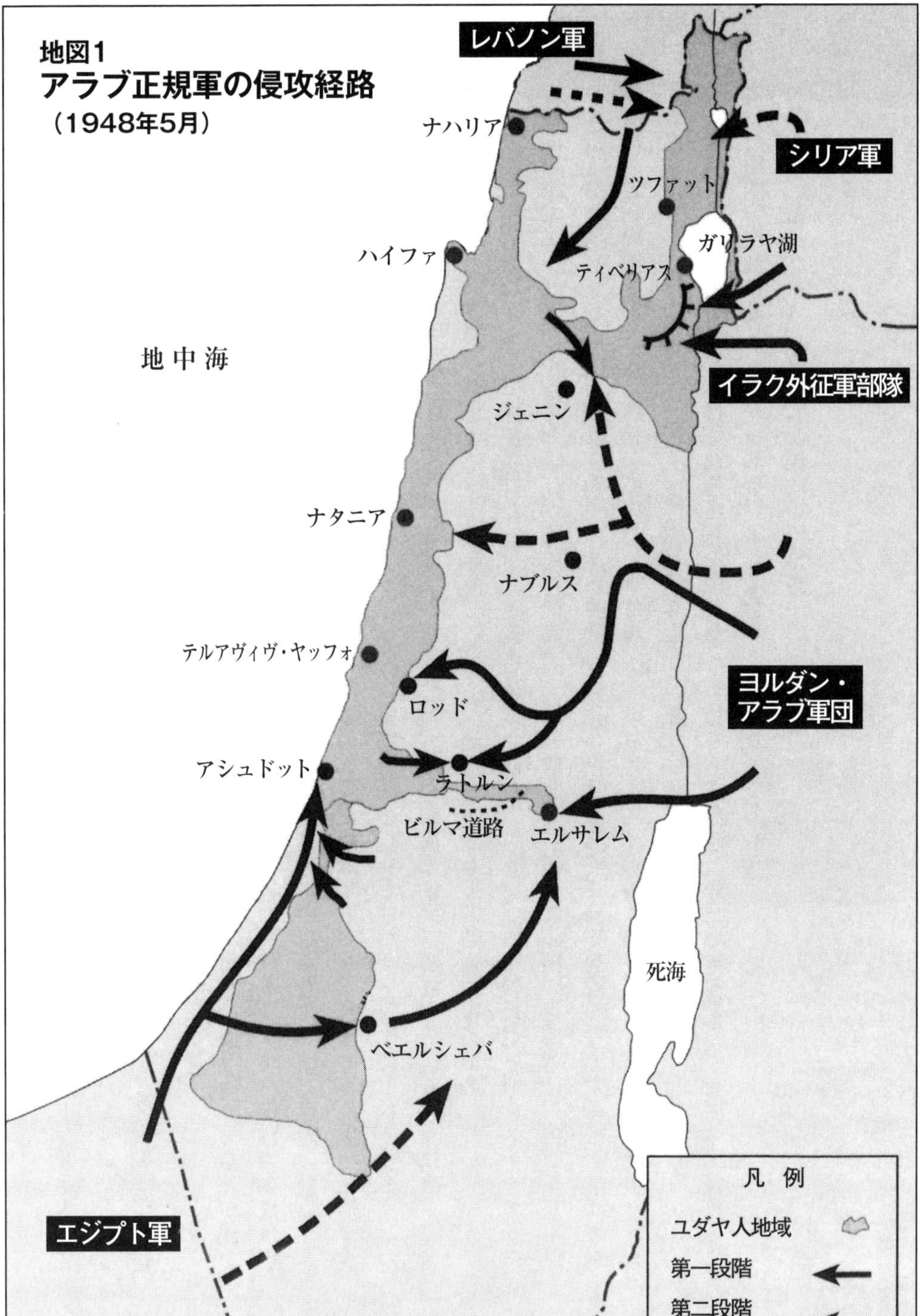
地図1
アラブ正規軍の侵攻経路
（1948年5月）
レバノン軍
シリア軍
ナハリア
ツファット
ハイファ
ガリラヤ湖
ティベリアス
地 中 海
イラク外征軍部隊
ジェニン
ナタニア
ナブルス
テルアヴィヴ・ヤッフォ
ロッド
ヨルダン・
アラブ軍団
アシュドット
ラトルン
ビルマ道路
エルサレム
死海
ベエルシェバ
エジプト軍
凡 例
ユダヤ人地域
第一段階
第二段階

しかしながら、大英帝国の策謀は実現しなかった。一九四八年四月後半になって、ハガナの攻勢を阻止するため外部から介入しなければ、ユダヤ人側が全域を占領するかもしれないと考えられた。そうしなければアラブ域パレスチナはたちまちのうちに消滅し、近隣諸国への難民流入が増える。かくして、内戦におけるパレスチナアラブ人側の総崩れが、アラブ正規軍の侵攻を促し、アラブ・イスラエル戦争を作動させた。

軍事介入をためらうアラブ諸国

一九四六年六月ブルダンで開催されたアラブ連盟の協議以来、アラブ諸国の軍事介入は、可能性の高い事態と考えられていた。しかしそれでもアラブ諸政府は、長い間国軍の投入に躊躇していた。軍は誕生して日浅く、訓練が行き届かず、実戦経験もない。装備も貧弱であった。軍は、政権護持を主任務とし、国内の反乱に備えた存在である。軍部隊をパレスチナへ派遣すれば、支配者が国内の不穏分子の脅威にさらされる恐れがある。外征軍が敗北すればリスクは高まる。恨みつらみを抱いて戦場から戻る兵士たちが、政治的安定を脅かす恐れもある。事実、戦後にそうなった。

アラブ連盟内には、意地の張り合いと敵意が渦をまいていた。そのため、アラブ連合部隊の編成は困難だった。アラブの指導者たちは、自国の緊急性と軍の欠陥を認識しており、自国の正規軍を派遣する侵攻作戦をしりぞけた。その代案として登場したのが、急拠編成のアラブ解放軍である。これは、アラブ連盟全体としての共通の事業であったが、一九四八年四月、アラブ解放軍の後退とパレスチナアラブ側の敗北で、アラブ諸国の指導者は、再び正規軍派遣の問題を考えざるを得なくなった。パレスチナ発のニュースで世論は沸きたち、パレスチナアラブ人難民の流す異様な噂に煽られた。指導者はその圧力にさらされて、いやいやながらパレスチナ侵攻を決めるのである。

大言壮語のスローガン

イスラエル側の戦史は、侵攻が敵対行為の始まり（すなわち分割決議の採択直後）からすでに計画されて、その目的が「ユダヤ人を海中に叩き込む」ことにあった、と主張する。しかしながら、アラブの侵攻部隊は、パレスチナ全域を占領するには戦力が不十分で、その能力もなかった。侵攻の前後に囃《はや》された大言壮語とは裏腹に、侵攻部隊のゴールは「ユダヤ人を地中海へ叩き込む」ことにはなく、その力もなかった。プロパガンダとしてのスローガンは、国内世論を喚起して重大な決断を下したものの、その結果を恐れ、及び腰になっている政治家を後押しするのが目的であった。

パレスチナアラブ側とアラブ解放軍の崩壊によって、戦争に引きずり込まれたアラブ諸政府は、ハガナによるパレスチナ全域の占領を拒否し、パレスチナアラブ社会の完全崩壊をくいとめ、自国領への難民流入増を阻止することを侵攻の主目的とした。アラブの認識によれば、正規軍による侵攻がなければ、ハガナの攻勢をくいとめることができずに押しまくられ、パニックになったパレスチナアラブ人は、その大多数が近隣アラブ諸国へ流れ込むと考えられた。

一方、パレスチナのユダヤ人社会は、アラブの猛攻撃という理解があった（アラブの猛攻撃を怖れた）。まったく違う認識である。一九二〇年代の初めから、パレスチナアラブ人がシオニスト事業に暴力をもって反対し、一九三六年以来アラブ諸国がパレスチナアラブ人の闘争を支援してきた事態から考えて、ユダヤ人社会はアラブ正規軍の侵攻を存亡にかかわる脅威と本気で受けとめたのである。アラブ正規軍の実力がまったくわからなかったので、ユダヤ人はアラブのプロパガンダを文字通りに受けとめ、最悪の事態に備えて行動した。

両者の戦力比

武器調達にまさるイスラエル

戦争で奇跡が起きるのは稀である。通常強い方が勝つ。イスラエル独立戦争も然りである。戦力比を詳しく調査すると、一九四八年戦争のほぼ全期間を通して、兵力、装備、兵站能力、組織力のいずれをとっても、ユダヤ人側がまさっていたことがわかる。ただし、侵攻開始の一九四八年五月一五日から第一次休戦に至る六月（一一日）までは例外で、アラブ側が優勢であった。この期間、アラブ諸国軍は、航空、火砲、軽装甲車隊ともにまさっていた。さらにユダヤ人戦闘隊は、これまで六カ月も戦って消耗し、すでに大きい損害をこうむっていた。対照的にアラブ侵攻軍はいわば新品、無傷であり、部隊としての態勢を整えていた。

それでも、この外征軍と現地パレスチナの補助隊は、すでにこの段階で数的には総動員体制のユダヤ人側に劣っていた。第一次休戦以後は、ハガナとその後を継いだＩＤＦ（イスラエル国防軍）が戦力においてまさっていた。

ユダヤ人側は物資上でも、これまで認められていないが、かなり優勢であった。従来の見方からいえば、アラブ側が豊富とされていたが、正規軍の侵攻前の内戦時を調べると、各地におけるパレスチナアラブ側の行動能力、保有武器に関する情報は、この見方を否定する。武器弾薬の不足が、パレスチナアラブ側の悩みの種であった。地域内で不足しているうえに、海外での武器調達が難しかったのである。

アラブ諸国の大半は、武器、弾薬、部品その他戦闘資材の供給をイギリスに依存していた。一九四八年五月、国連安保理の武器禁輸決議で、武器不足はさらに深刻になった。アラブ諸政府がヨーロッパの武器市場で調達できる方法を見つけ、購入武器の輸送搬入手段を手にしたのは、戦争末期になってからである。第一線の状況に顕著な影響を及ぼすには、すでに手遅れであり、数量も少なかった。

これとは対照的にイスラエルは秘密調達の経験があり、搬入手段も持っていたので、武器禁輸をかいくぐって取得できた。一九四八年春以降、チェコスロバキアなどから少量の武器が届いていたが、大量の武器搬入が始まるのは、英委任統治の終了後である。当初重火器などの重装備品はアラブ諸国軍がまさっていたが、七月の段階で拮抗するようになった。その後、数種類の火器はイスラエルが優位となった。

〝少数対多数〟という神話

〝新歴史学派〟は、さまざまな主張をするが、ハガナはパレスチナアラブ武装集団より強く、イスラエル国防軍もアラブ侵攻軍より優勢であったと断言し、従来の伝説を否定する。イスラエルには、〝少数対多数〟という人口に膾炙《かいしゃ》した伝説があるが、これは神話であって公認の話ではない。公式にはベングリオンが、一九四八年の戦時中その話を否定し、戦後も長い間否定し続けた。クネセット（議会）防衛外交委員会議事録（一九六〇年二月二三日付）に、当時まだ首相であったベングリオンの発言が残されている。歴史に残る証言である。

> 独立戦争時、アラブ側は分裂していた……彼らの装備も貧弱であった。侵攻後の三〇日間、彼らは確かに装備の面で我々を凌駕していた。我が方の機材はまだ海上輸送の途中であった。しかしながら、そのうちに戦闘用の機材が到着し、我が方が優位に立つようになった。それに、不思議に思われるかもしれないが、我が方の兵力が彼らより多かったのである。(17)

ベングリオンは、戦争末期にも同じ主旨の発言をしている。国防軍のホレヴ作戦発動に先立って、臨時政府の会議が開かれ、席上首相がそう言ったのである。(18) しかし、この「少数対多数」の神話は心理的には真であり、当時パレスチナのユダヤ人社会は真剣に受けとめていた。神話は社会の懸念を反映していたので小さなユダヤ人社会が、敵意を抱くアラブ世界に包囲されている。その世界はユダヤ人から見れば、異様で残忍、生命財産を脅かしているように思われた。つまり、この神話は必ずしも戦場の現実から生まれたのではなく、中東のユダヤ人の存在にかかわる厳しい状況に由来している。

戦争の勝敗を決した主因

この戦争では、兵力と武器弾薬の数量の相対的変化とは別にイスラエル国防軍とアラブ諸国軍は、逆方向の過程をたどった点が注目される。ハガナ／IDFは、行動の自由が制限され、特定地域だけを担当する地域民兵隊（territorial militia）であったが、特定地域の一般住民と公共の施設警備の任務を解かれ、機動戦闘力を有する正規軍に成長、発展した。この発展過程のひと区切りが、第二次休戦の初めに導入された管区司令部の設置である。これまで各旅団は特定地域を担当し、その地域内の固定任務を遂行していた。それが、戦況に応じた部隊の機動、集中が可能になったのである。

この改革によってイスラエル国防軍は、一九四八年一〇月および一二月の作戦で兵力を南部正面に集中し、エジプト軍を撃破した。

アラブ侵攻軍がパレスチナへ進撃した時、軍は戦闘任務しか考えていなかった。すなわち、ユダヤ側戦闘隊との戦闘およびその撃破、パレスチナアラブ領の占領を任務とし、地域の占領行政にかかわる固定任務に束縛されていなかった（占領行政は考えていなかった）。しかしながら、当初攻勢に出たアラブ侵攻軍はやがて推進力を失って守勢に立つようになった。アラブ領域には、民政の名に値するような行政組織がなく、侵攻部隊の部隊長は、非軍事的な業務とその遂行責任に次第に振りまわされるようになった。部隊は、長大な守備線に薄くばらまかれ、兵隊は固定陣地に拘束された。イスラエルの作戦策定者は、とくにエジプトおよびイラク侵攻部隊の分散状態に着目し、一九四八年の秋と冬の作戦時に、相手の弱点を巧みに利用した。

そうは言っても、イスラエルの軍事的優勢だけで、戦争の帰趨を説明するには無理がある。戦士の背後には、社会的、文化的、倫理的、そして組織的基盤があり、技術的インフラもあった。そして、これら諸要因を軍事面へ転移、応用できる強みが、ユダヤ人社会にあった。甘えのない近代社会と伝統的家父長制社会の差が、戦争の勝敗を決した主因であった。

戦いの代償

この戦争は、軍事的には勝利したものの、数度に及ぶアラブ・イスラエル戦争では、最も損害の大きい戦いであった。戦死数は六〇〇〇人を超える。開戦当時のユダヤ人口の約一パーセントである。このように大きい損害を出したのは、アラブが強かったからではない。イスラエル側の認識不足、そして半可通の生兵法、つまり素人集団の戦闘が主たる原因である。

国連総会のパレスチナ分割決議の履行に関しては、外部勢力が武力をもって阻止するという懸念について、戦争勃発前パレスチナのユダヤ人社会の政治・軍事指導部は、〝列強〟が手をこまねくことはない、と考えた。例外はベングリオンである。しかしながら、同僚たちは、戦争が近づいているとするベングリオンの認識を共有せず、「全面戦争に備えよ」「ハガナとしての体制づくりを急げ」という彼の主張に耳を貸さなかった。

ハガナは、一九四八年まで認識が浅かった。パレスチナ域外からの脅威を無視し、一九三六〜三九年のアラブの反乱の繰り返しで、その手直し程度のものと計算していた。この内戦時ハガナはさまざまな錯誤を経験したが、それはこの種の攻撃に対してさえ、きちんと備えをしていなかったからである。立ち直りは極めて早かった。経験の吸収も素早かった。しかし戦闘の最中である。戦いながら戦訓を引き出し、作戦上の適切な対応法を考案し、組織改編と大量訓練を行なっていくためには、従来のやり方では間に合わず、伝統的方式を棄てなければならなかった。損害率が高くなったのは、準備不足のためである。この戦争を囲むいくつかの神話が、大損害に対する罪悪感を隠蔽し、怠慢の責任は誰にあるのかという論証を、あいまいにした。

難民問題の浮上

自ら逃げ出したパレスチナアラブ人

二〇〇〇年七月、キャンプ・デービッドの和平交渉が破綻し、以来パレスチナアラブ人難民問題がアラブ・イスラエル紛争の核心として再浮上してくる。過去五〇年、イスラエル人はこの問題を伏せてきた。一方パレスチナアラブ人は、この問題に固執し、〝帰還権（アルアウダ）〟を軸とした、民族の指導原理を形成してきた。彼らは、少数のイスラエル人歴史学者と社会学者に支援され、意図的な追い出しという偽りの歴史を創作した。移送が戦前シオニスト思想の核心部分に組み込まれたという話をでっちあげ、ディルヤシンとダレット作戦が住民流出にひと役かったとして、両者の役割を強調するのである。

残念ながら、そのようなことを際限もなく書いたり言ったりしても何にもならない。あの内戦時、パレスチナアラブ人は逃げ出したのであり、移送されたのではない。アラブ正規軍の侵攻をもって始まる次の段階でも、一九四八年一〇月の北ネゲブおよび中部ガリラヤ地方の解放まで、戦闘上の必要にもとづく局地的退去要求を除けば、移送などはなかった。戦闘上というのは、ユダヤ人開拓村の近くにあるアラブ人村落が侵攻軍の基地として使われるのを防ぎ、あるいは重要道路の安全を確保するための措置である。一九四八年一〇月の場合でも、住民虐殺や虐待があったとしても稀であり、例外的事件であった。追放もごく一部の話である。

ユダヤ人は、ほかに行く所がなかった。あとがないから、壁を背にして戦った。そのユダヤ人と違って、パレスチナアラブ人には近くに避難地があった。内戦勃発の当初から、戦闘に疎開がつきもので

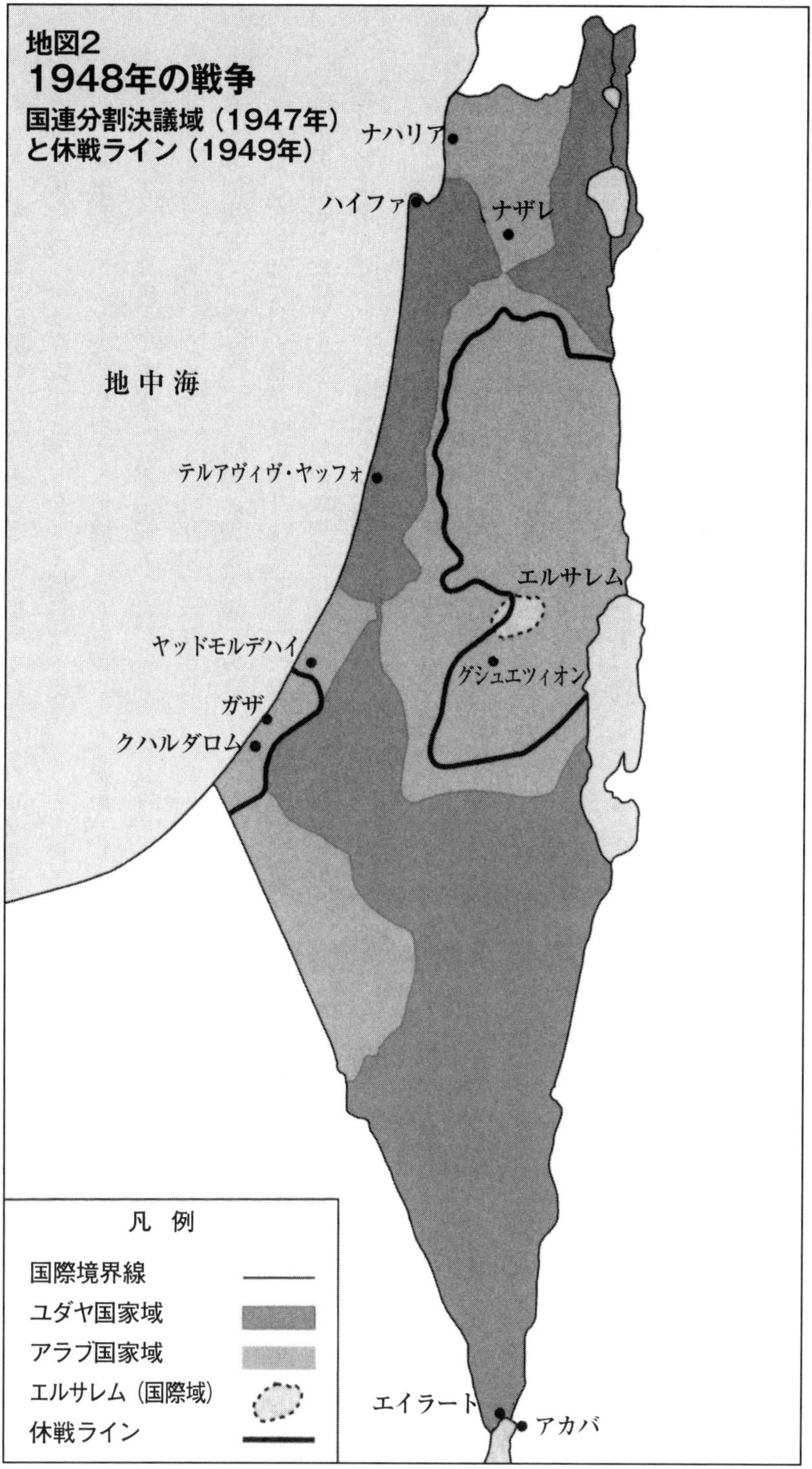
地図2
1948年の戦争
国連分割決議域（1947年）
と休戦ライン（1949年）
ナハリア
ハイファ
ナザレ
地 中 海
テルアヴィヴ・ヤッフォ
エルサレム
ヤッドモルデハイ
グシュエツィオン
ガザ
クハルダロム
エイラート
アカバ
凡 例
国際境界線
ユダヤ国家域
アラブ国家域
エルサレム（国際域）
休戦ライン

あった。その数は戦闘の激化にともなって増えていく。ユダヤ人、アラブ人がまざり合って居住する町から流出し、アラブ人が集中する地域、そしてさらに近隣アラブ諸国へ、難民となって流入した。パレスチナアラブ人は、一九三六〜三九年のアラブの反乱から回復していなかった。戦闘の初期段階において、彼らの脆弱な社会構造はたちまち崩壊した。戦闘で敗退したためではなく、経済的困難に加えて、行政組織が脆かったためであり、戦闘が激しくなると解体していった。

ユダヤ人社会は、英委任統治時代に〝国造り〟に邁進して、自治能力を身につけていた。当地の政府機能は、イギリスの撤収とともに消滅した。パレスチナアラブ人は、ユダヤ人と違って、政府に代わる組織をつくっていなかった。指導者は存在せず、政府機能は消滅。権威はどこにもない。そして戦争がもたらす不安と恐怖。このような環境がアラブ人社会に無政府状態をもたらした。

パレスチナアラブ社会の崩壊

一九四七年一二月初めに暴動が起きた時、中産階級のパレスチナアラブ人は、まず家族を近隣諸国へ送り、状況が悪化したあと本人が居住地を離れ、家族と合流した。それ以外の人々は、境界域周辺から内陸のアラブ人口の集中する地域、すなわち攻撃にさらされにくい所へ移った。非パレスチナアラブ人労働者と商売人は、戦争の苦難を避けるため、出身地のシリア、レバノン、エジプトへ戻った。農村から都市部へ移り住んだ第一世代は、都市に確固とした生活基盤がいまだないので、出身地の村へ戻った。

委任統治政府で働いていたパレスチナアラブ人職員――医師、看護婦、行政職、一般事務職等々――は委任統治政府の消滅とともにお払い箱となり、持ち場を去った。以上のような現象がセットになって、放棄、脱出、そしてカオスの空気をつくりだし、またたく間に広がっていったのである。ハイファやヤッフォといった都市部の住民の三分の一から半数は、一九四八年四月末にユダヤ人たちが攻撃を開始する前に、すでに家を捨て脱出していた。

英委任統治終了に至る六週間のうちに、ユダヤ人側は、国連分割決議でユダヤ人国家として割り当てられた地域の大半を確保した。彼らは、都市五、農村二〇〇を占領し、二五万から三〇万のパレスチナアラブ人、その他のアラブ人が脱出し、パレスチナ内のアラブ人地域および近隣アラブ諸国へ流入した。パレスチナアラブ人のゲリラ隊とアラブ連盟の部隊（解放軍）は崩壊し、軍事的には取るに足らない存在となった。

この急速かつほぼ全面的な崩壊は、関係者全員を驚かせた。戦術的後退ではなく総崩れである。呆気ない敗北主義が、この集団脱出に拍車をかけたとは、とても信じがたいことであった。ユダヤ人側は、この脱出が――アラブ諸国を戦争にまき込むための――パレスチナ指導部が企てた陰謀ではないか、と疑った。のちにこの推理がイスラエル外交の公式見解となった。イスラエル側が状況を説明する際の要点がこれである。

しかしながら、証拠資料から判断すると、パレスチナアラブ人やほかの国のアラブ人指導者は脱出を奨励していなかった。それどころか、彼らは阻止しようとしたのだが、無駄であった。パレスチナアラブ側の陰謀というイスラエル側の主張は、ユダヤ人が追い出したという話と同じように間違いであり、実際の歴史はもっと複雑である。

その時点で、脱出は、大体において〝自由意志〟によるもので、アラブの町の占領に先立つ現象であった。町に帰属しながら、その町は陥落し、日常的な農作業を維持するうえでの困惑、そして虐殺の噂がからみ合い、農村部からの集団脱出を加速させた。

四月から五月にかけてハガナが占領した村落の多くは、無人であった。この段階で、事前準備にしたがった移送はなかったし、脅迫などほとんどなく、心理戦に訴えることも稀であった。数のうえからいえば、パレスチナアラブ人難民の大多数は、内戦すなわち共同体間の闘争という状況下で村を棄て流出した人々だった。

一九四八年五月一五日を期したアラブ正規軍の侵攻は、この脱出局面に終止符を打った。いくつかの地域では、居住地からさほど遠くはない所に避難していた住民が、侵攻軍の進出にともない元の村落に戻っている。

新たな難民

内戦時代のパレスチナアラブ人の態度、ふるまい方は、ユダヤ人社会の行動とは際立った対照をなす。正規軍の侵攻前、ユダヤ人開拓村は、一つとして放棄されなかった。遠隔地で孤立し、あるいは包囲下にある開拓村だけが、数にすれば数十カ所が母親と子供を安全な所に避難させた。ユダヤ人社会の中央指導部は、攻撃に弱い場所は増強し、守り通せるように工夫した。パレスチナアラブ人と違って、ユダヤ人社会の中心部は、周辺域の開拓村を見捨てず、しっかりと連帯した。

アラブ正規軍の侵攻直前、あるいはその後、イスラエル国防軍の行動の中には、内戦時期と違って、アラブ住民の排除を目的とするものが出てきた。ユダヤ人開拓村、あるいは主要道路に近いアラブ村落住民の追い出しである。アラブ正規軍の侵攻にともなう脅威に直面した時であり、この措置は必要であったと考えられる。パレスチナアラブ人の苦境は、侵攻が引き起こしたのであり、その苦境の責任はパレスチナアラブ人がとらなければならない。これがイスラエル側の認識である。

一九四八年五～六月、予想されるエジプト軍の侵攻ルート沿いの村落、そしてハイファ近隣の村から住民を排除したのは軍事上必要不可欠であり、倫理上も問題ないと考えられた。部隊は、自分たちの行動は必要不可欠と信じていたので、戦闘詳報には住民に対する手荒い扱いを隠すことなく書いている。

イスラエルは、国連分割決議線を越えないようにしていたが、この抑制策は一九四八年七月までになくなった。そしてイスラエル国防軍は、十日作戦

（七月九〜一八日）でアラブの町村一三（町三、村落一〇）を占領した。戦争の第二段階にあたるアラブ正規軍の侵攻は、パレスチナアラブ人の救援になるどころか、領土喪失と難民数をともに倍加させる結果に終わる。後半にアラブ住民の集団脱出の波が起きるが、これは、侵攻軍に対するイスラエル国防軍の反撃結果である。この新しい脱出者、あるいは排除されたパレスチナアラブ人（たとえばリッダとラムレの住民）の立場は、正規軍侵攻前すなわち第一段階の脱出者とは基本的に異なる。第二段階の集団脱出は、対ユダヤ闘争におけるパレスチナアラブ人の持久力不足の結果ではない。アラブ侵攻軍は、彼らを守ることをせず、第二段階のいわゆる新難民は、正規軍の軍事的不手際、失策を物語る生き証人となった。この難民は、対峙する線の向こう側に文字通り移送されたケースがある。特定の事例として、イスラエル国防軍部隊が住民を威嚇し、恐怖心を抱かせて追い出した。また、特異なケースであるが、住民殺害が起きている。これが、脱出を促した可能性はある。

ガリラヤ地方を占領確保したあと、ウエストバンクの占領が課題となったが、その実現の可能性は、イスラエル国防軍の進出に対する住民の態度いかんに大いにかかわっていた。ベングリオンは、住民の反応について熟考した。正規軍侵攻前のように逃げ出すのか。それとも現地に踏みとどまり、政治、経済、そして行政上のありとあらゆる問題で、占領者のイスラエルを悩ませるのかである。ガリラヤ地方およびネゲブの両作戦で得た戦訓によると、パレスチナアラブ人は自分の意志で逃げ出すことはないと思われた。したがって、ウエストバンクの占領は、戦闘過程でたくさんの残虐行為をもたらすか（国内および国際社会の反発を引き起こす）、戦闘がすめば多数のパレスチナアラブ人を抱え込むことになる。ベングリオンは、この不都合な選択肢を避けるという理由から、ウエストバンク占領をあきらめ、トランスヨルダンとの交渉開始を決意した。

二度と戻れなかった難民

逃げ出す時、難民たちは戦争が終ればいずれ帰還すると確信していた。この〝終り〟の意味は、停戦、一時休戦、休戦、そしてもちろん平和条約のいずれでもあり得た。難民の帰還は、どの時代でも中東の戦争では普通のことであり、慣習となっていた。一九四八年六月に第一次休戦が始まると、多くの人が自分の村落へ戻ろうとした。少なくとも農作物の収穫を考えた。しかしながら、彼らからすれば意外な運命に見舞われるのである。

相手のユダヤ人たちは、異質のヨーロッパ文明に属していた。そこでは、戦争の概念と歴史上の経験が中東とは異なる。時代は第二次世界大戦の終結から三年たった頃であった。チェコ人、ポーランド人、そしてロシア人によって追い出されたドイツ人が、元の居住地であるズデーテン、ポメラニア、チェコあるいは東プロイセンへ戻るのは、考えられぬことであった。戦後、勝利した連合国側は、数百万の大量帰還を実施したが、対象は自国民であった。一方、敗戦国の難民や被追放者は、どこかに再定着して新しい生活を始めるのである。

一九二〇年代初めに起きたトルコとギリシア間の人口交換は、まだ記憶に新しかったし、ヨーロッパには、白系ロシア人が大勢いた。ロシア革命とそれに続く内戦で故国を出た人々である。イスラエル人の大多数は、この原則を中東にも適用することを望んだ。ヨーロッパとは違う文化的概念と歴史的経験を、ナイーブにも無視したのである。

ヨーロッパでは、戦争難民は、勝者である相手が居住地を占領しているのであれば、そこへ戻ることは滅多にない。通常どこかに再定着して、新しい生活をそこで築く。これは、第二次世界大戦後、とくに顕著であった。当時イスラエル国民の大多数はヨーロッパ出身であり、この原則を中東にあてはめた。

一九四八年夏、イスラエルの暫定政府は、平和的決着の前に難民の帰還を認めることに反対する、と決めた。停戦や休戦は、戦争の一部であり、平和的解決とは考えられない。イスラエル国防軍は、休戦期間中とその後の平和協定のないままで続く戦後、イスラエル国内への浸透を力ずくで阻止し、侵入者が隠れ家として使用しないように、遺棄村落を取り壊した。

同時にイスラエル政府当局は、国内の遺棄地を接収した。アラブ正規軍の侵攻でアラブ地域のユダヤ人開拓村は遺棄され、そこから避難したユダヤ人住民がいたので、接収地を彼らの用に供した。その後、新移民と復員兵が遺棄されたアラブの町に入居し、アラブ人農家が耕作していた地で農業に従事した。かくして、一時的な行動であったはずの脱出が、ほとんど永続的な難民の問題になった。

存在しなかった共同謀議

アブドゥッラー王打倒の動き

一九四八年のアラブ・イスラエル戦争は、イスラエルとトランスヨルダンが、パレスチナ全域を分け合う結果で終った。ただし、ガザ回廊（エジプトが占領）は別である。アラブ連合軍の敗北という状況のもとで、アブドゥッラー王がアラブパレスチナの一部を手中にしたことは、ほかのアラブにとって実に嫌なことで、困惑すべき問題であった。

戦後アラブ諸国は深刻な敗北感に襲われたが、トランスヨルダンだけは戦果をあげ、アラブ諸国の味わっている挫折感とは極めて対照的であった。このギャップから、アブドゥッラー攻撃が始まった。ユダヤ人と結託してアラブの大義に背いた、と矢継ぎ早の非難攻撃である。パレスチナアラブ人、エジプト人、シリア人、そしてトランスヨルダン人亡命者が、手に手をとってアブドゥッラー王を中傷し、打倒の秘策を練った。

この戦争で、アブドゥッラー王はパレスチナアラブ人を二度も完全崩壊から救っている。この史実は、ヨルダンの公式戦史を除けば、ほかのアラブ諸国とパレスチナアラブ側の歴史書が完全に無視している。第一回目は、アブドゥッラー王がパレスチナに侵攻した時である。アラブ諸国が連合し、パレスチナへ侵攻するには、彼の参加が前提条件であった。第二回目は、時宜にかなった彼の連合離脱決意である。戦争から離脱し、イスラエルとの平和を決めたので、ウエストバンク占領は阻止された。しかるに、アラブ側の研究者だけでなく、イスラエルの歴史修正主義者アヴィ・シュライムも、パレスチナアラブ人の恩知らず的な言動を無視し、アブドゥッラー王の行動をパレスチナアラブ人に対する救援ではなく、反パレスチナの陰謀とみなすのである。

ユダヤ機関がアブドゥッラー王とパレスチナを山分けすることで合意したという話も、以前にイスラエルで流されたことがある。流した張本人は、ベングリオンの政敵、シオニスト運動の左右両派の〝パレスチナは丸々一つ〟信奉者、そして分割に反対するイェシュヴ（パレスチナユダヤ人社会）である。彼らはベヒヤ・レドロット（後代に残る悲しみのもと）を指摘した。もともとこれは、ベングリオンが口にした慣用句である。

一九四八年九月、ムジャヒディン（イスラム聖戦士）が戦略要地ラトルン付近を攻撃したことを受けて、ベングリオンが国防相としてアラブ軍団（トランスヨルダン軍）を攻撃し、サマリア地方（ウエストバンク北部域）の占領を求めたところ、政府がこれを拒否したので、この慣用句を使った。反ベングリオン派は、この慣用句をベングリオン批判に使ったとされる。対エジプト作戦ヨアブ（十の災作戦・一九四八年一〇月一五～二八日）後、ベングリオンが国連安保理の停戦決議を受け入れ、エジプト軍の敗退に乗じたヘブロン山地占領の中止を決断した時、ないしは戦争末期にサマリア地方の占領を控えた時である。

アブドゥッラー王とユダヤ機関

イスラエルでは、一九六〇年代中頃まで、トランスヨルダン絡みのウエストバンク攻略問題は、検閲対象になっており、公式に論じることができなかったが、話は噂となって広がっていた。〝共同謀議〟

説は、戦争の逆神話の一つとなった。この説を公式にとりあげたのが、イスラエル・ベール（一九一二〜六六年）である。ベールは、一九四八年、イスラエル国防軍参謀本部の幹部で、戦後作戦課長として中佐に昇進した。当時ベールは、左派のマパム（統一労働党）に所属し、ベングリオンの戦争指導を手きびしく批判した。戦争中ベールは、党の非公開協議の席上、適切な戦争指導を歪め危険であるとして、ベングリオン国防相を解任すべきである、と主張した。ベールはベングリオンとアブドゥッラー王の間にウエストバンク分離の密約があるから、ベングリオンが国防軍にアラブ軍団の潰滅を禁じたのである、とも言った。

後年ベールは、宗旨変えをしてベングリオンに忠誠心を移した。ベングリオンは彼を一九四八年戦争の公式戦史編纂官に任命した。ベールは、テルアヴィヴ大学の初代戦史科長でもあった。しかしながら、ベールは一九六一年に逮捕され、スパイ罪（ソ連派）で一〇年の実刑判決を受け、出所前獄中で死亡した。

ベールは、監獄で回想録『ビトホン・イスラエルの安全保障――昨日、今日、そして明日』を書いた。一九六六年、ベールの死後に出版されたが、イスラエル・トランスヨルダン共同謀議を発展させている。アブドゥッラー王にウエストバンクを占領させ王国に併合させるという密約があったとする。ベールの怪しい経歴と個人的な関わりゆえに、この共同謀議説はあまり信用されなかった。しかしながら、その一方でアラブ側から似た話が出ている。元アラブ軍団幹部アブダッラー・タル大佐および元イラク軍参謀総長サリー・ジェブリ大将の二つの回想録で、この説が唱えられたのである。

この共同謀議説は、二〇年間休眠状態にあった。しかしながら、一九八〇年代末になって、アヴィ・シュライムが、自分の総合的研究書『ヨルダン川越えの共同謀議――アブドゥッラー王、シオニスト運動とパレスチナ分割』の中で、この説を採用した。シュライムによると、一九四六年の夏以降ユダヤ機関とアブドゥッラー王は、パレスチナアラブ人をわきに置いてパレスチナを山分けする秘密協定を結んだという。国連でパレスチナ分割決議が採択されたあと、両者は見せかけの戦争をちょっとやって、それから事前に合意した計画に着手したとする。

もちろんユダヤ人側とアブドゥッラー王は、エルサレムの大法官（ムフティ）ハッジ・アミン・アルフセイニの野望に反対する点で、共通していた。ユダヤ人の多くは、隣人としてはパレスチナ・イレデンタ（領土回復主義者）国よりもアブドゥッラー王の方がよい、と明言していた。しかし、意図的かつ計画的反パレスチナの共同謀議というシュライムの推測は、厳しい検証には耐えられない。本人の記憶と結論は、一九四八年、そしてその後も続いたイスラエルとヨルダンの接触とその展開を示す証拠資料で明確に否定される。

一九四八年に反パレスチナ共同謀議があったとすれば、イスラエルとアブドゥッラー王ではなくイギリスとトランスヨルダンの間での話である。たとえそれが真相であったとしても、成り行きからわかるように、トランスヨルダンによるウエストバンク併合に関する英・ヨルダン合意は、事前計画に従ったものというよりは、当事者不在の結果である。

アブドゥッラーがユダヤ人と接触を始めたのは一九二一年。以来接触を重ね、一九四六年夏に、王とユダヤ機関の間に合意が成立した。王は、パレスチナ問題に対する望ましい解決法として、分割を支持すると約束した。ユダヤ機関は、この地域をアブドゥッラーと分け合うことを良しとする旨を表明し、王に財政援助を行なった。パレスチナアラブ人の間で王の地位を高め、シリアにおける彼の政敵打倒工作の促進を目的とする活動資金である。

この合意は、シュライムが唱えているような新しい陰謀の始まりではない。前述のように、長い間に培われた絆の延長線上にある。アラブ世界に支持されるパレスチナアラブ人は、シオニスト事業に非妥協的態度を貫き、一九三〇年代中頃からユダヤ側指導者には、アブドゥッラー王が、このパレスチナアラブ人に代わる唯一の選択肢にみえた。これに対し王は（当時肩書はまだアミール）、アラブパレスチナに対する自分の領土上の願望をつらぬき、大シリアの王になる夢を実現するためには、ユダヤ人の支援が必要であった。

アブドゥッラー王とアラブ世界の動き

アブドゥッラー王がパレスチナにおける自分の願望を達成するにあたって、期待できる外部の支援は一九四八年までユダヤ人だけであった。パレスチナアラブ人の大半は、自分たちを支配しようとする王の野望を拒否していた。一方、王に追随する人々であっても、王がユダヤ人と接触することに反対であった。アラブ諸国は全部トランスヨルダンの領土拡張を認めないと考えられた。

サウジアラビア（サウド家）は、アブドゥッラー（ハーシム家）を家系上ライバル視していた。エジプトは、大英帝国をスエズ運河とスーダンから駆逐すべく反植民地主義闘争を展開中で、王を大英帝国の傀儡とみていた。シリアとレバノンは、大シリアを夢見る王を敵視していた。イラクですら、ハーシム家のリーダーシップをめぐってトランスヨルダンと火花を散らしていた。アブドゥッラー王の方が年長であったが、イラクは強国であり国土も大きく、序列を認める気はなく覇権を受け入れることもなかった。

大英帝国は、アブドゥッラー王の能力、あるいは能力欠如をわかっており、さらには王に対するほかのアラブの態度に気づいていたので、彼の領土拡張主義を支持せず、支持すればアラブ諸国との関係をそこなうと考えた。中東の英国外交官とホワイトホールの幹部は全員、同じ意見であった。例外は二人だけ、アブドゥッラー王の英人アドバイザーであるサー・アレク・カークブライド大使とアラブ軍団司令官ジョン・グラブ中将である。一九四六年の夏以降二人は、王の支配をアラブパレスチナまで延長する政策を勧告した。

一九四七年一一月一七日、国連パレスチナ特別委員会（ＵＮＳＣＯＰ）の報告に関する投票の一二日前であったが、アブドゥッラー王が、ユダヤ機関政治局長ゴルダ・メイヤーソン（ゴルダ・メイヤー）と補佐エリアス・サッソンおよびエズラ・ダニンと会った。王はこの三人とは以前に数回会っている。予想される委員会報告は、いわばトランプの切り直しを意味するものであった。すなわち、パレスチナのアラブ側にパレスチナ国家の建設を勧告し、トランスヨルダンへの併合問題を避けているのである。

王とユダヤ機関代表は新しい状況を検討し、これまでの了解事項に対する誓約を再確認し、王の願望とは相容れない国連決議に先手を打つ方策を協議した。ゴルダ・メイヤーは、アブドゥッラー王のアラブパレスチナ併合に肩入れする件について、明確な言質を与えることを慎重に避け、住民投票がパレスチナアラブ人の自主的な姿勢を示すのであるから、それに向けた合併支持のとりつけ工作を行なうべきである、と示唆した。双方は、常時接触を保ち、状況が明らかになった時点で、再度会談することで同意した。(19)

大英帝国から暗黙の支持

国連で分割決議が採択されたあと、事態は急展開した。当事者たちが考えていたよりも早い動きである。アブドゥッラー王は、パレスチナにおいて暴力行為の急激な拡散という事態に直面し、申し合わせを守れなくなった。アンマンとエルサレムとの間で仲介人どうしの接触は続いたが、上級レベルの会談は開かれなくなった。

一九四八年一月、アラブ解放軍（ＡＬＡ）がトランスヨルダン経由で、パレスチナへ侵攻した。アブドゥッラー王に力がなかったのか、あるいはその気がなかったのかわからないが、ユダヤ人にとってはショックで、アブドゥッラー王に対する信頼感がゆらいだ。最初から彼を信用していなかった懐疑派は、いよいよ不信感を強めた。

戦いが始まり、ユダヤ機関とアブドゥッラー王との接触は、双方が拒絶した。アブドゥッラー王は、一九四八年二月以降、自分の願望を成就するのにユダヤ人をあまり頼りにしなくなったようである。タウフィク・アブ・アルフダ首相のロンドン訪問時、委任統治終了と同時にパレスチナのアラブ側割り当て域を占領する件で、王は大英帝国から暗黙の支持をとりつけた。

アブドゥッラー王の軍隊（アラブ軍団）は、英駐留部隊の一部としてすでにこの地域にも進出していた。もっともその部隊の戦闘介入は、まだとるに足らない程度であった。大英帝国は、後年ウエストバンクとして知られるようになる地域の占領で、アブドゥッラー王の地固め行動を支援するため、アラブの主な町に中隊規模のアラブ軍団を駐留させた。英国は、国連安保理の常任理事国ではあったが、国連の分割決議の中で、パレスチナ国家の建設に関する事項に関して、アブドゥッラー王の意図する決議履行阻止を意識的に支援した。

英国は、パレスチナアラブ人が分割決議に頑として抵抗し、その反面、委任統治を引き継ぐ行政能力に欠ける点を考慮すると、アラブパレスチナの処置についてトランスヨルダンによる占領しか策はなく、それに代わる案を思いつかなかった。

一九四八年四月、パレスチナアラブ側とアラブ解放軍は敗北し、アブドゥッラー王はアラブパレスチナ唯一の救世主という地位が、にわかに現実味を帯びてきた。委任統治の終了が近づくにつれ、パレスチナアラブ人の間に不安、動揺が広がってきた。終了とともに大英帝国の保護もなくなるからで、彼らはアブドゥッラー王とアラブ軍団の保護を次第に求めるようになった。地方名士の代表団が――以前から王とライバル関係にあった者が複数含まれる――アンマンへ行き、トランスヨルダンの介入を求めた。彼らの訴えは、今回は真剣そのもののようにみえた。

決裂したユダヤ人社会との関係

委任統治終了までの六週間で、パレスチナアラブ人社会は崩壊した。そのため、アブドゥッラー王の野心に対するパレスチナアラブ人の抵抗力が弱まり、アラブ軍団の保護に頼る、つまりは依存度が大きくなった。アラブ解放軍の敗北後、アラブ連盟すら、アラブ軍団によるパレスチナ主要地域の占領構想に同調する以外に選択肢はなかった。ほかのアラブ国家ができることといえば、戦争終結の段階でパレスチナアラブ人に自己の将来を決める権利ありとする決議を出して、アブドゥッラー王を牽制し、占領地域における彼の政治的自由を極限することを願うのが、関の山であった。

一九四八年四月末、アラブ連盟がアブドゥッラー王を説得し、速やかな戦闘介入を求めた。アッザム・パシャ連盟事務総長は、アラブ解放軍敗北にともなう混乱からパレスチナアラブ人を守り、パニック状態での大量流出を防止するよう、アブドゥッラー王に要請した。これに対し王は、軍事、政治上いくつかの条件をつけた。アラブ諸国は、委任統治終了を期したパレスチナ侵攻をいやいやながら決めた時、アラブ軍団によるパレスチナ占領反対を、実質的に撤回した。しかし、占領地に対するアブドゥッラー王の政治的もくろみには同意しなかった。

ユダヤ人側は、戦争の初期、アブドゥッラー王の特異な立場を間違って過小評価し、お互い様とはいえ、関係解消に一役かった。この時期ユダヤ人社会は、パレスチナアラブ人武装団とアラブ連盟の義勇軍（解放軍）の両方と戦闘中で、急迫した状況下にあって考える余裕がなく、トランスヨルダンとアラブ軍団を無視していた。当時軍団は戦闘を傍観していた。仲介者を通した間接的接触は、一九四八年一月末に途絶えた。ユダヤ機関は、英国がアラブパレスチナに対するアブドゥッラー王の意図を暗黙裡に支持していることに気づかず、その後の段階でも意図の本質をつかめなかった。

一九四八年五月初め、接触再開の工作が行なわれたが、形勢逆転するには遅すぎた。すでに一九四八年は合同侵攻軍の尖兵となっており、土壇場になって本人が翻意するとは考えられなかった。

一九四八年は、大英帝国、アラブ、そしてパレスチナアラブ人の支持ないしは黙認を得ていたので、自分の目的を実現するためにユダヤ人の支援をもはや必要としなかった。

ユダヤ機関は、これが最後という意気込みで、王との接触を試みた。アラブ侵攻軍への参加の取りやめを要請したのであるが、協議は失敗した。侵攻直前、ゴルダ・メイヤーはアブドゥッラー王に会うため、アンマンへ急行した。王は、今やトランスヨルダンは包括的な同盟の一員となっており、単独の取引はできず、これまでの了解事項に固執することもできない、とメイヤーに言った。[20]

交渉の再開

英委任統治の終了と同時に、イスラエルとトランスヨルダンは戦闘状態に突入した。双方には、互いに軍事行動を制限するような密約はなかった。一九四六年の合意は無効になったのである。そもそも、その合意は、国連の分割決議が定める状態とは関連性がなかった。戦争が終った時、イスラエルは、分割決議を交渉の出発点として受け入れることを拒否した。

一九四八年五〜七月の戦闘は、結着をつける戦いとはなからなかったが、見せかけの仮装戦闘とは大違いの、存亡をかけた対決であった。アブドゥッラー王は、軍事上の緊急状態により、やむを得ずアラブパレスチナの大部分をエジプトおよびイラクに渡し、その二者に軍政を委ねざるを得なかった。第二次休戦の初め、王は占領地を武力で維持統制していくには、力不足であることを認識し、ウエストバンクをしっかり保持するため、政治解決の道を模索し始めた。

国連安保理は、スウェーデンの外交官ベルナドット伯を調停官に任命した。ベルナドット伯は、アラブ連盟を後ろ楯とする〝全パレスチナ〟政府の創設を意図した(この案は安保理決議でユダヤ人国家に割り当てられたネゲブをアラブ側に編入するとした)。大英帝国はこの案を維持しようとして失敗し、さらにパレスチナに対するトランスヨルダンの意図をめぐってエジプトとの摩擦が大きくなってきたので、アブドゥッラー王はイスラエルとの意志疎通を考え、ユダヤ人との直接交渉の再開を図った。(21)

それでも、それは前の対話の続きではない。つまり、同じ対話の一段目と二段目の間に戦争が起きて、一時的に対話が中断したわけではない。それは、ユダヤ人とアブドゥッラー王の昔の絆の終り、過去の約束事に決別し、イスラエルとヨルダンでパレスチナ問題を解決しようとする、新しい試みであった。

交渉の出発点は、一九四八年秋にエジプト軍が敗北したあとの軍事状況である。アブドゥッラー王の主たる関心事は、アラブ軍団をイスラエル国防軍から守ることにあった。エジプト軍についで第二の餌食になるのを防ぐためである。

ベングリオンは、アラブ住民が第一段階の時と違って集団脱出をせず、ウエストバンクにとどまっている事実に気づいたあと、交渉の席に着いた。交渉の席に着くといっても、ベングリオンにはまだ迷いがあった。トランスヨルダンかパレスチナアラブ人かで揺れ動いていたのである。当事者どうしの休戦の取り決めは、トランスヨルダンとのみ可能であった。しかしながら、平和の可能性は別の問題であり、パレスチナアラブ人という選択肢をわきに置いたヨルダンオプションを、再考せざるを得なくなる。

休戦後イスラエルは、対極にある二つの状況の間を揺れ動いた。ヨルダンと包括的平和ないしは部分的取り決めを模索し、その一方で、ヨルダンの支配下にあるウエストバンクとエジプトの支配下にあるガザ回廊のパレスチナアラブ人との紛争がエスカレートしていったのである。

未解決の四つの問題

イスラエルが成功した唯一の戦争

独立戦争は、いろいろな留保事項があったが、少なくともいくつかの点で、アラブに対する最もうまくいった作戦であった。軍事的勝利を政治的秩序の確立へ転換し、その秩序が一八年間維持されたという意味で、イスラエルが成功した唯一の戦争であった。

当初イスラエルは、一九四九年の休戦協定を中間段階と位置づけ、これを足がかりに恒久平和へ至ると考えた。しかしこの願いは実現しなかった。休戦体制は一九六七年まで持続したが、究極の問題解決はまだはるか先である。

この戦争のあと、パレスチナアラブ人は一九四九年から一九六七年まで、舞台裏に引っ込んだ。現地にとどまった者はイスラエル国民となった。ウエストバンクに住むパレスチナアラブ人と東西両岸域の難民はヨルダンに編入され、ヨルダン国民になった。ガザ回廊はエジプトに占領され、当地の住民は〝エジプト系〟パレスチナアラブ人となり、シリアとレバノンの難民キャンプに居住する者は、それぞれ〝シリア系〟パレスチナアラブ人、〝レバノン系〟パレスチナアラブ人となった。いずれも市民権を与えられていない住民である。〝パレスチナ人〟は、〝難民〟という言葉と結びつけられ、それ以外では、言葉の厳密な意味での〝パレスチナ人〟という概念は消えた。

六日戦争の結果、パレスチナアラブ人は、自身の旗印を掲げて政治の舞台に戻り、アラブ諸国の史観で抹殺された自己の戦争史観を再検討し、改訂する作業に着手した。イスラエルは、この時の戦争でウエストバンクとガザ回廊を占領したが、この二地域を併合しなかった。そこで、その地域の住民は、〝ヨルダン系〟と〝エジプト系〟ではなくなり、〝イスラエル系〟にもならなかった。彼らは、一八年間忘れ去られていた言葉、すなわち〝パレスチナ〟アラブ人として再登場するのである。

一九七三年のヨムキプール戦争時、パレスチナアラブ人は、まだ取るに足りない存在であった。しかしながら、この戦争のあと、イスラエルとアラブ諸国との関係は安定し、その環境の中で、パレスチナアラブ人が、アラブ・イスラエル紛争の中心に戻ってきた。

レバノン戦争は、パレスチナアラブ人が原因で勃発し、そしてまた彼らを相手としてイスラエルが戦った。北部国境域では一九八〇年代になると、パレスチナアラブ人に代わってイスラエルの主敵として登場したのが、ヒズボラである。

一九八七年後半（一一月）に勃発した第一次インティファダは、その後マドリッド平和会議を経て、やがてオスロー合意につながった。この合意は、イスラエルのウエストバンクおよびガザ回廊の占領など、一九六七年の六日戦争でつくりだされた諸問題に取り組み、一九四八年の戦争がもたらした状況を迂回しようとするものであった。二〇〇〇年のキャンプ・デービッド交渉で、当事者どうしがその状況の内包する基本課題を真剣に話し合い始めた時、オスロー合意はものの見事に崩壊した。この意図的な迂回が失敗の主因である。

領土問題

一九四八年の戦争は、未解決の問題を四つ残した。イスラエルとアラブ諸国およびパレスチナ人との和解の試みが、いろいろあったが、それまでこの試みを制約してきたのが、この四つの問題であり、いまだにそれが紛争解決の障害になっている。

第一が領土問題である。イスラエルは、周辺のアラブ諸国と接する委任統治領パレスチナの境界を引き継いだ。アラブ諸国軍はこの境界線を侵犯した。しかしイスラエルは受け入れたのである。イスラエルは、休戦交渉の準備のため、あるいは交渉過程の中で発動した最終段階の作戦において、エジプトおよびレバノン領を一部占領した。そして、一九四九年にその両占領地から撤退した。

対シリア境界は、前二者とは性格の異なる問題であった。シリアは、パレスチナと接する国際境界を以前から認めておらず、ヨルダン川とガリラヤ湖の中間に線を引くいわゆる〝河川水線〟を主張してきた。

しかし、領域問題でいちばん厄介なのが、イスラエルとパレスチナの線引きである。一九四九年の休戦協定で、イスラエルとエジプト、そしてヨルダンとの間に休戦ラインが引かれた。一方パレスチナアラブ人の立場からすると、この休戦ライン（一九六七年六月四日時点の境界線）は、無意味であり（自分たちには）通用しない代物である。一九五〇年代から六〇年代にかけて、イスラエルへの境界侵犯が頻繁に起きたが、この態度の表れである。

イスラエル人とパレスチナアラブ人を分離する国際境界線は、これまでのところ一九四七年の国連分割線しかないというのが、彼らの言い分である。アラブは、この分割線への撤退を難民問題とリンクして要求する。イスラエルが分割線の方へ撤退すればするほど、撤退地へ難民が戻り、難民問題は小さくなる、と彼らは主張する。

難民問題

第二の問題は、パレスチナアラブ人難民が投げかけているもので、見たところいちばん厳しい。二〇世紀の世界には、ドイツ、ポーランド、チェコスロバキア、バルカン半島、インドおよびパキスタン、ベトナム、そしてアフリカ諸国で大きい難民問題が発生した。その大半はとうの昔に解決している。パレスチナ難民問題だけが延々といつまでも続いている。アラブ・イスラエル紛争にはさまざまな要素があるが、この問題は突出している。相対する文明どうしの衝突として類がない。ほかの歴史的遭遇に普通みられる民族的、宗教的性格のレベルをはるかに超えるのである。

イスラエルは、難民の悲運を招いた責任を問うてアラブ連盟を非難し、それでもドイツやイスラエルが実行したように、アラブ諸政府が自国にパレスチナアラブ人を再定着させる、と期待した。ドイツは、第二次世界大戦後フォルクスドイッチェを受け入れ、イスラエル自身もアラブ諸国からユダヤ人難民を移住者として受け入れ、吸収した。この問題は再定着によって解決すべきであるというのが、イスラエルの主張である。
イスラエルは、パレスチナアラブ人、アラブ諸国、そして国際社会にそのように主張してきた。それは誠実な訴えであったが、本件については、場違いであった。アラブ世界は、イスラエルとの和解の一前提条件として、難民の〝帰還権〟を執拗に要求してきた。一九四八年の戦争から五十余年、アラブ諸国は――ヨルダンを除く――難民を吸収しなかった。難民個々人が、この地域内外に定着して新しい人生を築くケースもあったが、大多数は、居住地の住民とほとんど融合しなかった。アラブ諸国のみならずウエストバンクとガザ回廊でもそうである。彼らは帰還を期待しながら、地域社会とは別の難民キャンプに居住し、地理的、社会的に現地住民から離れて暮らした。

戦争の余波が続くなか、イスラエルは政治上爆発の可能性を持つこの難民問題を外交手腕によって国連の支援対象となる人道問題に転換した。〝列強〟はこの転換を黙認した。しかし、アラブ世界――難民自身とそれ以外のパレスチナアラブ人、そしてアラブ諸国――は従わなかった。アラブ側は、難民問題に対するイスラエルのアプローチ法と解決提案を、すぐに拒否した。[22]

拒否に込められたメッセージは明白である。第一、パレスチナアラブ人難民は、イスラエルがつくりだし、問題の責任はイスラエルにあり、アラブ世界がこの問題の解決を支持、あるいはその将来に責任の一端を担うことはあり得ない。第二、アラブ側はユダヤ人国家を潰滅できなかったが、アラブ側が相容れぬイスラエルの異質な行動基準に従うことはない。ヨーロッパとは違って中東では、戦争難民は行き着いた先で再定着せず、敵対行動が終れば元の家へ戻り、元の家へ戻るまで敵対行動は終らないというパターンであった。イスラエルは、この二重のメッセージを計算に入れなければならない。この問題はどうすれば解決できるのか。予測は困難である。

聖都エルサレムの問題

第三の焦点がエルサレム問題である。パレスチナアラブ人の目には、エルサレムが紛争全体を具象化している。その宗教的歴史的意味のほかに、聖都の命運が領土および難民問題とのかかわりも持つからである。エルサレムは、一九世紀中頃からユダヤ人が多数派を占める聖都であったが、アラブにとってはパレスチナのアラブ人エリートの本拠地であり、アラブの政治運動の伝統的中心地でもあった。

ユダヤ人の目からみると、エルサレムはユダヤ民族の歴史的首都であり、シオンへの帰還を希求する歴代ユダヤ人にとって中心聖都である。この都市に見舞った一九四八年の命運は、国連が分割決議履行に失敗したことを象徴する。その結果、イスラエルは、エルサレム全域の首都化ができない現実を前にして、国際都市化よりも、ヨルダンと分け合う方を善しとした。そして、戦後国連が国際都市化計画の復活を意図した時、両国は協力してそれを阻止した。

一九六七年、ヨルダンはウエストバンクから敗退し、イスラエルはエルサレムを併合した。以来イスラエルは、パレスチナアラブ人はエルサレムに歴史的、政治的地位を持たないとして、彼らの政治的足がかりを必死に否定してきた。双方の個々人の善意にもかかわらず、これが再度橋渡しのできないギャップのように思われる。

アラブのイスラエル承認

第四の基本問題が、アラブのイスラエル承認と和解にかかわるものである。一九四八年の敗北後、アラブ諸国は、同じ国連決議でも決議一八一および決議一九四の方を受け入れた。軍事的敗北の前には、猛烈に反対していた二決議であったが、負けたあとは対イスラエル政治戦の土台として使用した。

アラブ諸国は、これらの決議の厳格な履行を強く要求しながら、新しい隣人であるイスラエルに対しては、国家としての承認、平和的友好関係の樹立を頑として拒否してきた。アラブ側指導者たちは、イスラエルとの政治および経済関係は、こちらが決めることで、他人からとやかく干渉される筋合いはないとし、国際社会の公約であるべき国連決議の履行とリンクさせてはならない、と主張した。

この態度は、エジプトのアンワル・サダト大統領のエルサレム訪問（一九七七年）まで続いた。近年アラブ世界の一部は、イスラエルに対する態度を変えた。もっとも、国家としての〝正当な存在〟の公式承認ではなく、その点では基本的に変わっていない。

イスラエル・パレスチナ関係に関する基本課題は残されたままで、これがイスラエルの対アラブ諸国関係に暗い影を投げかけてもいる。

この一〇年、イスラエル・パレスチナアラブの対話は、二つのレベルで実施されてきた。不幸にして、この二つは収束しなかった。結論からいえば、圧倒的大多数のイスラエル人は、アラブとの共存を求め、そのような共存にはイスラエルの譲歩、そして妥協が必要と理解している。

イスラエル人の間に論争があるが、それは妥協と譲歩の原則をめぐるものではなく、妥協と譲歩の程度、そして和解の限度をめぐる論争である。パレスチナアラブ人は、共存や妥協のための努力はしない。彼らは〝正義〟を求める。一九一七年のバルフォア宣言にさかのぼるとはいわないまでも、少なくとも一九四七年の国連分割決議以来彼らがこうむったとされる諸悪が正されてはじめて、イスラエルとの問題に結着がつくと考えている。

イスラエルの譲歩が、パレスチナアラブ人の〝正義〟観に合致する限り、対話は続く。イスラエルが譲歩をやめ、自己の立場を主張すれば、自分たちの〝正当な権利〟と考えるものを求めて、パレスチナアラブ人の闘争が再燃する。我々は今この時点でまさにこの状況の中にいるのである。

第3章 休戦期の戦争（一九四九～一九五六年）

ダビッド・タル

イスラエルは戦争の中で誕生し、さまざまな戦争にまきこまれながら生存してきた。この現実が、イスラエルの安全保障史の時代区分に影響する。通常それは、前回の停戦から次回の戦争勃発までをひと区切りとして、一九四九～一九五六年、一九五七～一九六七年などと区分される。

しかし、この区分は少し独断的である。このような分類の戦間期は安全保障の観点から等質であったわけではないからである。もう少し細かい区分が適切で、より正確な区分は、戦間期の一九四九～一九五五年と戦争勃発年の一九五六年である。

最初の時期は、イスラエルの休戦期戦争と呼んでしかるべきで、イスラエルが休戦協定維持のために戦った時代である。後半は、休戦体制に対するイスラエルの厳守がゆるんだ時期で、イスラエルは休戦体制を破棄してもよいと考えていた。

この休戦期戦争時代には、いくつかの特徴がみられる。第一、対応すべき問題は純粋な軍事問題ではなかった。第二、この戦後期にイスラエル国防軍が作戦能力を試され、軍の弱点が露呈した。第三、休戦期戦争では、外交的側面が軍事的側面と同じように重要であった。以上の点について、これから記述する。

一九四八年戦争後の安全保障観

三層からなるイスラエルの安全保障策

一九四八年の戦争後、イスラエルの安全保障策は三つの層から構成された。第一はソフト面を含む最も広範囲な国家の安全保障に関連し、第二は具体的脅威に対処し戦争に備えるハード面にかかわる。第三はイスラエルが日々対応をせまられる目下の問題への対策である。

　第一の層は、無定形で総体的、抽象の域にあり、全体的には、ユダヤ・アラブ紛争史、そして終ったばかりの一九四八年の戦争体験に影響されている。それは、いくつかの前提をベースにした安全保障である。第一、アラブはイスラエルの存在権を認めない。第二、アラブ側は一九四八年の戦争の結果を解消し、状況を元に戻す機会があれば、すぐに行動する。第三、イスラエルは、国家の存在にかかわる脅威にまださらされている[1]。

　その存在が直撃されるという恐怖は、安全問題に関する日常の心配事に直接影響することはない。その影響は、平和に対するイスラエルの態度形成に出てくる。端的にいえば、平和のためにどのような代償を払うか、である。イスラエルの政策は、そこを考慮して決まる。

　イスラエル政府の解釈によれば、領土上の譲歩とイスラエルへのパレスチナ難民の帰還は、平和のための代償ではなく、敵が考案したイスラエル潰滅法である。アラブ諸政府は、〝二回戦〟つまり再度イスラエルと戦争をする。これが当時イスラエル側の考えた前提――確信といった方がいい――であった。しかし、アラブ諸国はこの目的に沿った行動をとらず、その方向へ動くことがなかった。一九五〇年三月、サウジ外相のヤシン（Sheikh Yusuf Yassin）の補佐官がアメリカの駐リヤド大使に送った書簡は典型的で、「アラブは対イスラエルの侵攻意図を持たないが、イスラエルを高い壁で囲ったように扱う」と述べている[2]。

　第二の層は、イスラエルの戦略的立場を具体的な言葉で評価したものであり、現実の戦争の脅威にかかわるものである。一九五五年まで、イスラエルの安全保障と軍事関連の指導部は、現実の戦争の危機はさしせまってはいない、と考えていた。一九五二年、国家安全保障を担うベングリオン国防相は、少なくとも一九五四年まで戦争の危機はないとし、ダヤン国防軍参謀総長は、その一九五四年に今後少なくとも一〇年から一五年間は戦争のおそれはない、と主張した。ダヤンは一九五四年に南部軍管区の廃止を決めた。この安全意識を物語る行為で、当時その軍管区は余計な代物と考えられたのである。(3) 興味深いことに、アラブ世界にも同じ意識があった。(4)

第三層は、目下の安全保障を中心とし、この時代にイスラエルの安全保障担当機関が日々対応をせまられる諸問題にかかわる。このカテゴリーに入る問題は三種類であった。非武装地帯をめぐる争い、イスラエル国内のアラブ系住民に対する軍政、近隣アラブ諸国(主としてヨルダン統制下のウエストバンク、エジプト統制下のガザ回廊)からの越境潜入である。

越境者の潜入防止

この三つの問題のうち、いちばん厄介なのが三番目であった。越境者の動機はさまざまであり、潜入の様態も多種多様である。越境者の多くは一九四八年の戦争時に逃げたパレスチナアラブ人難民で、家へ戻るつもりか(もちろん、不法潜入である)、残してきた所有物を回収するつもりで、なかには今はイスラエルになった地に踏みとどまっている親戚を訪ねたり、先祖の墓参りを目的とする者もいた。経済的に困窮して、盗みのため越境した者もいたが、ウエストバンクの住民の中には、この手の仕事を〝専門〟にして、窃盗団をつくり、潜入して略奪を働いた。アラブ商人のため、窃盗団が物品を〝調達〟するケースもあった。(5)

ヨルダンおよびエジプトとの休戦ラインは、別種の越境潜入をつくりだした。戦争が終った段階で、自分の土地が、休戦ラインの向こう側に入ってしまい、そこへ行けなくなった人たちである。それでも彼らは、自分の畑を耕作し、果物や穀物を収穫したかったので、越境潜入者になった。別タイプの越境工作者もいた。イスラエル側の土地を奪って耕作し、ひどいのになるとユダヤ人開拓村の畑から作物

を〝収穫〟していく者もいた。(6)

ヨルダン、ガザ回廊からの越境潜入者の中で、我々が〝テロリスト〟と呼ぶ人々もいる。政治的理由でイスラエルへ潜入する。それには、パレスチナアラブ人活動家が含まれる。彼らはイスラエルへ潜入し、破壊活動と殺人を行なう。境界域を常に軍事的緊張下におき、休戦ラインによってつくりだされる現状維持の固定化を阻み、紛争の継続を願うのである。(7)

この〝政治的〟越境潜入は、越境現象の中では比較的少ない。イスラエルの対応によって、越境潜入現象に政治色がついてしまった。イスラエルは、潜入の目的に限らず、越境者をすべてアラブ・イスラエル紛争の文脈でとらえ、国家の政治および安全保障問題の一環として扱った。

イスラエルは、なぜこの問題を安全保障問題の一つとして扱ったのであろうか。実際のところ、最初にこの現象がみられた時、イスラエルの指導者たちは、住民を対象とする民法、刑法上の問題として捉えた。

一九四九年九月、ベングリオンは、「窃盗事件(越境者の犯した)は民間人に対する刑法の範疇であり、ほかの窃盗と同じ事件として扱われるだろう」と語った。(8)しかしながら、この初期段階でもその後でも、この問題が住民対象の事案として扱われたことはなかった。早くも一九四八年の戦争時、この現象が探知されると、直ちに国防軍は越境者の潜入防止任務を与えられた。そしてそれは、一九五〇年代半ばまで重要任務として遂行されるのである。

国防軍にこの任務が与えられたのは、偶然の話ではない。それは、越境潜入現象に対するイスラエルの解釈の仕方の結果、であった。イスラエルは、三つの主要成果を手に独立戦争を終えた。第一の成果は、独立と生存能力である。近隣アラブは、パレスチナにおけるユダヤ人国家の建設を阻止すべく侵攻した。イスラエルはその攻撃に耐え抜いた。

第二の成果は領土である。アラブは国連の分割決議を拒否し、その結果戦争になったが、戦争はイスラエルが分割決議の割り当て域よりも広い地域を確保する結果をもたらした。

さらに、この拡大領域の中で、ユダヤ、アラブの人口比が、ユダヤ人側からみると改善された。人口構成比の変化が第三の成果である。国連分割決議による割り当て地域内では、ユダヤ人約四五万、アラブ人三〇万の人口になるはずであった。戦時中パレスチナアラブ人数十万が逃げ出し、あるいは国防軍によって移送され、その結果拡大したイスラエル領内での人口はユダヤ人六〇万、アラブ人一〇万弱の比率になった。この動向が確認されると、イスラエルの指導部はこれを重要な成果とみなした。間もなくして、パレスチナアラブ人難民に関する政策の基本が固まる。それは、いかなることがあっても。ユダヤ人国家への難民帰還は認めてはならないということである。(9)

休戦ラインの維持に固執

イスラエルは、戦争で確保した地理的領域にも固執した。休戦ライン(休戦分離線:ADL)は、世界とアラブ諸国によって暫定的とみなされたが、この状況についてベングリオンは、一九五〇年六月に「イスラエルは、我々に割り当てられた境界とは違う線をもって、戦争を終えた……この拡大境界については反対がある。そしてこの反対は消えていない」と述べた。(10)反対の声はすでに戦時中から聞かれた。一九四八年夏、国連調停官F・ベルナドット伯が、「目下の線を境界とする領土上の現状維持を恒久化せよ」と提案したのである。国連分割線をこの線に変えるのである。分割決議でユダヤ人側に割り当てられなかったが、イスラエルが占領確保中の地域(エルサレム回廊、西ガリラヤ地方など)を、新生ユダヤ人国家の領土に編入し、決議でユダヤ人側に割り当てられたが、戦争でイスラエルが確保できないでいる地域(侵攻エジプト軍の占領下にある南ネゲブ地方)は、アラブ国家へ引き渡すという案である。(11)

イスラエルは、ネゲブを西ガリラヤ地方と交換する構想に反発し、両地域のイスラエルへの編入を要求した。ネゲブはもともと分割決議で割り当てられた地域であり、西ガリラヤは軍事的勝利で支配下に入った所である。(12)

アラブ四カ国との休戦協定は、戦争の結果生じた領土上、人口構成上の現実を、アラブ側が――事実認識だけであるとしても――認めたことであり、イスラエルは休戦協定がいちばん国益にかなっていると考えた。平和交渉は、対立するさまざまな問題のいわば傷口をあけることになるから、休戦協定に具象化されている戦争でも平和でもない状態は、イスラエルの戦略的利益に一致している。イスラエルが休戦体制の維持に固執したのは、ここに理由がある。そして、一九四九〜五五年時代の安全保障政策は、その目的に沿うものであった。

さらに、越境者の問題があった。彼らがイスラエルに与える損害は非常に大きかった。この越境潜入・盗賊は人殺しもやった。主に開拓民が阻止しようとした場合である。被害に遭うのは境界沿いの開拓村で、住民は越境潜入問題の対応には不向きの新移民が多かった。一九四八年から一九五〇年までに二五〇の開拓村が建設されたが、大半は境界沿いにつくられ、新移民が入村した。政府は、村民が越境潜入者の脅威に対応できず、離村して境界域がガラ空きの無人地帯になることを恐れた。(13)

越境潜入者との戦い

決まらぬ警備体制

越境潜入との戦いは、さまざまな正面で展開し、いろいろな対応策がとられた。しかし、その対策は当初、場あたり的で、試行錯誤を重ねて、組織、手段、運用法が整備されていった。最初の越境現象は、一九四八年の戦争でみられた。その頃は布陣中の国防軍の部隊が、戦場を越えて来る者の阻止を指示された。(14) 戦時中、軍が越境潜入者と戦うのは当然であるが、戦争が終り、休戦協定が結ばれると、混乱が生じた。越境潜入防止の責任母体が不明になった。本件を扱う中央機関がないままに、地方自治体とやはり地方の警察で対処する案が出た。しかし、地元警察と住民自警団で構成される地方警備隊を編成する計画は失敗した。境界周辺の住民の多くは、このような任務には不向きで、協力するつもりもなかった。これが主な失敗因である。[15]

本件は政府レベルで検討されたが、結論が出なかった。この間、政府首脳の意向に反して、国防軍が越境潜入者と戦った。首脳部がおよび腰だったのは、二つの理由からである。越境潜入に対する戦いは、苦労ばかり多くて、結着はつかない。境界線（休戦ライン）は九〇〇キロメートルもあり、そこを完全に封鎖して、決死のアラブ人の越境を阻止するのは不可能であった。さらに戦争が終ると、国防軍は大半の将兵が動員解除となり、戦時中一〇万を超えた兵力が二万五〇〇〇の規模に縮小した。これで長大な境界線を守るのは無理で、越境者は前よりも容易に潜入できた。

第二の理由は、国防本来の任務がおろそかになることである。将来の戦争に備えなければならないのに、越境阻止でエネルギーが割かれてしまう。[16]

越境潜入者との戦いは負担となった。国防軍参謀本部は負担軽減のため、考え方として実践課題を二つに大別して、対策を立てようとした。第一は〝基本的安全保障〟すなわち将来勃発する可能性のある正規戦に備えた作業。第二がさまざまな治安問題に関する日常的対処である。後者には越境潜入者との戦いが含まれる。

参謀本部は、第一の課題に集中できるように、第二の課題を任務からはずそうと苦心した。[17] しかし、この区別は机上の分類にすぎなかった。結局のところ、越境潜入防止は、〝境界域の安全保障〟任務の一環であり、軍が手を抜くわけにはいかない。越境域の安全を確保するには軍事手段が必要として、国防軍は休戦ラインの守備責任をほかの機関へ渡せなかった。越境者の取り締まりは警察の任務であると同意した時でも、国防軍はこれに関与し続けた。イスラエルの安全保障は最重要課題であり、その分野

での地位と立場を考えると、最高責任が国防軍にあるのは明白であった。(18)

それでは、国防軍としてはどうするのか。軍の中の特別部署に一任する案がでた。第一の案が軍政部である。そこは主任務としてはイスラエルのアラブ人を担当している。参謀本部は、軍政部に境界域守備任務を与えることを考えた。しかし、できなかった。軍政部は部隊を持っていない。たとえば、越境潜入者がイスラエルのアラブ人部落に逃げこんだ場合など、アラブ人居住地域内での軍事作戦には、軍や警察の応援が必要である。(19)

既存の構造的な方法も試された。奥行き防衛(Spatial Defense)と称する。安全保障上、最も憂慮すべき問題が戦略縦深の欠如である。国土狭小のうえ、人口密集地が境界線に近い。奇襲攻撃を受けると、ひとたまりもない。後退して再編成したうえで反撃に転じるという空間的余裕がない。アラブ侵攻軍に寸土たりとも領土を明け渡してはならないのである。

解決策として導入されたのが、いわゆる国境村の建設である。開拓村ではあるが、警備駐屯地的役割がある。越境攻撃を受けた時は、敵の圧力を吸収して国防軍の増援が到着するまで持ちこたえるのが、その任務である。国境村は、准軍隊式に組織され、住民は武装していた。軍事任務の遂行を目的とする組織編成であるから、住民は越境潜入者との戦いにも参加するはずであった。しかしながら、さまざまな理由から、住民はその任務に適していないことがわかった。(20)

国境警備隊の編成

既存の組織を使うのは失敗だったので、専門部隊をつくるという話になった。その第一号が、一九四九年夏に編成された軍事警察隊である。発案者と初代隊長はダビッド・シャルティエル准将。一九四八年の戦争時、初期エルサレム守備隊長だったが、いろいろ問題のある人物であった。シャルティエルが提案したのは、国防相直属の警察活動を行なう部隊である。すなわち、国防軍と警察の指揮下にはない。任務は、境界守備、潜入防止、境界域の秩序維持である。部隊は編成されたが、いろいろ問題があり、ほどなく解隊された。国防軍と警察は、誰が予算を負担するかで論争し、ベングリオンは調停できなかったのである。ほかにも問題があり、決着をつけるのが容易になった。シャルティエルの人格と応募兵の質の悪さがあいまって、隊は期待されるほどの力を発揮できなかった。ベングリオンは、一九五〇年夏をもって解隊することを決意した。[21]

軍事警察隊がうまくいかなかったので、再び国防軍が越境潜入の取り締まりにあたることになった。元のやり方に戻ったので、ベングリオンは気にくわなかった。彼は、対策委員会を設置した。委員会が代案を練っている間、軍は取り締まりを続けた。[22] この委員会がどうなったのか不明であるが、ベングリオンは一九五三年三月に別の合同委員会をつくった。警察と参謀本部の代表で構成され、境界域守備法を検討した。イスラエル・ヨルダン間の休戦ライン域が緊張してきたので、委員会の設置となったのである。[23]

一九五三年、越境潜入者に殺害されるイスラエル人が増加し、国防軍がたびたび報復攻撃を加えたので、国際社会のイスラエル批判が激しくなった。この合同委員会は間をおかずに案を提出した。柱は国境警備隊の編成である。国防軍の指揮下におかれ、越境潜入との戦いを主任務とする。この新しい部隊は、一九五三年五月に編成を完結し、レバノン・シリア・ヨルダン境界に配備された。配備は一九五四年四月に完了し、以来イスラエルへの越境潜入数が目にみえて減った。この部隊の活動が減少の一因である。[24]

対応方法の形成

休戦期戦争中、イスラエルは主として三つの対策をもって行動した。第一は、既存の連絡法で、アラブ諸国政府にこちらの意志を伝えること。第二は、休戦ライン沿いで軍事的予防策をとること、第三が報復攻撃である。第一と第三の対策は、問題が起きた地域の政府に向けられ、第二の対策は越境潜入者に向けられた。

アラブ諸国との連絡法

ヨルダンおよびエジプトとの連絡チャンネルは三つあり、政府関係者はこれを経由して相手とメッセージをやりとりした。第一はインフォーマルな連絡法で、休戦ラインをはさんで双方の警察が近寄り、懸案の問題を話し合って解決する。この方法は主にイスラエル、ヨルダン間で使われた。一九五四年まで小競り合いは主にこの休戦ライン域で発生した。越境潜入事件で休戦域は緊張する。問題を解決し緊張を緩和するため、双方の警察官が頻繁に会った。

第二の連絡法は、混合休戦委員会（MAC）である。これは、総合休戦協定（GAA）に設置が明記されていて、イスラエル・レバノン、イスラエル・シリア、イスラエル・ヨルダン、イスラエル・エジプトと、四つの休戦委員会が設けられた。各委員会は三人編成で、イスラエル側とアラブ側人の軍人が各一人、国連職員が一人の計三人である。この職員は、国連休戦監視委員会（UNTSO）のメンバーで、MACの委員長である。この混合休戦委員会は、頻繁に会合を開いたが、双方が非難の応酬を始め、プロパガンダ戦の場と化し、話し合いの場としての有効性が失われていった。しかし同時に、この委員会は、イスラエル人とアラブ人の政府関係者が会える唯一の場で、双方による意見交換の場として使われた。(25)

第三の連絡法は、外交チャンネルである。イスラエルと近隣アラブ諸国に駐在する外交官は、メッセージのやりとりに協力してくれた。その内容には広範囲にわたる未解決問題が含まれていた。イスラエルが繰り返し要求したのが、越境潜入防止である。この外交チャンネルを通してイスラエルはアラブ諸国政府に越境取り締まりを強く求めた。このチャンネルは、事態沈静化のメッセージを伝え合い、あるいはいわゆる平和のメッセージを送るためにも使われた。[26]

後日明らかになるが、アラブ諸国政府に越境防止の強化を納得させるうえで、どの手段を主にすべきかについては議論があった。外交ルートか軍事手段の投入かで、一九五五年にベングリオン（当時国防相）とモシェ・シャレット（首相兼外相）が、意見を異にした。

イスラエルがヨルダン、エジプト両政府に送った主なメッセージは、休戦協定が休戦境界線（ADL）の越境を禁じ、その禁止事項を順守すべきであるという内容であった。アラブ側政府は、イスラエルへの越境潜入を防止すべく実際に行動した。しかし同時に、本件を民事・刑事事件として扱うべきであり、越境者対策に軍を投入すべきではないと、イスラエルに注文をつけた。[27]

だが、イスラエルはその主張を受け入れなかった。イスラエルの指導者たちは、ヨルダン、エジプトの両当局が潜入を奨励せず越境防止の行動をとっている、と認識していた。しかし、外交上イスラエル政府は、このアラブ二カ国の政府の越境問題に対する態度が厳しくないと非難、越境防止にもっと断固とした対策をとるように要求した。[28]

不思議なことに、イスラエルの法律は越境潜入を不法行為として定義していなかった。クネセット（イスラエル議会）が越境潜入を犯罪と定義する法律を採択したのは、一九五四年になってからである。それまで越境で逮捕された者は、強制送還、あるいは実刑判決を受けた。窃盗、立入禁止の軍事地帯への侵入が罪状である。[29]

越境潜入防止策

初期の越境対策の一つが、〝安全保障地帯〟の設定である。境界沿いに帯状の地域を設け、そこを軍関係者以外は立入禁止として指定したのであるが、レバノンおよびヨルダンとの休戦ラインにはさまざまな帯状地帯が設けられた。いずれもこのカテゴリーに入る。ここへの侵入者は見つけ次第射殺される。これが、設定の具体的意味である。[30]

この安全保障地帯については、パトロールや待伏せも含まれる。イスラエル国内で追撃戦になることも、時々あった。潜入者が隠れそうな場所を探索するのである。パトロール兵や伏撃兵に対しては、男女を問わず非武装者でも見つけ次第射殺という指示が与えられた。国防軍は、このような断固たる行動が越境防止に有効と考えたのである。[31]

一九五〇年六月一八日、当時南部軍管区司令官であったモシェ・ダヤン少将は、国防軍の使用する方法とその理由を、次のように説明した。

「アラブ人が……境界のイスラエル側で収穫している。彼らとその女、子供だ。そして我々は彼らに向かって射撃する……広大な地域、奥行きは一〇キロメートルある。そこにはユダヤ人は足を踏み入れない。牧草が一杯ある。一方境界の向こう側には、二〇万の飢えたアラブ人がいる。（そして、もし）彼らがここを横断すると……我々は射撃する。アラブ人は、放棄した村に残した作物を回収するため越境するのである……我々は地雷を埋設する。そしてそれを踏んだ彼らが、手足を吹き飛ばされて戻る……私は、境界線を守るにはほかに手段がないことを知っている、もし羊飼いや収穫目的の農夫が自由に越境するならば、明日からイスラエル国は境界のない国家になる」[32]

報復攻撃

越境潜入防止対策でよく知られているのが、報復攻撃である。一九四九年から一九五六年まで、ヨルダンおよびエジプトに対して実施された。[33] 攻撃の衝撃度は極めて大きく、研究者の中には、一九五六年の第二次イスラエル・エジプト戦争を二国間の暴力の応酬が招いた結果、と規定する人もいる。暴力をともなう武装越境侵入に対し、イスラエルが報復攻撃を行なう。その応酬がクライマックスに達して、戦争になったというのである。[34] しかしながら、後段で検討するように、一九五六年のシナイ戦争を、越境侵入・イスラエルの報復攻撃と結びつけるのは、正確ではない。

当初、報復攻撃は小規模で、国防軍の現役部隊が、日常任務の一環として実施していた。報復攻撃は、たいていは越境侵入でイスラエル人一人が殺害された場合に決定され、命令が下された。イスラエル側の被害程度（死傷者数）が、報復をするかどうかの判断基準であった。

一九四九年の場合、ヨルダンからの越境侵入者はイスラエル人一一人を殺害し、一九五〇年には一八人に達した。国民が犠牲になるたびに、イスラエルは報復攻撃を実施している。一九五一年になると、犠牲者数は前年の二倍強に急増し、イスラエルは報復攻撃を一〇回実施した。一九五二年は減少したが、翌五三年にはイスラエル人四六人が殺害された。[35]これに対しイスラエルの軍部隊が、ヨルダンに対し二〇回以上の報復攻撃を行なった。報復攻撃史で分岐点になったといわれるのが、一九五三年一〇月のキィビヤ攻撃である。

一九五三年一〇月一二日、越境侵入者がティラット・エフダ町の住民女性一人とその幼児二人を自宅で殺害した。攻撃は、四月以来顕著になってきた動向のいわばピークである。キィビヤ報復まで越境侵入者は、イスラエルの住民二九人と兵士二人を殺害していた。[36]二日後、イスラエルはかなりの兵力（空挺隊一〇〇、第101特殊部隊二五）を投入して、ヨルダンの村キィビヤを攻撃した。部隊は家屋を破壊し住人を射殺し、結局村民七〇人が殺された。[37]

このキィビヤ攻撃は波紋を呼んだ。越境侵入に対するヨルダン側の態度に、分水嶺的変化が生じた。これが第一である。それまでヨルダン政府は、越境防止に努めていたが、やり方が中途半端であった。かねてからイスラエルは、アラブ軍団の投入によるイスラエル・ヨルダン休戦ラインの越境防止を要求していたが、ヨルダン政府はこれを拒否してきた。

ヨルダンの軍団司令官グラブ中将は、軍団とイスラエル軍の摩擦を恐れ、戦争になれば小規模の軍団がウエストバンクでイスラエルに手玉にとられ、ひとたまりもないと考えた。しかしながら、キィビヤ

攻撃後、アラブ軍団部隊が少しずつウエストバンクに配備され、越境防止に積極的な役割を果すようになった。(38)

ヨルダン側のこの対策が、イスラエルの新編国境警備隊のイスラエル・ヨルダン境界への配備とあいまって、一九五四年以降、ヨルダンからイスラエルへの越境侵入数が目にみえて減り、越境侵入者によるイスラエル人殺害も減った。殺害されたイスラエル人の数は、四六人（一九五二年）、五七人（一九五三年）が、一三人（一九五四年）そして一一人（一九五五年）になったのである。(39)

いちばん顕著な変化はイスラエルの報復攻撃で、一九五四年九月から一九五六年九月まで、イスラエルは一回もヨルダンを攻撃しなかった。

住民攻撃の継続を断念

さらにキィビヤ攻撃はイスラエル国防軍内の政策変更もたらした。七〇人近い住民が殺されたキィビヤ攻撃は、この種の攻撃としてはこれが最後であった。一般住民をターゲットにした攻撃は、決して偶然ではなく、錯誤によるものでもない。イスラエルは、この方式が最初に採用されてから、一般住民をターゲットにする報復攻撃を意図的に実施してきた。モシェ・ダヤンがこの選択肢の論理を次のように説明している。

「越境沿いにアラブ人が地雷を埋設している。これに関し、唯一有効であることが証明されている対応方法は――正当性や倫理性ではなく――有効性の観点からみて……女、子供、老人の住む近くの村落を攻撃することである。そうすれば、当地の住民は、休戦ラインの侵害に反対し、政府に再発防止を強くせまるだろう。政府の威信が試されるのである。ユダヤ人たちがやって来て発砲する。住民は戦争になるのが厭で、その気もないので、挑発してユダヤ人の行動を引き起こした行為を防止する、対策をとらなければならないわけである。集団懲罰がいちばん効果的であるのは、証明済みである」(40)

一九四九年以降実施された報復攻撃のほとんどは

一般住民をターゲットにしたものであった。軍事目標の攻撃は事態を深刻化させる恐れがあり、無益である。この種の（小規模）攻撃を継続するのが、狙いであり任務であった。これならば、政府が対応をせまられるような世論の激しい反応を引き起こすことはない。これが報復作戦の考え方であった。キィビヤ攻撃の作戦命令も例外ではなかった。参加部隊に対する命令には「村落を攻撃、一時これを占領し、家屋を破壊、村民に最大限の被害を与え、離村を促す」とある。[41]

しかしながら、この作戦結果に国際社会は激しく反発した。イスラエルは、自警団のやったことであると主張し、責任を回避しようとした。[42]だが、住民攻撃の主唱者であるダヤンは、損多くして益少なしの結果であったことを認めた。ダヤンは、当時参謀本部の作戦部長（一九五二～五三年）で、ニューヨーク出張を命じられた。国連では、キィビヤ攻撃絡みでイスラエルが激しい批判にさらされていた。ダヤンの役目はイスラエルの代表団支援である。ダヤンは、この作戦が国際社会においてイスラエルに大きい打撃を与えたことを痛感した。そして厳密な軍事的観点からみれば、越境侵入防止対策上これが最も効果的方法であると確信しつつも、住民をターゲットにする攻撃の継続は残念ながら不可能、と認識した。[43]

第101特殊部隊の創設

キィビヤ攻撃がもたらした第三の変化は、部隊の実力に関する認識である。数年に及ぶ挫折のあと、この攻撃を実施した部隊は、期待通りの成果をあげた。一九五三年の夏まで、休戦ライン域に配置された現役部隊が、日常任務の一環として報復攻撃を実施した。

部隊は、それぞれ防衛区域を割り当てられている。その正面で問題が起きれば、その隊が攻撃の任にあたることになっている。ところが、この現役部隊の行動は誠にお粗末であった。攻撃目標に到達できず、到達してもヨルダンの武装民兵隊に抵抗されると、ちょっとした反撃で音をあげ、あるいは味方にわずかでも損害が出ると、たちまち後退するのである。

失敗ばかりしているので、国防軍は歩兵部隊の実態を調査することになった。軍の調査官は、一九五三年四月一七日付で報告書を提出した。それは実に憂慮すべき内容であった。歩兵大隊は定員に満たず、歩兵の質は劣悪であった。下士官、下級指揮官、将校いずれも練度不足で、精強とはとてもいえなかった。第一、訓練計画が貧弱で、欠陥だらけであった。(44)

参謀本部はとりあえず二つの対策を導入した。第一は、優秀な人材を歩兵部隊に優先してまわすこと。第二の対策は、報復攻撃を任務とする特殊部隊の創設である。これが第101隊である。キィビヤ攻撃を実施したのは、この第101と空挺の合同部隊であった。(45) 一九五四年一月、第101隊は空挺部隊と合体した。部隊は一九五六年まで報復攻撃をすべて遂行した。

報復攻撃に関する疑問

新たに報復攻撃に関する疑問が生じた。それは「イスラエルの報復攻撃の目的は何であったか」である。越境侵入防止には、この方法しかなかったのか。それとも別の目的があったのだろうか。手段が対処すべき問題と釣り合っているのかと考える時、この疑問が出てくる。

越境への対応は本当にこれでよかったのか。越境者は、その行為が不法であっても、食べ物を探し求める貧しい難民ではないか。それともこの対応にはほかに隠れた役割があったのか。多くの者が、報復攻撃の実施にはほかにもっと理由があった、と推測する。なかには、アラブ諸国に平和条約の調印をせまるための一手段であった、と考える者やアラブ諸国に戦闘を強要して軍内部の士気を高め、国防軍の作戦能力の向上、攻勢力の強化をはかる狙いがあった、と論じる者もいる。(46)

確かに、さまざまな正当化の理由や隠れた役割があったのであろう。しかしながら、ほかにいろいろ動機があったとしても、直接の動機、第一の目的は越境侵入との戦いであり、もっと正確にいえば、越境侵入の暴力的、破壊的行動に対する闘争であった。報復攻撃がむやみに行なわれたわけではなく、いつも越境侵入者によってイスラエル人が殺害されたあとに実施された。それも、越境殺害があれば一件ごとに必ず報復攻撃が実施されたわけではなく、各回の報復攻撃の前には必ず暴力的越境侵入が発生していた。事件のリストは引用するには長すぎるが、次表は、越境侵入者によるイスラエルの一般住民殺害とヨルダン正面に対する報復攻撃を示す。双方に因果関係のあることがわかるだろう。[47]

南部正面でも同じである。エジプトから発進した越境侵入者によるイスラエル人殺害と、ガザ回廊（ほとんどの越境者はここから来る）に対する報復攻撃には、明確な因果関係がある。

年	殺害された住民（数）	報復攻撃
一九四九	一一	—
一九五〇	一八	一
一九五一	四四	七
一九五二	四六	一二
一九五三	五七	二一
一九五四	二三	一二
一九五五	一一	—

イスラエル・エジプト休戦ラインの緊張

イスラエル側情報部員の死刑判決

キィビヤ作戦の直後、イスラエル・ヨルダン休戦ラインがにわかに緊張し、今にも戦争が始まりそうな雰囲気であった。実際には双方ともに戦争など望んでいなかった。キィビヤ作戦が背景にあるのは間違いない。ヨルダンは作戦発動の引き金になった殺害について報復を受けていた。そしてヨルダン当局はイスラエルが攻撃を実施した理由を極めて明確に知った。緊張はまたたく間に解け、両国が境界沿いに治安対策をとったので、状況は元に戻った。

しかしながら、イスラエル・ヨルダン休戦ラインが安定すると、今度はイスラエル・エジプト休戦ラインが緊張してきた。人口密集地のガザ回廊を主とする地域である。この休戦ラインは、一九五四年まで比較的平穏であった。平穏というのは、越境侵入の暴力性と破壊力、そしてそれに対応する報復攻撃の強さで示した場合である。一九四九年から一九五三年まで、越境侵入者によるイスラエル人殺害は、毎年五～六人のレベルで推移し、イスラエルの報復攻撃も極めて少なかった。(48)

一九五四年に小競り合いが急増した。イスラエル兵とパレスチナアラブ兵の衝突である。パレスチナアラブ兵はガザ回廊沿いの線に配置され、境界線の反対側を通るイスラエルのパトロール隊に発砲するのが常であった。イスラエル、エジプト双方の代表が、緊張緩和のため行動した。一九五五年の初め、双方の軍代表が緊張終息をもたらす協定をまとめ、調印寸前までいった。しかし、さまざまな事情から調印に至らず、話し合いは中断した。

一つには、イスラエルの情報部員の死刑判決がカイロで発表されたことである。スエズ運河沿いの英軍基地撤収について、エジプトとイギリスが合意に達し、その阻止を狙って情報部員が一九五四年七月に英米の施設に爆弾を仕掛けようとしたという。イギリスの存在がイスラエル・エジプト間の有力な緩衝役を果したので、イスラエルはイギリスの残留を願っていた。そして、破壊活動を行なえば、イギリスはエジプトの不穏状態に鑑みて、撤退延期を発表するだろう。そのような計算があったのであるが、不手際があって情報部員が捕まったというわけである。そのうち二人が死刑の判決を受け、一九五五年一月に処刑された。その結果、イスラエル・エジプト軍事協議は中断したのである。(49)

イスラエル・アラブ関係史の分水嶺

一九五五年二月二八日、イスラエル軍がエジプト軍の基地に報復攻撃を実施し、緊張は一段と高まった。多くの観測者は、この攻撃がイスラエル・アラブ関係史における分水嶺、一九五六年のシナイ戦争の初弾であった、と考える。通常いわれているのは、次の通りである。

首相、国防相を兼任していたベングリオンが一九五三年に下野し、代わってモシェ・シャレットが首相、ピンパス・ラボンが国防相に就任した。一九五五年二月、ラボンが辞任に追いこまれ、引退中のベングリオンが国防相に復帰した。ベングリオンは、自分が不在中、穏健派のシャレットに牛耳られていた安全保障政策に活を入れて、積極的姿勢に転じ、攻撃を命じた。結果、エジプト兵約三八人が死亡（負傷二四人）した。エジプトのナセル大統領は、この攻撃に怒り、さらに無力感にも襲われた。イギリスとアメリカが、イスラエルの挑戦に対抗できる武器の供給に応じるはずはなく、ナセルはソ連に援助を求めた。モスクワはナセルの要請を認め、中東ではこれまでの最大となる武器供給に同意するのである。[50]後日判明するが、ガザ作戦とナセルが懸命に求めた武器取引の因果関係は、実際にはなかった。ガザ作戦は、報復攻撃の一つにすぎなかった。その数日前、イスラエルに侵入した複数のエジプト人情報部員が、エジプトに戻る途中、イスラエル人を一人殺害した。国防相に復帰したばかりのベングリオンは、報復攻撃を提案し、シャレット首相が同意した。攻撃対象に選ばれたのは軍基地であった。キィビヤ攻撃以来の慣行である。[51]

実はこの作戦には主目的——越境侵入者の残忍非道な行為への対応——以外に別の動機があった。その一つがベングリオンの意図である。ベングリオンは、モシェ・シャレットが敷いた安全保障路線を変えたいと願っていた。[52] 西側と組んだバグダッド条約が調印され、その一方でイスラエルは、アメリカから安全保障のとりつけに失敗しており、弱みを見せてはならぬと決意していた。エジプトは、イスラエル船のスエズ運河通行を許さなかった。エジプトは一九五四年九月にエジプトの政策に挑戦したが、船（バットガリム号）は拿捕され、船員は逮捕された。そして一九五四年七月の不運な出来事で、イスラエル人たちが死刑判決を受けた（前出。破壊工作の容疑で一一人が逮捕され、うち二人が死刑、残りは長期刑の判決を受けた事件）。いずれもエジプト攻撃の有力な動機となった[53]。

しかしながら、攻撃の直接原因と、攻撃決定に影響したほかの事情を混同してはならない。過去の体験に鑑みて考えれば、残忍非道な越境殺人がなかったならば、ガザ作戦は実施されなかったであろう。簡単にいえば、そういうことである。作戦決定に影響した諸要素は、主因である残忍非道な攻撃を除けば、取るに足りない。

一方、ナセルにとっては、この作戦は、実にタイミングが悪かった。内外の諸問題で悪戦苦闘している時、自分の権力基盤である軍がイスラエルの攻撃で叩かれ、ナセルの威信は傷ついた。一九五四年時点で、当時首相のナセルは、初代共和国大統領ナギブと権力闘争の最中にあり、イギリスとはスエズ運河沿いの英軍基地をめぐって争っていた。この一連の闘争でナセルの地位は決して安泰とはいえず、不安定であった。イスラエルの報復攻撃でその地位はさらに揺らいだ。

それに追い討ちをかけたのが、バグダッド条約の締結（一九五五年二月）である。それは、アラブ世界の盟主としてのエジプト、ひいてはナセルの地位を弱める条約である。以上のような背景から、イスラエルの報復攻撃に対するナセルの反応は、ヨルダンの場合と違っていた。ヨルダン当局は、報復攻撃を越境侵入に対処する一手段と受けとめ、摩擦の原因を除去すべく工夫し、イスラエルの行動に対処した。ナセルは、イスラエルがとった行動の背景を理解はしたが、自分の内外ともに微妙な政治的地位のために、イスラエルの行動を限定的な目的しかなかったにもかかわらず、自分の立場を不安定化すると考え、過激な反応を示したのである[54]。

先制攻撃をめぐる議論

ガザ攻撃のあと三つの事態が生じた。第一は特殊襲撃隊「フェダイン」の編成である。ナセルはフェダインをテロ任務に投入すると威嚇し、実際にイスラエル国内で事件が起きた。イスラエルはガザでやったようにこれに報復した。エジプト軍が休戦ライン沿いのイスラエル軍パトロール隊を銃撃するという状況になり、境界域が緊迫した。これが第二の事態である。

ナセルは自国の軍人に対し、ガザ回廊をめぐる問題で、イスラエルと全面戦争に突入する意図はない旨、明言していた。その流れにあるのが、イスラエルとエジプト双方の軍人による非公式協議の再開で、これは一九五五年の夏まで続いた(55)。これが第三である。

イスラエル、エジプト休戦ライン域の緊張増大にともない、イスラエル国内で外交と安全保障政策をめぐって衝突が起きた。首相兼外相のモシェ・シャレット、国防相のダビッド・ベングリオン、そして国防軍参謀総長モシェ・ダヤンの三巴《みつどもえ》の戦いである。それは二つの問題をめぐる意見の違いであった。第一は、境界域での衝突にイスラエルはどう対処すべきかである。第二は、この件に関するイスラエルの外交・安全保障政策は何をめざすべきかである。通常、論争はシャレット対ダヤン・ベングリオンで展開した。ダヤンとベングリオンは、ベングリオンの下野時代にシャレットが主導した安全保障政策を変えたいと願っていた。シャレットは、報復攻撃の許可をなかなか与えず、外交手段による解決を善しとした。越境侵入防止にもっと積極的に取り組むよう、ヨルダン、エジプト両政府を説得するというものだった(56)。

論争は生易しいものではなかった。対応の難しい問題を扱うためである。ベングリオンは、ダヤンと同じように、境界域の衝突と越境侵入を軍事手段で対処すべきである、と信じていた。つまり、報復攻撃の実施である。しかしながら、ベングリオンはダヤンと違って、イスラエルの報復攻撃の意味を政治的にとらえていた。その点ではシャレットと同じである。つまり報復攻撃の目的は、エジプトを休戦体制に従わせることにあるとする。ベングリオンは、休戦体制順守がイスラエルの国益にいちばん合致しているとし、エジプトに順守させるためにあらゆる手段を投入すべきである、と考えた。

一方、ダヤンは休戦体制違反に対処するには、報復攻撃が最良の方法である、と主張した。それでエジプトと戦争になる可能性は否定しないとし、事態がそのように展開すれば、むしろイスラエルにとって好都合であるという。ベングリオンはダヤンのアプローチを認めず、報復攻撃がずるずると戦争に発展する危険を参謀本部に警告した。

先制攻撃をめぐる三者の議論の中で、ベングリオンは「我々の中で、我々が引き起こす戦争を考える者は一人もいない」と言っている。一方、越境侵入と境界域での衝突に投入すべき対処法については、シャレットと意見を異にした。しかし、イスラエルの行動目的は休戦体制の順守にありとする点では、首相と信念を共有した。また、ダヤンと意見を異にしたのは、最後のこの点である。ダヤンは上司の命令に従った。(57)

エジプトとソ連の武器取引

一九五五年九月二七日、事態は一変した。この日ナセルが、チェコスロバキアと武器取引協定を結んだ、と発表したのである。「武器と綿花の交換取引」(Arms for Cotton) として知られる大型の契約で、エジプトは戦車二〇〇両、ジェット戦闘機一〇〇機を含む武器を受けとることになっていた。ナセルは、攻撃的なイスラエル軍に対し国軍の劣勢が明らかになった、と調達動機を説明した。彼の説明は、歴史研究者に広く受け入れられた。(58)

しかしながら、イスラエルの研究者ラミ・ギナットが明らかにしたように、エジプトとソ連——武器取引の本当の主役である——の関係はガザ攻撃が実施された一九五五年二月より以前に築かれていた。取引は二部構成である。第一部は、ガザ作戦の数週間前にあたる五五年二月初旬に調印された。それにはいくつかの背景がある。第一は対英関係の悪化。第二はイギリス、アメリカが近代兵器の供給を拒否したこと。第三がバグダッド条約の調印である。条約調印は、ナセルからみると——その見方は正しかった——アラブ世界における自分の地位に打撃を与えるための方策で、この条約によってナセルは一段と西側世界から引き離された。ソ連がこの一連の事情を見逃すはずはなく、伝統的に西側の影響圏であるこの地域へ踏みこむ好機と考えた。(59)

武器取引は、イスラエル・エジプト間の戦力バランスを劇的に変えた。それまで、軍事的にはイスラエルが近隣諸国より少し優位といわれていたが、エジプトがこれから受けとる数量には到底及ばず、この武器取引は状況をすっかり変えた。それだけではない。自分を盟主とするアラブ世界の統一を標榜するナセルの野心を、イスラエルは真剣に危惧した。

元に戻った戦力バランス

ベングリオンは、一九四八年のアラブ侵攻をイスラエルが撃退した勝因は戦争指導に関するアラブの不統一性にあると信じていた。アラブ世界では利害が錯綜、対立し、内部抗争で揺れ、これがイスラエルに有利に作用し、アラブ侵攻軍は三正面での調整攻撃ができなかった。イスラエルにとって非常な脅威となるのは、ケマル・アタチュルク型のアラブ人指導者が登場し、アラブ世界を統一し、対イスラエル戦で統一指揮をとる事態である。

一九五四年（ナセルが首相に就任した年）、ベングリオンは、ナセルにその素質をみた。彼は心配した。しかしながら、アラブ世界が戦力においてイスラエルに劣っている限り、危機的状況にはならない。だが、武器取引で、ナセルはイスラエルの保有量をはるかに凌駕する武器を手にすることになる。その武器を手にアラブ世界を率いてイスラエル殲滅の聖戦を展開する可能性が、現実味を帯びてきたのである。(60)

ベングリオンは、ナセルが対イスラエル戦にこの武器を使用すべく計画中と考えたが、既存の資料でその確信を裏付ける証拠はない。実際には、ナセルは自分にその意図がないことを、さまざまな機会を利用して（外交）関係者に、強調していた。[61] しかし、ベングリオンの立場からすれば、イスラエルの安全保障対策はこれまで通りで、変える必要はない、というわけにはいかなかった。彼はもはや休戦協定では頼りにならないと判断し、エジプトに対する先制攻撃の可能性を考えてもよいとした。

一九五五年の秋、イスラエル国防軍はその可能性を前提とした準備を着々と進めた。しかし、結局のところ、ベングリオンは別の選択肢で対応することに決めた。つまりイスラエルも武器取得に努め、エジプトとバランスをとろうとした。大々的な外交戦を展開した結果、フランスがイスラエルの必要とする武器の供給に同意した。一九五六年六月、第一次供給分の戦車がイスラエルに到着した。かくしてイスラエル・エジプトの戦力バランスは元に戻った。[62]

まとめ

一九五六年の戦争とそれ以前

手続き上からいえば、イスラエルは、戦略的盟友フランスの呼びかけに応じて、一九五六年の戦争（シナイ戦争）に参戦した。フランスは、本項で扱った武器取引上の関係枠だけで、イスラエルの参戦を考えたわけではない。ナセルのスエズ運河公社国有化宣言（一九五六年七月）で波紋がひろがるなか、フランスは実際にイスラエルの参戦を促すことになる。

イスラエルは、フランスの呼びかけがなくても、対エジプト戦を実施したのであろうか。そう言いきるのは難しい。そうは思わない人々もいる。単独でも戦争に踏みきったと思う人は、イスラエルとエジプトが、少なくとも一九五五年二月以降、いやそれ以前から境界域で繰り返された武力紛争の結果、衝突コースを進んでいたと主張する。確かに、境界域の武力紛争、イスラエルへの越境侵入とイスラエルの報復攻撃を、一九五六年の戦争とは別次元の問題として区分するのは不自然である。

しかし、イスラエルの日常的安全保障が、少なくとも一九五五年の夏までは、休戦体制の維持にあったことを考えると、区分する考えにも一定の根拠がある。報復攻撃を含め、イスラエルの行動は、すべてこの休戦体制を維持する狙いがあった。イスラエルは、これが武力行使活動の背景にある論理であると、ヨルダン、エジプト当局に知らせ、ヨルダン、エジプト両政府もこれを理解し、休戦体制の維持を望むとした。

ナセルを恐れたベングリオン

休戦体制の維持をめぐる闘争と一九五六年の戦争への参戦を区別する考え方は、ほかにもある。ヨルダン正面の境界では（頻度は少ないがシリア正面の境界でも）、越境侵入と衝突と緊張があったが、戦争にはならなかった。ナセルの武器取得とベングリオンの目に映るナセルに対するイメージの変化が決定的な分岐点であったが、この二つは、境界域での衝突と関連はない。イスラエルは、アラブ諸政府が越境侵入を起こしたり奨励したりしていないことを知っていた。変化をもたらしたのは、地域の政治環境である。

ナセルは中東地域で覇を唱え、超大国のせめぎ合いに介入し、そこでの彼の活動がイスラエルに警戒心を抱かせる一方で、彼自身の姿勢がフランス、イギリスとの衝突をもたらすのである。

この一連の展開は、イスラエルに一つの機会を提供し、一九五六年夏にその機会をつかんだ。休戦体制をめぐる闘争ではなく、ナセルから受けるベングリオンの恐怖心からである。この恐怖心がベングリオンの確信を強めていった。

すなわち、ナセルはアラブ世界を統一する指導者であり、取得した武器を手に、アラブ世界を対イスラエル戦へ誘導する。ベングリオンはそう考えるようになるのである。

第4章 シナイ戦争（一九五六年）

モッティ・ゴラニ

英・仏・イスラエルの思惑の違い

シナイ戦争は、イギリス、フランス、イスラエルの共同作戦である。この基本的事実は、これまで三国政府によって否定されてきた。しかし、最近の調査研究によって——一九九〇年代に発表されている——この事実がはっきりと確認されている。今さらこの史実につけ加えることはほとんどない(1)。

しかしながら、このパートナーシップの性格については、さらに検討する必要がある。戦争突入の最終決断に至る政治、外交プロセスの変動に関しては、これまで研究が行なわれ、分析もされている。同様に三国の参戦動機に関しても研究が進んでいる。

本章では、戦時中（一九五六年一〇月二九日〜一一月六日）の〝セーブル合意〟の適用について検討する。それは、戦場へ部隊を送った三カ国の参戦動機の違い、思惑、意図を明確に浮き彫りにする。それが極めてあからさまになる場面もみられる。さまざまな観点に立ってみると明らかになるが、表向きパートナーであるはずの三者が、それぞれ自己を中心とした立場で物事を考え、あるいはナセル主導下のエジプトに対して一致団結、協力して戦うはずの三者間のコミュニケーションが、誤解と部分的真実で構成されたハーフトルースで邪魔され、自己中心と意志疎通の障害が露呈し、まさに本音があらわになった時、軍事協力が始まるのである。

本章では、三者間の思惑の違いに触れる。それは、イギリスとフランスにも似たような問題が確認

地図3 シナイ作戦（1956年）

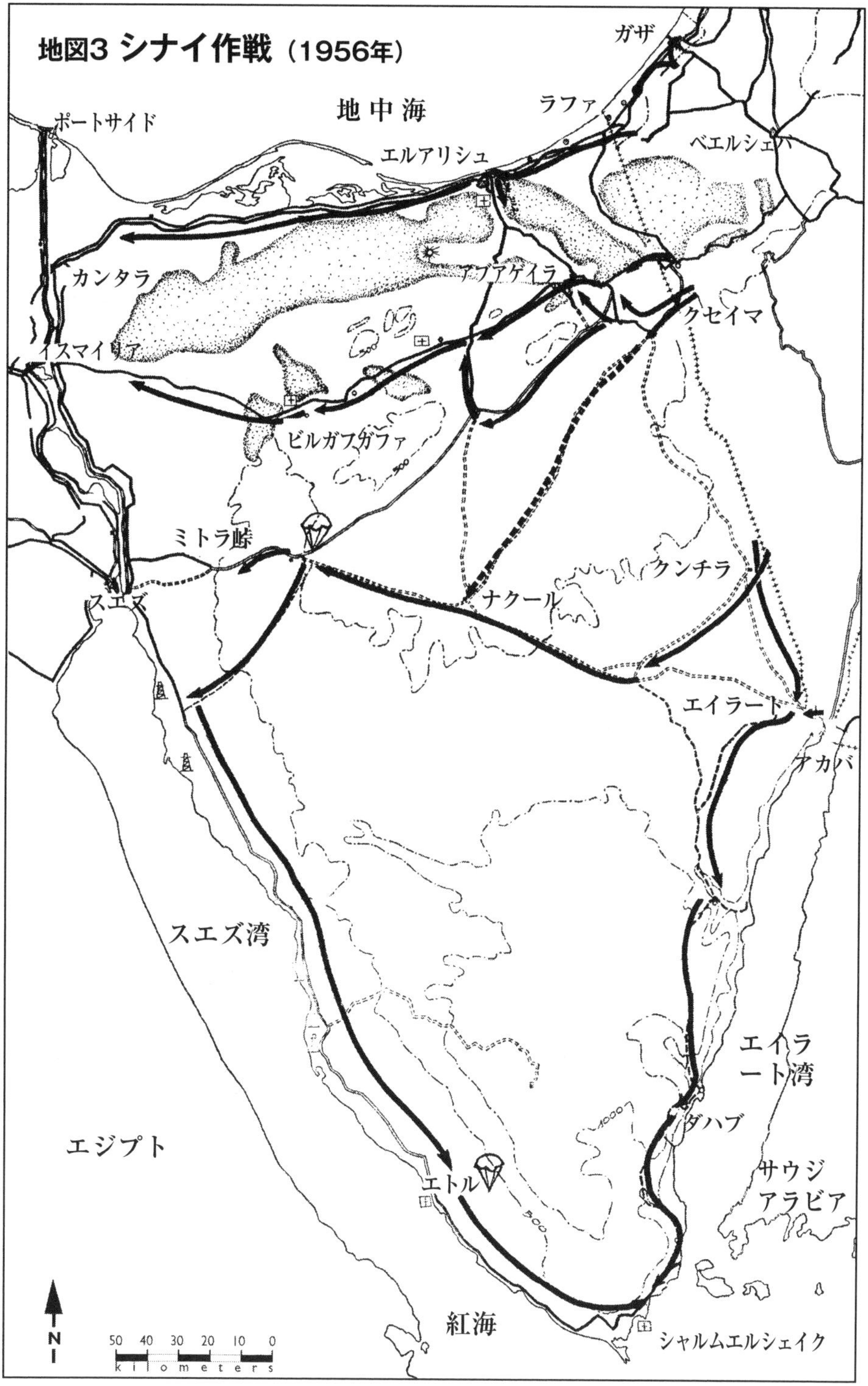

されはするが、軍事協力に関するイスラエル側の認識に重点をおいた論述となる（原著注：このセーブル協定によると、一〇月二九日午後イスラエル軍空挺隊がミトラ峠の東側に降下し、エジプト軍と交戦状態に入り、スエズ運河の安全確保を名目に英仏がイスラエル・エジプト双方に即時停戦を求めて介入する。仏軍は海空よりイスラエルの諸都市を守り、シナイのイスラエル軍に対地支援をするほか、戦闘資材の投下で支援することになっていた）。

「顧みて不満」

「我々はもっと大きい戦果をあげられた」

シナイ戦争後、戦闘の余韻がまだ残っている頃、イスラエル人の中で、イスラエルが受けたフランス（イギリスは言うまでもないが）の支援を軽視しようとする者が出てきた。戦後一年ほどたって、イスラエル空軍（ＩＡＦ）司令官ダン・トルコフスキー少将は、この戦争を次のように総括した。

敵の航空活動は、いかにも英仏の介入で終りを告げたようにみえた。イスラエル空軍の勝利は、スエズ／シナイ正面における外国軍の積極的関与で可能になったというのは、本当ではない。ただし、外国軍の参戦のおかげでイスラエル空軍が最小限の損害で達成できたのは間違いない。そして、それが、この諸国軍の本当の業績である。(2)

当時作戦部長（一九五六～五八年）であったメイル・アミット少将は、ラムレの総司令部（ＳＣＰ）で指揮した軍人であるが、次のように書いている。

仏英との協力は、部隊運用からみるとイスラエル国防軍にとって百害あって一利なしであった。国防軍は厳しい制約下におかれたのである。スエズ運河から東へ一〇キロ（実際には一〇マイルすなわち約一六キロ）の線を停止線とし、そこを越えて西進してはならないと命じられ、特定の日時まで航空および機甲部隊の使用を禁じられた。一連の制約で、国防軍はその行動を非常に拘束された。この制約が我々に課せられなかったら、私は神に感謝したので

あろう。制約がなかったならば、我々はもっと大きい戦果をあげられたはずである。(3)

三カ国の軍事協力

一〇月二九日、戦争が始まった。その時、フランス、そしてフランスを介したイギリスとの軍事協力は、整斉粛々とはいかない事態になっていた。具体的に述べると、協力はさまざまな力に影響された。イスラエルには、仏空軍の飛行部隊が数個中隊駐留し、連絡将校（陸軍および空軍）もいた。さらにキプロス島に英仏合同司令部が設置され、それぞれが口を出した。

ジャン・シモン大佐を団長とする仏軍代表団は、ラムレの総司令部（ＳＣＰ）に詰めていた。時々アンドレ・マルタン（マルティーヌ）将軍が、キプロスからイスラエルへ飛来した。将軍は、仏軍参謀総長ポール・イリー大将付秘書官、および「マスケット銃兵作戦（Operation Musketeer：英仏のエジプト侵攻作戦名）」の仏軍側幹事ピエール・バルジョ提督の名代として、イスラエルの総司令部に顔を出したのである。

そのイスラエルでは、前参謀総長室長のシュロモ・ガジット中佐が連絡役に任命され、キプロスでは国防軍情報部次長のユバル・ネーマン大佐（のちに空軍のヨセフ〝ボール〟ケダール中佐と交代）が英仏合同司令部に詰めた。政治、軍事双方に関わる具体的諸問題を担当するのが、国防省のシモン・ペレス次官であった。ペレスはフランス側と良好な関係を保ち、戦時中、武器調達の責任者であったから、連絡・折衝にも関わった。ベングリオン（当時首相兼国防相）付秘書官ネヘミア・アルゴフ大佐も連絡係として活動した。

パリには、イスラエル国防省代表団が常駐し、団長のヨセフ・ナフミアス（そしてその後任となるアシェル・ベンナタン）、さらに駐在武官のエマニュエル・ニシュリ大佐が、仏軍参謀次長（空軍担当）モーリス・シャール少将、そして仏国防相のアドバイザーであるルイ・マンジャン大佐と連絡をとりあった。

　ちなみに三国共同謀議の陰の立役者が、この参謀次長であった。以上の人間関係が、戦時協力の円滑な推進をめざすうえで、重要な役割を果した。この戦時協力は、実際の共同作戦というよりは直接間接の調整と支援の色彩が濃かった。(4)

「仏軍とは低姿勢を保ち、英軍の視界から消えよ」

キプロスの英仏合同司令部

　緒戦時イスラエル国防軍は、二人の将校をキプロスへ派遣した。参謀本部を代表してユバル・ネーマン大佐、空軍代表のヨセフ・ケダール中佐である。戦争勃発の当日にあたる一〇月二九日、ネーマン大佐がフランスからイスラエルへ戻った。ネーマンはキプロスへ向かう前に、英仏の駐在武官と会った。イスラエルは、エジプトに対する英仏の最後通牒の発表を心待ちにしており、ネーマンは催促するために行ったのである。ところが英仏の駐在武官は、イスラエルと自国政府の欺瞞工作の犠牲になって肝腎なことを知らされておらず、シナイで進行中の状況説明を、戦争が始まって数時間して受けたのである。(5)

　一〇月三〇日、イスラエルの参謀総長モシェ・ダヤン中将は、ユバル・ネーマンにキプロス行きを命じた。英仏合同司令部への連絡将校としてであるが、ダヤンはネーマンに折衝上の留意点に触れ、いくつか指示した。第一、イスラエル軍はシナイ全域の占領を意図するが、スエズ運河はとらず、同盟国に水路の国際化を求める。第二、同盟国にはイスラエルのシナイ作戦に干渉させない。「我々にとって大事なのは、（イギリスではなく）フランスがスエズ運河東岸域を占領、統制することだ」とダヤンは言った。

　ダヤンはネーマンに、運河東岸域においては国防軍が力の及ぶ限り仏軍を支援するので、その旨フランス側に伝えてもよいとし、「軍用基地、病院、療養施設は必要な数をフランスに供する」と言った。英軍との作業については、ダヤンはネーマンに何の指示もしなかった。英軍との接触はフランス側によって行なわれるのが明らかだからである。

イスラエルのキプロス連絡部

戦時中、イスラエル国防軍と英軍との間には、直接の連絡が一度もなかった。ネーマンの任務は、英仏両軍との連絡、折衝よりはキプロスにおける状況展開の観察が主であった。実際の連絡、調整は、イスラエルにいる仏軍代表団を介して、ダヤンが行なった(6)。

ネーマンは、一〇月三一日午後、キプロスから第一報を送った。誰も彼のことを期待していなかったし、イスラエルにとって戦争はすでに四八時間経過していた。ネーマンは「全体からみれば彼らはまだ戦っていない」と伝えた。そのうちにネーマンは、エピスコピ近郊の合同司令部でマルタンとバルジョをつかまえた。ネーマンは、「バルジョはイギリスが恐ろしくて体が固くなっている。彼らが(イスラエルを)仲間に入れたくないと言ったら、彼はどうするのだろう」と報告してきた。

フランス側は、ネーマンに隠れて下さいと言った。彼がこの島にいること自体問題なので、イギリスからその許可を得るまで、仏軍のアクロティリ基地に隠れているように、というのである。この基地は合同司令部からかなり離れており、ネーマンはここでフランス側と連絡をとった。そのフランスは、たとい共同行為が阻害されることがあっても、イスラエルとの緊密な協力関係は秘匿しておいた方が都合がよい、と考えていたのである。

フランス側は、マスケット銃兵作戦の指揮をとるサー・チャールズ・カイトリー司令官をようやく説得し、イスラエルとの作戦上、技術上の協調が不可欠ということを認めさせた。そして、イスラエルの軍事代表団のキプロス島常駐について、イギリスは〝知らぬ存ぜぬ〟で押し通すことで、双方が合意した。

ネーマンは、この状況に相当面食らったが、「有象無象のイギリス人たちが『我々が味方同士になるなど考えもしなかった。しかし嬉しい話ではないか』と（こっそり）私に言った。私に言わせれば、彼らの胡散臭いフェアプレーはあまり嬉しい話ではない」と報告している。(7)

一一月二日、ネーマンはキプロスにおける渉外任務をヨセフ・ケダールに引き渡した。ケダールはネーマンに比べると階級が下であり、共同謀議の詳細については、彼よりもわかっていなかった。しかし、いずれにせよイギリスは、そして本件についてはフランスも、自分たちの動きをイスラエルの連絡将校に知られたくなかった。フランス側についていえば、イスラエル領から直接エジプト攻撃に発進する軍事作戦に関する情報は、自軍内でも秘密にしておき、ましてやイギリスには秘匿しておきたかったのである。

イスラエルのキプロス連絡部は、戦争が終るまで機能し、トゥシヤ（臨機応変）作戦が実施された。ここを本部として、イギリスに知られぬように、そしてフランスの情報機関からは最小限の支援を受けて、ポートサイドからエジプト系ユダヤ人六五人を脱出させたのである。(8)

航空協力―あいつらは謝り方も知らない

突然の爆撃延期

イスラエルは、同盟国の戦争介入に期待するところが極めて大であった。期待感が大きくなればなるほど、介入が遅れると失望感が強まった。一〇月三〇日夜、不確かな情報であったが、エジプト軍が翌朝イスラエルの諸都市に集中爆撃を加えるというニュースが伝わってきた。

にわかに緊張が走る。しかし、この噂の真偽を確かめようとする者はひとりもいなかった。ダヤンは、セーブル協定にもとづいて、その日の朝（一〇月三一日水曜日）英仏連合の爆撃が開始されるはずなので、それがエジプトの対イスラエル爆撃を阻止

するだろう、と自分に言い聞かせた。(9)

そして次に伝わったのが爆撃延期の情報であった。イスラエルは激怒すると同時に、恐怖感を抱いた。その時の雰囲気をダヤンは、「馬鹿どもが、政治協定を結びながら、何ということだ。主な合意事項の一つが爆撃じゃないか。我々の強い要求で、水曜日の朝に爆撃することが決まったのだ。それを午前零時になって作戦延期と予告もなしに平然と言ってくる。この馬鹿どもは謝り方も知らん」と総括している。

ネーマンがフランス側（キプロスのマルタンおよびバルジョ）から得た情報によると、合同軍のカイトリー司令官の自国政府に対する〝反抗〟で、遅延が生じたという（あとでわかるように彼らは間違いを犯したのである）。カイトリー司令官は、（イスラエルとフランス双方の軍指揮官と同じように）セーブル協定について知らされておらず、軍事的見地からタイミングが悪いとして、払暁（一〇月三一日）攻撃を拒否した。彼の作戦計画は、夕方すなわち日没直前開始を前提としていた。カイトリーは、職を賭しても作戦計画を変えようとしなかった。

しかしながら、ネーマンの報告は、ベングリオン首相とダヤン参謀総長の恐怖を鎮めることにはならなかった。ダヤンは、ベングリオンがシナイからの総退却を命じないよう説得する必要がある、と考えた。この段階で退却すれば、英仏計画の終りを意味する。イスラエル軍がスエズ運河の近くにいなければ、同地域の〝平和の回復〟という大義名分がなくなってしまう。(10)

フランスはフランスで、航空攻撃の遅延にイスラエルが反発して、部隊をシナイから引き揚げるのではないかと心配した。一〇月三一日、マンジャン大佐が不意にイスラエルへやって来た。予定にない訪問であった。懐疑的になったイスラエルをなだめるためと考えられる。

マンジャン大佐はイギリスの意図、関心事をイスラエル側に説明した。カイトリー司令官が頑として主張を変えない夜間爆撃の基本以外に、イギリスが高々度偵察に関わる懸念を抱いているということである。大佐によると、開戦当日の夜、英空軍のキャンベラ爆撃機一機がエジプトを空中偵察していると、エジプト空軍のミグ戦闘機一機が、高度五万フィートまで追尾してきた。キャンベラの搭乗員は、ミグのパイロットがエジプト人ではなく外国人のように感じたという。大佐は、イギリス側が動転していると伝えた。東ヨーロッパのパイロットが搭乗している可能性を考え、さらには最後通牒をつきつける前に英仏の介入が暴露されるのではないかと心配しているのである。この点について、カイトリー司令官は、少なくとも自国政府と同意見であった(11)。

フランスが入手してイスラエルへ伝えた情報は、それが全部ではないことは確かであった。その日キプロスで実際に起きたことについて、イスラエルがフランスを介してイギリスからありのままを知らされていたならば、ベングリオンの緊張感はやわらいでいただろう。しかしイギリスは、不法活動に関わっていないとあくまでもしらを切り、それでがんじがらめの状態にあったし、軍事作戦に関するイギリス・イスラエル間の対話などまったくなかった。関係資料は破棄され、残った文書類もまだ機密扱いで公開されていないので、全体の経緯を再構築するのは、今でも困難である。イギリスは、今日に至るも〝イスラエル絡み〟の資料を秘匿することに努めている。

イギリスの歴史学者キース・カイルは、関係文書をつきとめようと長年苦労してきた人であるが、証拠資料の破棄命令が出ていた事実をつきとめた。すなわちイギリスは、一〇月二九日を期したイスラエルのシナイ攻撃開始計画を事前に知っていたが、それを示唆する文書類の焼却命令を出していた(一部焼却のケースもある)(12)。

一二時間遅れで爆撃開始

前述のように、マスケット銃兵作戦部隊の指揮官たちは、イスラエル国防軍の同僚と同じように、セーブル協定については何も知らされていなかった。

それでも、一〇月二八日（日曜日）キプロスおよびマルタ両島所在の航空部隊に、エジプト攻撃の準備令が出された。爆撃開始は一〇月三一日午前二時一五分（現地時間）である。攻撃隊は、爆撃理由がイスラエルに対する政治的公約にあるとは知らされていなかった。情報の区分けは、イスラエル国防軍だけの話ではなかった。翌日、発進時間が早まる可能性ありと通達され、攻撃隊は準備を急いだ。

一〇月二九日時点でキャンベラ爆撃機は、キプロス、マルタにそれぞれ一個飛行中隊が駐留し、通報六時間で発進可能の状態で待機していた。攻撃開始時間の変更はなかった。作戦命令によると、第一回の爆撃目標は、カイロ放送局、カイロ西飛行場を含む四一の航空基地であった。カイロ西は、（イスラエルにとって）恐るべきソ連製爆撃機イリューシンＩＬ28の基地であった。合同航空攻撃隊のデニス・バーネット空軍中将は、時間の制約を受けながら、偵察機を数機発進させた。この行為は、攻撃が近いことを示す明確な徴候になるが、マスケット銃兵作戦部隊は一〇月三一日に至るまで、〝かぎざお（ボートフック）〟と称する欺瞞行動の継続しか権限を認められていなかった。一〇月二九日の朝、海上部隊は東地中海へ向けマルタから出港し、以来その行動が続いているのである。[13]

一〇月三〇日（火曜日）、英空軍のパイロットは、果して攻撃命令が出るのかどうかわからないまま待機状態で過ごした。ロンドンからキプロスに届いた通達で攻撃を示唆するものといえば「とりあえず発進し飛行中に攻撃命令が出る可能性あり」というものだけで、パイロットにとって士気を高めるようなものではなかった。

この日、エジプト軍のレーダーが写真偵察にかかわっていた空母を察知し、エジプト空軍機が邀撃のため緊急発進した。その日午後、カイトリー司令官は第一撃の準備を命じられた。当初夜間爆撃として計画されていたが、一〇月三一日の昼間に変更されたのである。最後通牒は一〇月三〇日（火曜日）午後六時半に出され、ロンドンは最後通牒のすぐあとに攻撃するのはまずい、と考えたようである。カイトリーはバーネット中将の忠告を受け、ロンドンの参謀本部に昼間攻撃を避けるように要請した。白昼は危険という理由である。二人の指揮官は、セーブル協定について知らなかった。(14)

カイトリーの要請は、一〇月三〇日夜ロンドンで検討された。検討会議の出席者は、アンソニー・イーデン首相をはじめとする有力閣僚と参謀本部の最高幹部たちである。実をいえば、イギリス政府は、最後通牒と同盟国の武力介入との時間差が長ければ長いほどよい、と考えていたので、カイトリーの要請はまさに天の贈物であった。

爆撃は、政治的理由のため数時間遅らせることになり、さらに作戦運用上の理由からあと数時間遅らせることに決まった。カイルによると、閣僚の中には、イスラエルがエジプトに航空攻撃をかけた形跡は、どこにもないではないかと皮肉をこめて言う人もいた。結局、カイトリーは夜間爆撃の準備を命じられ、それと同時に「イスラエルがその朝（エジプト空軍のイリューシン爆撃機で）非常な損害をこうむった場合を考慮」し、対エジプト行動の即時開始に備えよと指示された。航空作戦は一二時間遅れで開始となった。(15)

カイルはこの間の経緯を「その時だけでなく、将来の歴史の教科書にもうまく合うような口実が必要であった」と総括する。イーデン首相は、例の否認権を手にするため、イスラエルとの合意を破ってもよいと考えた。ただし全面的にではない。イスラエルが爆撃で損害を受けたら、イギリスは直ちに行動していたであろう。イスラエル側のベングリオンとダヤンはもとよりフランス側も――キプロスで準備作業が行なわれていることを見たに違いないのであるが――、イギリスの即時反応の姿勢に気づかなかった。

要するに、マスケット銃兵作戦の指揮構造がイギリスに、航空戦で決定権を与えたということである。軍事活動のあらゆる局面にもそれがいえる。この話は、シナイ戦争におけるイスラエルと同盟者

（英仏）および同盟者どうしの協力（あるいは非協力）関係の性格を物語る。(16)

曖昧なイギリスの態度

ネーマン大佐は、イギリスと直接連絡できるチャンネルを持たず、フランス側に抗議して、遅延の責任を追及しようとした。大佐は、その日命令でイスラエルの港を出てしまったフランスの防空艦艇数隻をすぐに戻すようにフランス側に強く求めた。フランスは、イスラエルの沿岸に一隻残してあるが、仏軍艦艇はエジプトへ向かう船団の護衛に必要なので、追加派遣はできないと答えた。ネーマンは、イスラエルの諸都市を裸にして船団を守るのか、現在の状況からみて、逆にすべきである、船団護衛より都市防衛を優先せよとせまった。だが、バルジョはそれに同意せず、一応検討すると約束したが、実際には何もしなかった。(17)

ネーマンがフランス側に軍事情報の提供を求めると、エジプトの機甲一個旅団がスエズ運河を渡り東進中である、と教えられた。さらにフランス側は、爆撃延期の代償にイスラエルの基地に極秘駐留中の仏空軍機を使った機甲旅団の攻撃を検討してもよい、と提案した。同盟軍の公然攻撃の開始前でも構わないという。しかし、セーブル協定の枠組があり、さらにマスケット銃兵作戦の指揮権の問題もあって、仏空軍機の投入は論外であった。

カイトリー合同軍司令官に一〇月三一日の払暁攻撃を強要するのが無理だったのと同じである。いずれにせよ、イギリスとフランスが正式に宣戦する前に、イスラエルを基地とする仏空軍機を使用するのは（たとえカムフラージュしていても）、共同謀議の〝口実話〟が未完に終ってしまう。つい数カ月前まで一機も保有していなかったのに、イスラエル空軍がミステールⅣ型仏製戦闘機六〇機をどうすれば運用できるのかという話にもなる。

フランス側は、爆撃遅延を理由にイスラエルが協定から抜けないように説得に努めた。しかし、結局のところ彼らができることはあまりなかった。マルタンは、なだめるために航空機を一機特別に準備し、ネーマン大佐の使用に供した。ネーマンは自分の望む時に、これを使ってイスラエルへ行けるのである。[18]

一〇月三一日夜、ネーマン大佐はダヤンに、英軍が一一月六日までポートサイドに上陸する予定はない、と報告した。ネーマンの理解するところでは、この件も英仏間のみならず現場の指揮官たちとロンドンの政府との間で激しい論争を引き起していた。

ネーマン大佐は、フランスが一一月三日の上陸を求めイギリスに圧力をかけているとし、「マルタンはかんかんに怒り、パリに催促電報を矢継ぎ早に打っている」と報告した。ネーマンは、イーデン首相の将軍たちは〝行動規律〟に欠けている、と考えた。しかし、このイスラエル国防軍連絡将校は、マスケット銃兵作戦にまといつく不透明性のゆえに、英軍の将軍たちが直面する、厄介な政治問題に気づくはずもなかった。同様に彼がわからなかったことがある。イーデンが、ロンドンの参謀本部を通して発信するのは、曖昧な指示ばかりである。英軍将校たちは、曖昧さに底流する原因（セーブル協定の政治的性格）について、マルタンよりも知らなかったのである。一一月六日の上陸決定が、当初の決行予定では一一月八日であったから、それでも進歩というべきであるが、ネーマンはそのような変更があったことも、知りようがなかった。[19]

連絡の混乱

その日（一〇月三一日）の夜、イスラエルは圧力の方向を変え、仏陸軍連絡将校ジャン・シモン大佐に話をした。ガジット中佐が説明役としてシモン大佐のもとへ派遣され、ダヤンがギー・モレ首相宛電報の発信許可をベングリオンから得ようと、真剣に考えていると言った。航空作戦の延期は協定違反という内容である。

ガジット中佐は「たとえ（ダヤンが）連絡将校は手助けできないとわかっていても、作戦遅延は我々にとって重大な打撃である点を理解してもらうことが大切です」と強調した。仏軍連絡将校は、直ちに報告した。おそらくキプロスのバルジョ宛であろう。バルジョは、イスラエルの反発に気をつかって、イスラエルの基地に駐留中の仏軍航空隊に、翌朝からの対地支援を命じた。対象は、シナイで行動中のイスラエル軍である。その夜エジプトでイギリスが航空作戦を開始するので、いずれにせよフランスの航空機出動は必要となった。

一方、イスラエルの立場からみていちばん重要なのは、その日マルタンとバルジョが示した前向きの協力姿勢であった。仏軍航空隊は、一一月一日朝からシナイで対地支援を開始した（実際には、エジプトに対するイギリスの航空攻撃が〝正式に〟始まった数時間後である）。

フランスは、シナイで対地攻撃による直接支援に任ずるとともに、敵補給線の爆撃、輸送、エジプト国内の目標攻撃を実施し、さらに航空偵察によって集めた軍事情報をイスラエルに提供した。この一連の航空作戦は、キプロスとイスラエルに駐留する航空部隊が互いに何をしているかを知らず個々に実施した。[20]

キプロス・イスラエル間の通信系の混乱に加えて、フランスはイスラエルとの緊密な協力関係を暴露するような、あからさまな連絡を避けたので、キプロスとイスラエル両基地航空の間で、未調整のままに行動することがたびたびあった。とくに物資の空中投下である。

のちにイスラエル空軍のトルコフスキー司令官（当時）は、マスケット銃兵作戦の航空副司令であるレイモンド・ブルハン准将の主張を引用し、イスラエルとキプロス両基地間に設定された仏軍航空隊の無線通信系をイギリスが意図的に妨害した、と報告した。これを立証する資料はなく、イスラエル空軍史の研究者たちは、フランスが秘密主義のため、キプロスとの通信系の使用を避け、通信機材が故障したと嘘をついたと主張する。

それはともかく、戦時中フランスの輸送機がイスラエルの航空管制班に何の連絡もなく飛来したこともある。イスラエル空軍機に撃墜されなかったのは、不幸中の幸いであった。連絡上の混乱から、厖大な資材が予定しない所に送られて、誰もどうしてよいかわからず始末に困るケースがよくあった（ある時は、空挺隊が何の前触れもなくロッドに到着したこともある）。

たとえば一一月四日、イスラエルの空挺旅団が、国籍不明機の編隊を確認した。エジプト機の爆撃行であろうと判断された。ところが、それはフランス機で、しかもいきなり物資投下を始めたのである。その中にはワインも含まれていた。(21)

フランスは、今回だけでなく二つのチャンネル（キプロス・イスラエル、フランス・イスラエル）を、連絡調整することなく同時に使った。イギリスとイスラエル双方を同時になだめることに腐心したため、フランスは代償を払う破目になった。主に航空の分野だが、戦後は政治、外交分野でもそうなった。(22)

フランスは、キプロスとイスラエルの間に要務用としてC47（ダコタ）輸送機一機を使っていた。日課になっている連絡飛行のおかげで、問題のいくつかは解決した。ある時、連絡飛行の中止が話題になった。しかし、イスラエルにいる仏軍連絡部が強く抗議し、提案はボツになった。仏軍代表団はキプロスとイスラエルに置かれている。双方の連絡、調整でいちばん確実なのは、この定期飛行便である。それは、イスラエルと近くの島（キプロス）の合同司令部とのコミュニケーションに関してもいえる。(23)

この飛行便がイスラエルへ運んでくる軍事情報などは、質、量ともにたいていは期待はずれであった。ほとんどはエジプトに関する航空情報（航空写真を含む）で、英仏の偵察機で取得したものであった。イスラエルは、シリアとサウジアラビアに関する軍事情報を繰り返し要求したが、フランスは提案を拒否した。

イスラエル空軍は、合同司令部に対し、マスケット銃兵作戦航空機との交信に、共通周波数の割り当てを求めた。しかし合意に至らなかった。遭難信号周波数も同様である。シナイ半島における捜索救難に関する手続きも（英仏空軍機はイスラエルに緊急着陸ができることになっていたにもかかわらず）、統一されなかった。

かくして、イスラエル機とマスケット銃兵作戦用輸送機（イスラエルに駐留する仏空軍機を含む）は、通信連絡や調整もなく、同時に飛行任務についた。

海上協力の実態

行き当たりばったりの合同海軍作戦

仏海軍の対イスラエル支援は、航空の場合よりもさらにひどい誤解が生じ、障害に見舞われた。航空支援は、少なくともきちんとした事前計画があったが、合同海軍作戦は、行き当たりばったりに終始した。イスラエル側は、自分たちの期待にまったく根拠がなかったことを痛感した。イスラエルは、状況を分析整理する過程でイギリスと海上分野において直接接触することになった。ところが、これまで連絡調整がなく、これが混沌とした事態と重なり、航空分野での協力欠如、イスラエルとマスケット銃兵作戦部隊との秩序ある海上協力の準備不足と、二重の欠陥が露呈するに至った。

イスラエルと英仏部隊との協力にかかわる全海上作戦が、今日に至るも論争の的になっている。当時の事情を考えれば、少しも不思議ではない。

一〇月二九日（月曜日）正午頃、ダヤンがフランス側と支援に関する話をした。スエズ運河域で仏軍部隊に対する支援要請があれば、イスラエル国防軍に対する強力な海軍支援を条件として応じる、とダヤンは言った。仏海軍の活動は、〝アーチャー〟（仏海軍の対イスラエル支援のコードネーム）作戦の一環として実施された。それによると、仏海軍の駆逐艦二隻がハイファ沖を哨戒し、あと一隻がテルアヴィヴ沖を哨戒する。イスラエル海軍の駆逐艦は、フランス側と協同で類似の任務につくことになっていた。ところが、フランスがイスラエルに、一

○月三一日朝、エジプトに対する英仏による航空攻撃の開始にともない、駆逐艦二隻を引き抜き仏海軍の船団護衛に投入する、と通告したのである。そうなれば、イスラエルの沿岸を哨戒するのは一隻のみとなる。(24)

しかしながら、すぐに明らかになったことだが、仏海軍将校たちは(自分たちにはどうすることもできないとして)、セーブル協定は不十分であり、追加の権限が必要と主張するのである。イスラエルを基地とする仏海軍部隊司令はダヤンに対して、海軍本部に対空防衛を正式に要請するように求めた。フランスは、〝範囲外〟の任務を課していることがイギリスに発覚するのではないかと恐れ、イスラエルを基地とする部隊に対し正式発令をためらい、その結果この妙な要請の話を持ち出したのである。

しかし、別の要因もあった。仏軍の作戦は二つに区分けされていた。第七〇〇号作戦(マスケット銃兵作戦)と第七五〇号作戦(対イスラエル支援)である。この区分けのため、イスラエルを基地とする仏海軍部隊の指揮官は(在イスラエル航空隊指揮官と同じように)、自分の正確な任務に関して、明確な指示説明を事前に受けていなかった。イスラエルに到着したあとに指示されたのだが、それでも任務に関する政治的背景については、まったく説明を受けなかった。

それと同時に、実施に先立って彼らは、海上支援(細部にわたる指示あり)および航空支援(全般的指示)に関して、キプロスのマスケット銃兵作戦合同司令部と連絡、調査するように命じられていた。かくして、英仏間の区分けによって生じた障害に加えて、仏軍内部の区分けによる大混乱が発生した。(25)

フランス海軍のラファ砲撃

第一段階でイスラエルは、北シナイのラファ攻略作戦に仏海軍の支援を求めた。ダヤンはフランス側に、これは計画外の支援ではないと指摘し、「シャール、マルタン両将軍が同意し、実施を約束してくれた……作戦全体がこの支援をベースとしている……（そこで）我々は今後地中海沿岸を進む（北シナイの沿岸を西進）にあたり、さらなる支援を要請するつもりである」と強調した。

だが、ダヤンは愕然とした。この点に関して、フランス側は事前に何の指示も受けていなかったのである。協議の結果、フランス側は支援計画を立案し、その間幹部のひとりがキプロスに飛び、バルジョ提督から命令を受けることで双方が合意した。しかし、フランスが考える支援は、ダヤンの構想とは比較にならないほど小規模であった。実際のところ、作戦上フランス海軍の艦砲射撃に対する期待値が、それほど高いわけではなかった。ダヤンは対イスラエル支援の熱意度を測定するテストケースとし、後日必要であれば発動するための前例作り、と位置づけていた。(26)

一〇月三一日、キプロスでネーマン大佐はマルタン将軍と本件について協議した。マルタンは、エジプトに対する航空作戦の延期を考慮して、イスラエルの要求に前向きで、ダヤンのラファ砲撃強化要請をのんだ。しかし彼は、その後については、自軍の海上輸送作戦が始まれば、難しくなるとはっきり言った（ただしチラン海峡域については、必要であることがわかれば例外とする）。

フランス側は、大々的な艦砲射撃の実施に二つの条件をつけた。第一は、艦砲射撃に任ずる巡洋艦の護衛である。駆逐艦二隻を別の任務（マスケット銃兵作戦部隊船団護術に引き抜かれたので、代わりにイスラエルの駆逐艦二隻をもって護衛して欲しいというのである。第二は、ダヤンが求めていたエルアリシュ砲撃について、すでに同意していたのであるが、フランスはこの要請の撤回を求めた（ラファの西に位置するエルアリシュは、シナイ半島で最大の都市であった）。

当初の計画では、一〇月三〇日の夜から三一日の未明にかけてフランスがラファを砲撃し、エルアリシュ砲撃は次の夜になるはずであった。しかしイギリスが、エジプトに対する航空作戦を延期し、その結果、作戦計画全体に遅れが生じた。それでフランスは、ラファとエルアリシュに対する夜間砲撃は、スエズ運河地帯の主作戦の妨げになると考えた。つまり、夜間砲撃に対するしわ寄せである。予定では一〇月三〇日の夜から三一日未明にかけて、フランスがラファに艦砲射撃を加えている頃、エジプトに対し英仏空軍機が爆撃の真最中のはずであった（実際には一一月五日に実施された）。その段階で、キプロスのマスケット銃兵作戦本部は、エジプトへの兵員輸送の支援に手持ちの海軍戦力からすべて投入する予定であった。

マスケット銃兵海軍作戦部隊の副司令官ランスロット提督は、自分の上官にあたる英海軍のダーンフォード・スレータ提督と協議したあと（一〇月三一日）、巡洋艦「ジョルジュ・レジェ」を仏イ共同作戦へ転用する許可を与えた。ただし四〇時間だけの時間限定である。(27)

巡洋艦「ジョルジュ・レジェ」は、一〇月三一日午後ハイファに到着し、暗くなってから南下した。同艦は、一〇月三一日深夜から一一月一日未明にかけて、ラファ周辺の陸軍基地に対し四時間艦砲射撃を実施した。ダヤンと側近のモルデハイ・バルオンは、第七七師団部隊将兵と一緒に、艦砲射撃を目撃し大いに感嘆した。

バルオンは参謀総長戦時日誌（ＣＯＳＤ）に、「複数の駐屯地で火災が発生、紅蓮の炎に包まれた。しかし、（国際共同作戦の）経験がほとんどないので、連続射撃の呼吸がわからず、目標転換に時間がかかり、最終射撃（こちらはあまり見事ではなかった）とそれに続く突撃に時間差がついてしまった」と書いた。(28)

フランス海軍のラファ砲撃は、結果からみると物理的効果はなかったが、心理的効果は大いにあった。フランスがイスラエル国防軍に積極的に協力していることで、将兵は非常に励まされ、自信を強めたのである。この単一の作戦協力のため多大な時間とエネルギーを注いだのは、決してダヤンの気まぐれではなかった。さらに艦砲射撃に効果がなかったとはいえ、ラファとその周辺域に展開するエジプト

軍部隊の急速な崩壊（九ないし一〇時間内）につながったのは確かである。(29)

バルジョ提督は、艦砲射撃は大した効果がなかったことは認めたが、イスラエル国防軍を助けて、快進撃を可能ならしめ、それがスエズ運河北部域における英仏の作戦を実質的に支援したことになる、と指摘した。さらにバルジョは、ほかのアラブ（シリアとレバノンを指す）に言及し、エジプトと相互防衛条約を結びながら、傍観して成功を見守っている彼らに、艦砲射撃が強烈な心理的影響を及ぼしたと主張した。

マスケット銃兵作戦のフランス側担当幹事である本人は、シナイ半島のとくに北部ルートにおけるイスラエルの行動を、ポートサイド、ポートファドいやスエズ運河全域に対する総合作戦の一環、と位置付けている。戦前ダヤンも、イスラエルの攻撃に対するフランスの積極的支援を噂としてばらまけば、軍事上政治上抑止力として効果がある、と考えた。もっとも、開戦準備には秘匿と策略がつきものであり、この種の噂がうまくいったとは思えない。(30)

スエズ運河域での仏イ共同作戦準備

ボーフル中将の要請

一九五六年一〇月、イスラエルとフランスの話し合いのなかで、イスラエル国防軍がスエズ運河に到達する可能性について何度か討議された。イスラエル側は、運河到達に関心はないと公言し、セーブル協定もイスラエル軍が水際に到達するのを禁じていたが、本件はとくに軍事レベルで関係諸国がたびたび話題にした。

キプロスへ派遣されたユバル・ネーマン大佐の仕事の一つは、イスラエル国防軍と英仏両軍の間で、誤解によって衝突が生じないようにすることであった。主張が真正面から衝突しそうな分野は二つ、スエズ運河とチラン海峡の問題である。その地域で行動する英仏の作戦計画、そしてイスラエル国防軍とマスケット銃兵作戦司令部との乏しい協調関係が、事故を文字通り〝招いた〟。

一〇月二九日（月曜日）朝、イスラエルのシナイ作戦の開始数時間前、フランスの陸軍連絡将校ジャン・シモン大佐が、ダヤンをはじめイスラエルの軍首脳数人に、マスケット銃兵作戦の陸戦計画について主要点を説明した。シモン大佐は、マスケット銃兵作戦陸上部隊副司令官のアンドレ・ボーフル中将が、イギリスの準備が遅々として進まないので心配していると述べ、イスラエルが圧力をかければ準備も進むだろうと言った（本作戦では、陸海空ともに仏軍将校は英軍司令官に従属する立場におかれた）。

ボーフルはとくにイスラエルに求めることがあった。仏軍部隊は一一月六日ないし八日にポートファド上陸を予定しているが、それまでにイスラエル国防軍がシナイのエジプト軍を潰滅し、上陸作戦のため北シナイ沿岸域を確保してもらいたい、と大佐は要望を伝えた。ボーフルは、仏軍に割り当てられた上陸地点（スエズ運河東岸）が狭くて、部隊の効果的展開に支障をきたす恐れがあるとし、自分の上官にあたる英軍司令官に知らせないまま、別の上陸戦を計画した。それは仏イ共同作戦であり、セーブル計画から逸脱した行動であった。

ボーフルの取り組みは純軍事的性格を有し、イスラエルに対する支援を対エジプト戦争にかかわる総合計画の一環として捉えていた。彼が考えたように、航空および海上におけるイスラエル支援行動は、そのぶん直接的な対エジプト戦用の部隊を割くことになる。この思考の論理的帰着として、ボーフルは海軍のバルジョと同じように、イスラエル国防軍を対エジプト戦争に参加する仏軍部隊の一部、と考える傾向にあった。

回想録でボーフルは、「イスラエル国防軍はエジプト軍の一個師団に対して三個師団を投入して戦ったが、エジプト陸軍の大半を相手にした仏軍へ、その兵力をまわすべきであった」と述べている（ボーフルはイスラエル国防軍の兵力投入を誇張しているが、量的質的にシナイのエジプト軍を圧倒していたのは確かである）。

ボーフルは、エジプト軍部隊がイスラエル国防軍に押しまくられて西へ逃げて、スエズ運河東岸の友軍と合流する恐れがあり、イスマイリアとカンタラ攻略戦が不利になると懸念した。英仏当局は、エジプト軍を東方へ撃退し、シナイの内陸へ追い出して、あとはイスラエルの問題として押しつけることを考えた、しかしこの構想は現実に合わぬようになる。英仏合同軍の上陸は、イスラエル国防軍がシナイ半島のほぼ全域を占領したあとになることが明らかになったからである。

それでも、ボーフルの主張が、完全に的外れであったわけではない。回想録は弁解がましいところがあるが、実は開戦前夜、仏軍はイスラエル国防軍にもっと多くのことを期待できたはずなのである。国防軍はシナイのエジプト軍よりも圧倒的に優勢であり、英仏の相当の支援で得をした。さらにダヤンは、ボーフルの要請を逆手にとってイスラエルのためになることができる、と考えた。たとえばダヤンは、前出のように、仏海軍の支援を条件に、北シナイ経路の進撃速度を決めた。いずれにせよ、開戦から数日間はこの種アイデアに沿った精神での具体的な協力を期待できるはずであった。[31]

運河橋梁の爆撃を検討

一〇月三〇日夕方、イスラエル国防軍参謀本部は、英仏作戦の開始が遅れ、十分な自衛力を欠いたまま国防軍部隊がミトラ峠の近くまで進出している状況から、エジプト軍のシナイ増援を阻止するため、運河橋梁の爆撃を検討することに決めた。問題は英仏作戦の予定地域を侵すことになる点である。そこで国防軍は、一日前に出されたボーフル中将の協力提示を見直した。イギリスとの連絡、調整なしで、運河東域に仏軍部隊が上陸し、それを国防軍が支援する例の話である。

ネーマン大佐は、まず運河橋梁の爆撃について、キプロスの仏軍の感触をさぐろうとした。イスラエルに駐留する仏空軍機（イスラエルの標識をつけて）を使うのである。フランス側は、スエズ運河域でのイスラエルの支援についてすでに関心を示していたから、あからさまに反対することはなかったが、橋梁爆撃は攻撃リストに入っていないと説明した。留意しておかなければならないが、イギリスにとって主目的は、スエズ運河を占領して、エジプトの管理から引き離し、速やかに運河操業を再開することにある。そのためには、水路をブロックしてしまう行動は、避けなければならない。橋梁が破壊され、それが水中障害物になっては困るのである。

フランスが、イギリスの主目的を妨害する作戦に目をつぶり、容認するとは思えなかった。さらに彼らは、エジプト軍が運河を渡りシナイの東へ向かうことを願った。エジプト本土が手薄になれば、その地域における英仏の作戦行動に好都合である。要するに、フランスにせよ、イギリスにせよ、エジプト軍の東方移動を阻止する理由はなく、その軍が西へ向かって後退することを願ってもいなかった。

そこでフランス側はネーマン大佐に、イスラエル国防軍が運河沿いの作戦ゾーンで行動できるようになる前に、緊密な調整が必要であるが、原則から言えば、イスラエルがそのように強く望んでいるのなら、あとで――つまりエジプト軍が敗北したあとで、運河橋梁問題を扱うことができる、と説明した。その段階でフランス側が必要な調整を進めることはなかった。英空軍の航空作戦開始の遅れで、翌日フランスがイスラエルをなだめようと考えた時も、それで彼らがネーマンの構想を受け入れることにはならなかった。その話はしばらくして沙汰やみとなった。

それでもネーマンは、フランスがイスラエルによるポートタウフィク占領の可能性を前向きに考えている、と期待するところがあった。ここは運河の南端出入口で、予定される英仏の戦闘圏からかなり離れている。ネーマンは、「利害関係があるのであれば、（我々は）ポートタウフィクも自由に占領できる」と言ったマルタンの言葉を引用し、そのような期待感を抱いた。(32)

ダヤンの構想

当時を振り返るとわかるが、フランスがスエズ運河全域占領を目的とする共同作戦を前向きに考えたのは、戦前イスラエルが抱えていた問題――すなわち運河の利用ができないこと――のためではなく、緒戦時のイスラエルの快進撃を考えてのことであった。フランス側は、四日間の戦闘をみて、この間英仏の航空攻撃とイスラエル国防軍の進撃があったわけであるが、シナイ所在のエジプト軍が脆弱であること（とくにエジプト空軍は無力であった）ことを知り、運河の近くまで進出したイスラエル軍部隊を使えないか、と考えたのである。

一一月二日（金曜日）マルタンは、ネーマン大佐と一緒にイスラエルへ来た。国防軍参謀本部幹部との協議で、スエズ運河付近のイスラエル国防軍部隊を、同地域へ上陸する仏軍部隊の支援に投入する件が検討された。ダヤンは、自軍の部隊に、協定で決まっている水際から一〇マイルの線に接近するなと命じた。しかし、仏軍部隊が運河に到着したら、「我々はパトロール隊を出し、仏軍と接触させる」とつけ加えた。[33]

ダヤンは、その後すぐに参謀本部会議を召集し、フランス側の提案を伝えた。仏軍部隊は、ポートサイドおよびカンタラ攻略作戦をイスラエルに支援してもらうには、月曜日（一一月五日）までに運河へ到達してもらいたいという話である。その後のことについては、フランスに関する限りイスラエルがシナイで何をしようとも勝手で、「我関せず」である。

ダヤンはフランスの意向をそのように語った。イスラエルが運河の一部を占領する場合、フランスがはっきりした外交上の掩護射撃をしてくれるのか不明であったが、「フランス側は、我々がポートタウフィクを占領しても別に妨害しない」との態度であった。ダヤンは、「我々には、スエズ運河に代わるルートがない。その地域に我々の水域がない」ので、このポートタウフィク港はイスラエルにとって重要である、と述べた。

会議のあと、ダヤンはこの構想を手に首相のところへ行った。ベングリオンは躊躇した。彼は、英仏の対エジプト戦争にイスラエルが公に直接的な軍事介入を行なうことを望んでいなかった。イスラエルは、スエズ危機に直接リンクしている運河地帯で何もしてはならない。これがベングリオンの立場であり、大筋において首相と参謀総長は同じ意見であった。すなわち、イスラエルのシナイ作戦を英仏の作戦から現段階では引き離しておく方がよいとする。

イスラエルは、軍事介入する口実を英仏に与えて、役割は果したので、今後はシナイにおけるイスラエルとしての関心事に専念すべきである。一方ポートタウフィク（スエズ運河南端、アラブ名ブールタウフィク）占領は、運河地帯の状況とはあまりあからさまな関連がない動き、とみなされるだろう。そのように判断したベングリオンは、ダヤンに本件の検討を進めてもよいと言った。

ダヤンは、「国連総会がニューヨークで開催される頃には、ウーリ（ベンアリ大佐、第七機甲旅団長）とアリク（アリエル・シャロン中佐、第二〇二空挺旅団長）がスエズ運河で合流連絡する。我々はこのような段取りにしたい」と述べた。(34)

イスラエルの上陸支援

この問題に関してフランスはあらためて接触してきた。土曜日夜（一一月三日）、シモン大佐がダヤンのもとを訪れ、前日話題にしたマルタンの提案をさらに詳しく説明した。大佐はカンタラ域について話を持っていった。こちらの方が自分にはもっと関心があるという。実際のところ、大佐がマルタンとバルジョから受けた命令は、大佐独自の判断ができる余地がほとんどない内容であった。

フランスは、国連の停戦要求とイギリスの計画厳守要求（一一月六日を上陸決行日とする）の板挟みになっていた。フランスは即時攻撃を望み、単独行動の可能性をすら検討していた。前と同じように今回もイスラエルに中心的役割を与えている。マルタンとバルジョの要請によると、イスラエルがカンタラ東部域を占領して、運河に対する具体的脅威をつくり出す。このようにしてイスラエル国防軍は仏軍部隊のポートサイド上陸を支援する。フランス側は、これがセーブル協定の重大な違反であることを重々承知していた。シモン大佐はダヤンに「ノーと言ってもいい。イスラエルにはその権利があるのですから」と言った。(35)

シモン大佐によると、フランス側の計画では、日曜日朝（一一月四日）に航空作戦を開始し、当日正午に運河地帯上陸を意図する。「自分の上官たちは、イスラエル国防軍が白昼攻撃に消極的でいやがることはわかっているので、上陸を少し延期し薄暮決行でも可としている。イスラエルの支援がなければ、上陸作戦は極めて難しくなるだろう」という。

そして大佐は、ばつが悪そうに、「いま申し上げたことは、すべて内密にしておいていただきたい。イギリスはもとよりフランス政府も知ってはならないことになっている」とダヤンに告げると、わかりきったような口調で「仏軍部隊が上陸して現地に到着すれば、もちろんイスラエル軍がカンタラから直ちに撤収することになります」とつけ加えた。言葉を継いだ大佐は、本件でパリが決断を下しやすいように、仏軍の上陸をイスラエル軍が支援する構想を出したのは、バルジョ提督自身であるとし、セーブル協定から離脱するようにみえるのは論外で、イスラエル軍に仏軍の軍服を貸与してもよいと、バルジョの意向を伝えた。しかしダヤンは、このアイデアを即座に断わった。(36)

フランスの計画を受け入れると、ベングリオンがすでに承認しているポートタウフィク攻撃が、運河地帯全体を対象としたイスラエルの作戦になってしまう。ダヤンは、ベングリオンの承認を得やすい、もっと現実的な計画になるようシモンにアドバイスした。たとえば、英仏の最後通牒では、イスラエルはスエズ運河の水際から一〇マイル離れていなければならず、その事項はまだ生きている。イギリスは、イスラエルの運河占領を阻止すべく介入すると思われるが、イスラエルの部隊がすでに塹壕に入っているのを知れば、大変困惑するだろう。第二に、フランス政府が運河東岸の攻略作戦にイスラエルが参加するのを望んでいないのは確かである。したがって、提案にある行動は、フランスを非常に困惑させる、とダヤンは言った。

　ダヤンは、運河の迅速な占領を可能にする、もっと現実的な方法を提案し、その検討をシモン大佐に求めた。それは、すでにイスラエルの手にあるエルアリシュに仏軍（英軍が望むならその部隊も）を上陸させ、そこから運河へ向かう案で、ダヤンは「いずれにせよ、仏軍部隊は、どこを選ぼうとも我が方のルートを使ってよろしい」とし、もし仏軍が自軍の計画に固執するのであれば、我々は白昼攻撃をやってもよいと考える。ただし、それには条件が二つにある。大々的な航空支援と、英軍との調整である、と言った。ダヤンは、「英軍が仏軍よりも前に到達し、二〇〇メートルの至近距離で我々に発砲する。撃っておいてから、こちらには何も知らされてなかったと主張する。このような事態になったら困る」と述べた。

幻のポートタウフィク占領

　ダヤンは、部隊付連絡将校を含め、本件に関する公式の連絡部設置を強く求めた。シモン大佐は躊躇した。結局双方は、イスラエル国防軍の仏軍部隊支援で合意した。上陸が一一月六日であっても構わないが、先の二つの条件をフランス側は守るという内容である。仏軍部隊は、国防軍が確保するルートを使って、負傷兵をイスラエルへ後送できることでも、双方が合意した。ダヤンは、ベングリオンの許可を得るためテルアヴィヴへ行き、シモン大佐は、バルジョの承認を求めるためキプロスへ飛んだ。[37]
　ダヤンによると、その頃ベングリオンは、〝些細なことを詮索する精神状態〟にあった。首相は、フランス側の新構想を詳しく聞いた。ところが、話がカンタラの件になると、ベングリオンは第一次世界大戦中にユダヤ人大隊と当地にいた思い出を話し始めたのである。ようやくベングリオンは条件付きのダヤンの計画を承認した（注・第一次大戦時英軍のフュージリア連隊にユダヤ人兵よりなる第三八大隊がつくられ、以後第三九、第四〇大隊が編成された。ベングリオンは第四〇大隊に所属）。そして、第二〇二空挺旅団がミトラ峠の再攻略戦の準備を命じられた（一〇月三一日に攻略に失敗していた）。攻略後旅団は、仏軍との運河合同作戦でポートタウフィク――〝イスラエルの目標〟である――へ向かうとされた。(38)

しかしながらフランス側は、独自行動の回避を決めてしまった。国連とアメリカの圧力は強まる一方で、英仏はその圧力にさらされながら、一一月六日を速めて一一月五日攻撃で妥協した。予定表が繰り上げになったので、マスケット銃兵作戦司令部は、〝テレスコープ〟と称する間に合わせの急速上陸計画を策定した。ポートサイドへ至る行動に関しては、符号名〝オムレツ〟がまとめられた。〝軽装備部隊（歩兵と空挺隊、重火器の支援なし）の行動である。この段階ではエジプト軍の抵抗は微弱と想定された。(39)

フランス側は、今度はイスラエルに運河全域での行動からいっさい手を引くように求めた。許可なくして運河への接近は不可というわけである。ダヤンは引かざるを得なくなった。かくして、ポートタウフィク占領は、イスラエル国防軍の予定表から消えた。(40)

イギリスとイスラエル――敵意にみちた協調関係

イスラエルの停戦受諾

運河地帯における合同作戦の撤回は波紋を呼び、軍事分野を超えてひろがっていった。イギリスはフランスに対して、イスラエルとのあからさまな軍事協力を避けるように圧力をかけ、うまい具合に効を奏したのである。イスラエルはその役割をすでに済ませており、ヨーロッパ二カ国はエジプトと戦争中である。イギリスは、事態がこのように進んでいるからとして、「イスラエルを英仏の作戦から除外せよ」とフランスに要求した。困惑したマルタン将軍は、一一月三日に仏イ合同作戦を取り消したのみならず、「(イスラエルは)その役割分担を完遂しており、軍事協力を継続する理由がない。イスラエルと英仏との連帯はこれで清算される」として、イスラエル国防軍の了解を求めた。[41]

イスラエル国防軍からみると、これは軍事上の大問題ではなかった。セーブル協定では、シャルムエルシェイクをめざす国防軍の進撃を支援することが決まっている。つまり、英仏の継続的支援が条件であるが、同地は占領寸前にある。イスラエルにとって大きな政治問題ではなかった。ベングリオンとダヤンは、マスケット銃兵作戦の上陸作戦が始まる前でも戦闘を終結してよいと考えていた。イスラエルが、今日の紛争から抜けるなら、イギリスは喜ぶだろう。なにしろ、イスラエルとの共謀という疑いをかけられず、大手を振って作戦を進めることができるし、イスラエルは、戦争から手を引けば、高まりつつある国際社会の圧力から身をかわせるのである。[42]

一一月四日の夕刻(ニューヨーク時間、イスラエル時間一一月五日朝)、アバ・エバン大使が国連で、エジプトが停戦に応じることを条件に、停戦受諾の用意があると発表した。右の事情があるため、イスラエル国防軍がこの発表に驚くことはなかった。イスラエルの軍と外交機関との間に連絡、調整はほとんどなかったのであるが、エバン大使の発表の背後には、ヨーロッパの英仏外務省がいた。本当の意志決定過程からはずされた存在である。

エバン大使は国連総会で強い圧力にさらされ、ゴルダ・メイヤー外相に、仏、英両外務省の感触を探って欲しい旨連絡した。イスラエルが停戦受託の用意ありと発表した場合、いかなる反応を示すか、である。メイヤー外相は、イスラエル駐在の英仏大使と話をした。外相は、英仏の駐イスラエル大使館が秘密協定の存在に気づいていないことを知っていた。しかし外相は、自分の発した質問が、英仏の本省に届き、やがて事情を知る政府首脳の耳に入るとわかっていたのかどうか、あるいは外相が前もってベングリオンと相談したのかどうか、いずれも不明である。いずれにせよ、ホワイトホール（英）とケ・ドルセー（仏）の両外務省は、軍事協力については何も知らないのであるが、イスラエルの外相の打診に肯定的な返事をした。

しかしながら、エジプトがイスラエルとともに停戦を受諾する話は、英仏にとって支持できない筋書きである。イギリスあるいはフランスの兵隊がエジプトの土を踏む前に、戦争をする大義名分が消えてしまうからである。ロンドンとパリの両外務省は、このいきさつを全然知らなかった。

一一月四日、フランスのアベル・トマ国防次官はイスラエルのペレス国防次官に電話をかけ、イスラエルの停戦受諾に抗議した。それから今度はモーリス・ブルジェ・モーヌリ国防相自身が（同じく電話でペレスに）、状況を勝手にひっくり返した、フランスとイギリスに対する裏切りも同然と、イスラエル政府をなじった。しかし、この期に及んでも、具体的なことはひと言も口にしなかった。例の否認権の原則は死守するわけである。

ペレスは、イスラエルの停戦受託を弁護した。英仏のエジプト侵攻作戦は延期になり、とどめを刺すようにマルタン将軍が一一月三日に軍事協力の打ち切りを通告してきたではないかと。しかしそれでも、エバン大使の声明が、とくにフランスの権益を傷つけるのは、明らかであり、それはベングリオンとダヤンがいちばん望んでいないことである。ロンドン、パリ、エルサレム、そしてニューヨークの間で一連の外交交渉が行なわれ、その結果イスラエルは、一部修正の停戦を受け入れた。一二時間遅れの発効で、マスケット銃兵作戦部隊にポートサイド、ポートファド上陸の時間的余裕を与えることになる。

かくしてエバン大使は一一月四日の国連協議で、自分の発言が誤解されていたとし、自分は戦闘地帯の状況を描写しようと望んだだけである、と言った。同時に英仏両政府は、国連のハマショールド事務総長に、イスラエル・エジプト戦争の継続防止のため、まだ介入が必要との認識である、と通告した。両政府は、シナイにおける軍事情勢に鑑みて、イスラエル軍部隊の可及的速やかな撤退が最重要である、と書簡で述べている。ベングリオンは激怒した。フランスは、運河地帯からの撤退の意味である、と説明に躍起となった。イスラエルの不信感は、とくにイギリスに対しては、まだ戦争が終ってもいないのに、極めて大きくなった。

「恥知らずのイギリス」

ハマショールド国連事務総長は、停戦の無条件受諾をイスラエルに求めた。この間英仏両軍は、二四時間でエジプト上陸を果した（一一月五日朝）。イスラエルは一一月五日夕方、停戦を受け入れた。シナイにおける作戦目的を達成したあとである（ただしチラン海峡の出入口に位置するチランおよびサナピルの両島占領を除く）。イスラエルは作戦目的を果し、英仏の侵攻作戦はすでに進行中であるため、この両国は、〝イスラエルを口実にする〟必要がなくなった。同じ日に国連総会は、カナダの提案を採択し、国連緊急軍（UNEF）の創設、派遣を決めた。結局のところイスラエルは、この国連軍より英仏軍がイスラエル国防軍とエジプト軍の緩衝役になってくれる方を望むのである。[43]

ダヤンと補佐官のバルオンは、本件にかかわるイギリスの態度とそれに追随するフランスのイギリス支持に不快感をあらわにして、停戦問題のいきさつに関し、「嘆願や忠告、抗議を散々やっても動かなかったのに（マスケット銃兵作戦の上陸作戦推進の件）、大胆にして無情、つき放した外交活動で、あっさりと動かしてしまった（イスラエルの一方的停戦受託の件）。恥知らずのイギリスは、目隠しをされた駄馬よろしく己れの硬直した計画で凍りついて、身動きできないでいたが、今や頭に血がのぼった。そして一日がかりで上陸せざるを得なくなった。すると今度は、かたわらに片付けておけると考えたイスラエルを必要とする、と気づくのである」と記述する。これは、諸事実に即した極めて正確な記述というわけではないが、エジプトに対する合同軍事行動の最中にあっても、イスラエルにみられた対英感情をはっきりと反映している。[44]

イスラエルの停戦同意に対するイギリスの異議は、同国に対するイスラエルの不信感を強めるだけであった。イスラエルは、スエズ危機におけるイギリスの政策をついにつかみきれなかった。たとえば、この戦争の最中でも中東向けのイギリスの宣伝放送は露骨な反イスラエル（および反シオニズム）の内容であった。[45]

イギリスは、戦後アラブ世界と新しい関係を構築しようと模索し、エジプトのナセル大統領がイスラエルと結託しているとの印象づくりすら行なった。戦争の最中、ロンドンの外務省は、駐イスラエル大使J・ニコルスの勧告を一蹴した。大使は、当地におけるイギリスの影響力増進を目的に、この機会を利用してイスラエルとの接近を強めるべきである、と提案した。すると本省は、イスラエルの抱える諸問題に過大な理解を示してはならない、と訓戒したのである。大使が、ソ連のシリア進出に対するイスラエルの懸念を説明しようとすると、本省は「イスラエルは話をでっち上げようとしている」とし、たとえ「この地域を共産主義から守る意図であっても」軍部隊の移動は許されないと指摘、「共産主義云々の事態になった場合、イラクが（アラブの国家であり、イギリスに対して忠実という二重の意味で好都合である）行動する」と回答した。

英外務省の対応は、ドナルド・ローガンが草案をつくった。セーブルについて知っている数少ない政府高官のひとりである（英側の協定署名者二人のうちのひとりとして特筆される）。たとえイーデン首相自身がイスラエルの行動を共産主義者の行動に——表向き敵意の点で——たとえるのは間違いであると諌めても、外務省は頑として主張を変えなかった。

エジプトでは英軍の軍事的失敗が顕在化し、国内では世論の圧力が高まりつつある状況が、戦時下であっても外務省に強大な影響力を与えた。この空気は、イギリスの対イスラエル協調にはまず貢献しない。このような共闘はなかったこととして戦後も引き続き否定されていくのである。一九五六年一一月二二日、英政府は議会質問に対する回答で、中東情勢に関してイギリスとイスラエルとの間には、直接、間接いずれも接触はなかった、と主張した。(46)

イスラエルは〝公的には敵〟

イギリスとイスラエル間の反目は軍事的側面にもあった。戦争前両国の間に成立した合意は、敵対者どうしの負の約定と同じであった。たとえば、ヨルダンが対イスラエル戦を開始しても、イスラエルが攻撃しなければイギリスはヨルダンを支援しない。ヨルダンがイスラエルを攻撃しても、イギリスが介入しないことに合意すれば、イスラエルはヨルダンを攻撃しないものとする（原著注：当時参謀総長であったモシェ・ダヤンは、回想録で「（イギリスは）イスラエルによるヨルダン攻撃を支持しない。イスラエルがヨルダンに攻撃され報復しても介入しない」とし「対エジプト戦時イスラエルはヨルダンを攻撃しない。しかしこの時期ヨルダンがイスラエルを攻撃してもイギリスはヨルダンを支援しない」と主張したと書いている）。イギリスからみると、シナイ戦争の最中であっても、イスラエルは〝公的には敵〟であった。マスケット銃兵作戦で出されたさまざまな作戦命令と、作戦の情報評価では、イスラエルとエジプトが〝敵〟の分類に入れられている。(47)

イギリスは、イスラエル国防軍の動きと意図に関する最新情報をフランスから入手した。しかしもっと欲しいので、英海軍は通信傍受と偵察で情報を得た。シナイにおけるイスラエル軍部隊の状況については、イスラエル代表部が毎日詳しい日報をキプロスに送った。少なくとも一部はイギリスに届けられたのはほぼ確実である。

フランスとイスラエルの協力関係を完全に秘密に

しておくのは、不可能であった。たとえば、フランスの戦闘機二個飛行中隊がキプロス島に飛来し、着陸して間もなく離陸し、戻ってこなかった事実。あるいは、フランスの輸送機による大規模空輸がキプロス―イスラエル間で連日実施された事実。いずれも隠しようがない。さらに、前述の仏海軍巡洋艦によるラファ砲撃は、キプロスの英軍司令部との協議を経て実施された。それでも、秘密を知っている英軍将校はごくわずかであった。

戦後マルタンはダヤンに「実は、(キプロス島の)イギリス側がイスラエルの意図について尋ねたことがある。イスラエルがシナイ半島全域を占領するというのは本当かと聞くので、本当だと答えると、全員呆然となった」と語っている。(48)

撃墜されたエジプトの民間機

イギリスは、イスラエルとの連絡を拒否していたが、必要に迫られ、やむを得ず接触することがあった。戦争になって間もない頃であったが、イギリスが人道支援を求めてきた。一〇月二九日(月曜日)の朝、東地中海でエジプトの民間機一機が消息を断ったので、捜索支援を願いたいということであった。イスラエルの海岸線から遠くない海域である。もともとエジプトが人道的観点からイギリスに救援を依頼していたものである。イスラエル海軍が捜索に加わった。一方イスラエル空軍は、捜索活動について何も知らず、月曜日の夜遅く捜索船群を発見、司令部に海軍の出動・攻撃を要請した。もちろんその要請は無視された。

英軍、イスラエル海軍、そしてイスラエル空軍が――軍の首脳数人以外――知らなかったことがある。実は、行方不明機はイスラエルの戦闘機一機に撃墜されたのである。一〇月二八日深夜エジプト機二機がシリアの基地を離陸し、エジプトへ向かった。一機にはエジプト軍参謀総長のアメル陸軍元帥が搭乗していた。ヨルダン、シリアでの協議を終え、帰国の途次にあったのである。アメル元帥の搭乗情報をつかんだイスラエルは戦闘機を発進させ、

そのうちの一機を撃墜したのであるが、そちらには搭乗しておらず、アメル元帥は無事カイロへ戻った。(49)

一一月三日、エジプト軍が英軍機一機を撃墜した。パイロットは落下傘で降下し、カンタラの東に着地した。この方面にいたイスラエルの第二七旅団から捜索隊が出て、救助しようとした。ところが、キプロスの司令部は、派遣された救助隊にイスラエルの支援に頼るなと命じた。情報が洩れて誤解されては困るからである。

英仏連合航空隊司令官デニス・バーネット空軍中将によると、救助隊隊長には、そのような注意は不要であった。共同謀議の話などまったく知らず、イスラエル人をエジプト人と同様、敵国人とみなしていたからである。マスケット銃兵作戦部隊は、このような事故に備えた連絡法、対処法をイスラエルと取り決めていなかった。さらに現場では英軍機が旋回してイスラエル兵を追い払った。救出自体はヘリコプター一機で行なわれた。この種のものでは初めての救出作戦であった。(50)

イギリスは、同盟者であるイスラエルを引き続き無視した。一一月四日に仏空軍がルクソールを空襲し、爆撃は成功した。イギリスは、その報告の中で、F84攻撃機隊が、当日二回もイスラエルの基地を発進し、任務遂行後同じ基地に帰投した事実を指摘しなかった。爆撃構想はイスラエルが提案し、キプロスの合同司令部が承認、実施したのは仏空軍であった。

既述のように、イスラエルはエジプトのイリューシンIL28爆撃機が大変気がかりであった。イスラエルの諸都市はこの爆撃機の行動圏内に入る（ミグ15はそれだけの航続距離がない）。爆撃機は、配備基地のカイロ西から急きょエジプトのルクソールへ移された。最初英空軍機が空襲したが、高々度爆撃のため効果がなかった。空軍情報を手にするイスラエル空軍司令官ダン・トルコフスキー少将のたっての要請で、仏空軍が爆撃することになった。

仏空軍機はロッド空港を午前六時に発進した。トルコフスキーは結果に満足しなかった。フランス側は当日午後、二回目の爆撃に同意した。結局イリューシン一八機が地上で撃破され、残存機はサウジアラビアへ避難した。(51)

英フリゲート艦クレーン号事件

戦時中、イギリスとイスラエルの間には軍事上、直通の連絡手段がなかったので、ほかにもいくつかの不幸な事件が発生した。

一一月三日（土曜日）午後四時頃、イスラエル空軍機隊が、英海軍のフリゲート艦「クレーン」を攻撃した。損傷は軽微であった。事件はもみ消された。イスラエル、イギリスの双方とも表沙汰になるのを避けたかったからである。詳細は今日に至るまで明らかではなく議論が続いている。イスラエル空軍の資料によると、このフリゲート艦攻撃は参謀本部の許可を得たものであったが、識別上の問題、すなわち誤認による結果であった。攻撃に使用したロケットが徹甲弾ではなかったので、艦体の損傷は軽微であった。フリゲート艦はすぐに現場水域を離れた。(52)

入手可能な資料をつなぎ合わせて判断すると、次のようになる。当時、「闘牛士作戦」（Operation Toreador）が展開中であった。マスケット銃兵作戦を南（公海水域）で支援する支作戦で、主任務は、海峡域や運河地帯に対するエジプト軍の兵力増派阻止であった。英仏海軍の艦艇で編成された小艦隊で、英海軍の将校が指揮していた。

一〇月三〇日、スエズからシャルムエルシェイクへ向かう兵員輸送船一隻が探知され、この小艦隊がイスラエル海軍よりも前に現場に到着し、これを撃沈した。イスラエル国防軍は、この事件の意味を考え、憂慮するところがあった。エジプトの兵員輸送船を撃沈したのは英海軍の艦艇であった。その英軍は、イスラエルができなくとも、こちらはやるという意気込みで、少なくとも一一月五日までにチラン海峡の制圧、確保を決心していた。そしてこの方面では、イスラエル側の進撃が、どこよりも際立って遅かった。

英軍が、イスラエルの海峡確保に気づくと、「闘牛士作戦」司令部は干渉するなとの命令を受けた。イスラエル軍の動きは、マスケット銃兵作戦に対する圧力を吸収しているという。しかしながら、イスラエルはこの命令について何も知らず、ダヤンは英軍のシャルムエルシェイク攻撃の場合に備えよという命令を出した。意図不明、戦時下の状況不透明性(フォッグ・オブ・ウォー)、相互の不信感、そして諸作戦の時間的空間的接近性など錯綜した状況下で、過失は不可避であった。

フリゲート艦クレーン号事件に関する英軍側の情報は、艦長の一一月五日付戦闘概報に記載されている。それによると、同艦はラスナスラニ沖(チラン島の西)で延べ三回攻撃され、艦体に軽微な損傷を受けた。同艦は対空砲で反撃し、攻撃機一機を撃墜した。艦長はエジプト空軍の攻撃機隊と考えた。(53)

一一月二日、クレーン号攻撃の約二四時間前、イスラエル空軍第一〇一ミステール戦闘機中隊隊長べンヤミン・ペレド少佐の搭乗機が、ラスナスラニ上空で撃墜された。トルコフスキーによると、ペレド(のちにイスラエル空軍司令官)は、ラスナスラニのエジプト軍の対空砲に撃たれたという。時間的に近いこと、イギリスの識別問題(英軍はその日ラスナスラニを砲撃している)、そして翌日の対艦攻撃に関するイスラエルの完全否定——ミステール機を撃墜された報復とみられてしまいそうな攻撃である——に留意して考えると、その戦争でイスラエルが喪失した唯一のミステール機は、実際には英軍に撃墜された可能性が排除できない。(54)

いずれにせよイスラエル空軍は、同様の事件の再発を回避する予防策をとった。誰も英軍と戦いたくなかった。かくして、スエズ危機の前から絡み合い、危機が発展していくなかでもつれ合ったイギリスとイスラエルの関係は戦時中も表面化していた。

まとめ

同盟者それぞれの基本動機と思惑は、まさに三者三様で、戦争遂行時それが露呈した。問題は合同指揮の欠如によって一段と深刻になった。さらに共同行動の区分化と三者間の相互不信感のため、撃墜されたパイロットの救出といった一見したところ簡単な行動すら、極めて難しくなった。

一九五六年にエジプトを攻撃した三者提携は、脆弱かつばらばらである。提携にはさまざまな制約がついていた。対エジプト三者提携の急速な崩壊は二つの超大国によるドスの利いた威嚇に起因するだけではない。内在的な弱さにもあった（注：ソ連のブルガーニン首相は、一一月五日付でベングリオン首相に書簡を送り、「ソ連政府は今次戦争に終止符を打ち侵略者の行動を阻止する目的で対策を準備中である」と威嚇した。さらに一一月一五日付で一段と強い警告を発した。一方アメリカは、一一月七日付でアイゼンハワー大統領がベングリオン宛書簡で国連軍以外のシナイ駐留は認められないと警告し、一〇日後には病気療養中のダレス国務長官に代わってH・フーバー・ジュニア国務次官がイスラエルのルーベン・シロア臨時大使に、シナイからの完全撤退がなければイスラエル援助は打ち切られ、国連からの追放もありうると述べた。米ソは英仏にも強い圧力をかけた）。

第5章　水資源戦争（一九六〇年代）

アミ・グルスカ

水をめぐる紛争の根源

六日戦争の引き金

〝水資源戦争〟は、ヨルダン川の水をめぐるイスラエルとアラブ世界の争いを指し、イスラエルではすでに定着した呼称で、時代的には六日戦争の前にあたる一九六〇年代である。

イスラエルは、アラブ側の抵抗にもかかわらず、大規模な全国配水網の整備に着手した。北部のヨルダン川およびキネレット（ガリラヤ）湖の水を、南部の乾燥地帯へ導水する計画である（一九六四年完工）。これに対抗して、アラブ側は、アラブ諸国の源流河川の流域変更を意図した（ヨルダン川の源流は、ハスバニ＝レバノン、ダン＝イスラエル、バニアス＝シリアの三つがある）。簡単に言えば、ヨルダン川への流入を防ぎ、イスラエルの水資源開発を阻止するのである。

イスラエルは、シリアに対し軍事手段を行使して、アラブの流域変更計画を阻止しようとした。水をめぐる闘争は、一九六五年にひとまず決着する。アラブ側は、イスラエルの軍事作戦を撃退できる有力な対抗策がなく、流域変更計画を放棄した。かくして、ヨルダン川の水は途切れることなくイスラエルの導水管へ流れこむようになった。この〝水資源戦争〟は、本格戦の前段で、これがエスカレートして一九六七年六月のアラブ・イスラエル全面戦争（六日戦争）になる。[1]

最初に言っておかなければならないが、水をめぐる戦いは、〝戦争〟の定義から少し外れる。水問題に直接関連する軍事作戦は、場所、時間ともに非常に限定され、ピンポイント的で極めて短時間内に終った。イスラエルとシリアの間には、非武装地帯での土地耕作と放牧や、キネレット湖東北部水域における漁業権をめぐる争いがあり、水をめぐる戦いは、この〝国境〟紛争の一環である。〝水資源戦争〟という用語は、争いの種の重要性を多分に強調するための表現で、必ずしも戦場における戦闘を意味するものではない。

水は、どこの住民にも生命の源である。そして中東においては、水は豊富ではない。したがって、水問題に対する取り組みは、感情的に緊張したものとなり、重要な水資源の確保は、最大の関心事となる。[2]

アラブ・イスラエル紛争で水が最も先鋭化した問題の一つになったのは、当然といえば当然である。感情と権益がいりまじり、合理的判断をしばしば曇らせる。一九五〇年代初め、イスラエルが水資源開発計画に着手した時、シリアが反対行動に出て、国境砲撃戦に発展した。一九五〇年代末、水問題が再び浮上した頃、シリアは〝アラブ連合共和国〟(UAR)の一部であった。それを率いるのはエジプトのガマル・アブデル・ナセル大統領で、アラブ世界の盟主になろうとしていた人物である。つまり、水問題は、イスラエル・シリア問題の文脈を越え、極めて重要な地域問題になったのである。

非武装地帯の主権をめぐる争い

ヨルダン川の水をめぐる紛争の根源は、一連の歴史的、地理的、イデオロギー的、政治的、戦略的要因を併せ持つ。本稿ではそのうちの三要因を扱う。

エレツイスラエル(イスラエルの地、パレスチナ)とシリアの境界が線引きされたのは、一九二三年である。国際連盟によって委任統治を認められたイギリスと、シリアの統治権を得たフランスが、長々と交渉したのちに確定した。イギリスは、ヨルダン川とキネレット(ガリラヤ)湖を英委任統治領に含めることを強く主張し、成功した。第一次世界大戦後開催された平和会議でイギリスのロイド・ジョージ首相がフランスのジョルジュ・クレマンソー首相に、ヨルダン川をコントロールしなければ、北部にいる者がこの地を乾燥した荒野に変えることができる、と説明した。(3)

国際連盟から委任統治権を得た英仏が策定した国際境界線は、ヨルダン川については川から一〇〇メートル東を走り、キネレット湖の北東域は、水際から一〇メートルである。(4) シリアは今日に至るもこの境界線の合法性を認めていない。(5)

一九四九年にイスラエルの独立戦争が（休戦協定の調印をもって）終結した時点で、シリア軍が、一九四七年の国連分割決議でユダヤ人国家として割り当てられた領域の一部を占領していた。休戦をめぐる交渉のなかで、イスラエルは、シリア軍が国際境界線へ撤退するように要求し、引かなければ武力の行使もやむなしとの姿勢を示した。休戦協議は参戦したアラブ諸国と個別に行なわれ、イスラエルは対戦国のエジプト、レバノンおよびヨルダンとすでに休戦協定を結んでいたので、シリアは対イスラエル戦で孤立状態におかれ、やむなく撤退した。

イスラエルとシリアは、国連調停官ラルフ・バンチ博士の提案した妥協案を受け入れた。それによると、シリアは占領地（国際境界線の西側域）から撤退し、その地域は非武装地帯にする。その結果、キネレット湖以北のヨルダン川東岸の大半と一部西岸域、湖の北東湖岸が、非武装地帯に含まれることになった。

イスラエルとシリア間の休戦協定は、一九四九年七月二〇日に調印されたが、非武装地帯の主権問題をあいまいにしたままであった。イスラエルは、その地域を領土の不可分の一部と考え、すべての国家主権が適用されるとし、主権が休戦協定によってとくに制限されるものではないとした。シリアは、その非武装地帯を係争地とし、もう一方の当事者の同意なくして現状を変える権利は双方にない、と主張した。国連はシリアの解釈に傾いていた。(6)

ネゲブ砂漠の緑化計画

イスラエルの水資源は乏しく、しかも水源は北部に偏り、南部乾燥地帯にはない。その偏在性は極端である。このような事情から、さまざまな水の有効利用計画が英委任時代から検討されてきた。〝砂漠の緑化〟というシオニストの思想は、とくにネゲブ砂漠の開発というビジョンのなかに、強く表明されている。シオニズム運動の指導者で初代首相のダビッド・ベングリオンは、ネゲブに国家の将来を託した。このビジョンを具体化するためのカギが水であり、ヨルダン川とキネレット湖から大量の水をネゲブへ転用するのが、条件となる。そのために意図されたのが、全国配水網計画である。

シリアは、イスラエルと直接利害がからむ国であり、水をめぐる戦いでは最も過激な敵対者であった。しかし、ネゲブ開発というイスラエルのビジョンは、広くアラブ世界でも脅威と受けとめられた。エジプトは、イスラエルのネゲブ支配を別の観点から見ていた。ネゲブ開発は、イスラエルと肥沃な三日月地帯のアラブとの緩衝地帯になるとともに、エジプトの覇権願望を妨害しているとし、仮にユダヤ人が数百万も居住するようになれば、これがイスラエルの拡張願望のベースになると考えた。砂漠の緑化、大量移民、そして広範囲に及ぶユダヤ人入植地の建設は、アラブの地につくられたユダヤ人国家の存在抹殺と、パレスチナアラブ人の権利回復というアラブの願望とは真向うから対立した。(7)

アラブ諸国が絡む水資源

ヨルダン川には、前述のように三つの源流がある。第一がハスバニ。レバノンに源を発し、南のイスラエル・レバノン国境まで約二八キロメートル。年間流水量は平均で約一・五億トン。第二がバニアス。シリア(一九六七年六月の戦争までの領内)に源を発し、流水量はハスバニとほぼ同じ。第三がイスラエルに源を発するダン。流水量は約二・六億トンである。

三つの源流が合流して、ヨルダン川は国際境界線の西側を南へ流れくだり、キネレット（ガリラヤ）湖へ流入する。キネレット湖から流れ出た水は、ヨルダン河谷を流れくだり、死海へ至る。湖の南岸を出た水は、イスラエル領内を流れ、ナハライム経由でベトシャン盆地を貫流する（ナハライムには英委任統治時代水力発電所がつくられ、パレスチナ電力として一九三二年から操業したが、一九四八年の戦争時アラブ軍団に破壊された）。ナハライムの北で東から流れてくるヤルムク川が合流する。流水量年平均四・五億トンである。ヤルムク川の主源流はシリアである。

ちなみに、このベトシャン盆地南端から、ヨルダン川がイスラエルとヨルダン王国の境界を形成する。以上の諸事実からわかるように、ヨルダン川とキネレット湖の相当量の水が、アラブ諸国に源を発する。そのアラブ諸国は、流域変更工事で、ヨルダン川およびキネレット湖への流入を阻止し、イスラエルから水を奪うことができる。

一九五〇年代の水資源戦争

フーラ湖の干拓をめぐる争い

キネレット湖の北にフーラ湖というのがあった。一四平方キロほどの小さい、水深も浅いところで、周囲は約三一平方キロの沼地で囲まれていた。全国配水網を整備するにあたり、まず計画されたのが、このフーラ干拓である。貯水と農地拡張を目的とした。ヨルダン川の河底を掘り下げ、沼を干拓する事業が始まったのは一九五一年初めである。場所は非武装地帯で、一部はアラブ人所有地であった。シリアは休戦委員会に抗議した。

国連停戦監視機構（ＵＮＴＳＯ：休戦監視団）の参謀長ウィリアム・ライリー中将（米軍）は、どの当事者も当該地域に対し主権を有していないのであるから、イスラエルが非武装地帯の土地を収用する権利はないと判定した。イスラエルは、主権問題に関する主張を拒否し、作業を続けた。三月二五日、シリアはイスラエルの作業中のブルドーザーに発砲し、イスラエル人作業員一人を殺した。それに対してイスラエル政府は、非武装地帯に対する主権行使を決定した。当地域のアラブ人住民にイスラエルの身分証明者を発行し、シリアとの関係を断った。さらに村民をほかの地域へ移すことすらやった。

四月四日、イスラエルの警察パトロール隊がハマット・ガデルへ派遣された。ヤルムク川沿いの温泉場で、シリア軍に占領された地域で、パトロール隊は発砲され、七人が殺された。イスラエルは、その近くの警察要塞を爆撃して報復した。一カ月後、重大事件が発生した。シリア軍がイスラエル領内の丘テルムティラを占領した。戦略要地である。シリア軍は激しい戦闘の末に撃退された。

国連安保理は、ハマット・ガデル事件において航空機を投入したことでイスラエルを非難し、休戦委員会の枠組で合意が成立するまでフーラ干拓を停止させる、と指示した。イスラエルは、アラブの所有地を侵害することなく、フーラ干拓計画を遂行する抜け道を見つけ、シリアが黙認するなか工事は完了した。フーラの湖水地、沼地は一九五八年夏までに干拓された。(8)

実弾の飛ばぬ闘争

一九五二年の秋から翌五三年春にかけて、イスラエルとシリア双方の代表が休戦委員会の枠組のなかで直接協議し、非武装地帯の配分、水の使用に関わる具体的な取り決めを真剣に話し合った。交渉は何の成果もなく終った。

一九五三年、イスラエルは国家水利計画の第二期工事に着手した。フーラ(盆地)の南でブノット・ヤーコブ橋に近いところからキネレット湖まで水路をつくり、落差(上流海抜約七〇メートル、湖面海抜下約二一〇メートル)を利用して、水力発電を行なうのである。ベトネトファ盆地を経由して南へ分水する計画もあった。その計画にシリアは激しく反発し、国連安保理に提訴した。

アメリカは工事の中止を求めて、イスラエルに強い圧力をかけ、対イスラエル経済援助の一時延期を発表した。一〇月二八日、イスラエルは工事中止を宣言した。国連安保理では、条件付きの工事継続案が出されたが、ソ連の拒否権行使で廃案となった。結局イスラエルは、ブノット・ヤーコブ橋計画を放棄し、計画を抜本的に練り直すことに決めた。キネレット湖からポンプで揚水する方式である。全国配水網の建設工事は一九五六年に始まり、一九六四年に完工した。

ジョンソン水量配分計画

イスラエル・シリア間の水紛争問題に、アメリカが乗り出してきた。問題を解決してソ連がこの紛争から漁夫の利を得るのを阻止するためである。その数カ月前にアメリカのジョン・フォスター・ダレス国務長官が包括的な中東訪問を開始した。その中東歴訪から長官は、親イスラエル色を排し、双方に目くばりした、より公平な政策がこの地域に必要と結論づけた。

一九五三年一〇月、アイゼンハワー大統領は、国際開発諮問委員会議長のエリク・ジョンソンを、大使の肩書を持つ大統領特使に任命した。特使の任務は、合意にもとづくヨルダン河川水共同利用総合計画の策定である。アメリカが資金援助をすることが前提になっている。

ジョンソン特使は、関係諸国を精力的にまわって政界要人、水の専門家と会い、協議を重ねた。二年後ジョンソンはそれまでの調査を総括し、ヨルダン河谷計画（Jordan Valley Plan）と題する解決策を提案した。それには、ヨルダンおよびヤルムク川の水の配分率が含まれていた。レバノン三・一パーセント、シリア一一・七パーセント、ヨルダン四六・七パーセント、イスラエル三八・五パーセントである。各国は、割当量の使用プログラムには干渉しないとされた。

イスラエルは、ジョンソン特使と覚書に調印し、この計画を承認した。アラブ連盟の技術委員会も同意した。一方、アラブ連盟政治委員会は、一九五五年一〇月に協議し、この計画を拒否した。（イスラエルの存在権を拒否する連盟からみれば）計画を認めることは、イスラエル国の間接的承認を意味し、イスラエルすなわちユダヤ人国家の安定、強化に役立つ権利と手段を付与することになり、計画に反対した。(9)

ジョンソン計画は、公平な妥協策であり、もっと前に策定、提示されていたら、水をめぐる紛争は解決していたかもしれない。しかし時すでに遅しであった。一九五四〜一九五五年は、アラブ世界とくにエジプト、シリアが過激化し、アラブ・イスラエル紛争が激化している時代であった。アラブ世界は、〝バグダッド条約機構〟、覇権争い、そして東西冷戦のブロック化をめぐって分極化していた。

一九五五年四月に開催されたバンドン会議で、ナセルは国際的人物と認められ、非同盟諸国の指導者の一人となった。それから間もなくして、チェコスロバキアと大規模な武器取引に調印した。その年の秋、〝チェコ取引〟が発表され、それに治安が悪化していく状況が重なって、イスラエルはエジプトに対する先制攻撃を考えた。そして一二月には国防軍がキネレット湖の東（ゴラン）にあるシリア軍陣地に対して、大規模な報復攻撃を行なった。

妥協の余地なしとする空気が地域全体に流れ、暗雲たちこめる状況になってきた。それは一年後、戦争に発展する。このような事態のもとではジョンソン計画にチャンスはなかった。(10)

国際法上の問題

国際流域の水利用に関する国際法は、いくつかの原則を明示している。たとえば、以下のとおりである。

「条約あるいは協定あるいは又関係者（諸国）を拘束する慣習法の規制がない場合、各河川共同所有権者（国：Co-riparian States）は、流域（集水域と排水域：drainage basin）の水の有益利用において衡平かつ合理的配分にあずかる権利がある。衡平かつ合理的配分量は、各特定ケースにおけるすべての関連要因に照らして決定される問題、である…」

さらに次のように明記する。

「…河川共同所有権者が、彼らの法的権利について、納得のいく時間内に協議によって相違を解決する意志を有する限り、流域（集水域、排水域）における河川共同所有権者の法的権利に不利な影響を及ぼす一方的行動は控えるべきである…」(11)

シリアをはじめアラブ諸国は、イスラエルを認めず、あるいはヨルダン川の流域に対する合法的パートナーとしての法的権利を認めず、イスラエルと交渉する意志がなかった。彼らの立場は国際法とわずかにつながっていた。彼らの主張は主に政治的な内容で、休戦協定に依拠しようとした。イスラエル・シリア休戦協定第二条で、「国連安保理によって規定された休戦のもとで軍事的あるいは政治的利益を得てはならない」という内容である。

シリアは、たとえば「フーラの干拓はイスラエルに軍事的優位を付与したので、協定違反とみなされなければならない」と主張した。

休戦協定はさらに次のように規定している。

「この協定のどの条項も、パレスチナ問題の究極的平和的解決における関係者の権利、主張、立場を予断で判断してはならない…」

さらに第五条では、

「…イスラエルとシリア両軍間の休戦ラインおよび両軍間の非武装地帯の設定は、当該二者に影響する究極的領土合意と関係がある、と解釈されてはならない…」

アラブは、イスラエルの水利事業が、協定の性格と境界を変更しあるいは事前に決定する、と断言した。(12)もちろんイスラエルは、この一連の主張を拒否した。イスラエルが自国の主張のベースにしたのは大別して二つある。第一は国際法、第二がジョンソン水量配分計画である。配分計画で制約事項が明記されており、イスラエルはその制約内での水の使用に同意していた。

イスラエルの〝全国配水網計画〟

キネレット湖の水を南部へ

イスラエルは、アラブの反対で機先を制せられることなく、水利計画とその事業をすすめた。主な事業は、キネレット湖からポンプで揚水し、水道網で配水するもので、一九六四年から操業を開始した。非武装地帯外の一地点から流域を変更するのは、水利計画に対するさまざまな政治的障害に関する懸念を軽減する。

一方、海抜下約二一〇メートルから水を汲み上げるのは、事業コストを増加させる。流域を変え落差を利用して発電する構想は否定され、逆に電力を使って揚水し、南部へ配水する方法が採用された。

キネレット湖から揚水すると、水道水の水質に影響する。キネレットの水はヨルダン川上流の水より塩分が多いのである（一リットルあたり塩素約三〇〇ミリグラム）。湖底と西岸域から、塩分濃度の強い泉水が湧いているためである。水質悪化を極限するため、湖底塩泉水をほかへ流す水路の建設が必要となった。

キネレット湖の水を使った配水システムは、まず揚水ポンプ所で汲み上げられ、約一三〇キロ南のロシュ・ハ・アインまで、水路、貯水池、トンネル、そして導水管で送られる。ロシュ・ハ・アイン（テルアヴィヴの東北東）にはいくつかの泉があり、ここでヤルコン・ネゲブ導水管とつながる。こちらの方は数年前に建設されていた。

一九六四年六月一〇日、操業が開始され、キネレット湖の水が配水網を通してイスラエルの南部へ送られることになった。[13] イスラエルのメディアは、政府の要請を受けて、アラブ側を刺激して緊張が高まることを避けるため、トーンダウンして操業開始のニュースを伝えた。[14]

時を同じくして、ヨルダンも灌漑事業に着手し、水利基盤を整備した。とくにヨルダン河谷の東部域が重点とされた。ヨルダンの計画には、ゴール運河建設が含まれる。ヤルムク川のアダシヤからヨルダン河谷のワジ・ザルカまで七〇キロである。ヨルダンは、やはりヤルムク川にムヘイバダムの建設を続けた。ヨルダン河谷をうるおし、ヨルダンの水インフラを豊かにする事業である。イスラエルはヨルダンの計画に反対しなかった。ヨルダンは、公式に発表することはなかったが、アメリカの調停者によって割り当てられた水の配分から逸脱しなかったからである。(15)

全アラブの問題と化したイスラエルの水利事業

当初イスラエルの水資源開発計画は、とくに注目されなかった。一九五七～八年頃、アラブ諸国は別の諸問題で頭がいっぱいであった。スエズ戦争で英仏が政治的な敗北を喫し、ガマル・アブデル・ナセルの威信は大いに高まった。ナセルは、エジプトを盟主とするアラブ世界の統一構想を最優先するため、対イスラエル紛争の一時凍結を決めた。その第一段階が、アラブ連合共和国（UAR）の発足宣言である。時は一九五八年二月、エジプトとシリアの統一宣言が出されたのである。

休眠状態にあるイスラエル・シリア間の水問題は、今やUAR大統領ナセルの管轄になった。一九五八年七月、イラクの親西側ハーシム王国が打倒された。その革命旋風がヨルダン、レバノンに波及しそうになって、体制護持のため、英米両軍の部隊が両国に派遣された。一九五〇年代には、エジプトとイラクの新共和国政権の間に生じた亀裂に続いて、アラブ世界に三重のライバル関係が生まれた。UAR対イラク対保守政権国である。

シリアは、エジプトの被保護者となって独立を失い、不満をつのらせていたが、一九六一年にエジプトとの連合から一方的に離脱した。ナセルは、エジプトとの統合に背を向けたシリアの政権に反発し、反シリアキャンペーンを強力に展開した。その結果、アラブどうしの不和、軋轢が広がっていく。保守体制の政権と革命政権は、極端な民族主義立場に立って対立政権を困惑させ、アラブの民族的権益を

捨てたとして非難した。非難の投げ合いで道具に使われたのが、ヨルダン川の水問題である。(16)

アメリカの調停工作

一九五九年九月、カサブランカで開催されたアラブ連盟理事会において、サウジ代表がイスラエルのヨルダン川〝流域変更〟問題を取り上げた。ヨルダン川の水を全アラブの問題として提起したのは、これが最初である（一九五一年および五三年の危機時には、イスラエル、シリア二者間の文脈で捉えられた）。理事会は、技術委員会の設置を決めた。委員会は問題の検討と対策の提出である。役目は一九五九年一二月に検討を終えて、イスラエルの〝侵略的計画〟の継続阻止手段について勧告した。これを契機として、問題が政治レベルで注目、促進され、アラブメディアの熱狂的報道とあいまって、危機的な空気がつくりだされ、ほとんどヒステリー状態にまで増幅された。

一九五九年秋時点でアラブ側は、イスラエルの〝全国配水網計画〟が間もなく完了し、操業がすぐに開始されるという印象を抱いた。それは緊急性を帯びた印象で、それを抱いた理由の一つが、エリク・ジョンソンの活動再開である。ジョンソン特使は、アメリカの調停による地域の水問題解決に向けた交渉再開を意図し、自ら進んでエジプトのマハムード・ファウジ外相と会った。時を同じくして、イスラエルの財務相レビ・エシュコルがワシントンを訪れた。水利事業に対する資金集めが目的である。もう一つの理由として考えられるのが、一九五九年一一月のクネセット（イスラエル議会）選挙の前後に政府要人が出した声明が、影響したのかもしれない。声明は水利事業を優先し、完遂させるという決意を表明している。(17)

しばらくすると、水問題をめぐる緊張は薄れていった。西側、とくにアメリカの広域外交活動の結果、アラブ側が、ヨルダン河川水を使ったイスラエルの配水は一九六三〜六四年まで始まらない、と確信したからである。しかし同時に、アラブが対処すべき問題の一つとして残され、イスラエルの水利事業の阻止が宣言などから外されたわけではない。ナセルは、本件の重要性に鑑みアラブ世界における自分の統率力強化手段としての〝パレスチナ存在体の復活〟公約に沿って、あらゆる側面を統合、調整する役を自ら進んで引き受けた。

シリア、エジプトとの統合から離脱

水問題でいちばん過激であったのがシリアの指導部である。強硬姿勢を貫き、イスラエルによるヨルダン川の水資源開発は力によって阻止せよとせまった。一九六一年四月、カイロでアラブ諸国の参謀総長会議が開催され、イスラエルの計画を阻止するため、軍事手段の投入が検討された。会議は、イスラエルの軍事力粉砕を目的に、一九六三年末までに戦闘準備を完了する旨決議した。二カ月後、アラブ連盟防衛委員会（加盟国の外相、国防相および参謀総長で構成）がカイロで開かれた。ヨルダン川源流変更工事準備、アラブ合同軍連合司令部の設置が話し合われ、これは三年足らずで現実化する。つまり、この時の検討課題は近未来の方向を示すシグナルであった。

一九六一年九月、シリアがエジプトとの統合から離脱した。それは、盟主としてのナセルの統率力を傷つける、最初の事件であり、翳りを象徴するものであった。ナセルは、強硬姿勢をさらに強め、エジプトの内政策の引き締めで対応し、一九六二年九月には、内戦下のイエメンへ派兵して武力介入を行なった。ナセルは、首長（シーア派の一分派ザイド派イマムである）に対する共和派の反乱を支援したのであるが、長期に及ぶドロ沼内戦に足をとられ（一九六二〜六七年）、ナセルの威信は著しく傷ついた。その後の状況でわかるが、エジプト軍のイエメン介入は、水紛争でイスラエルに対抗するエジプト軍の行動力を弱めた。

一九六三年四月、イラクとシリアで発生した軍事クーデターによってバース（復興）党が権力を掌握し、アラブ世界に三頭政治（エジプト・シリア・イラク）の統合が大きく伝えられた。だがこの統合はついに実現しなかった。話はすぐに立ち消えとなる。構想の瓦壊でアラブ世界の分極化が進んだだけである。一方、イスラエルの水利事業は完成に近づきつつあり、それに対しシリアが戦争の脅しをかけているので、エジプトの大統領は、何か対処する方法を考えざるを得なくなった。シリアとエジプトの溝は深く、非難の応酬に終始、その関係は敵意にみちていた。

アラブの流域変更計画

アラブ首脳会議の開催

一九六三年一二月二三日、アラブ世界を不意打ちする出来事が起きた。この日ポートサイドで演説したナセルは、「パレスチナ問題の一部である、ヨルダン川問題に取り組むため」アラブ首脳会議の開催を求めたのだ。

ナセルが気にしていたのはシリアの動きである。シリアが勝手に動いた結果事態が手に負えなくなり、準備のととのっていない戦争へ引きずりこまれる恐れがある。ナセルは主導権を回復する必要を痛感した。イスラエルの水利事業はアラブにつきつけた挑戦状である。受けて立つためには、自分が指導者となり、アラブ間で調整した戦略を策定しなければならない。ナセルは「我々に脅威を及ぼすイスラエルと対決するためには、選択肢は一つしかない。内輪の争いを脇におき、小異を捨て大同団結しなければならない。可及的速やかにアラブの国家元首が協議する必要がある」と言った。(18)

一九六四年一月、カイロでアラブ首脳会議が開催され、同年九月第二回がアレキサンドリアで、第三回が一九六五年九月にモロッコのカサブランカで開かれた。ヨルダン河川水、イスラエルとの軍事対決が主な議題であった。

第一回のカイロ首脳会議では、次の三つの重要課題が決議された。

（1）アラブ諸国に源を発するヨルダン川源流の流

域を変更する。

（2）合同軍事司令部を設置し、変更流域を守るためシリア、ヨルダン、レバノンの各国軍を増強する。

（3）〝パレスチナの存在〟を組織化するため具体的に行動する（この決議の四カ月後パレスチナ解放機構PLOの創設が決まった）。

アラブのヨルダン川流域変更計画

計画の主要点は次のとおりである。

●レバノン―ハスバニ源流の水をリタニ川に流す。そのため上流のハスバヤとワジ・シャブア付近から水路を設け、リタニ川へつなげる。リタニ川の水は地中海へ流れる。ハスバニの中流域では同じく水路を設け、こちらはバニアスへつなぐ。バニアスからは、シリアの流域変更計画によりヤルムク川へつながる。ハスバニの下流にあたるところにはワザニ泉があるが、これはシリアとレバノンで灌漑用水として使う。

●シリア―バニアス源流（そしてレバノンから分水され水路で運ばれるハスバニ水）は、七三キロメートルに及ぶ水路でヤルムク川へ流す。水の一部はシリア内で灌漑用水として使用する。シリアは、キネレット湖からポンプを使って揚水し、湖の北東にあたるブティハ盆地の村落に給水する計画も立てた。

●ヨルダン―ヤルムク川に貯水量二億トンのダム（ムヘイバダム）を建設する。ヨルダン河谷の大規模灌漑事業を含め、水利基盤を整備してそれに使用する。

第二回アラブ首脳会議（一九六四年九月）で事業計画が承認され、作業の即時開始が決まった。第一回首脳会議で、統括機関である「ヨルダン河川水利庁」が設置され、長官に任命されたアフメド・サリム博士は、工事完了まで少なくとも八年を要すると算定した。一方、合同軍連合司令部長官となったエジプト軍のアリ・アメル将軍は、完工の直前か直後にイスラエルが軍事行動を起こす可能性は大きい、

と考えた。(19)

流域変更計画に対するイスラエルの反応

当初イスラエルは、アラブの計画を深刻に受け止めなかった。第一回アラブ首脳会議の決議は、盟主としての印象付けを狙ったナセルのふるまい、イスラエルの水資源開発計画の実現阻止に失敗した場合に備えた責任分散、と考えた。イスラエルの情報機関は、流域変更計画の実現可能性を疑問視した。アラブの水利計画はイスラエルの国家問題のレベルとしては低かった。

イスラエルが本気で対処を考えるようになったきっかけは、第二回アラブ首脳会議(一九六四年九月)の着工決議であろう。アラブ側に対してイスラエルは、自国の水源を武力に訴えても守り抜くという意志表示を行なった。イスラエルは、シリアとレバノンがその領土内で工事を始める前から、シリアとの国境紛争における従来の対処法から逸脱し、航空戦力を投入するようになった。

テル・ダン事件(一九六四年一一月一三日)

ヨルダン川三源流の中で最も重要なのが、イスラエル領内に源を発するダンである。シリアとの境界は至近距離圏にある。ダンへ至るイスラエル国防軍の哨戒ルートには、シリアが自国領と主張する係争地が含まれていた。シリア軍の陣地は高い所にあり、地形上有利であったので、イスラエル国防軍は長い間このルートを経由するパトロールを控えていた。ところがこのルートをあらためて使用することに決まったのである。ダンの源泉をイスラエルがコントロールしていることを相手に示すためである。もちろん、シリアが発砲することは十分に予想された。

一一月三日、最初の撃ち合いが起きた。テル・ダンを眼下にするヌヘイラ陣地から、シリア兵がイスラエルのパトロール隊に発砲し、撃ち合いになった。しかし、イスラエルの戦車はシリアの戦車に命中弾を浴びせることができなかった。一〇日後の一一月一三日、再びパトロール隊がダンルートの哨戒を命じられた。予想通りシリア軍が発砲した。今度は、イスラエルの戦車がシリア軍の戦車三両を撃破した。するとシリア軍はヌヘイラ陣地からキブツ・ダンへ砲撃を開始した。イツハク・ラビン参謀総長は、レビ・エシュコル首相兼国防相から航空戦力の投入による反撃許可を得た。二〇機ほどの戦闘機がシリア軍の砲兵陣地を攻撃した。現地の国境紛争や衝突で、これほどの規模の航空戦力を投入するのは例がなく、イスラエルの固い意志をアラブ側へ示すメッセージであった。(20)

停止されたレバノンの工事

アラブの流域変更計画の中で、レバノンの担当部分が最も簡単で、短時間で結果を出せる。そのためエジプトは、一九六四年一二月に着工の圧力をレバノンにかけ始めた。レバノンはイスラエルの対応を恐れた。テル・ダン事件でイスラエルが発信したメッセージのあとはとくにである。また秘密ルートを通してイスラエルは警告を発していた。一方、レバノン政府が首脳会議の決議を履行できなければ、ムスリム系住民の反発が予想され、指導部はそれを恐れた。エジプトの半官紙「アルアハラム」編集主幹が論説で、公約不履行でレバノンを非難した。(21)

レバノンは計画を引き延ばしていたが、いよいよ工事に着手せざるを得なくなった。ハスバニの中流からの分水であるが、ジョンソン計画から逸脱したわけではない。シリアで始まった工事にイスラエルが軍事行動で対応したため(後述)、心配したレバノンのシャルル・ヘルー大統領は、一九六五年五月、急遽カイロへ飛び、ナセルと会った。統合アラブ司令部(United Arab Command)がアラブの水利事業防衛の準備を整えるまで、レバノンにおける流域変更プロジェクトは停止したい、とヘルーは述べて、ナセルの同意を得ようとした。レバノンには荷の重い仕事は頼めない。そして、アラブ諸国がイスラエルの攻撃をはね返さないのなら、工事延期はやむを得ない。これがナセルの判断であった。(22)

一九六五年七月初旬、レバノンの工事は停止され、九月に開催された第三回アラブ首脳会議が追認した。レバノン正面の〝水資源戦争〟は、一発の弾も発射されることなく、始まる前に終ってしまった。

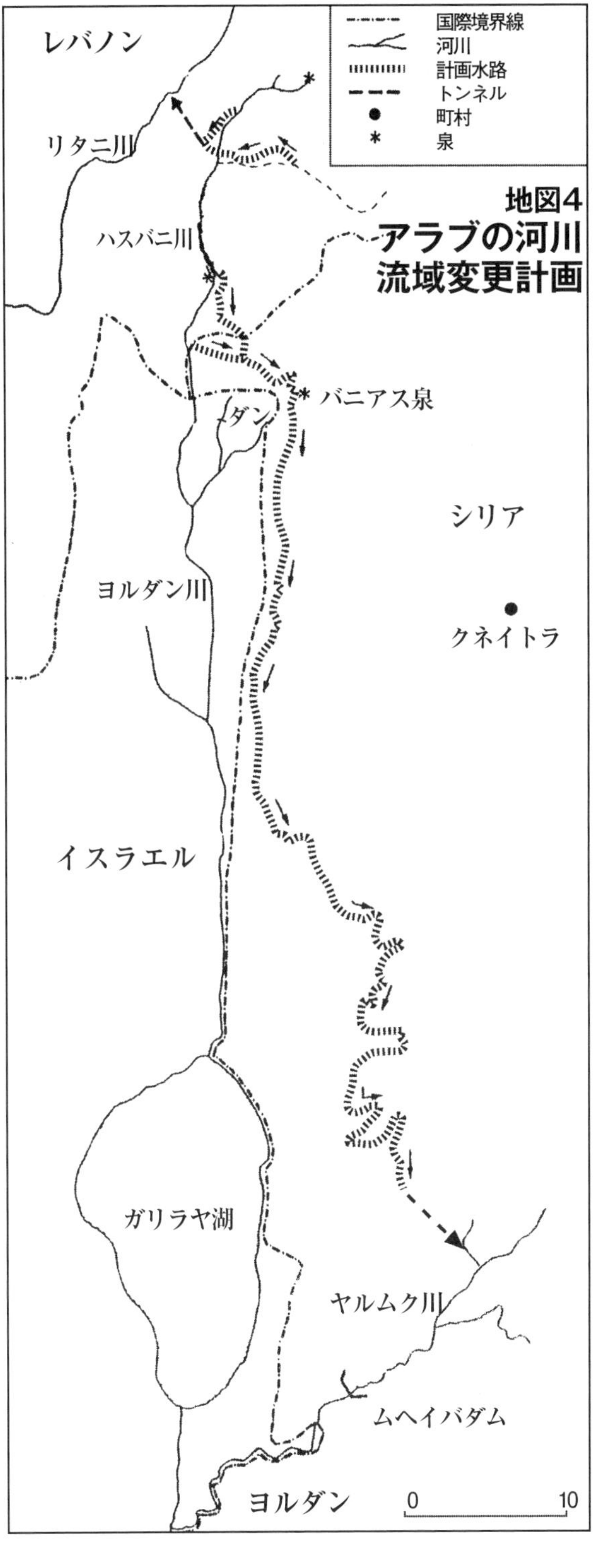

ヨルダンとの暗黙の了解

ヨルダン領内の流域変更計画は、実際のところ既存のヨルダン河谷の大規模灌漑計画に組みこまれたといえる。もともと〝ヤルムーク河川計画〟があり、それには、本河川、ヨルダン川へ流れる複数の小川の水を集める二つのダム（ムヘイバ、マカリン）の建設が含まれていた。

一九五八年当時、ヨルダンはヨルダン川東岸域に七〇キロの水路を建設すべく工事を開始していた。ヨルダンの水利計画自体は、ジョンソン計画の枠組から逸脱していなかった。バニアスとハスバニの二源流の分水で、相当量の水がヤルムーク川へ流れこむとしても、レバノンとシリアで工事が完了したあとである。ヨルダンは、自国の水利計画——アラブの流域変更の一環として——の実施にアラブの基金から潤沢な資金援助を受けていたが、イスラエルには、ヨルダンの計画に反対する理由がなかった。イスラエルとヨルダンの間に暗黙の了解があった。すなわち、ヨルダンはジョンソン計画から逸脱せず、イスラエルもヨルダンの水利事業に対して阻止行動をとらない。このようにヨルダンも〝水資源戦争〟の枠外にあった。(23)

シリアとの対決

流域変更事業の一時停止

水をめぐる争いは、〝水資源戦争〟と定義しても、実際には、イスラエルとシリアだけの衝突であった。正確にいえば、シリアが自国内で流域変更計画を実施しようとし、イスラエルが軍事手段でそれを阻止したということである。シリアは孤立し、イスラエルと対決するに足る軍事手段がなかった。

エジプトは、イスラエルとの軍事対決には準備不足と考え、それに代わる手段として流域変更計画を支持し、二度のアラブ首脳会議で推進したが、立場を変えた。ナセルは、イスラエル撃滅の信念を抱きつつも、イスラエルとの対決には、抜本的準備が必要とし、アラブ世界の軍事力を統合し、アラブの勝利を保証する時機を考えなければならない、と主張した。

予想に反してイスラエルが、流域変更事業の準備段階で軍事力を投入したので、ナセルは変更計画から手を引いた方がよいと判断した。アラブ諸国軍の準備が整う前に、イスラエルとの戦争に引きずり込まれたくないのである。第三回アラブ首脳会議は、流域変更事業の一時停止を認め、アラブ諸国軍の対イスラエル戦の準備、協力、調査を決議した。究極の目的はイスラエルの抹殺である。

シリアは水問題をめぐって即時開戦を最初から要求していたが、イスラエルから攻撃されたにもかかわらず、単独で工事を続行した。しかしながら、シリアでの工事規模は単に象徴的なものにすぎず、一九六七年六月の「六日戦争」がこちらにもとどめを刺した。(24)

流域変更事業とイスラエルの対応

一九六五年初め、イスラエルの軍および政治指導部は、アラブのヨルダン川源流流域変更事業が、当初推定していたよりも深刻であることに気づいた。一月一日、シリアでの事業着手と時を合わせて、〝ファタハ〟と称する無名のパレスチナ人組織が、破壊活動を開始した。最初の攻撃対象は水道施設である（ベイトネコファ盆地の水道用暗渠を狙った）。シナイ戦争に続く八年は比較的静穏であったが、この後、治安状況が突如として悪化し、水問題をめぐる軍事対決の可能性がにわかに大きくなった。

イスラエル政府は、一九五三年にベングリオンのあとを襲ったレビ・エシュコルが首相で、戦争を望まぬ穏健派政権であった。それでもイスラエルの水の権利を放棄することはあり得ないとする点で、閣内で意見の不一致はなかった。イスラエルの立場からみると、全国配水網の整備は、アラブ側にまったく影響しない建設的事業である。イスラエルは、ジョンソン計画で明文化された割当比率の枠内で水を使用する用意がある、と明言した。そして、この姿勢がイスラエルの水利事業に対するアラブの抵抗を挫折させると信じた。

レビ・エシュコルは、「水は我々にとって〝血管の中の血液のように〟必要不可欠」と言った。[25] 数カ月前エシュコル政権から抜けた（農相辞任）モシェ・ダヤン議員は、イスラエル国防軍の抑止力が流域変更事業を阻止できないとすれば、作戦部隊の投入もやむなしとする自分の見解を述べた。この問題に手をあげてしまえば、二重のリスクを抱えることになる。年間一億トンを越える水をヨルダン川から抜いていくと、キネレット湖の塩湖化が進み、水利事業そのものが成り立たなくなる。一方、イスラエルが対応しないままで態勢が侵害されると、現状が一挙にエスカレートし、一九五七年以来止んでいた戦闘が再発するかもしれない。[26]

四つの選択肢

参謀本部は、流域変更に対応するため、さまざまな作戦を検討し、次の四つの選択肢を提示した。

（1）抑止を目的とする限定的戦闘、襲撃、あるいは射撃による土木作業用機材の破壊。

（2）工事の中断を目的とする行動、事業のかなめになる施設（揚水施設、プラットフォーム、ダムなど）の攻撃。

（3）流域変更地域を制する非武装地帯の要地（とくにラマト・バニアス、テルアザジアト）の占領、確保。

（4）流域変更地域を制する、非武装地帯およびゴラン高原シリア領の要地（テルハムラ、テルアザジアト、ラマト・バニアスからビルカト・ラムへ至る地域）の占領。

各案はそれぞれ長所、短所があった。第一案は、直ちに実施可能で、政治上、軍事上ほかの案よりも実行が容易で、将来さらに総合的な作戦を展開できる余裕がある。しかしながら、参謀本部はこのような限定的行動でシリアの意志をくじくことができるのか疑問であるとした。また、このような行動は反撃を招きやすく、アラブ合同司令部の編成を正当化し、エジプトにはイエメン撤退の口実を与え、アラブは戦備を充実し、軍事的に準備が整うまで工事のペースをおとす可能性がある。

第二案の利点は、第一案よりも衝撃効果が格段に大きいことである。欠点は、攻撃対象が姿を現わすまで一年以上待たなければならないことで、その間に世論が流域変更事業に〝慣れっこ〟になってしまう恐れがある。

第三案は、流域変更阻止を目的とした領土の効果的コントロールを可能とし、国防軍は作戦のタイミングを選ぶこともできる。一方、このためにアラブ側が結束して決戦に向け立ち上がる可能性がある。また、エジプトが行動を起こすリスクも出てくる。イエメンの泥沼から足を抜き、チラン海峡の封鎖など、イスラエルに対する間接的攻撃の好機と捉えるかもしれない。いちばん心配なのは、この選択肢をとれば、イスラエルが政治的圧力にさらされ、軍事的成果が台無しになると考えられる。

第四案の長所、短所は第三案と同じであるが、影響がより大きい。それと同時に、こちらは要地確保などによってイスラエルに政治的取引材料を与える。たとえばこれで海峡封鎖を阻止できる。(27)

戦争のリスクを検討

工事阻止行動が全面戦争にエスカレートするかどうかは、四つの選択肢をそれぞれ取り上げて検討された。しかし、参謀総長イツハク・ラビン中将は政府の態度がよくわかっていた。戦争のリスクを極限する方法を選びたいのである。当時政府はジレンマに陥っていた。アラブ側は、複数のヨルダン源流の流域変更工事に着手した。しかしそれは長期事業である（専門家たちは完工まで八年から一二年と算定した）。つまり、外交努力をする時間的余裕があるということである。

アラブ側が、主権の及ぶ自国領内で水利インフラの整備を続けている限り、そして水の流れを変えず、水の使用量がジョンソン計画による割り当てを超えていることが証明されない限り、イスラエルには軍事作戦を実施する口実がない。エシュコル首相自身、これまで何度も流域変更工事がジョンソン計画を本当に逸脱するのか、時間をかけて見極めたいと言った。(28)

これに対しモシェ・ダヤンは即時作戦実施を要求した。その意図を問われて、ダヤンは「……トラクター、ブルドーザー、あるいは測量者を現場へ通してはならない。我々は作戦を延期できない。一時間も待てない。我々は彼らに作業をさせてはならないのだ！」と答えた。(29)

アメリカは、武力行使を控えるようイスラエルに圧力をかけた。ワシントンは、一九六四年の夏から、核エネルギーによる海水の淡水化を考え、大規模プラントの設置でイスラエルの水問題解決を支援しようと、真剣に検討するようになった。(30)

一九六五年二月末、アメリカのリンドン・ジョンソン大統領は、二人の政府高官を特使として、イスラエルへ派遣した。前国務長官アヴィエル・ハリソン、国家安全保障会議幹事ロバート・コマーである。イスラエルが求める戦車、戦闘機の購入問題と、原子力開発を含む安全保障上の支援要請を協議するのである。協議でアメリカ側はいくつかの要求を出した。その一つが水問題の平和的解決である。武力を行使せず、国連での話し合いを含めあらゆる努力をすべきであるという。イスラエル側は同意した。それと同時にラビン参謀総長は、コマーとハリソンにヘリによる上空視察を提案した。そしてラビンはシリア国境沿いを飛行しつつ流域変更工事現場を指さし、イスラエル国防軍は越境することなく砲撃によって工事ルート沿いの土木機材を破壊して工事を阻止できる、と説明した。二人は話を聞くだけで何も言わなかった。

ラビンはこの沈黙から、ピンポイント攻撃（第一案）ならアメリカは反対しないと判断し、エシュコルとこの件を話し合った。エシュコルは、閣内安全保障会議の承認を得ようと考えた。そして、国防軍は頻繁に起きる国境事件の一つを利用し、シリア領内の流域変更ルートにある土木機材類を砲撃することが決まった。(31)

国防軍の流域変更阻止作戦

一九六五年三月一七日、アメリカの特使がイスラエルを訪問してわずか一週間後、イスラエルはシリアの流域変更事業阻止を目的として、最初の軍事作戦を実施した。攻撃機会ならいくらでもあった。非武装地帯の紛糾地耕作をめぐって、イスラエル国防軍とシリア軍は、日常的に交戦している。

三月一六日、非武装地帯中央域の畑を耕作中のイスラエル人トラクター運転手が、シリア軍の射撃で殺された。翌日イスラエル国防軍が別の事件を誘発した。パトロール隊が、ダンの源泉へ至るパトロール経路へ派遣され、予想されたように、シリア軍がヌヘイラ陣地から発砲した。そしてイスラエルの戦車二個小隊が、事前準備の地点から反撃、二キロ先のバニアス地区にある工事用機材を狙って砲撃した。トラクター八両が破壊された。シリア軍は虚をつかれ、反撃できなかった。

その時点までシリアは、バニアス村の西および南約一五メートルのルートを舗装していた。工事用機材が損傷したため、シリア側はバニアス地区の境界に近い個所の工事を中止した。シリアは、イスラエルの作戦に対するアラブ合同軍の〝断固たる〟反撃を求めたが、要求は却下された。四週間後シリアは別の地域で工事を再開した。中部ゴラン高原で、ブノット・ヤーコブ橋の対面であるが、境界線から五キロほど東の地域だった。

イスラエルは、外交上の理由から、とくに西ドイツと国交を樹立する過程にあったので、シリアの工事再開にすぐ軍事的対応をとらなかった。対応したのは一カ月もたった五月一三日である。政府が熟慮を重ね、十分な下準備を整えてから、国防軍がミシュマル・ハヤルデンの南にあたる非武装地帯中央域で発砲事件を起こした。この時の砲撃戦で、イスラエルの戦車は土木工事機材を狙い、相当の遠距離（五キロ以上）でシリアのトラクター二ないし三両を破壊した。

この砲撃戦の最中、イスラエルの空軍機が現場上空を旋回して対地制圧に任じた。しかしシリア軍が対空射撃を行なわなかったので、航空機は地上攻撃をしなかった。シリア側はルートの舗装をすでに五

キロほど済ませていたが、この砲撃戦のあと、同地域での土木工事も中止した。(32)

水資源戦争の覚悟

放棄された流域変更計画

イスラエルは、シリアにおける流域変更工事の阻止を目的に、二回軍事作戦を実施した。この軍事行動で、アラブ側指導者は難しい選択をせまられる。大方の予想、期待に反して、イスラエルは流域変更工事の完工を待つ意志がなかった。一方、アラブ側はシリアが猛烈に要求したものの、イスラエルとの軍事対決の時期はあいまいなままであった。アラブ世界の盟主、ガマル・アブデル・ナセルが何と言うか、誰もが息を殺して待った。

一九六五年五月三一日、ナセルが話をした。パレスチナ民族評議会(PNC)カイロ大会で、ナセルは対イスラエル戦は時期尚早、シリアのトラクター一両くらいで、タイミングの合わぬ戦争にまきこまれるようなことはしない、と述べた。そして、「我々の兵士五万がイエメンに駐留している。どうやってイスラエルを攻撃するのか。まず、この五万を戻さなければならない。我々は四八年(一九四八年の敗北)を繰り返したくない」と言った。

ナセルは、イスラエルに対する即時攻撃はイスラエルの思うつぼになるとして拒否し、「それで次はどうなる。シリアが攻撃されたら、私はイスラエルを攻撃すべきなのか。そうだとすれば、相手が何かをするから、こちらが反応する。つまり、結果から言えばイスラエルは私に行動を指示できるということである。彼らがシリアでトラクター一両破壊する。すると私は攻撃を強要される。これは尋常ではない。主導権は我々にある。時を決めるのは我々だけである…」と主張したが、「地上および対空防衛力がなければ、我々はヨルダン川の流域を変えることはできない……今日我々が流域を変更できなければ、我々が防衛できるようになるまで、事業を延期してもいいではないか……我々は率直でなければならない。我々はまず防衛力を確実なものにしなければならない。それと同時に我々は、主要目的の達成に備えなければならない」と補足した。(33)

ナセルが、流域変更事業の継続について公然と支持撤回を表明したのは、イスラエル国防軍首脳にはまったくの驚きであった。極めて局地的で、ちょっとした軍事行動を二回実施しただけで、それもトラクター数両の破壊に終っているのであり、これだけのことでアラブが流域変更計画全体を放棄するとは、誰も考えていなかったのである。

この計画は、ここ数年アラブの抱える重大問題として中心にすえられ、アラブ首脳会議で取り上げられ、さまざまな政治、軍事、そして技術会議で延々と論じられた末にいよいよ着工された。それが突如として放棄された。そのような過程をたどることなどイスラエルでは誰も計算していなかった。イツハク・ラビン参謀総長は大いに驚き、「我々の行動には不釣合いなほど大きい結果を生んだ……たった二度の（小さい）作戦であったのに。ナセルがあのように公式の声明を本当に出したのか。信じられない」と言った。参謀総長は「アラブの流域変更計画を粉砕する〝究極解決法〟は国軍にあり」と総括している。(34)

アラブ世界の内部亀裂

シリアは、工事を妨害され、ナセルには支持を撤回されたが、計画を頑として変えず、流域変更工事を続けた。彼らは工事を中部ゴランで進めた。境界線から約一〇キロ離れた地域で、キネレット湖北岸の東にあたる。イスラエル政府は、攻撃許可を軍に与えた。一九六五年八月一二日、非武装地帯の中部域の紛糾地耕作を名目に、トラクター一両が派遣された。キネレット湖の北にあたるヒルバト・カラである。シリア軍が複数の戦車でこのトラクターを狙い撃ちしているのがわかると、イスラエル軍は戦車と野砲で土木機材を砲撃した。相当な距離であったが、イスラエル側の砲撃でシリアのトラクター二両が破壊された。(35)

一九六五年九月、カサブランカで開催された第三回アラブ首脳会議において、アラブ諸国の首脳たちは、イスラエルが、アラブの流域変更計画の妨害に成功したことを認めた。アラブ合同軍司令部長官アリ・アメル将軍は、「我方の作戦準備に相当の遅れが生じているのを知りながら、工事を続けるのは……理屈に合わない。工事進行中は（完工前）イスラエルの攻撃を誘発しないという前提であった。しかし現実には逆のことが起きたのである」と判定した。

首脳会議は、流域変更工事の中止を承認し、〝アラブ民族の最終目的〟の達成、すなわちイスラエル国家の抹殺を目的とする決戦に備え、アラブの軍備拡充三カ年計画を重点に討議した。ナセルの言葉を借りると、〝イスラエル帝国主義の潰滅とパレスチナの地の回復〟である。(36)

アラブのヨルダン川流域変更計画は後退した。さらに、全アラブのイスラエル抹殺計画が、第三回首脳会議でアラブの指導者たちによって承認されたが、見栄えだけは立派だが紙の上の計画にとどまった。数カ月もすると、首脳会議の熱気は失せ、アラブの内部亀裂はいちだんと深まった。一九六六年をめどに次の首脳会議が予定されたが、エジプトが出席をキャンセルしたため、中止になった。

アラブ世界は、保守、親西側諸国とソ連邦の支援する〝進歩的〟諸国が対立し、いよいよ亀裂が強まって、毒を含んだプロパガンダ戦争となり、非難合戦を演じるようになった。アラブ世界の盟主としてのナセルの地位にかげりが生じ、イエメン戦争の泥沼にはまり、いよいよ足が抜けなくなった。アラブ世界がこれほど分裂し、どうにもならぬ状態に陥ったことはない。(37)

この時点で線を引くと、〝水資源をめぐる戦い〟は、イスラエルの楽勝で終ったといえる。全国配水網でキネレット湖の水は南のネゲブへ引かれ、アラブは何の阻止もできなかった。〝戦争〟は、小さい局地的行動が三回（一九六五年三月一七日、五月一三日、そして八月一二日）、損害はシリアのトラクター一〇両余りの破損をもって終結した。アラブの流域変更計画実現の能力の欠如、そして計画を放棄せざるを得ないとする認識によって、イスラエルの勝利が確実になった。

流域変更の波紋（一九六六年七～八月）

パレスチナゲリラの登場

流域変更計画は実行不能になったが、シリアが工事継続を完全にあきらめたわけではない。威信の問題もあり、果敢な抵抗精神の誇示もあった。工事のペースはすっかり落ちて、規模も象徴的となり、イスラエルが心配するほどではなくなった。それでも、一年後イスラエルは、工事現場を攻撃した。今回は航空機の投入である。対地攻撃は一九六六年七月一四日に実施されたが、実際の流域変更工事とは、あまり関係のない行動であった。

その背景には、アラブ・イスラエル紛争で徐々に発展し始めた問題がある。それは、状況を一九六七年六月の戦争へエスカレートさせる主要因になってくる。端的にいえば、パレスチナ組織によるゲリラ戦の登場である。その主力がファタハ。シリアの支援を受けて反イスラエル戦を展開する。

一九六六年二月、シリアのバース党の過激派がダマスカスでクーデターを起こし、権力を掌握した。そして、シリアの新しい指導部が、(38)〝人民解放戦争〟のかたちをとった継続的イスラエル打倒戦の支持母体になった。シリアは、ファタハを保護し、基地を提供し、戦闘資材を与え、イスラエルに対するテロ戦の訓練を施すとともに、足並みを揃えて行動した。(39)

ファタハの攻撃は、シリアの示唆を受けていたが、大半はレバノンとヨルダンから発進した。シリアからの発進がたまにありはしたが、極めて稀であった。一九六六年五月一六日と七月一三日にこの種のテロ攻撃があり、イスラエル人四人が殺害された。七月一四日のイスラエル空軍機出動は、報復攻撃を目的とし、エンスフィラの流域変更ルートにある土木機材五両を破壊した。場所は南部ゴラン、境界から約一二キロ東のシリア領内である。(40) この航空攻撃で、流域変更工事は停止、事業はほとんど麻痺状態に陥った。

イスラエルの哨戒艇座礁事件

イスラエルの航空攻撃から一カ月たって、今度はシリアが航空攻撃の機会を得た。一九六六年八月一五日午前三時三〇分、イスラエル海軍の哨戒艇一隻が、キネレット湖の北東岸域で座礁した。岸から約八〇メートル離れた水域で、正面にシリア軍の陣地があった。キネレット湖自体はすべてイスラエル領内にあるが、シリア軍が北東の湖岸陸上部を支配していたので、イスラエルの哨戒艇は万一のことを考えて、岸から二五〇メートル沖を通航するように心がけていた。(41) 午前九時に近くなって、シリアのミグ17戦闘機四機が飛来、座礁した哨戒艇を攻撃した。戦闘機のうち一機は哨戒艇の応射で被弾し、湖面に墜落した。(42)

攻撃報告を受けたイツハク・ラビン参謀総長は、シリア機に対する即時〝無制限の追撃〟を命じた。その前に発進していたミラージュ戦闘機二機が現場に急行し、接近中のミグ21戦闘機二機を確認した。ミグ一機はミラージュの機関砲で撃墜された。参謀総長は、空軍にシリアの海岸地帯目標に対する爆撃を命じたが、近くのマッサディア村は避けるように厳重注意が付記された。

午前一〇時、ボートゥール軽爆撃機隊が攻撃を開始し、シリア軍の陣地を爆撃中、爆弾数発がその村に落ちた。この誤爆で家屋が被弾し、住民に犠牲者が出た。同じ日、国連の調停で哨戒艇の離礁作業が行なわれたが、失敗に終った。翌日、シリアは戦闘機とパイロットの遺体を回収すると通告した。イスラエルは湖がイスラエルの主権下にあることを理由に拒否し、イスラエルが回収し、後日シリアへ移す旨約束した。シリアは国連オブザーバーの立ち合いで回収し、湖の東岸で直ちに引き渡すように求めた。イスラエルはこの要求を拒否した。そこでシリアは、それなら哨戒艇の離礁を阻止すると発表した。

エシュコル首相と国連の首席オブザーバー（国連休戦監視団：UNTSO団長）であるノルウェー人オッド・ブル中将が会談し、哨戒艇の離礁と機体回収の両作業を国連オブザーバー立ち合いのもとで、同時並行的に行なうことで、両者が合意した。八月一七日朝、イスラエル国防軍が離礁作業の再開準備にかかったところ、東岸域に大部隊を集結していたシリア軍が、作業に反対すると通告してきた。機体と遺体の回収について、シリア側の条件がみたされない限り、拒否するということであった。

その後、イスラエル海軍の潜水・技術隊が、シリア軍陣地の〝鼻先〟で座礁した艇にとりつき、夜間に離礁作業を行なった。成功したのは一一日後である。

戦争への道

エジプトとシリア、相互防衛条約に調印

一九六六年七〜八月に起きたエンスフィラとキネレット湖の両事件は、〝水資源戦争〟の一環ではなかった。前述のように、水戦争の方は一年前に終結しているのである。二つの事件は、シリア・イスラエル紛争の悪化を反映している。悪化は、一部にはイスラエルがアラブの流域変更計画を阻止したことに起因するが、主たる原因は、シリアの反イスラエル〝人民戦争〟の支援である。一九五一年以来、非武装地帯をめぐる紛争の結果、イスラエル・シリア境界線沿いの状況は緊張し、さまざまな事件が発生した。水紛争が緊張をかなり高めたのは否定できない。しかし、イスラエル打倒のパレスチナゲリラ戦をシリアが支援しているのが、緊張の主因である。

一九六六年一一月、エジプトとシリアが相互防衛条約に調印した。これによってエジプトは、シリア

をイスラエルからの攻撃から守ることになった。一九六七年一月から二月にかけて、国連の混合休戦委員会（ＭＡＣ）が、非武装地帯に関する合意達成を目的に、イスラエル・シリア協議を実施した。相手に対する双方の不信感が根強く、シリアが総体的な安全保障問題の話し合いを拒否したこともあって、協議は失敗した。(43)

イスラエルに対する攻撃が続き、激化してきたので、イスラエル国防軍参謀本部は、シリアに対する強力な軍事行動が必要との結論を持つに至る。長い間、イスラエル政府は戦闘がエスカレートしてエジプトとの戦争にまきこまれる恐れがあるとして、軍の勧告を拒否してきた。

一九六七年四月七日、攻撃が続くので、エシュコル首相兼国防相は、同じ日に発生した予想外の国境事件で（キネレット湖東岸南端域における砲撃戦）、空軍の全面的投入を認めた。イスラエルの戦闘機はダマスカス上空まで進出し、空中戦でミグ戦闘機六機を撃墜した。この事件のあともシリアは、〝人民戦争〟に対する支援を中止せず、イスラエルの警告は、国防軍の大規模な対シリア作戦が近いとの印象を与えた。

狭まるイスラエル包囲網

一九六七年五月一二日、ソ連が、イスラエルの動向に関する偽情報をエジプトに流した。それは、イスラエル軍が大兵力をシリア国境域に集結中という話で、ナセル大統領はイスラエルの動きを阻止するため、シナイへの部隊派遣を決め、返す刀で五月一八日に国連緊急軍（ＵＮＥＦ）を追い出した。国連軍は、一九五七年のシナイ戦争後、（緩衝役として）イスラエル・エジプト境界沿いに展開していたのである。

五月二二日、ナセルはさらに重大な決定を下した。イスラエル船を締め出すチラン海峡の封鎖である。これによって当事国は戦争の瀬戸際に立たされることになった。イスラエルは外交的手段で危機回避に努めたが効果はなく、イスラエル包囲環は締まるばかりで、イスラエルの不安はいちだんと強まった。イスラエルの境界沿いにアラブの兵力増強が続き、ナセルは（五月二六日の汎アラブ労働組合連盟会議で）目的はイスラエルの抹殺であると宣言する。五月三〇日、ヨルダンがエジプトと相互防衛条約に調印したことにより、事態は決定的状況を迎えた。

かくしてイスラエル政府は国防軍に先制攻撃の許可を与えるのである（イスラエルでは六月一日に挙国一致内閣が成立、モシェ・ダヤンが国防相に就任した）。一九六七年六月五日、イスラエルが開戦した。この戦争で、この中東域の様相は一変し、イスラエルの様相も変わるのである。(44)

まとめ

ヨルダン川をめぐる戦いは、アラブ・イスラエル紛争の結果である。紛争は、アラブの拒否姿勢に起因し、継続する。国家としてのイスラエルの承認、一九四八年戦争の結果受け入れ、恒久的国境線としての休戦ラインの認知、いずれも拒否してきた。

アラブがイスラエルの水利計画に反対するのは、ヨルダン河川水の不当な配分の結果ではない。ヨルダン河川水の配分に関するジョンソン計画は――イスラエルはその枠組で水を利用することに同意した――アラブ諸国を無視していないし、アラブ連盟の技術委員会は受け入れたのである。アラブの抵抗は、彼らのイスラエル認識に起因する。すなわち、イスラエルは非合法の存在であり、存在そのものが不正、不法をベースとし、いずれは消滅する、と彼らは認識する。水利事業は、ユダヤ人国家の発展とネゲブ砂漠の開発を目的とし、アラブのイスラエル衰亡と抹殺願望とは、著しい対照をなす。

一九五〇年代初め、イスラエルがフーラの干拓をもって水利事業の第一段階に着手した時、シリアと短期間小競り合いがあった。フーラの干拓が終り、イスラエルが非武装地帯で、ブノット・ヤーコブ橋に近い上流からヨルダン川を分流し、南へ導水する計画を実行しようとした時、シリアの反対と国連およびアメリカの圧力で、計画は挫折した。イスラエルはやむなく計画を手直し、キネレット湖からポンプを使った揚水に変えた。経済コストは相当に高くなり、水質も悪くなった。

五〇年代末、水をめぐる紛争が再び浮上してくる。当時シリアは、アラブ連合共和国（ＵＡＲ）の枠組でエジプトに統合されており、その大統領ガマル・アブデル・ナセルは、この水紛争をアラブ第一の問題にすえた。シリアがこの統合から離脱したあと、アラブの内部亀裂が深まり、イスラエルとの水紛争が、アラブの内部不和を解消する道具となった。この紛争の重大性が強調され、武力あるいは技術的手段によるイスラエルの水利計画阻止を全アラブの使命とする誓約に発展したのである。

一九六三年末、イスラエルの全国配水網が完成に近づいた頃、ナセルはアラブ首脳会議の開催を呼びかけた。時機尚早の軍事行動を抑えつつ、アラブの合同戦略を調整し、練りあげようというのである。

第一回首脳会議（カイロ、一九六四年一月）で、ヨルダン川源流の流域変更が決議され、シリア、レバノン内の源流をヨルダン川へ流さないとした。第二回首脳会議（アレキサンドリア、一九六四年九月）では、工事計画が承認された。イスラエル政府は、流域変更工事の完工まで待つ必要はないと考えた。国防軍は、境界域で頻発する事件を利用して、シリアの流域変更工事ルート上にある土木工事用機材を攻撃した。わずか二回の小規模攻撃（一九六五年三月および五月）のあと、ナセルは流域変更計画の支持を撤回した。

第三回首脳会議（カサブランカ、一九六五年九月）は、土木工事の中止を追認し、イスラエル撃滅を目的とする三カ年軍備拡充計画を承認した。一方シリアは、国家の名誉と威信のため、イスラエルとの境界線から離れた地域で工事を継続し、イスラエル国防軍は追加攻撃を実施して、土木工事用機材を破壊、工事を挫折させた。

イスラエルは、水をめぐる戦闘で快勝した。一九六四年六月、全国配水網が操業を開始し、とぎれることなく配水された。一方、アラブの流域変更計画は、イスラエル国防軍の作戦結果により、後退した。カサブランカ首脳会議で裁可されたイスラエルとの全面対決計画も、アラブ世界に生じた深い亀裂の結果、すぐに空中分解した。

一九六七年六月五日、水をめぐる戦いにけりがついて二年後のこの日、イスラエルとアラブ諸国との間に全面戦争が勃発した。「六日戦争」である。この戦争は〝水資源戦争〟の続きだったのであろうか。アラブがヨルダン河川水をめぐる戦いに失敗したことは、確かにインパクトを与え、一九六七年六月の戦争へエスカレートする一因になったのかもしれない。しかし、水紛争は戦争の直接の原因ではなかった。この戦争は、主にファタハを主力とするパレスチナ組織によるゲリラ戦の結果である。シリアの支援を受けた不正規戦の激化と、それに対するイスラエルの報復作戦が緊張を高め、一九六七年春にそれがクライマックスに達した。

エジプトは、ソ連に教唆、扇動され、シリアに対するイスラエルの軍事作戦を阻止すべく行動し、これが危機の引き金を引き、戦争をもって終る。

ゴラン高原の支配、とくに水資源管理権が手にできる。イスラエル国防軍によるゴラン占領には、その意図があった。〝水資源戦争〟は、ただの歴史的一挿話の域にとどまる。

第6章
六日戦争

ミハエル・オレン

戦いの始まり

米ソ冷戦の緊張が開戦を早めた

一九六七年六月五日、午前七時一〇分（イスラエル時間）、イスラエル空軍のジェット戦闘機約二〇〇機が基地を発進、南および南西へ向けて飛び立った。攻撃目標は、シナイ半島およびスエズ運河を越えた地域の空軍基地一九カ所である。後者の基地には空軍機が蝟集《いしゅう》していた。かくして始まったのが、第三次アラブ・イスラエル戦争。中東紛争のコースを変え、当地域の政治状況が一変した戦いである。

戦争は、中東における〝紛争の文脈〟の中で、すなわち国際、地域および国内のあらゆるレベルで紛争が日常茶飯事に起きている環境の中で勃発した。その文脈が、火花一つで地域に着火し、大火事となる空気を生み出していた。アラブ側が「六月戦争」と呼ぶ戦いは、「六日戦争」という呼称の方が一般的であるが、この戦いに発展する数カ月間が、まさにその状況であった。

国際情勢からみると、この戦争は、米ソ冷戦の緊張がエスカレートしたことによって、開戦への動きを早めた。一九六七年は、ベトナム戦争が泥沼化し、米空軍のハノイ空爆が激化した年であった。この空爆は、北ベトナムの忠実な盟友であるソ連を動揺させた。当時クレムリンは、トロイカ方式で支配されていた。アレクセイ・コスイギン首相、レオニード・ブレジネフ党書記長、ニコライ・ポドゴルヌイ最高会議幹部会議長の三人である。

三人のうち、ソ連の軍部と密接な結びつきのあるブレジネフがとくに熱心で、北ベトナムにかかっている圧力を何とか軽減しようと腐心した。世界のどこか、たとえば中東で小さな危機を助長し、圧力をそちらへ吸収するのである。

一方、アメリカはそのような危機を回避しあるいは勃発した時にそれに対処するには、文字通り無力であった。リンドン・ベインズ・ジョンソン大統領率いるアメリカ政府は、ベトナム戦争のエスカレートで強い国内批判にさらされ、その批判は強まるばかりで、議会における影響力を急速に失いつつあった。アメリカは、軍事力と政治力の双方を東南アジアへ全面的に投入しており、中東の動乱に対応できる余裕はなかった。

アラブ世界の冷戦状況

中東地域では、一九六〇年代にアラブ世界の冷戦が始まった。それは、どの点からみても、超大国間の冷戦と変らぬ悪意と危険性を内包していた。アラブ世界は、保守・王政（ヨルダン、サウジアラビア、モロッコ、ペルシア湾岸の首長国）と過激派政権（エジプト、シリア、イラク）の二つの体制に分裂して、いがみ合い、紛争が生じていた。それは、いつまでも続くイエメン内戦、アラブの指導者を狙った度重なる暗殺事件、指導者同士の激しい中傷に終始するプロパガンダ戦に象徴された。

ライバル関係にあるアラブの諸政権は、互いに相手を非難する時、決まり文句としてよく使ったのが、「お前は親シオニズムだ」という表現である。一九四八年のイスラエル独立戦争におけるアラブ諸国軍の敗北以来、そしてまた、一九五六年のスエズ戦争でイスラエルが英仏と協力したこともあって、反イスラエル（大半のアラブは〝シオニスト存在体〟という表現を善しとする。シオニスト社会の意で、イスラエルの存在を認めないアラブ側の表現）が、アラブのアイデンティティーに欠かせなくなった。その結果、アラブ世界内部の非難合戦で、相手に投げつける最悪の誹謗中傷が「シオニストシンパ」

「イスラエル協力者」である。

イスラエルと境界を接するアラブの国、とくにエジプトとシリアの指導者たちは、このようなレッテルを貼られるのを恐れ、イスラエルに対して激しい敵意と戦闘的姿勢を保ち、それが暴力になることもあり、このような過激な態度をとることで、パレスチナ問題で不動の信念を証明しようとした。

しかしながらイスラエルは、さまざまな挑発に腕をこまねいたわけではない。イスラエルは、行動力のある国で積極果敢、いかなる犠牲を払っても抑止力を維持する決意であり、アラブの侵犯行為や攻撃に対しては、必ず反撃して手痛い打撃を与えた。イスラエルの報復で散々打ち負かされ、アラブ諸政権は屈辱感をおぼえ、以前にも増して凶暴な行動に出るのである。

一九六〇年代はアラブの全国家が、政治的、社会的に不安定な時代であった。程度の問題はあるが、イスラエルも然りであった。アラブの支配者たちは、民主主義の基盤を欠く環境の中で、中東、そして国内でライバルたちに対して自己の正当性を絶えず証明しなければならない。その点に関しては、反イスラエル政策や反イスラエル行動が、この正当性を確立するための手頃で、便利な方法であった。

一方、イスラエルではベングリオンの長期政権が終り、新しい政治指導者が登場していた。身をもって国民の負託にこたえることを証明しなければならなかった。反アラブの戦闘的姿勢を誇示することが、政治的誠実性を確立する主たる方法であった。

このようなさまざまなファクターが集中して、いつ爆発するか予想のつかない、不安定な〝紛争の文脈〟を作り出していた。二つの超大国はもとより、アラブ・イスラエル紛争の当事者の多くは戦争を望まず、勃発するとは予想していなかった。しかし、さまざまな事件が逆転不能のプロセスを生み出し、ついに衝突に至るのである。

戦争への道

一九五六年の戦争以来の大規模作戦

どの事件も単独で六日戦争をスパークさせたとはいえないが、この紛争の発生は、一九六六年一一月にさかのぼる。この月、イスラエルとシリア間の緊張が高まった。ダマスカスのバース党政権は、国内のライバル諸勢力を抑え、さらにアラブ世界に覇を唱えようとして、激しい反イスラエル行動に打って出た。イスラエルの主要水源であるヨルダン川の流域変更計画に乗り出し、ヤセル・アラファト率いるファタハのパレスチナゲリラ戦を支援した。イスラエル・シリア境界域では非武装地帯の扱いをめぐって、武力衝突も起きた。イスラエル軍は、流域変更工事を破壊し、非武装地帯の支配権も確立していたが、ゲリラ攻撃をくいとめることができず、制圧に苦慮した。ゲリラの多くはレバノンとシリアから発進していた。

イスラエルのイツハク・ラビン参謀総長は、ファタハの襲撃に対処すべく、シリアに対する大規模な報復攻撃を提案した。しかし、エシュコル首相兼国防相は、このような攻撃は反イスラエルの立場をとるソ連を刺激し、その介入を招く恐れがあるとして却下した。その代わりに決まったのが、ウエストバンクのサムア村にあるパレスチナゲリラの拠点を叩くことであった。

一一月一三日、一九五六年の戦争以来といわれる大規模作戦が実施され、予期せぬ凄惨な結果に終った。イスラエルの部隊は、村の大半を破壊したほか、ヨルダン兵数十人を殺害し、ヨルダンのフセイン国王を困惑させた。国王は、エジプトのナセル大統領を非難して、自分の名誉を回復しようとした。ウエストバンクを守ってくれなかった、国連緊急軍（UNEF、一九五六年戦争の終り、シナイとガザ回廊に派遣された国連平和維持軍）の陰に隠れていた、と言ったのである。

アラブ世界の傑出した指導者であるナセルは、非常にプライドの高い人物で、フセイン国王の非難に侮辱され、反発した。そして、その国連緊急軍を追い払う方法を模索し、機会を狙った。その口実ができたのが、一九六七年五月一二日である。この日、イスラエルのシリア侵攻秘密計画を掴んだと、ソ連がエジプトに伝えたのである。ソ連は、中東に低レベルの危機を醸成して、これに点火しようとしていた。

エジプト軍、チラン海峡を封鎖

ナセルは、イスラエルの大部隊がシリア国境に集結中というソ連の警告が、根拠のない話であることをすぐに確認した。しかし、彼は、これを国連緊急軍追い出しの機会と捉えた。そして、ガザおよびシャルムエルシェイクへの部隊集結命令を出すのである。後者はチラン海峡を一望にするシナイ半島の岬である。エジプト軍部隊は市中行進のあとシナイへ進出した。かくして、兵力数万のエジプト軍部隊がイスラエルの境界域へ進出した。

ナセルの思惑は、対イスラエル政治戦で無血の勝利を手にすることで、イスラエル軍部隊に発砲し、あるいはチラン海峡の封鎖でイスラエルの生命線（イスラエルの南部港エイラートとアジア・アフリカを結ぶ海上ルート）を遮断して、戦端を開くことではなかった。

しかし、エジプト国軍の実質的な最高司令官であるアブド・ハキム・アメル陸軍元帥は、一九五六年の戦争およびイエメン内戦で拙い指揮に終始した人物で、この対イスラエル戦を名誉挽回の機会と考えた。彼は権力闘争ではナセルの競争相手でもあった（開戦時の肩書は第一副大統領、最高司令副長官）。アメル元帥は、国連緊急軍に対する要求に手を加え、国連緊急軍は一部ではなく全域からの撤収と修整し、空挺部隊にシャルムエルシェイク占領を命じた。

このような対応でエジプトは自ら窮地に追いこまれていく。エジプトに選択の余地はなく、五月二二日にチラン海峡を封鎖した。宣戦布告のもとになる事件で、イスラエルに開戦理由（casus belli）を与えた。しかし、イスラエルも戦争を望んでいなかった。イスラエルの政府関係者は、国連のウ・タント事務総長に国連決議の継続的履行を求め、ジョンソン大統領にはアメリカのイスラエル防衛支援を公式に宣言するように求めた。

ウ・タント事務総長は、エジプトの撤収要求に抵抗せず、たちまちその要求を受け入れ、国連緊急軍に撤収を通知した。一方ジョンソン大統領は、イスラエルのチラン海峡通航権を守るとする前大統領公約の順守責任があるにもかかわらず、ベトナム問題が妨げとなってしっかりした本格的な中東介入はできない、と釈明した。

ジョンソン大統領はイスラエルのアバ・エバン外相に、戦争に突入してまで、「孤立を選ぶようなことをしない限り、イスラエルは独りではない」と繰り返し警告し、チラン海峡封鎖打破を目的とした国際護送船団の編成を提案した。必要なら武力の行使もあり得るという。

フセイン国王の劇的な行動

危機は高まり、状況はいよいよ悪化して、イスラエル政府はさまざまなジレンマに直面した。南部正面では、エジプト軍が着々と兵力を増強し、兵員一〇万、戦車一〇〇〇両、航空機四〇〇機の規模に達した。対峙するイスラエルは、予備役の長期動員で、国家経済に大打撃を受けていた。チラン海峡封鎖による危機もあり、原油輸入が断たれるのみか、将来を考えた場合、敵対行為阻止能力もそこなわれる。軍の高官たちは、イスラエルの最もセンシティブな戦略サイトであるディモナの原子炉爆撃計画――実際には根拠がなかったが――に非常な恐れを抱いた。エシュコル首相は、その抑制策を批判されたが、待ちの姿勢をつらぬいた。ジョンソン大統領が本当に国際護送船団を編成できるのか、見極めようというのである。

しかしながら、ジレンマに直面していたのは、イスラエルだけではなかった。アラブ世界では、イスラエル消滅の期待が高まり、世論が沸きたつなか、ヨルダンのフセイン国王は、喧騒の外にいることはもはやできないと悟った。ナセルはイスラエルを撃滅できるかもしれない。そうなればエジプト軍をフセイン打倒に投入する恐れがある。また戦争に負ければ、失敗の原因はフセイン国王にあると非難するだろう。エジプトが勝っても負けても、このままでは死ぬことになる。フセイン国王はこの苦境を脱することを決意した。エジプトと防衛協定を結び、自国軍をエジプト軍司令部の直接指揮下に入れたのである。

五月三一日、劇的な動きに出たフセイン国王は、カイロへ飛び、呉越同舟のナセルと会った。そしてその日遅く、歓呼の声に迎えられてヨルダンへ戻るのである。

イスラエル、ついに開戦を決意

これまでエジプト・シリア間およびエジプト・イラク間に相互防衛条約が結ばれている。今回エジプト・ヨルダン間に同様のものが締結され、イスラエル包囲網が整った。イスラエルは敵意をあらわにする諸国軍に囲まれたのである。アラブ諸国の指導者たちは、「テルアヴィヴで会おう」「ユダヤ人を海へ叩き落とす」という意図を公式に表明した。

地域情勢は悪化の一途をたどり、イスラエルの国際関係も同様であった。フランスは、かつてイスラエルと最も緊密で武器の主要供給国であったが、立場を変えてアラブ支持国になった。ソ連は、本格戦争を始めるのは反対でありながら、ソ連に依存するアラブ諸国の手綱をゆるめる気はなかった。イスラエルがいちばん困惑したのは、ジョンソン大統領の構想の行き詰まりであった。大統領の提案した国際護送船団は議会の支持を得られず、話に乗ってくる海運国もほとんどなかったのである。

六月一日、エシュコル首相は万策尽きて国防相兼任を辞め、モシェ・ダヤンを後任に指名した。ダヤンは一九五六年の戦争時の参謀総長で、国民に人気がある傑物である。それでもダヤンの国防相就任は、即開戦を意味しなかった。ほかの多くの閣僚

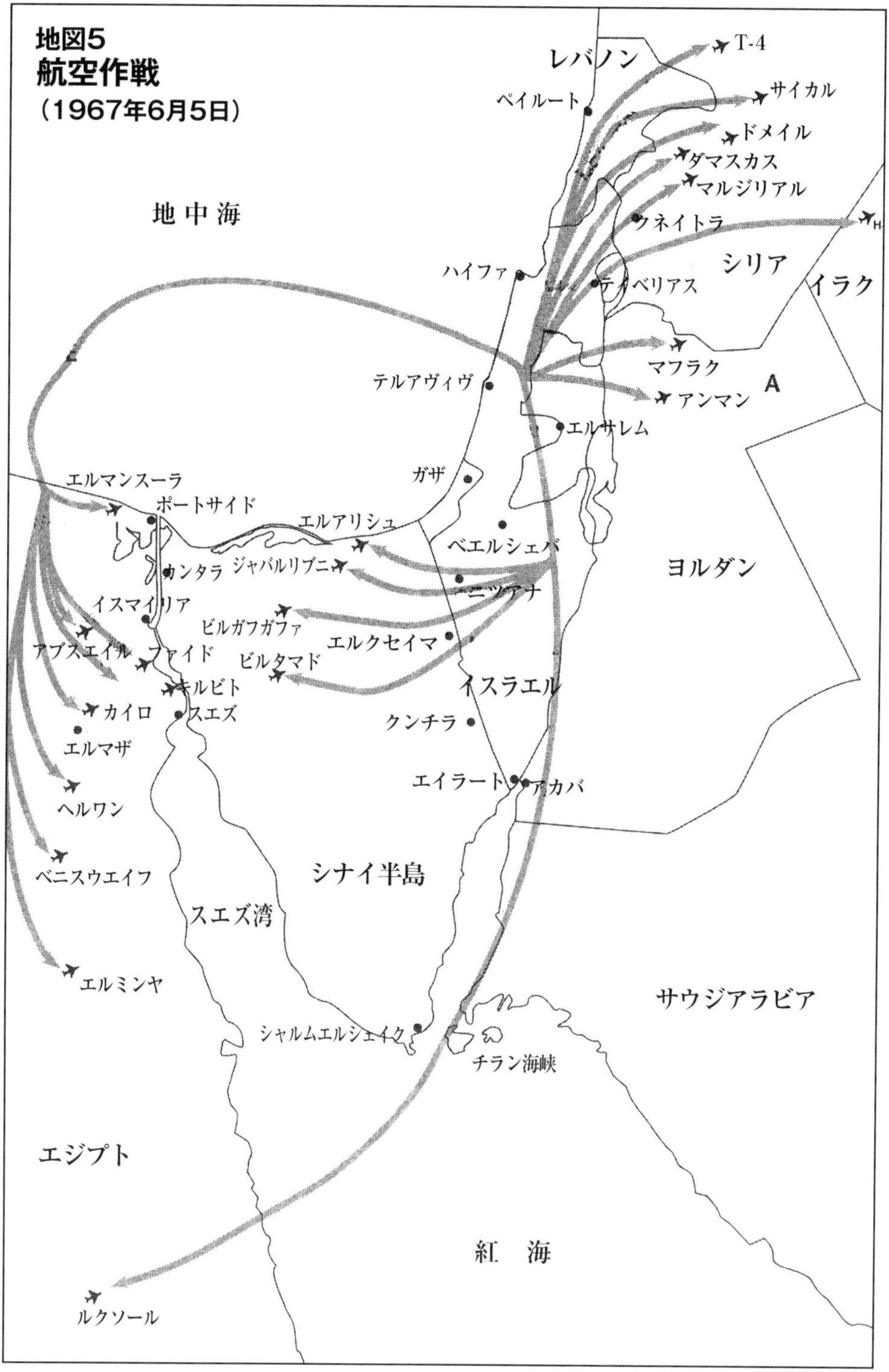
地図5
航空作戦
（1967年6月5日）
レバノン
T-4
サイカル
ペイルート
ドメイル
ダマスカス
マルジリアル
地中海
クネイトラ
シリア
ハイファ
ティベリアス
イラク
マフラク
テルアヴィヴ
A
アンマン
エルサレム
ガザ
エルマンスーラ
ポートサイド
エルアリシュ
ベエルシェバ
カンタラ
ジャバルリブニ
ヨルダン
ニツアナ
イスマイリア
ビルガフガファ
エルクセイマ
アブスエイル
ファイド
ビルタマド
キルビト
イスラエル
カイロ
スエズ
クンチラ
エルマザ
エイラート
アカバ
ヘルワン
ベニスウエイフ
シナイ半島
スエズ湾
エルミンヤ
サウジアラビア
シャルムエルシェイク
チラン海峡
エジプト
紅　海
ルクソール

は、複数正面でイスラエルが勝利できるとは思わず、ソ連の介入があればひとたまりもないと考えていた。

迫りくる戦争に際してのアメリカの態度も不安材料であった。モサドのメイル・アミット長官は、ワシントンで政府要人たちと会ったが、アメリカの意志がどこにあるのか、はっきりつかめなかった。激論に激論を重ねた末、六月四日に政府はやっと開戦を決めた。しかしそれでも、その作戦計画は、規模を極めて限定した内容であった。イスラエルの空軍機はエジプト空軍を無力化し、戦車部隊はシナイ半島に設けた三段構えのエジプトの防衛線のうち第一線の破壊にとどめ、四八時間以内に作戦を完了することになっていた。

開戦初日

航空戦史に残る航空撃滅戦

午前八時三〇分（エジプト時間）、イスラエル空軍機がエジプトの航空基地を急襲した。パイロットたちが朝食をとっている頃である。イスラエルは、優れた情報活動によって、エジプト空軍機の所在位置をつかみ、さらに作戦機が掩体壕に収容されていないこともわかっていた。イスラエル空軍機は、まず滑走路を破壊した。イスラエル空軍機は、敵機の緊急発進を阻止すべく、まず滑走路を爆撃し、ついで機銃掃射で機体を破壊した。イスラエルの政府首脳は衝撃を受けた。〝フォーカス〟のコード名を持つこの航空作戦によって、一時間半強でエジプト空軍機二八六機を撃破したのである。航空戦史に残る航空撃滅戦であった。

空軍機が任務を終えて帰投中、イスラエルの機甲部隊は、三個師団がシナイの北部、中部および南部から休戦ラインを突破した。エジプト軍は攻めるイスラエル軍に比べて数に勝っていたが、無計画に配置され、組織化されておらず指揮統制も拙かった。それでも薄くばらまかれた第一線部隊は、短時間ながら勇敢に戦った。イスラエル軍部隊は、エジプトの防衛陣地帯を貫通し、かつては車両による通行不能といわれた砂漠を突破、全体的に予定よりも早く進撃した。イスラエルは、ガザ回廊での市街戦を避けたかったのであるが、パレスチナ兵（パレスチナ解放軍）から銃撃されたため、空挺隊が回廊に入って対応したため時間をくい、進撃の勢いが少し落ちた。

エジプト軍の首脳は、攻撃情報に接すると、同盟国であるシリア、ヨルダンおよびイラクに参戦を呼びかけた。この三カ国は、いろいろ手間取った揚句、ようやく攻撃機を発進させ、イスラエル北部に銃爆撃を加えた。この航空攻撃による被害は比較的小さかった。イスラエル空軍は、この日の午後反撃に出て、ヨルダン、シリアの両空軍機の大半を地上で撃破した。

一方、ゴラン高原に陣取るシリア軍は、北ガリラヤ地方の農村地帯を砲撃し、ウエストバンクと東エルサレムのヨルダン軍砲兵は、ユダヤ側エルサレム（西エルサレム）とテルアヴィヴ郊外を砲撃した。しかしながらイスラエルは、北および東の両正面で戦闘になることを望まず、両正面の境界線を越えることはしなかった。

戦闘初日の赫々たる戦果

イスラエルの作戦は、六月五日の正午頃まで順調に進んでいたが、事態が急変し、予定通りにいかなくなった。エジプトは、南部正面で勝利していると、ヨルダンに嘘の報告を伝えた。ヨルダン軍歩兵部隊は、この偽情報を鵜呑みにして、デリケートな地域であるエルサレムの非武装地帯へ侵入し、イスラエル側の飛び地であるスコーパスの丘へ突撃する準備を始めた。イスラエルは、挟み撃ちにあって、西エルサレムが包囲されることを恐れ非武装地帯からヨルダン歩兵を排除し、スコーパスの丘には空挺部隊を派遣して西エルサレムとしっかり連結した。

こうしてエルサレムは全面的な戦闘状態となり、併せてイスラエルの機甲部隊が、ヨルダン軍砲兵のテルアヴィヴ砲撃を抑えるため、ウエストバンクに突入した。かくして東部正面も戦場となった。

一方、外交正面も同じようにいろいろな行き違いがあった。ジョンソン政権は、夜明けに戦争勃発の情報を入手したが、どちらが先に攻撃したのか、どちらが勝っているかについては、確認できなかった。全体的なところでは、イスラエルにナセルの高慢の鼻を折ってもらいたいが、かといって、イスラエルに対する積極的肩入れは、ソ連の武力介入を招く恐れがある。グローバルな土壇場の対決にエスカレートするような中東戦争の代価は欲しくない。

イスラエルは、安保理における停戦決議の採択が極力遅れることを願っていた。皮肉な話であるが、相手のアラブ代表たちも同様であった。国の首脳から嘘の情報を伝えられ、彼らはイスラエルが負けていると信じたのである。ソ連側は、戦場の現実、つまり本当の状況に気づいていたが、停戦受諾を促すことはせず、圧力をかけようとしなかった。

戦闘第一日が終った。その時点でイスラエルは重大な空の脅威から解放され、地上においては、シナイ半島、エルサレムおよびウエストバンクで赫々たる戦果をあげた。その日の夕方、ホワイトハウスに届いた軍情報は、この戦争を〝七面鳥狩り〟と表現している。

戦闘二日目

突然の総退却命令

戦闘二日目は、ゴラン高原からの激しい砲撃で始まった。それと同時に、シリアの地上部隊がガリラヤ地方の農村地帯を急襲したが、こちらは容易に撃退された。北部軍司令部は、ゴラン侵攻とシリア軍火砲の破壊許可を求め、再参にわたって催促した。しかし、ダヤン国防相は、まだソ連の介入を警戒し、この構想を却下した。一方、北部正面が比較的流動性が乏しいのに対し、東部および南部正面では、状況が激しく動いていた。

ウエストバンクのヨルダン軍部隊は猛烈に抵抗し、進攻するイスラエル軍部隊に多大な損害を与え

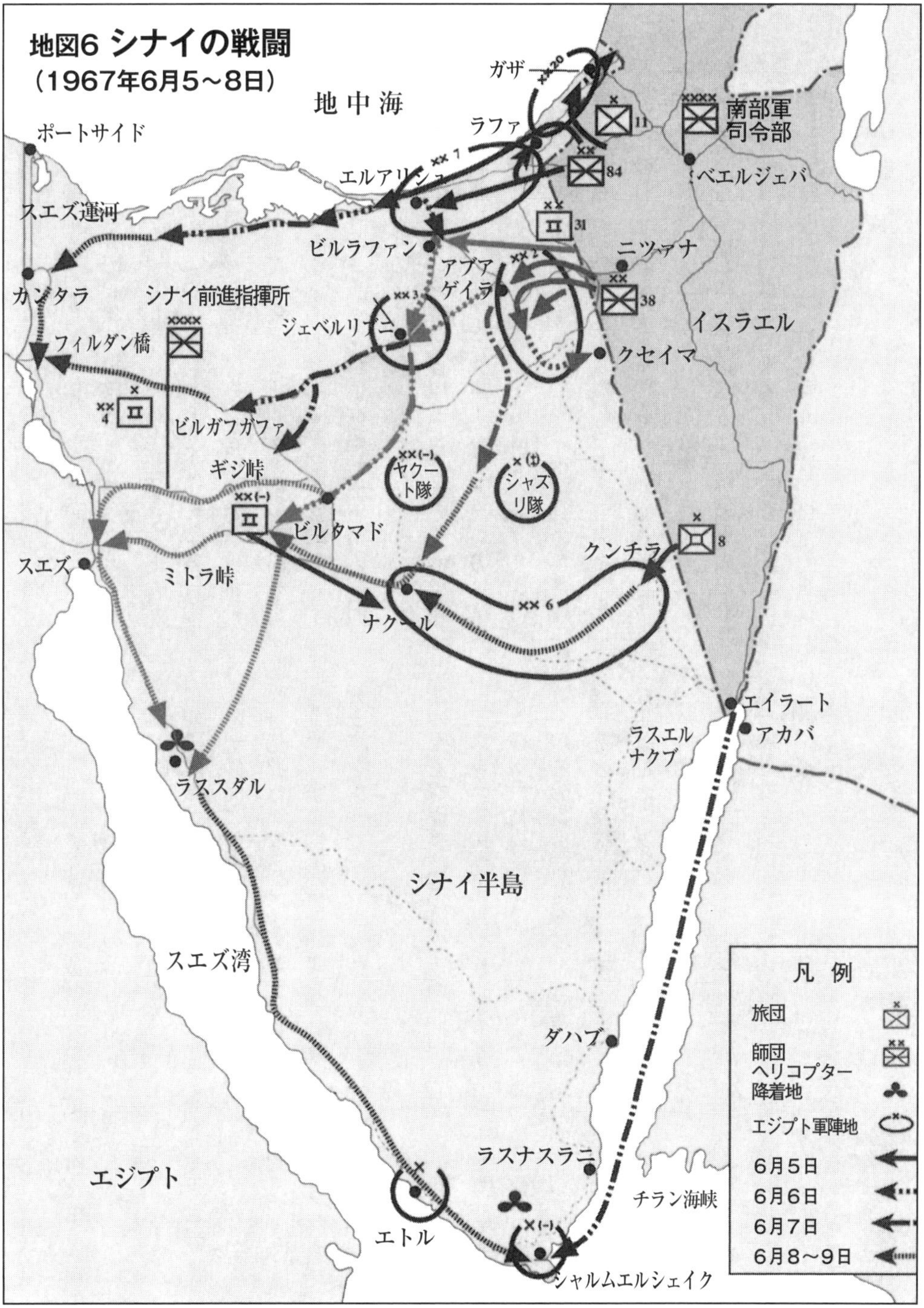

地図6 シナイの戦闘
（1967年6月5～8日）
地中海
ポートサイド
スエズ運河
カンタラ
シナイ前進指揮所
フィルダン橋
ガザ
ラファ
エルアリシュ
ビルラファン
アブアゲイラ
ジェベルリブニ
ビルガフガファ
ギジ峠
ビルタマド
スエズ
ミトラ峠
ナクール
ヤクート隊
シャズリ隊
クンチラ
南部軍司令部
ベエルジェバ
ニツァナ
イスラエル
クセイマ
エイラート
アカバ
ラスエルナクブ
ラススダル
シナイ半島
スエズ湾
ダハブ
ラスナスラニ
チラン海峡
エジプト
エトル
シャルムエルシェイク
凡 例
旅団
師団
ヘリコプター降着地
エジプト軍陣地
6月5日
6月6日
6月7日
6月8～9日

たが、逐次陣地を占領され、少しずつ後退を重ねた。二日目が終る頃、将兵のほとんどは、フセイン国王が出したヨルダン川東岸への後退指示にしたがって行動中であった。もっとも国王は、この日の夜、命令を撤回し、部隊を戻そうとした。エルサレムでも、至近距離で対峙する両軍が激闘し、時に白兵戦になることもままあった。しかしここでも、イスラエル軍部隊がヨルダン軍を次第に追いつめ、旧市街をほぼ包囲するまでになった。

南部正面では、シナイの各地、とくにガザで頑強な抵抗に直面したが、イスラエル軍部隊はその抵抗を排して進撃した。ところが昼頃になって、まさに劇的な事態が生じた。ナセルとアメルが、スエズ運河西岸への総退却命令を出したのである。命令の出た理由は今日まで不明である。戦術上からみると、エジプト軍部隊の大半はまだ一発も撃っておらず、航空支援がなくても、壕を深くして防備を固めれば、何日間も戦えたはずである。

エジプト軍政首脳は、航空戦力の喪失に気力をなくし、一九五六年戦争で成功した撤退が、今度もうまくいくと信じて、この命令を出したのであろう。数万の将兵が我れ先にと運河をめざし、統制のとれない支離滅裂の敗走になってしまった。たくさんの兵隊が砂漠に足をとられて置き去りになり、渇死した。道路はエジプト軍の車両が延々とつらなり、イスラエル空軍機の恰好の餌食となり、兵隊が路上で行き場を失った。

遠のく安保理停戦決議

イスラエル国防軍は、後退するエジプト軍を追撃しつつ、当初の目標の線をまたたく間に越えた。そこで現場の指揮官たちは、即席で戦闘計画をつくった。その主旨は、敗走するエジプト軍部隊を別の経路で迂回し、スエズ運河の関門であるギジ、ミトラの両峠へ先行する。そしてそこを封鎖するのである。しかしながら、ダヤンは頑固で、一九五六年の轍を踏むなと言った。あの時は運河の線まで進出して、国際社会がイスラエルを非難した。運河へ近づ

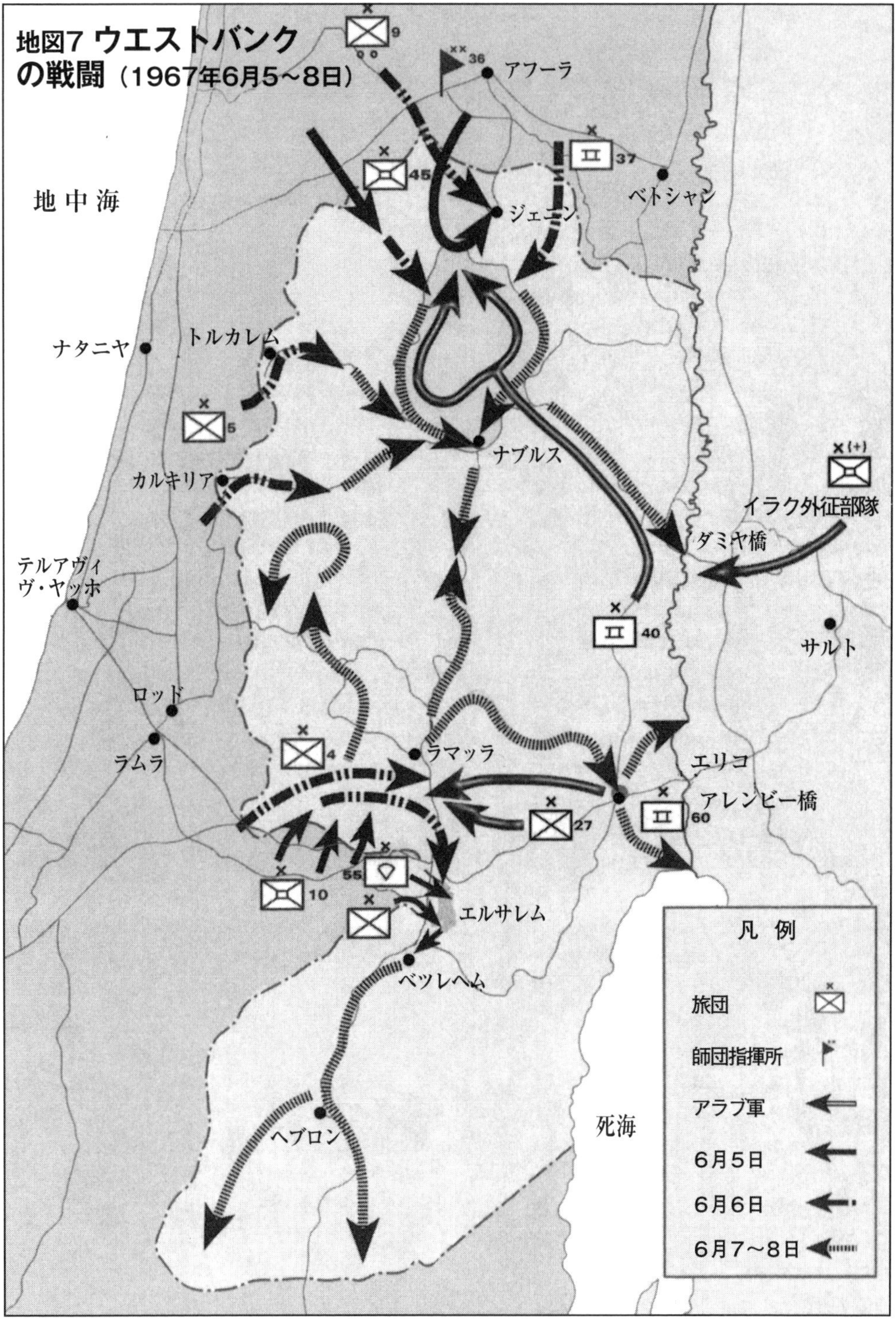
地図7 ウエストバンクの戦闘（1967年6月5～8日）
9
36
アフーラ
37
45
地中海
ベトシャン
ジェニン
ナタニヤ
トルカレム
5
ナブルス
カルキリア
×(+)
イラク外征部隊
ダミヤ橋
テルアヴィヴ・ヤッホ
40
サルト
ロッド
ラムラ
4
ラマッラ
エリコ
アレンビー橋
27
60
55
10
エルサレム
ベツレヘム
凡例
旅団
師団指揮所
アラブ軍
6月5日
6月6日
6月7～8日
ヘブロン
死海

くなという。

アメリカは、長年の友人であるヨルダン国王のフセインの今後を考え、懸念を強めていたにもかかわらず、本腰を入れて安保理で停戦決議を通すような努力はしなかった。ほかのイスラエル、アラブあるいはソ連も同様である。しかしながら、ホワイトハウスの中では、数人の政府高官が、予想されるイスラエルの軍事的勝利を平和への外交的突破へ展開する方法をすでに検討していた。

将来アメリカの中東政策を構成するようになる原則の多くが、この日につくられた。防衛可能な境界の必要性、すべての国が安全に生存できる権利、平和と土地の交換(ランド・フォア・ピース)などである。

戦闘三日目

エルサレム旧市に突入

この戦争で最も注目すべき瞬間があった。一九六七年六月七日午前一一時三〇分である。この時、イスラエルの空挺旅団将兵が、ライオン門からエルサレム旧市に突入したのである。攻撃に先立つ数時間、真剣な外交活動が展開した。アメリカは、ヨルダンと宣言なしの停戦を受け入れよとイスラエルに迫り、一方のイスラエルは、公式の停戦宣言、ヨルダンとの和平協議実現の確約を求めた。

イスラエル政府部内では、ダヤンを含む閣僚数人が、国際社会の反発を恐れて、キリスト教の聖所占領に気が進まなかった。結局フセイン国王は、重大な決断を下した。イスラエルの要求を拒否したのである。軍は潰滅状態となり、敗走しつつある状況にあって、国王に選択の余地はなく、旧市を明け渡さざるを得なかった。

正午を少し過ぎた頃、空挺旅団将兵が、西壁(嘆きの壁)に到着した。世界中のユダヤ人、非ユダヤ人にインスピレーションを与えてきた、ユダヤ教の至聖所である。

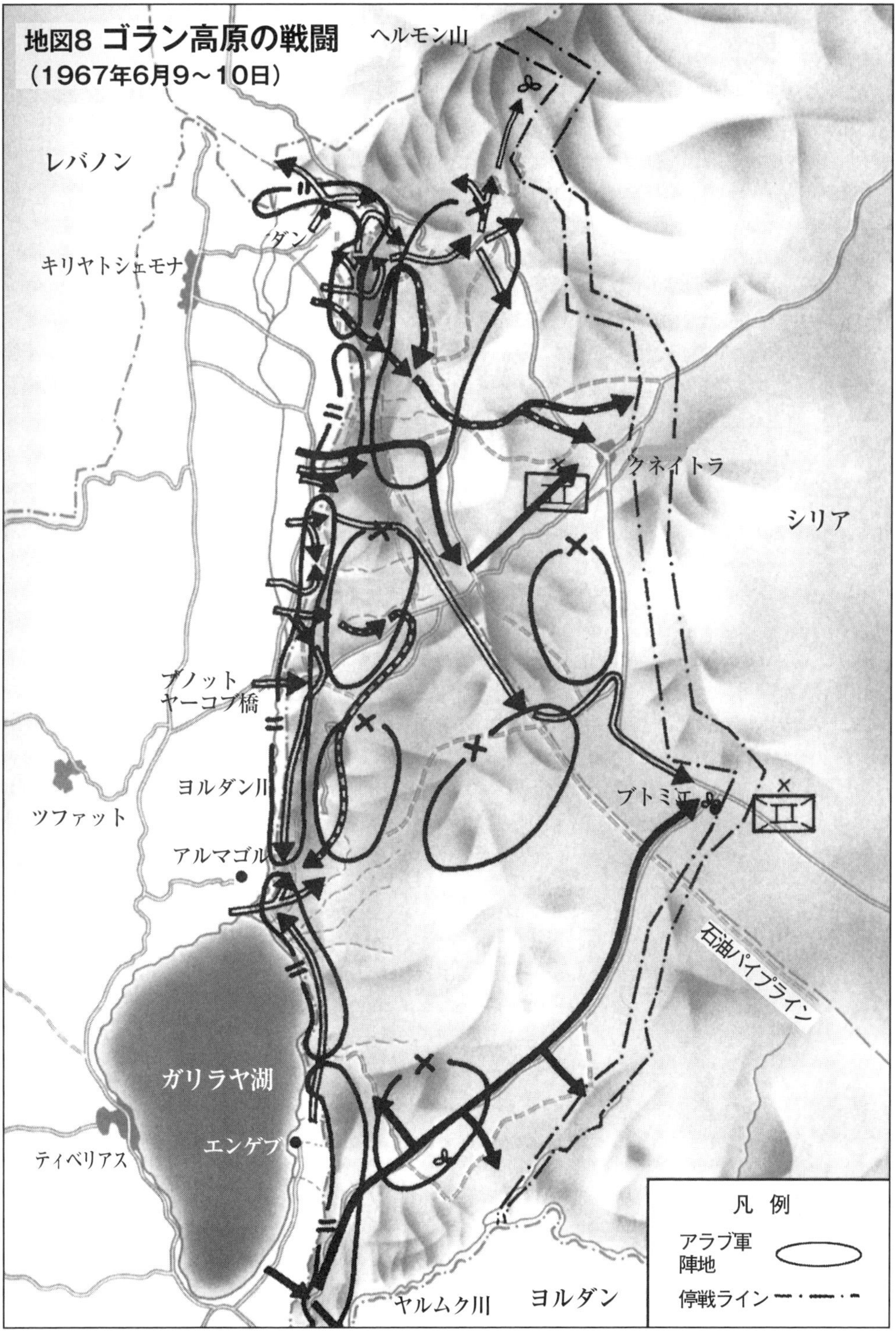

地図8 ゴラン高原の戦闘
(1967年6月9～10日)
ヘルモン山
レバノン
ダン
キリヤトシェモナ
クネイトラ
シリア
ブノット
ヤーコブ橋
ヨルダン川
ツファット
アルマゴル
ブトミエ
石油パイプライン
ガリラヤ湖
エンゲブ
ティベリアス
ヤルムク川
ヨルダン
凡 例
アラブ軍
陣地
停戦ライン

エジプト軍の敗走

この日イスラエルの部隊は、ウエストバンクの主要都市（ナブルス、ヘブロン、ベツレヘム）の降伏を受け入れた。一方シナイ半島では、スエズ運河へ向かって逃げるエジプト軍を一網打尽にしようと、先行するイスラエルの部隊がギジ、ミトラの二つの峠を封鎖し、罠を仕掛けた。砂漠には延々何マイルも黒焦げの車両が連なり、敗走する兵隊の脱ぎ捨てた軍靴が地面を覆いつくしていた。

エジプト軍部隊は、一部が首尾よくスエズ運河西岸へ渡ったものもあるが、イスラエルの部隊が、ダヤンの命令を破って運河東岸に到達したため、渡河できなくなり逃げ場を失った。半島の南端域では、海空連合作戦が実施され、わずかな抵抗を受けただけで、シャルムエルシェイクは陥落し、チラン海峡にイスラエルの国旗が翻った。

北部正面では、イスラエルの村落に対する砲撃が続いた。しかし国防軍首脳は、エシュコルの支持を得て、反撃を提案したが、ダヤンを説得できなかった。許可されたのはせいぜい航空機によるシリア軍陣地の銃爆撃で、政策の変更に備え抵抗力を弱めておくだけであった。

戦闘四日目

米情報収集艦を誤爆

六月八日は、エジプトにとって辛い一日であった。代表のムハメド・エルコニー大使は、目に涙をいっぱいためて、現在位置における無条件停戦受諾を発表した。シナイとガザでは、まだ散発的な撃ち合いが続いていたが、南部正面の戦闘は事実上終っていた。残存部隊は、悄然としてカイロへ戻って来た。

戦況が終局へ向かいつつあるように思われる南部正面で、この戦争で最も困惑すべき事件が発生した。六月八日午後、イスラエルの空軍機と魚雷艇隊が、アメリカ海軍の情報収集艦「リバティ」を攻撃したのである。リバティは、ガザ南方のエジプト軍とソ連軍事顧問団の動静について、無線傍受するために派遣されたのである。この水域にまだ到達していなかったが、イスラエル側に通告していなかった。

イスラエル側は、戦闘圏内に国籍不明艦を発見して、直ちに攻撃を開始した。アメリカとイスラエル双方の軍にも慎重な手順が必要であった。そうすれば悲劇は避けられたはずである。結局、リバティは、一種の友軍の誤射あるいはフレンドリーファイヤ（友軍の砲弾が至近距離に落下爆発して死傷者が出ること）の犠牲である。戦場ではよくある話である。アメリカの軍人三四人が死亡、一七一人が負傷した。

ゴラン高原のシリア軍陣地に対するイスラエルの砲爆撃は、六月九日の夕方までに効果が出始め、国連安保理ではシリア代表が停戦受諾の用意があることを示唆した。ダヤンは、これに気づき、ソ連がシリアのために介入することはもはやないと判断。これまで反対していたゴラン高原進攻を認め、北部軍司令部に行動開始を命じた。

戦闘五日目

ゴラン進攻作戦

イスラエルのゴラン突撃は、払暁《ふつぎょう》を期して開始された。火砲および航空機による猛烈な掩護砲爆撃にもかかわらず、イスラエルの部隊は激しい抵抗に遭遇した。突撃路は急斜面で地雷がびっしりと埋設され、行く手を阻む。遅々として進めない。隊員は地獄の責め苦を味わった。イスラエルの内閣は、ダヤンが一方的に進攻許可を出したのを知り、国防相を批判、進攻中止の可能性を検討した。結局内閣は、二四時間限定の進攻作戦を許可した。六月一〇日正午までの戦闘である。

イスラエルのゴラン進攻作戦のニュースで、国連安保理は激しい感情のぶつかり合いになった。ソ連代表のニコライ・フェデレンコ大使は、イスラエルをナチス呼ばわりし、ダマスカス獲りを企んでいると非難した。アメリカは、シリアの敗北を切望していたものの、シリア救援のためソ連が積極的に介入する事態を懸念し始め、可及的速やかな戦闘終結をイスラエルに促すようになった。

戦闘六日目

停戦をめぐる米ソの駆け引き

ワシントン、そしてエルサレムの閣僚たちの圧力は強まるばかりである。イスラエル軍部隊は、その圧力にさらされ、身のすくむようなシリア軍の射撃を受けながら、ゴランの台地を東進した。正午の期限は過ぎたが、攻撃は続いた。ダヤンは、国連代表(オッド・ブル国連休戦監視団長)との停戦交渉で時間稼ぎを試みた。しかしソ連は、そうはいかなかった。

六月一〇日朝、ソ連のコスイギンがホワイトハウスのジョンソン大統領に、ホットラインで「イスラエルが侵略行為をやめなければ、ソ連はすぐに独自の立場をとり、軍事行動に移る」と通告した。ジョンソン大統領はこの威嚇に屈することはなく、地中海でソ連軍の不穏な動きがあれば阻止せよと、米海軍第六艦隊に命じた。同時に大統領は、曖昧さをいっさい排した表現で、イスラエルに戦闘の即時停止以外に選択肢がないことを知らせた。戦闘はその日の夕方午後六時に停止した。六日戦争は終ったのである。

戦争が残したもの

約四倍の領土を手中にした

六日戦争は地理的に狭い場所で発生し、短時間で終った。時空的にこれほど限定された戦争が、地域レベルのみならずグローバルなひろがりで問題が派生し、持続しているのは、数ある戦史でも珍しい。六日戦争がまさにそうである。

純軍事的側面からいえば、これは近代軍事史上、一方が圧勝した戦争の一つである。イスラエルは、

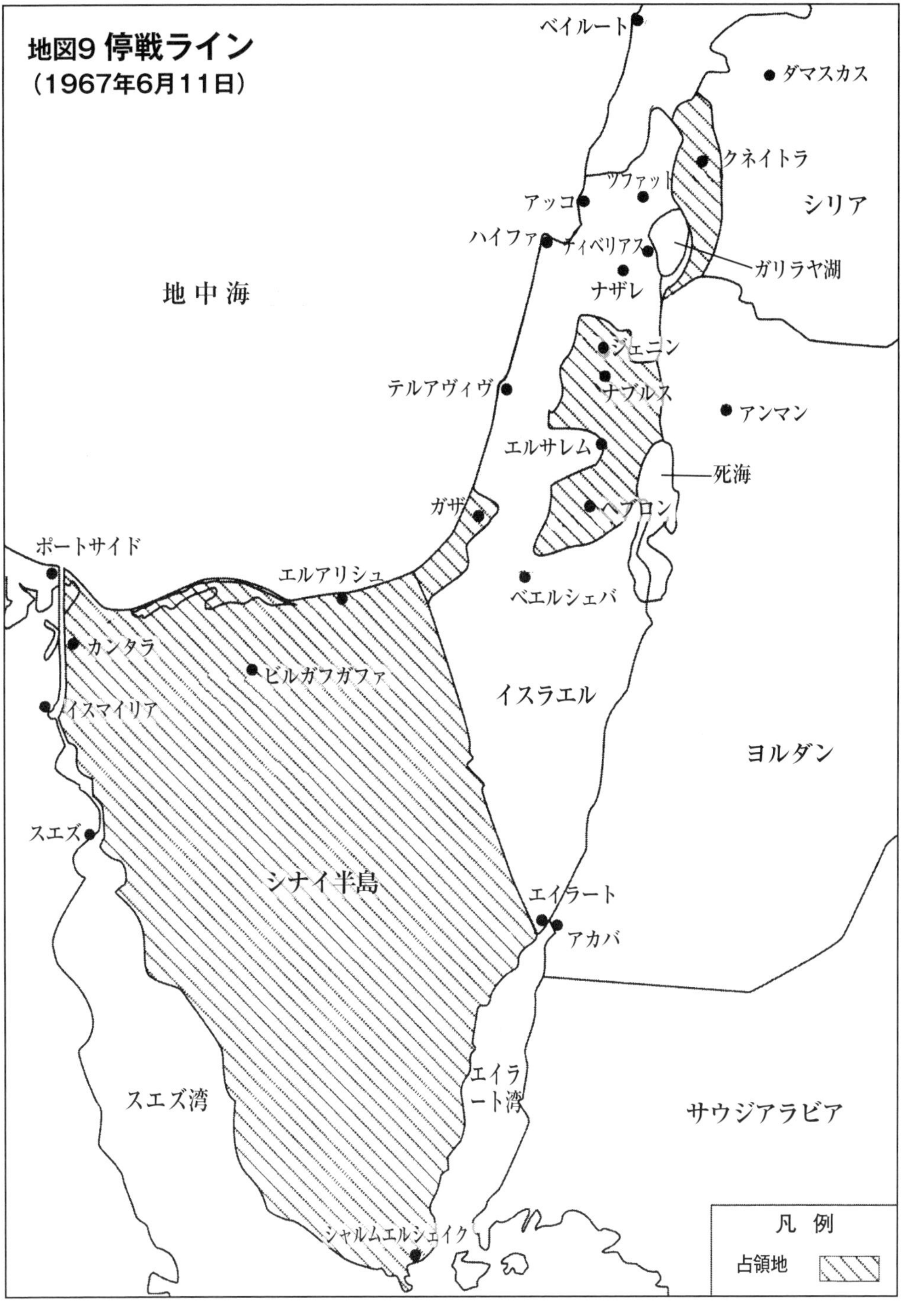

地図9 停戦ライン
（1967年6月11日）

六〇〇機を超える敵航空機を撃破し、同じく戦車および機甲車両数千両を破壊、兵員に数万の損害を与えた。しかしながら、この勝利の代償は、イスラエルのような小国にとっては高かった。航空戦力の二〇パーセントを失い、七〇〇人を越える兵隊が戦死した。

戦争が与えた戦略的、政治的インパクトは、軍事結果に劣らず非常に大きかった。これまでイスラエルは、人口密集地と産業の集中域がすべてアラブの火砲の射程圏内にあった。今や立場が逆転し、アラブの首都をすべて至近の攻撃圏内に入れた。ユダヤ人国家イスラエルは、六日という短期間でシナイ半島全域、ガザ回廊、ウエストバンク、ゴラン高原を占領し、ほぼ四倍の領土を管理下に入れた。イスラエルは、中東におけるソ連の威信に大きな打撃を与え、アメリカという超大国を新しい同盟国として手中にした。

パレスチナ解放機構（PLO）の登場

六日戦争は、文化上、人口構成上イスラエルを変えた。イスラエルのユダヤ人は、民族の歴史的郷土、聖書の地と再結合し、イスラエル人としてよりはユダヤ的性格を強めた。それは、イスラエルの政治に（好ましくない）副産物をもたらす。戦争から一年後、イスラエルの宗教活動家たちが、ウエストバンクで最初の入植地を建設した。場所はヘブロンである。イスラエルの勝利は、パレスチナアラブ人の再結合ももたらした。彼らは、一九四八年以来ユダヤ人国家の独立でウエストバンクとガザに分断されていたが、イスラエルが両地域を占領し、イスラエルのアラブ人同胞共々三地域の住民が、一つの支配、すなわちイスラエルの支配下におかれることになった。

アラブ世界もこの戦争によって根本的に変わった。ナセル主義と非宗教的汎アラブ主義は終りを告げ、代わってイスラム過激主義の衣をまとった新しいイデオロギーが登場してきた。彼らは、アラブの敗北をもたらした病根を除去、治療すると主張する。

同じように著しい変化がパレスチナアラブ人社会にも起きた。パレスチナ民族主義の台頭とパレスチナ解放機構（ＰＬＯ）の登場である。この組織は、もともとプロパガンダ目的でナセルがつくったのであるが、ヤセル・アラファトの指揮下で成長し、一九六八年時点でアラブ内政治の中で、有力な組織になっていた。

来たるべき対決

中東は今も六日戦争の結果と格闘中である。イスラエルとパレスチナアラブ人は、ウエストバンク、エルサレムおよびガザの最終地位について合意に達していない。アラブ諸国の多くは、いまだにイスラエルと戦争状態のままである。アメリカは、この戦争の五カ月後に採択された、国連安保理決議二四二の適用に今なお骨を折り、アラブ・イスラエル間の平和達成の中心的役割を果している。

六日戦争は、外交努力の機会をつくりだしたが、来たるべき対決の土台にもなった。その最初が、一九七三年一〇月のヨムキプール戦争である。中東に対する一九六七年のインパクトについて、結論を出すのは時期尚早であろう。いま言えるのは、そのインパクトが実に深遠であるということだけである。

第7章
消耗戦争（一九六九〜一九七〇年）

ダン・シュフタン

ナセルの〝最後の戦い〟

忘れ去られた戦争

一九六七年戦争（六日戦争）のドラマと一九七三年戦争（ヨムキプール戦争）のトラウマの間に、一九六九〜一九七〇年のイスラエル対エジプトの消耗戦争が発生した。しかしこの戦争はすっかり忘れ去られている。詳しく調べると、この戦争は六日戦争のエピローグであり、ヨムキプール戦争のプロローグである。その意味で大変興味深い戦いである。

消耗戦争は、一九五〇年代、六〇年代のナセルの大戦略の構造的欠陥を露呈したが、同時に後任のサダトはその構造的欠陥の教訓をベースとして、自分自身の大戦略を編み出した。つまり、この戦争が政治的、軍事的実験場となったという意味で重要である。

消耗戦争は、ほぼ一世紀前アメリカのカスター将軍が（指揮する第七騎兵隊ともども包囲され）立往生した例にも似た、ナセルの〝最後の戦い〟であった。バランス・オブ・パワーに関する深刻な誤解をベースにしていたので、破滅したのであった。

戦争末期、ナセル突然の死

アラブ・イスラエル紛争は、相異する三つの文脈で研究しなければならない。この点が非常に重要である。ナセル前の時代（一九四七／八〜一九五四年）、ナセル時代（一九五五〜一九七〇年）、そしてナセル後の時代（一九七〇年以降）である。ナセルは、死後三分の一世紀を経過した時点でも、極めて重要な人物である。自分たちの立場が世界で根本的に変わりつつあるという本物の希望をアラブに与え、やがて〝パレスチナを解放する〟と約束した唯一の人物だったからである。

六日戦争は、「超」がつくほどのナセルの最後の大失敗だったが、消耗戦争に代表される戦略的行き詰まりは、彼が高く掲げた希望がもはや復活できないことを示す究極の証明となった。消耗戦争の末期ナセルは突然死亡する。医学上の死因は別として、政治的にとどめを刺され、失意のうちに死んだのである。

ナセル登場前の時代

消耗戦争の本質を理解するためには、いくつかの作業が必要である。第一は、アラブ世界に対するナセルの劇的インパクトの再点検。第二は、その戦争においてどっちつかずの不安定な状態にあるものの識別。第三は、戦争の結果が、二〇世紀最後の三〇年間にこの地域における政治的、戦略的現実に及ぼしたインパクトの評価である。

アラブ、イスラエル紛争前の前ナセル時代は、支離滅裂のアラブ世界という特徴があった。ユダヤ人国家の出現に直面して右往左往し、一九四七～四九年の戦争では腰をすえた対応に欠け、意外にも負けてしまった。敗北は、アラブ世界の内部分裂、社会的脆弱、政権の腐敗、国家構造に起因する。反イスラエル闘争にアラブの統一した戦略がなかった。それだけではない。中味のない大言壮語のレトリックしかなく、現実の状況にどう対応するかの作戦構想に欠けていたのである。

ナセル時代とポスト一九六七年のジレンマ

稀に見るナセルの手腕

ナセル時代の初期は、戦略と作戦に関する限り後期と大差はないが、地域およびグローバルな文脈の中で、イスラエルにとって重大な、まさに生存にかかわる根本的なものが変化した。極めて短期間のうちに、ナセルは数百数千万のアラブ人民を奮起させ、過激政策の支持をとりつけた。それが直ちに巨大な政治的、戦略的利益を生み出した。ナセルは、独創的な概念を巧みに立案した。それは、エジプト（および〝非同盟〟諸国）が冷戦でうまく立ち回り、得をする方法であった。つまり、西側の戦略的重要権益を傷つけ、アメリカのグローバルな立場に打撃を与えるごとく振る舞って、同国を威嚇し、そこから利益を生み出すのである。

一九五〇年代中頃から一九六〇年代中期までのほぼ一〇年間、ナセルはソ連からの大々的な援助を確保し、それと同時にアイゼンハワーおよびケネディ両政権からも相当な援助を受けた。双方に睨みの利くこの政策で、ナセル、エジプト、そしてアラブは一挙に地域およびグローバルレベルで一目おかれる存在になった。近現代史上稀に見る重要性である。

ナセルの名声は国際社会に鳴り響き、アラブ社会では救世主のような立場にあった。指導者としての力量と業績は、たとえば一九五六年のスエズ危機、一九五八年のエジプト・シリア統合（アラブ連合共和国の成立）の勝利に反映しているが、代々続くアラブの権力、名声渇望に対する究極の回答と受けとめられた。

ナセルは、ほかの自称救世主と違って、自分が約束したこと以上の成果をあげているように思われた。〝大西洋からアラブ（ペルシア）湾〟に至る地域の数百数千万の住民が、アラブの統一、国際的栄光、そして当然の帰結としての〝パレスチナの解放〟が近いことを確信した。奇跡的な成果がもはや望めなくなった時でも、そして栄光の像にひび割れが生じ始めた時でも（シリアとの統合破綻、イエメン戦争の行き詰まり）、正すことのできる一時的挫折と考えられた。

リンドン・ジョンソンが大統領になってアメリカの政策に重大な変化が生じた時も、まことに憂慮すべきことながら、その重大性が軽くみられた。当初、多くのアラブ人は、開戦前の一九六七年五～六月危機を、ナセルの権力の衰退の第一歩とみなすのではなく、彼のカムバックと考えた。

六日戦争後のナセル

一九六七年の途轍もない大敗北は、アラブにとってトラウマとなった。彼らは、一九六〇年代後半でも、ナセルの成功譚が、多少薄められたかもしれないが、大部分は無傷であり、〝本物の〟地域およびグローバルなバランス・オブ・パワーを反映している、と考えていたからである。

六日戦争での敗北は、彼らの自画像を根底から揺さぶった。腐敗政権やアラブの協調精神の欠如を非難しておけば済む事態ではなくなったからである。敗北は、誤った信念に打撃を与えたので、アラブにとって大きいトラウマとなった。アラブは、はるかな昔に偉大性を発揮した。その偉大性は連綿として受け継がれ、豊かに保存されてきた。現代に至って、アラブはその偉大性を受け継ぐカリスマ的指導者と目的達成の政治的手段をついに手にした。これが彼らの信じたことであったが、無惨に打ち砕かれたのである。

つまり、一九六七年の敗北によってナセルが抱えた困難な立場は、政治的、戦略的な性格だけではなく、文化的性格すら帯びていたということである。ナセルの救世主的運動は、価値あるアラブを証明する究極のテストを生み出し、無惨な敗北、瓦解で終った。

一九六七年時の軍とその戦略だけでなく、一つの文明としてのアラブが秤にかけられ、力量不足であることが判明したのである。六日戦争の第七日が突きつけた挑戦は、いちばん有力な方法で対イスラエル紛争を継続し、占領された領土を奪回するだけではない。アラブ民族が現代世界で手にした偉大なる希望を守り、役割を発揮する機会を復活させることにある。アラブには世界に冠たる立派な役割があったが、一世紀半以上前にヨーロッパとの出合いの中で踏みにじられ、ナセルがアラブのために回復したのであったが、再び地におちた役割を生き返らせなければならないのである。

そのためには、軍事的に失敗しても、政治的バランス・オブ・パワーが極めて不利な変化をきたした現実があっても、抽象の政治的敗北だけは否定しなければならない。アラブ諸国の軍は戦場で敗北したであろう。エジプト、シリア、ヨルダンは、エルサレムを含め大事な土地をイスラエルに占領されたであろう。そして、〝パレスチナの大義〟は、一時的に後退したであろう。しかしアラブ民族は、偉大な伝統にふさわしい正当なる役割を有するのであり、戦争でそれを失ったわけではないという。ナセルは、自分がアメリカの言いなりになりそうな人間、すなわち敗北によって飼いならされた、マイナーなアラブ独裁者になりさがったわけではないことを、証明しなければならなかった。

ナセルが抱えたジレンマ

アラブは、一九六七年に失ったものは、正当な所有者に戻されなければならないと主張した。しかるにナセルは、ひとりの乞食として交渉のテーブルにつくわけにはいかないのである。彼からみると、イスラエルによる一九六七年の〝侵略〟の成果を〝平和〟と交換することは、イスラエルをつくった一九四八年の（最初の）〝侵略〟を、正当化することである。同様に、敗北と無力感を背負ってアメリカの中東支配を呑まされるアラブの指導者にはなりたくないのである。この二つに黙って従うことは、過去数十年のアラブの闘争が無駄であり、ナセルと彼の世代、そしてアラブ数百数千万の希望と抱負の放棄を意味する。

一九六七年戦争後ナセルが抱えたジレンマは、願望と無力感の相克を意味する。一九六七年前の戦略を推進するには力がなくてできない。一方、自分の信念を捨て、人民に対する己れの象徴を汚して、アラブの力と尊厳の追求を放棄することは、とてもできない。イスラエルに自分の条件を押しつけることは（イスラエルを負かすことはおろか）、自分の力を超える。一方、イスラエルの合法的存在を認める〝平和〟は、最悪の屈辱と受けとめられる。

ナセルは、ポスト一九六七年の現実を変えるため、何か劇的なことを実行する必要があった。しかし、自分の必要とする劇的効果を生み出せるものは、何もなかったのである。

消耗戦争の構想

〝選択なき手段〟

やがて、この苦しい立場から、政治・軍事戦略が生まれた。それは、念入りに練りあげられた総合的基本計画ではなく、前述の苦しい立場から樹立された試行錯誤的政策であり、〝消耗戦争〟として知られる。それはナセルの〝軍事的選択肢〟ではなく、〝選択なき手段〟あるいは戦略で、いわば最後の手段であった。彼は、その戦略の疵、危険性、そして欠陥を痛いほどわかっていたが、ほかの方法ではたちまち悲惨な結果に終るので、やむなくこれを実行することにしたのである。

ナセルの出発点は、紛争を二者間のアラブ・イスラエル紛争レベルから、グローバルレベルに引き上げることであった。地域レベルで二者間になると、数の力を排除できるのでイスラエルが有利になるのは明らかである。イスラエルが隣接アラブ諸国と個別に、前提条件なしの直接交渉を主張するのは、そこに理由がある。しかしながら、グローバルレベルになると、ナセルの立場は極めて難しいものになっていたかもしれないが、希望なきにしもあらずである。

難しいものがあるというのには理由がある。ソ連は、ナセルの必要とするものを届けてくれることはできなかったし、アメリカはまったくその気はなかった。ロシア人はナセルの軍隊を（極めて速やかにかつ能率的に）再建できたが、ナセルの求めるイスラエルの一方的譲歩は、〝届ける〟ことができないのである。一方アメリカは、一九五七年の時と同じように、イスラエルの意志を砕き、占領地の一方的放棄を強要できるが、一〇年前のアイゼンハワー政権と違って、ジョンソン政権はイスラエルに圧力をかけてアラブの過激主義とソ連の冒険主義に報いることはしたくない。

ジョンソン大統領は、過去の過ちに学び、中東の過激反米勢力に宥和することなく、一九六〇年代に彼らが実行してきた危険な政策のつけを払わせる決心であった。大統領はナセルに選択肢を示した。この政策を放棄し、アメリカのいう〝ルールズ・オブ・ゲーム〟に従っていれば、代償を払う必要なし、と自ら過激派の面々に手本を示すか、過激主義にはまりこんで身動きできなくなるかである。後者の場合、エジプトは己れの無能力をさらしものにし、支援国ソビエトも、アラブを苦境から救い出せない。

ナセルは、ソ連にエジプトを苦境から救い出す力がなく、アメリカはその気がないので、グローバルレベルですらも、あまり希望が持てない状態であった。軍は十分な力を備えているわけではなく、政治面では、イスラエルに対するアメリカの政治力以外に有効な手だてはない。そこでナセルは、アメリカを引きずりこむ方途を必死になって探った。

ソ連とアメリカを巻きこむ

エジプトをはじめアラブ諸国は以前に比べ弱くなっているが、ワシントンに対する注文は以前より大変大きくなっている。この矛盾を解決するのに尋常な手段はない。捨て鉢の方途が必要で、それが〝消耗戦争〟であった。無惨な大敗を喫したばかりの疲弊したエジプトが、負けいくさになるような戦争を再度強行するのであるから、捨て鉢としか言いようがない。ナセルは軍事的には勝てないことがわかっていたが、再度エジプトの総崩れという一大スペクタクルの現出がソ連を引きずりこむ。ソ連としては超大国としての信用を維持するため介入せざるを得ない、と判断した。簡単に言えば、再びエジプトの総崩れという事態がせまれば、ソ連は必ず超大国の威信にかけて介入せざるを得ない。これがナセルの判断である。ナセルの期待するところによると、ソ連の介入でアメリカは選択を迫られる。イスラエルがソ連に潰されるのを黙って見ているか、大々的に介入してグローバルな対決に発展するかである。

アメリカは、このような難しい選択に迫られて、戦争を止めに入る、とナセルは判断した。戦争はナセルが始めるのであり、軍事的に負けいくさの危険があっても戦争を継続するのであるから、そこはアメリカを誘いこみ、戦争中止を目的とするアメリカの介入で、政治的に後押しされる必要がある。そしてその介入が、イスラエルだけに圧力として作用するよう期待した。つまり、エジプトをはじめとするアラブが、ユダヤ人国家を合法的存在として本当に認める政治的譲歩をすることなく、アメリカの介入が一九六七年の占領地明け渡しの圧力になるようにしたいのである。

この念入りな構想を紹介したところで、再度指摘しておきたいのであるが、これはナセルの事実上の戦略を再構築しただけのことで、最初から念入りに計算し尽して練り上げた基本計画ではない。ナセルは、(一九六八年秋の短期序盤戦のあと)一九六九年の春先に、消耗戦争を開始した。イスラエルが勝てないと思われる新しいタイプの戦争で、対決するのである。[1] 彼は、イスラエルの得意な戦法を知っていた。速度、機動、正確な火力、創意工夫、技術、そして近代社会と精緻な軍事装置のみが提供できる組織力である。ナセルは、イスラエルの得意技を封じるような戦争を考えた。彼が導入したのは、エジプトの利点を強調したものである。損害はあまり気にしない。命中精度は低いが大火力による制圧を得意とする。戦場および銃後における自国の損害吸収力も証明済みである。

一九六七年の戦争では見るも無惨な大敗を喫したので、ナセルが期待したのは、イスラエルの迅速かつ圧倒的勝利を拒否しつつ、可能な限りイスラエルから人命を奪い、限られた資源を涸渇させ、経済を疲弊させることである。この初期段階で、ナセルは戦争による中東の不安定化を期待した。アメリカに緊迫感を与えて介入させ、イスラエルに政治的代償を支払わせるかたちの停戦に向け、ひと働きしてもらうのである。

ナセルがまだ戦争の性格を自分で変えられると信じていた頃、ソ連の介入があれほどの規模になるとはおそらく考えていなかったと思われる。それはなかば大々的な直接介入となり、グローバルな対決に発展する恐れがあった。ナセルは、自分の仕掛けた勝負に敗北した時、当初の考えより格段に危険な戦略が必要になっていたのである。

思い通りにいかない戦争

優勢なイスラエルの空軍力

イスラエルは、一九六九年秋までに、この新しい軍事挑戦に適応した。イスラエルは優勢な空軍を投入し、次第に戦闘をエジプト国内へ持ちこんでいった。その第一段階が始まるのは一九六九年七月で、アラブが束になっても大刀打ちできない航空戦力に対抗して構築されていた大々的な防空網の破壊が中心であった。このイスラエルの航空作戦は、一九六九〜七〇年の冬までに大きい成果をあげ、エジプトはお手上げの状態になった。都市やインフラは、イスラエル機のなすがままになった。その防空システムはソ連の最新式で、前述のように大々的な規模であったから、エジプト軍の失敗で片付けてしまえる問題ではなかった。イスラエルがアメリカ製の戦闘機で、カイロの防空システムの裏をかき、次にこれを破壊し、首都郊外のインフラを意のままに爆撃できるようになったのであるから、モスクワの防空も頼りにならないことになる。

一九六九年末から一九七〇年初めにかけて、ナセルの戦争は手に負えなくなっていた。エジプトに突きつけられた切っ先は、空だけではなく、軍事分野をはるかに超えていた。一九六九年九月にイスラエルの機甲部隊が、空軍機の掩護を受けながら、スエズ湾の西岸（アフリカ）域を悠々と行動した。ナセルは何をどうすべきかどころか、何が起きているかを知らなかった。もはやナセルが〝ゲームのルール〟を決め、イスラエルが消耗していく戦争ではなかった。

一九七〇年一月、イスラエルがエジプト上空の制空権を手にして、慎重かつ選択的な攻撃を開始した。内陸部深く進入して、カイロ郊外、ナイル河谷およびデルタ地帯の軍基地やインフラを自在に爆撃したのだ。その時からゲームのルールが変わったのである。その時点で、ナセル同様ブレジネフは、被保護者のエジプト同様、保護者のソ連にとっても、そろそろ妥協の時がきた、と認識した。ここでブレジネフは、最終戦に打って出ざるを得なくなった。

〝超大国の仕掛け〟である。一方、戦争のこの段階は、小国に列強の〝大リーグ〟で試合ができるほどの力がない自明の理を突きつけ、イスラエルに軍事力の限界を知らしめた。他方ナセルは、思い通りにいかない現実を痛感していた。破れかぶれの手段を投入し、莫大な損害をものともしない覚悟で行動しても、自分の望む目的に向かっては、誠に微々たる政治的前進しかないのである。

ナセルの政治的苦境

一九七〇年春から初夏にかけて、イスラエルにとって手荒い事態（試練）が生まれた。ソ連が、最新鋭の機材とその操作をする部隊だけでなく、超大国が自己のグローバルな威信が危うくなっている時に投入できる、文字通り無尽蔵の資材を大々的にエジプトに注入したのである。イスラエルは、個々のソ連軍パイロットやミサイルなら撃墜できたし、電子戦兵器あるいは空中管制システムにも対応できた。しかし、無尽蔵の資材の大々的配備には対応できなかった。一機のイスラエル機に対して、ソ連の防空システムは地対空ミサイルを中型国家の保有数ほども多量に発射する。イスラエルは文字通り〝火力で圧倒される〟のであった（ミサイルで圧倒されたというべきだろう）。結論は明確である。イスラエル国防軍は、自己の頭をソ連のミサイル戦争にぶちあてていたのである。[2]

しかし、エジプトの政治的苦境は、イスラエルの軍事的行き詰まりよりもさらに深刻であった。一九七〇年一月、ナセルは敗戦国の首席としてモスクワを訪れた。目的はパトロン役の超大国に対する説得工作である。重要な友好国が再度敗北するのを黙視してよいのかと主張するナセルは、自分の辞任をほのめかして、ブレジネフ、コスイギン、そしてポドゴルヌイを脅迫した。辞任すれば、自分に代わって親米派の指導者が登場するというわけである。ナセルは、イスラエルの優れた軍事力からエジプトを守るには、ソ連軍部隊の派遣しか方法がないことを納得させるために、ソ連という超大国の傘は不十分で役に立たないとまで言いきった。

ロシア人たちは、大々的な介入以外に選択肢はないと理解した。彼らは、ナセルが死に物狂いの訴えをする前に、ソ連のグローバルな地位と兵器システムの信用を守る、と決めていたのかもしれないが、半狂乱状態の大統領の要請でエジプトを助けるかたちをとった。

米ソ両大国の本格介入

今や戦争はまったく違った勝負になった。それは、エジプトがアメリカを巻きこんで、ナセルのニーズに従った対イスラエル政策の変化を求める、間接的対米工作ではない。ソ連の指導部、そしてアメリカ政府は、エジプト・イスラエル消耗戦争がグローバルな対決にエスカレートする前に、緊急かつ絶対にストップさせなければならないのである。その時点でナセルはもはや選択権を失っていた。自分の政治的要求がワシントンで受け入れられるなら戦争をやめ、要求が拒否されれば継続するという操作はできなくなった。

ナセル自身完全に打ちのめされ、まさにお手上げの状態になった。その彼だけでなくエジプト支援にかけつけた当のソ連も、ナセルの優先順位に関係なく戦争をストップする決意であった。その点はアメリカも同じである。エジプトは、政治手段として戦争を扱えなかった。ソ連が仕切る立場になり、エジプトはすっかり脇役になってしまった。ソ連がアメリカにはっきりさせておきたかったのはただ一つ、イスラエルが何の罰も受けずにエジプトを負かし、エジプトのパトロン（ソ連）の無能ぶりを喧伝することはできないということだった。彼らは、この限定的目的を達成した時、戦争をやめる意志をみせ、それも可及的速やかに中止すべく動いたのである。

元々ナセルの戦略目的は、はるかに野心的であった。大きい政治的代償を払うことなく、一九六七年の占領地からイスラエルを全面的に撤退させる。グローバルな対決を恐れるアメリカを利用し、イスラエルへ圧力をかけさせるのである。この目的はもっと枠を広げて考えられる。すなわち、一九六七年戦争で新しいバランス・オブ・パワーがつくりだされた。その中に（エジプトにとって）ネガティブな変化があるが、その固定化をくい止め、一九五〇年代および六〇年代の威信と交渉力を回復したいのである。ほぼ二年近い苦痛と敗北のあと、ナセルが手にできたのは、当たり障りのない曖昧な方式（ロジャーズ提案）で、政治的には中味がなかった(3)。

イスラエルは戦闘の傷を癒している時でも、自国にとって最も重要な点は、はっきり指摘した。すなわち、アラブが一九六七年に失ったものを欲しいのであれば、それなりの見返りが必要である、と主張した。アラブは、イスラエルを一九四八年の被占領地とみなしている。イスラエルは、アラブに公式に承認（つまりイスラエルの存在権を承認）せよと主張した。これは、エジプト正面であと一回大きい戦争（一九七三年）を経て、その約七年後に実現する。しかし、それは、消耗戦争における一九六九～一九七〇年の〝背水の陣〟で、ナセルが敗北したために、可能になったのである。

ポスト・ナセル時代のサダト

消耗戦争の戦訓

サダトが得た消耗戦争の教訓は、将来を見据えるうえで、極めて重要な意味を有している。中でも二つの教訓が際立っている。一つは軍事上、もう一つが政治上の教訓である。

軍事上の教訓は、イスラエルとエジプトの基本的バランス・オブ・パワーの評価に関係がある。サダトの得た結論は、一九七三年の戦略の決め手になっただけではなく、一九七七年のイニシアチヴ（歴史的イスラエル訪問）に影響し、さらにサダト暗殺後はムバラクの政策に反映された。サダトは、イスラエルの戦略的優勢が、アラブ世界との関係で永続的に反映される、と確信した。一九六七年戦争におけるイスラエル国防軍の作戦能力だけでなく、消耗戦争におけるイスラエルの圧倒的航空戦力と持久力のある制空権の維持能力から、その確信に至ったのである。

サダトは自身の分析で、次の二点をとくに注目した。第一は、一九七〇年の戦争末期、イスラエル軍の優勢を圧倒するには、一つの超大国が乗り出してこなければならなかったという事実である。第二は、この超大国すらも、イスラエル空軍の進んだ戦闘能力に対抗するには、操作の簡単な数種のシステムを大量かつ大々的に投入せざるを得なかったということである。

六日戦争と消耗戦争の二つの結果から、サダトは、アラブ諸国が近代的で技術の進んだイスラエル社会に対抗できるという考えに至る。アラブ世界が同じ結論に到達するのは、二〇年ほどあとである。一九六七年のイスラエルの勝利は、準備不足のアラブ諸国軍に対する一回限りの奇襲攻撃の結果と受けとめてよいだろう。一方、消耗戦争は、超大国すら対応が容易でなかった難問をイスラエルがつきつけたのである。

以上の結論は、一九七三年の戦争（ヨムキプール戦争）に反映される。ソ連は大々的な地対空ミサイルシステムを用意し、これが緒戦時の重大時期に優勢を誇るイスラエル空軍を制圧し、その行動を拘束した。しかしその反面、サダトが予期したように、拘束できるのは短期間で、イスラエルの圧倒的な戦略的優位はくつがえせなかった。サダトは、軍の将軍たちよりも判断力に優れ、イスラエルが戦争勃発後三週間もたてば、エジプト軍を撃破できることを知っていた。

サダトは、消耗戦争の戦訓をベースとして、短期決戦として一九七三年の戦争をデザインした。激烈であるが規模を限定し、統制した戦闘で、イスラエルが態勢を立て直し、その戦略的優位性を発揮する前にこれを封殺すべく、入念に準備した政治的動きを開始した。軍事行動は、イスラエルを完膚なきまでに叩き潰すことを意図せず、揺さぶりを目的とする。一九六七年六月以前の状態を回復するのではなく、変化したバランス・オブ・パワーに適応するために比較的苦痛と屈辱度が小さい道をつくり、これを最大限利用するにある。

消耗戦争の政治的教訓

消耗戦争の政治的教訓は、戦訓よりもずっと深遠で永続性があった。サダトがナセル時代、とくに最後の三年間から得たいちばん重要な教訓は、ナセルの喧嘩腰的な対米政策にかかわるもので、高くつくだけでなくまったく無益であったとサダトは考えた。ナセルの大戦略は、アメリカがアラブ世界の革新的（過激）指導体制と対決する可能性があり、とくにその革新派が〝非同盟〟（あるいは〝第三世界〟）運動で主役を果す時、可能性が高まるとの前提で構築されていた。確かにこの危惧が一九五〇年代中期のアメリカの政策に反映され、一九六〇年代初めに一般化した。しかしそれでも、ジョンソン大統領は一九六〇年代中頃から違ったアプローチをとるようになったのである。サダトは、ナセルがジョンソンおよびニクソン両大統領の決心を過小評価していた、と理解した。一九六七年以後、この両大統領は、一〇年前（スエズ戦争時）のアイゼンハワーと違って、まだ喧嘩腰であるがすでに打ちのめされたエジプトの大統領を、本人の過激な反米政策の結果から救い出す気など、毛頭もなかった。

消耗戦争は、グローバルな対決の脅威という暗雲漂うなかで、予期せざる結果を生む危険な政策を、アメリカに強要するナセル最後のあがきであった。

ニクソン大統領と国家安全保障担当のキッシンジャー補佐官は、ほかのどのアメリカ人政治家よりも固い決意で、〝第三世界〟の小さな暴君が、アメリカを威嚇し、過激主義と威嚇を助長するごとき政策を押しつけてきても、断固はねつけるのである。エジプトの場合、この決意にはさらに別の次元もあった。ナセルの過激主義を敗北せしめ、保護国としては大きいエジプトが恐るべき苦境にあるにもかかわらず、それを救出できないソ連の無能をあからさまにしたのである。そしてそれは多くの国にアメリカの望むメッセージとなり、冷戦のグローバルなバランス・オブ・パワーに積極的効果を生み出した。

キッシンジャーとニクソンは、この地域を爆発寸前の〝火薬庫〟として捉え、イスラエル・エジプト間の消耗戦争にひそむグローバルな対決の特異な危険性をはっきりと認識していた。二人は、ソ連の大規模な直接介入が、この危険性を激しく増幅したと判断し、ナセルの期待通りに手を尽して、戦争を止める決意であった。戦争を速やかに終らせ、脅威を排除するため、二人はイスラエルに政治的負担の重荷を背負わせるつもりであった。しかしそのためには、ナセルにも応分の負担をしてもらう必要がある。つまり、飼いならされているとまでは言わないが、もっと（アメリカに）協力的な指導者になり、アラブ世界とその先の世界におけるアメリカの権益を打撃する、積極的反米政策を放棄しなければならない。

ナセルは軍事的に敗北してお手上げの状態となり、ソ連はアメリカ同様グローバルな対決を懸念したが、そのナセルは相変らずの喧嘩腰であり、自分の置かれている立場を知ろうとしない。ニクソンは、過激なエジプトの独裁者に褒美を与える気は毛頭もなかった。一九五七年の時は、占領地放棄でイスラエルを無理やり承服させ、エジプトに戦略的勝利を与えた。ニクソンはこの手のスタイルはとらない決意であった。一九七三年のサダトの政治戦略は、彼の明確な状況判断を物語る。消耗戦争であれほどのエネルギーを使い、多くの犠牲を出しながら、わずかな政治的見返りしか得られなかったのは、軍事的敗北によることもさることながら、アメリカに対するナセルの非現実的な期待感に起因するところが大である。サダトはこの点をよく理解した。彼の戦略は、エジプトのグローバルな進路転換を予め構築し、それを組みこんだものであった。ナセルは、ソ連の介入を段階的に深めていくことによって、アメリカを無理やり引きずりこもうとしたが、サダトはそれまでのパトロンを棄てアメリカを招き寄せようとしたのである。

ナセルとサダトの違い

サダトの学んだ軍事的、政治的教訓は、一九七三年一〇月一六日に収斂した。この日サダトは、イスラエルの戦略的優勢が地力を発揮し始めたことを認識し、再度の敗北からエジプトを救うため、キッシンジャーに連絡をつけた。今回キッシンジャーは、かつてナセルが期待した役割の一部を果した。これが、ソ連との強い結びつきをエジプトが放棄する第一歩であり、この重大地域におけるアメリカの覇権にドアを開く、と認識したからである。

消耗戦争は絶望的な戦いであった。疲弊した後進(発展途上)国の敗者が、近代的な地域勢力とグローバルな超大国に、自己の要求をのませようとした「望みなき試み」である。彼が代弁役になった〝アラブ世界〟は、彼の主張とは大違いで、分裂し力もなかった。これとは対照的に、一九七三年戦争は、従来とは異なる原則をベースにアラブ世界におけるエジプトの重要性を再確立し、アメリカの優越した役割を受け入れることによって、イスラエルに対する交渉力を高めたので、まったく違った戦いになった。

前回の惨めな失敗と一九七三年の相対的な成功は、二人の指導者の違いを反映している。ナセルは、アラブの偉大性と栄光を追い求めて足が地につかず、サダトは地域の力関係のみならずグローバルなバランス・オブ・パワーについて、醒めた目でもっと現実的な評価を下したのである。

現代史の中の〝忘れられた戦争〟

一九六七年戦争と一九七三年戦争の狭間

消耗戦争は、双方で忘れられてしまった。エジプトおよびアラブ世界では、一九六七年の敗北を誰もが忘れることができないし、一九七三年のラマダン戦争の緒戦時における栄光の日々だけは、誰もが是非記憶しておきたいが、残る戦闘の日々は適当に扱い、記憶を圧殺しようとする。

一方、イスラエルでは、一九六七年の六日戦争が、イスラエル唯一の明確な圧勝として記憶されている。一九七三年のヨムキプール戦争に関しては、奇妙なことにアラブ側と同じように、緒戦時のことだけが記憶にある。残る日々は、あらゆる不利を排除して健闘し、エジプト軍を崩壊寸前まで追いつめ、アメリカの介入で同軍はやっと救われるのであるが、イスラエル軍の善戦敢闘の方は忘れられ、最初だけがトラウマとなって記憶されている。

アラブ、イスラエル双方は、一九六九～一九七〇年の消耗戦争の忘却を善しとする。双方は誇示するに足る赫々たる勝利を手にしたわけではなく、十分な理解が困難なためでもある。六日戦争でイスラエルは、国家存亡の戦いで、存在にかかわる脅威からの救済を指摘できる。たとえ問題があるにせよ、地域およびグローバルレベルにおけるイスラエルの地位は根本的に変化し、向上した。イスラエルの戦略的立場は改善され、エルサレム（東）を含む領土占領という目に見える戦果もあった。一九七三年戦争では、アラブは一種の勝利感を表明できた。威信を回復し、イスラエルとのやりとりに力をつけたと主張できた。

消耗戦争では、双方は自国民が語るに足るような華々しい戦果をあげられなかった。ナセルは、軍事上遠大な目的を持っていなかった。小さい目標ですら達成できず、失敗に終った。自分の敗北と屈辱は、最悪であった一九六七年の時ほど悪くはなく、あからさまでもない。しかし、イスラエルには期待したほどの損害も与えられず、わずかにとどまった。ナセルにはこの程度の慰めしかない。政治上ナセルは、意味ある成果を一つもあげることができなかった。占領継続の代償を（戦争というかたちで）イスラエルに払わせたことぐらいである。

イスラエルの成果は、基本的には阻止能力の証明である。外部要素が複雑に入り組んでいて、イスラエル人などの認識に痕跡を残していない。戦争がアメリカの中東および戦略に大きな負の衝撃を与え、ナセルの要求をイスラエルに強要するところだが、イスラエルはそれを阻止した。とはいえ、それで浮かれ騒ぐことはできなかった。イスラエル国民の心理から理解できるのであるが、国民は、ソ連がイスラエル空軍に対応するため、あれだけ大規模な介入をしなければならなかった事実よりも、イスラエル国防軍がエジプトにおけるソ連の大々的プレゼンスに対応できなかった方に注目し、脳裡に焼きつけた。

新たな国際基準

一九七三年のヨムキプール戦争の結果と衝撃がトラウマになりすぎて、消耗戦争の考察が二の次になった。消耗戦争から学んだサダトの教訓が戦略にとりこまれ、数年後にそれが活かされ機能するが、イスラエルの公開論争で、サダトの教訓が取り上げられ論議されることはなかった。

その結果、消耗戦争のようないろいろな要素からなる事象をきちんとした大局観に立ってまとめるのは歴史研究者の仕事となった。この大局観からみると、ナセルのメシア的な救世運動という特異現象が、まず指摘されると思われる。主要なマクロ的教訓である。この戦争は、アラブ過激主義の限界を示す究極の試練であった。当時（そして一世代後の時代でも）支配的であった条件下では、アラブはアメリカの外交政策に大きい変更を押しつけるほどの力はなく、世界問題で主要な役割を演じることができないことが証明された。

二〇世紀後半は、国際基準に二つの大きな変化が生じた時代である。第一は、旧植民地体制の最終的崩壊と新しい主権国家のおびただしい出現である。二〇世紀中頃、新しく確立された主権は、新興国のかたちで体現されたわけであるが、絶対不可侵と認識され、植民地体制時代における民族の基本的権利の否定とは対極にある望ましい地位と広く受けとめられた。冷戦はこの傾向を強めた。新興諸国は、アメリカの権益に打撃を与える暴力的過激政策を追求し、ソ連がその諸国を盾で守ったからである。一九五六年、アメリカ自身が、過激で反米行動に走るナセルを、代償を払わせるのではなく救い出したのが仇になって、ソ連の盾に守られて、反米政策をとるのが習わしになった。

国際基準における第二の変化は、第一を相殺するもので数十年後に起きた。変化の徴候は一九六〇年代末にみられる。六日戦争のあとである。ソ連邦の崩壊に続き古い基準は九〇年代に逆転する。ミレニアムを迎え、9・11事件とその後のアメリカの〝対テロ戦争〟で変ってしまった。二〇〇三年は、イラク占領とサダム・フセインの逮捕をもって、従来の習わしが終わった年である。この変化の本質は、〝第三世界〟諸国が、アメリカを挑発した時、ほかの超大国の盾はもはや存在せず、主権を持つ地位の特権をふりかざしても役に立たないことである。

サダトの先見性

消耗戦争でナセルが犯した歴史的過ちは、時代の変化を読めなかったことである。一九六七年の敗北後でもアラブは一段と政治的影響力を手にしたと考え、ゆっくりではあるが確実に動きつつあるツアイトガイスト（時代思潮）の転換をはなはだしく過小評価したことである。転換は二〇世紀末ほど顕著ではなかったものの、ナセルは転換がどこまで進んでいるかまったく気づかず、足並みを合わせられず代償を払ったのである。

消耗戦争から得たサダトの教訓は（軍事および政治分野で）、作戦的なレベルに限定されていなかった。彼は過保護性が極めて薄れた新しい時代の本質を、前任者より格段に深く理解し、エジプトを新しい環境に適応させた。

アラブ世界の主流は、消耗戦争時代のナセルと同じように、新しい制約をほとんど受け入れようとしなかった。アラブ世界の大半がナセルの幻想を放棄するのは、サダト時代から数十年を要した。新しいミレニアムになっても、偉大な幻想を抱き、挑発政策を持ち続けるアラブの政権がいくつか存在した。

第8章　ヨムキプール戦争

シモン・ゴラン

開戦前

イスラエルの優位性

ヨムキプール戦争は、エジプト、シリアの主導のもと一九七三年一〇月六日のヨムキプール（贖罪の日）に勃発した。当時支配的であった戦略地政学的状況は、イスラエルに有利であった。イスラエルは、ウエストバンク、シナイ半島およびゴラン高原を一九六七年の六日戦争で占領し、この三地域の占領、管理によって、都市部に対する敵の脅威は、距離的に遠くなり、警戒に時間的余裕が生まれた。期待された平和は生まれなかったが、安全保障上の物理的環境は全体的に改善された。六日戦争で占領した地域は、しっかりと管理維持されたので、当時政策担当者が構想したイスラエルの権益は守られた。

一九七三年春、エジプト、シリア両軍が対イスラエル戦を意図し、近く戦争になるという噂が流された。この情報でイスラエル国防軍（ＩＤＦ）は、作戦計画の再点検を行ない、警戒段階を上げて即応態勢を整えた。予備役召集が急がれ、骨格だけの部隊に対する兵員充足のほか、部隊も新設された。従来五個師団であった地上部隊は、一個師団が新編され六個師団体制となった。緊急補給隊の第一線進出、交通線の確保のほか渡河機材の搬出準備も急がれた。河川障害であるスエズ運河の渡河については、方法、手段の研究が行なわれ、機材の調達のほか運用部隊の訓練が実施されてきた。結局、戦争は勃発せず、情報は正しくなかったとされた。国防軍の警戒態勢は元の段階に引き下げられた。

イスラエルの首脳は、アラブ側の開戦意志について、次の前提で判断していた。すなわち、シリアは単独では戦争に突入しない。開戦するとすれば、エジプトと同時かエジプトの開戦後のいずれかである。一方、エジプトは開戦した場合、イスラエルが反撃してエジプトの心臓部を叩く可能性があるとし、その抑止手段としてイスラエルの奥座敷を叩く長距離打撃手段を手にするまでは開戦しないとした。そして、エジプトはこの抑止手段、すなわち長距離爆撃機と長射程地対地ミサイルを、一九七五年まで取得しないと判断された。

エジプトの戦争目的

現在では、エジプトのアンワル・サダトおよびシリアのハフェズ・アサドの両大統領が、一九七三年八月末にその年の一〇月初旬の開戦を決めたことがわかっている。両国は、六日戦争で失った領土の奪回と、パレスチナ人の利害にかなうかたちでパレスチナ問題の解決を意図した。エジプトの前大統領ガマル・アブダル・ナセルは「力によって失ったものは力で取り戻す」と主張し、その目的達成のために消耗戦争を開始した。この戦争は、エジプトが目的を達成することなく、一九七〇年八月七／八日に終った。この戦争でイスラエルは、六日戦争で手にした占領地から一歩も退かなかった。一九七〇年九月にナセルが死去し、後任のサダトは、外交手段でこの目的を達成しようとした。列強がイスラエルに撤退圧力をかけるとの期待からである。しかし一九七三年になって、サダトは外交手段だけでは不十分であり、戦争で揺さぶりをかける必要がある、との結論に達した。行き詰まりを打開し、イスラエルを撤退に追いこむため一戦まじえる覚悟であった。

著書の中でサダトは、一〇月一日に国防相に作戦命令を出したと書いている。エジプト国軍の戦略目標は「国軍の軍事力の限界内で可能な限り最大限の打撃を与え、イスラエルの安全保障政策を根底から揺さぶることにある」とし、戦争は「短期的にはエジプト領の占領継続が高くつくことを敵にさとらせる」が、「長期的には中東紛争の名誉のある解決を可能にする」のである。

四日後の一〇月五日、サダトは次の戦略指示を出した。

一〇月一日に貴官に与えた軍事・政治指示に関し、現在の政治的戦略的状況をベースとして、私は次の戦略目標の達成を決意した。

(1) 一九七三年一〇月六日現在で停戦を崩壊せしめることにより、軍事的行き詰まりに終始符を打つ。

(2) 敵に兵員および機材の損失を強要し、最大限の損害を与える。

(3) 有形無形の我が国軍の戦力にしたがって、占領地を継続的段階的に解放する。

以上の諸目標は、エジプト国軍単独であるいはシリア国軍と連携して達成される。

かくして、起こるべくして戦争は起きた。翌六日、エジプトおよびシリアが開戦に踏みきったのである。

戦争前夜のイスラエル

イスラエルは、一九七三年八月末における両大統領の決心に気づかなかった。しかし、それに先立つ八月中旬、イスラエル国防軍は、ゴラン正面における地対空ミサイル陣地の拡大に気づいた。九月初め地上軍の第一線増強が認められた。九月一三日、北部シリアのタルトスで写真偵察を終えて帰還中のイスラエル空軍機とシリア軍機が遭遇し、空中戦となってシリア機一二機とイスラエル機一機が撃墜された。この事件は、シリア軍の増強が続いている事態の一端を示すものであった。

九月二四日、北部軍司令官イツハク・ホフィ少将が、国防軍にはシリア正面の動静把握に限界がある、と警告を発した。シリア軍部隊が第一線から離れ、イスラエル軍に気づかれずにいつの間にか戻っていたのである。さらにゴラン高原の地勢も問題であった。地形障害がなく、怒涛のように攻めこまれたら防ぎようがない。地対空ミサイルの密集配備で、空軍の行動は制限される。参謀総長ダビッド・エラザール中将は右の事情を考慮し、空中戦に対するシリア軍の反発に備えることにした。ゴランの入植地や拠点に攻撃をかける可能性を考え、部隊増強を決めたのである。

九月二五日、エジプト軍が第一線へ移動しつつあることが認められた。九月末、エジプト軍が、この地域に展開して大規模な演習を実施することがわかった。一〇月四～五日の夜、ソ連が軍事顧問団の家族をエジプト、シリアから出国させていることが判明した。この動きは、説明なしで伝えられたが、この二カ国に戦争突入の計画なしとする確信に疑問が生じた。前提が怪しくなったのである。そこで参謀総長は、機甲および砲兵の現役部隊を派遣し、二正面の増強を決めた。

一〇月六日（ヨムキプール、贖罪日）の朝、エジプトおよびシリア両軍の戦闘開始意図が伝えられた。開始日は当日、日没前であるという。ゴルダ・メイヤー首相は、エラザール参謀総長が要請した予備役の召集を認めた。しかし、空軍による先制攻撃の要請は却下した。国防軍は準備に着手した。一四〇〇時、戦争が勃発した。予期した時間より約四時間早い開始であった。

双方の戦力と配置

エジプト正面―バーレブラインの建設

スエズ運河が停戦協定の境界となり、イスラエル、エジプト両軍はここをはさんで対峙していた。運河は地中海と紅海を結び、幅一六〇～一八〇メートル、全長一六〇キロである。六日戦争の前、シナイ半島で運河の線から一九四九年の休戦ラインまでの最短距離は約二〇〇キロメートル。地域は北部域（地中海沿岸）である。六日戦争でシナイ全域がイスラエルの手におちた。消耗戦争時、イスラエルは〝バーレブライン〟を建設した。運河沿いに拠点を設け、その後方（東）に第二線の防衛線を設けて、道路で結んだ。拠点は基本的には監視所の役割であり、砲爆撃に耐える抗たん性を有し、潜入阻止策が講じてあった。

拠点の中には、主要経路の防護と、エジプト軍の渡河点と考えられる地域の統制を兼ねている所がいくつかあった。待機地には機甲部隊が位置し、敵の襲撃を防止し、撃退する目的をもって、運河線をパトロールした。運河から一〇キロ東に、火砲と車両の移動用として、南北に道路がつくられた。〝砲兵道〟として知られる。さらに運河から三〇キロ東に、砲兵道と平行して南北に道路がつくられた。通称〝平行道〟という。

開戦時、運河正面に展開したエジプト軍は二個軍であった。機甲二個師団、機械化二個師団、歩兵五個師団の戦力で、戦車一七〇〇両、砲兵二五〇個中隊である。地対空ミサイルも濃密に配備されていた。これに対しイスラエル側は、アルバート・マンドラー少将指揮の現役一個師団だけで、戦車約三〇〇両、砲兵一二個中隊であった。開戦時機甲三個旅団のうち第一線に展開していたのは一個旅団だけで、あとの二つは後方に待機中であった。運河沿いの拠点は歩兵が守っていた。アリエル・シャロン少将およびアブラハム・アダン少将指揮の各予備役機甲師団は、準備を急いでいたが、開戦翌日の一〇月七日、二個機甲旅団がシナイに到着した。

ゴラン正面—シリア軍の戦力

エジプト正面が居住地域から何百キロも離れているのに対して、六日戦争で成立したゴラン正面の停戦ラインは、その前の休戦ライン（一九四九年成立）からわずかに一八から二二キロの幅しか変化していない。ゴラン高原には、一般の居住地（いわゆる入植地）ができていたが、前述のようにこれといった地形上の障害がない。

戦争勃発時、ゴラン正面のシリア軍は、歩兵三個師団、機甲二個師団よりなり、戦車七五〇両、砲兵三〇〇個中隊の戦力である。前に指摘したように、この正面にも地対空ミサイルが濃密に配備されていた。それに対しイスラエルは、緒戦時、戦車一七七両、砲兵一一個中隊の戦力で、歩兵二個大隊が第一線に張りついていた。

二正面における戦闘の推移

戦争は、開戦国の行動と戦闘の性格にしたがって、いくつかの段階に分けることができる。

第一局面：守勢に立つイスラエル国防軍

第一段階（一〇月六〜七日）守勢、持久戦。現役部隊が敵の進出をくいとめている間、予備役が動員される。

第二段階（一〇月八日）反撃戦。両正面で進出してきた敵に対する反撃。

第三段階（一〇月九〜一〇日）反撃、防勢戦の継続。北部正面では反撃、南部正面では防勢戦闘。

第二局面：北部正面では攻勢、南部正面では防勢戦闘の継続（一〇月一一〜一五日）

第三局面：両正面における攻勢作戦

第一段階（一〇月一六〜一八日）スエズ運河西岸における橋頭堡の構築と強化。

第二段階（一〇月一九〜二二日）運河西岸地域の突破戦と北部正面におけるヘルモン山奪回戦。

第三段階（一〇月二二〜二四日）エジプト第三軍の包囲。

現役部隊による持久戦と予備役の動員

エジプト正面—イスラエル軍の拠点撤収

開戦時、エジプト軍の歩兵五個師団がスエズ運河を渡河した。エジプト軍はまずイスラエル軍の守備線を砲撃し、航空機がシナイ内陸部の諸目標を攻撃した。この砲爆撃の掩護下で、歩兵が運河全線に及ぶ渡河点で運河を渡り、高圧放水ポンプを使って、イスラエルが構築していた砂地防壁を崩した。それと同時にボートおよびヘリコプターに分乗したコマンド隊が、シナイの南および北域に進出した。西岸に渡河点を確保したあと、彼らは架橋作業に着手した。やがて複数の渡河橋を使って、機甲および歩兵師団の戦車が渡り始めた。

イスラエルの作戦計画によると、現役の機甲師団所属の三個旅団のうち二個が、第一線に展開することになっていた。戦争になった時、一個旅団はすでに第一線に位置していたが、二番目の旅団は戦闘が始まる頃に第一線展開の予定であったが、予想していた時間よりも早く戦争になってしまい、まだ後方にいた。この旅団はその後ビターー湖域の南正面へ送られ、開戦から三時間以内で敵と接触するに至った。第一線に出たこの二個旅団は、対戦車伏撃にあって、多大な損害をこうむった。

イスラエル国防軍は、運河拠点を二〇カ所ほど保持していた。配備兵は約四五〇人で、戦闘員である。拠点のほとんどはエジプト軍部隊が包囲した。スエズ臨海地区の南端部拠点は、一〇月六日に守備兵が撤収した。翌日、残余の拠点に対して撤収命令が出された。しかし、その時点で拠点は敵兵に包囲されていた。機甲部隊が守備兵を脱出させようとして、敵の攻撃を排除しつつ拠点へ向かった。一〇月九日から一一日までの間に、一一カ所の拠点が撤収した。守備兵が脱出に成功したケースもあるが、捕虜になった者もいる。拠点六カ所は降伏し、守備兵は捕虜になった。

最後の拠点メザクー（埠頭）は、この地域の南、ポートタウフィクの対面にあり、一〇月一三日まで戦い続け、その日、国際赤十字の立ち合いで降伏した。エジプト軍の手におちなかった拠点は、シナイ北部の地中海沿岸にあるブダペストだけである。ポートファドの東一五キロの地点に位置し、後方との連絡を断たれながら、手を上げなかった。

一〇月七日、エジプト軍は部隊の東岸移動を続け、拠点攻撃を続行しつつ、幅三から四キロメートルの連続した線を確保した。イスラエルのシナイ師団（現役）は、拠点群と連結して敵の進出をくいとめようとした。予備役部隊が到着するまでの連続戦闘で、師団は戦力の三分の二を失った。

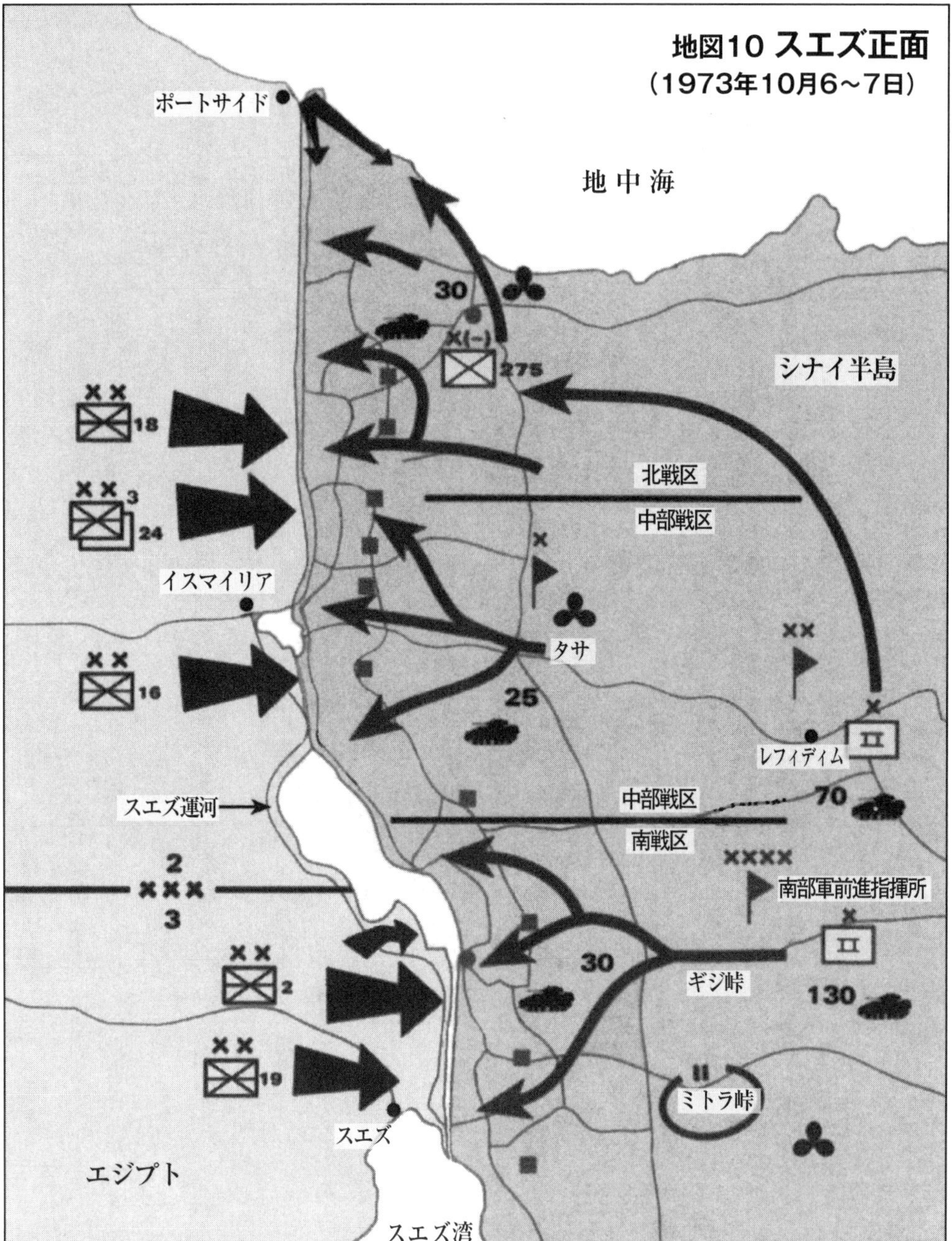
地図10 スエズ正面
（1973年10月6～7日）
ポートサイド
地中海
30
X(−)
275
シナイ半島
18
北戦区
中部戦区
3
24
イスマイリア
タサ
16
25
レフィディム
スエズ運河
中部戦区
南戦区
70
2
3
南部軍前進指揮所
30
ギジ峠
2
130
19
ミトラ峠
スエズ
エジプト
スエズ湾

イスラエル空軍は、一〇月六日夕方から夜にかけて、エジプト正面に対する翌日朝の攻撃を検討した。まず、地対空ミサイルを防衛する火砲、エジプト国内の空軍基地数カ所を攻撃対象とし、その後でミサイル陣地を叩く計画であった。しかし、ゴランでシリア軍と対峙する地上部隊は苦戦中であり、北部軍司令部における状況判断を考慮して、参謀本部は攻撃対象を、スエズ運河地帯に展開するエジプト軍のミサイル陣地から、ゴランのシリア軍ミサイル陣地に変更した。

この理由により、地対空ミサイルが蝟集《いしゅう》するエジプト正面では、イスラエル空軍は地上部隊の支援だけに投入された。空軍機は、敵部隊のほか、エジプト軍の西岸進出を遅らせるための運河にかかる渡河橋も攻撃した。

一〇月七日正午の時間帯に、予備役兵編成の二個師団が運河東方に到着し、戦闘に加入した。計画あるいは意図した時間よりも早い進出であった。アダン少将指揮の師団は、エジプト軍コマンド隊の伏撃にあい、これを排除してシナイ北部に到達した。シャロン少将指揮の師団とマンドラー少将の師団は、シナイの中部および南部地区をそれぞれ担当した。部隊は砲兵道の線を安定させた。

シリア正面——強力な地対空ミサイル網

一〇月六日一四時、シリア軍はエジプト軍と歩調を合わせ、同時に攻撃を開始した。まず砲兵が砲門を開き、空軍機が爆撃するなか、その掩護下で歩兵三個師団が地雷原を突破し、対戦車壕を越えて第一線のイスラエル軍拠点にとりつこうとした。対戦車障害物を排除すれば機甲部隊が第一線を突破し、イスラエルの支配地へ突入できる。北部軍司令部は、シリア軍の主攻が北部戦区の中央に位置するクネイトラ正面に指向すると判断し、軍司令部予備の機甲一個旅団の大半をその正面に注入して撃退し、守備位置を維持した。

一方、南部戦区ではシリア軍部隊がイスラエルの防衛線突破に成功し、機甲三個旅団が拠点にせまった。イスラエル兵は夜明け前、この一連の拠点から撤収した。ゴラン高原の一般居住地（入植地）も同様である。シリア軍はヘルモン山域でも進出を果たした、コマンド隊がヘリボーンで山頂に降着し、徒歩で山頂をめざした部隊に支援され、イスラエル軍が運用していた監視哨を占領した。

ちょうどその頃、編成が終ったあるいはすでに編成されていた予備役部隊が、前線に向かって移動を開始した。第一陣の到着は、一〇日六日から七日かけての深夜。ゴラン中部のナファク付近の油送管道（タップライン）で戦闘に加入した。一〇月七日朝、第二陣が到着、全経路を使って移動し高地に占位した。一〇月七日朝、参謀本部は状況極めて不利と判断しており、参謀総長が参謀本部予備の師団（モシェ・ペレド少将指揮）動員を決意した。イスラエルの中央部に位置していたが、直ちに移動を開始し、同じ日の夕方ゴランに到着した。参謀総長は、ゴランの地対空ミサイル陣地の破壊を目的に空軍の投入も決めた。ゴランは、正午頃二つの戦域に分けられ、北戦区はラファエル・エイタン少将の師団、南戦区はダン・ラーナー少将の師団が守備する事態となった。

その日の朝、シリア軍は第一機甲師団を戦闘に投入した。師団は、ゴラン中部のクドネ域を貫通し、〝ゴランの心臓部〟と考えられるクドネ基地を目指して北上した。部隊は基地のフェンスまで到達した。しかし、そこでイスラエルの部隊に反撃され、反転して南へさがり始めた。南戦区では、シリアの追加部隊が、ヨルダン川到達を意図して前進し、北側はカツビエ（ガリラヤ湖北端と一九六七年の停戦ラインの中間域）、南側はノブ村（ガリラヤ湖南端と一九六七年の停戦ラインの中間地点）まで進出した。ヨルダン川およびガリラヤ湖東岸への到達を阻止したのは、高原へ上がった予備役部隊である。空軍の支援を得て撃退した。空軍機は地対空ミサイルの濃密な地域で行動し、正午頃シリア正面のミサイル陣地網を攻撃したが、失敗した。空軍はミサイルの濃密な地域で任務を続行した。

反撃戦（一〇月八日）

エジプト正面―反撃戦の開始

一〇月七日夜、政府首脳は参謀総長に翌日朝の反撃戦の可否について検討を許可し、参謀総長の判断をベースとして攻撃権限を与えた。エジプト軍は運河東岸にとりついており、反撃目的はエジプト軍の攻撃を撃退し、橋頭堡構築を阻止し、戦闘を西岸へ移すための条件づくりであった。西岸へ移すということは、スエズ運河の逆渡河である。

その日の夕方近く、参謀総長ダビッド・エラザール中将は南へ飛び、南部軍前進指揮所の作戦室で、師団長、南部軍司令官および幕僚と協議した。協議と分析評価にもとづいて、参謀総長は、反撃の時機熟せりと判断し、今後の計画を立てた。それによると、アダン少将指揮の師団が中部戦区のエジプト軍をまず攻撃し、これが完了した時点で、参謀総長が第二段階へ移るかどうかを判断する。移る場合は、シャロン師団が南部戦区でエジプト軍を攻撃する。運河（ポートサイドからビター湖北端まで）の中間に位置するカンタラ以北の地域は、カルマン・マゲン少将指揮下で編成された特別隊の守備担当になった。この特別隊は、マンドラー少将指揮のシナイ師団と一緒に守ることになった。ちなみに、イスラエル側の攻撃は、スエズ運河の東岸寄り堤防にいるエジプト軍歩兵の射撃圏外で生起することになる。サガー対戦車ミサイルがイスラエル側に非常な損害を与えており、その歩兵はサガーを含む対戦車火器を装備していた。逆渡河については、参謀総長の判断では東岸橋頭堡が破壊されるまでは不可能とされていたようである。

反撃戦は、一〇月八日朝に始まった。アダン師団は攻撃を開始し、運河まで三キロ圏内にせまった。しかし、南へ進む代わりに西へ向かい、二地域を攻撃した。南部軍司令官シュムエル・ゴネン少将は、攻撃が有利に展開中との印象を抱き、参謀総長に意見具申した。参謀総長は同意し、シャロン師団の使用を認めた。アダン師団が中部戦区での攻撃を終える前に、シャロン師団に南部戦区のエジプト軍を攻撃させるのである。

さらに参謀総長は、南部軍司令官であるゴネン少将の実施方法に関する要請にも応じた。

それは、参謀総長が前もって構想し、結論として得ていた内容とは一致しないことであったが、それを実施するのである。ゴネン少将の要請とは、戦区の南端へ遠回りのルートで進み、スエズ市域の正面で運河を逆渡河し、南から北へ攻めあがりながら所在のエジプト軍を叩くという構想であった。参謀総長は、この要請を認め、師団の前方部隊は、この意図をもって南へ動き始めた。

午後になって、アダン師団の反撃戦は失敗したことがわかってきた。戦車隊は無秩序で、ばらばらの状態で戦闘に参加し、大損害をこうむり後退を余儀なくされた。エジプト軍は戦果拡大の機とみて、師団攻撃を続けた。シャロンの部隊は南へ向かって動いていたが、この状況をみて中部戦区へ引き返し、両師団が協同して、エジプト軍の攻撃をくい止め撃退した。しかしながら、この日の反撃戦はあえなく潰え去り、イスラエル軍の突進力は失われた。

シリア正面――ヘルモン山監視哨の奪回作戦

一〇月七日夜、参謀本部は南（シナイ）における反撃戦を決定するとともに、北のゴランにおける翌日朝の反撃を決めた。

作戦計画によると、一〇月七日夜、ゴラン高原に到着した参謀本部の予備師団（ラーナー少将指揮）が、ゴラン中央部を西から攻撃し、エイタン師団は北戦区でシリア軍の攻撃をくい止め、それと同時にナファクから南への攻撃に努める。

だが、南での反撃は失敗した。それとは対照的に北の正面では成功し、シリア軍部隊を撃退して前進した。この日、ヘルモン山監視哨の奪回が試みられたが、うまくいかず攻撃隊は後退した。

一〇月八日および九日の戦闘経緯から、国防相と参謀総長は、南部軍司令官シュムエル・ゴネン少将が隷下師団を統制できず戦闘指揮も適切ではないと判断した。ゴネン少将は、軍司令官に任命されて三カ月足らずで戦争が勃発し、南部軍の指揮・統制にはまだまだ未熟である。両者はそのように考えた。

南部正面の指揮・統制を改善する方針の一環として、前参謀総長ハイム・バーレブ（予備役）中将が南部正面指揮官に任命された。バーレブは当時商工相の地位にあったが、政府の同意を得て召集されたのである。南部軍司令官の少将は、この指揮官に従属することになる。前日、南シナイのシュロモベイ地域が南部軍管区から分離され、イシャヤフ・ガビッシュ（予備役）少将の指揮する独立した管区となった。ガビッシュは六日戦争時南部軍司令官であった。ガビッシュは、南下を企てたエジプトの機甲旅団を撃退し、南シナイへ降着したエジプト軍コマンド部隊を撃破した。海軍は、スエズ湾西岸のエジプト軍泊地を攻撃したが、ガビッシュはその海軍の支援を受けて、

反撃と防勢戦闘の継続（一〇月九〜一〇日）

エジプト正面—持久と指揮統制の手直し

モシェ・ダヤン国防相とダビッド・エラザール参謀総長は、エジプト正面での反撃戦失敗を目の当たりにして、イスラエル国防軍が二正面で同時に反撃戦を展開する余裕は現状ではない、との結論に達した。決めたのは一正面だけの反撃である。まずシリア軍を撃退して可及的速やかに脅威を排除し、その後にエジプト正面の戦闘に集中するのである。シナイ正面の各部隊は、防勢に徹するよう指示された。運河から約一〇キロ内陸部の砲兵道の東域に布陣し、エジプト軍との戦闘に引きずりこまれないように持久しつつ、次の反撃段階に備えるのである。エジプト軍は、砲兵道に圧力をかけ続け、さらにスエズ湾では東岸沿いにラススダルへ向け南下してきたが、アユンムーサ（モーセの泉）の南で阻止された。

援を得て、海上からのエジプト軍の上陸作戦を阻止した。

シリア正面—旧停戦ラインの回復

前述のように、イスラエル国防軍の反撃は北部正面に集中した。シリアを戦場で駆逐し、戦争から排除する努力の一環として、イスラエル空軍機が、ダマスカスの軍司令部、発電所、燃料集積所など戦略目標を爆撃した。ペレド、ラーナーの両師団は反撃戦を継続し、一〇月一〇日までにシリア軍をその進出域から撃退し、一九六七年の停戦ラインの外へ追い返した。

エイタン指揮の部隊は、〝涙の谷〟の戦いを含めシリア軍戦車多数を撃破し、力戦敢闘してその守備域からシリア軍を撃退した。

この戦闘（〝涙の谷〟の戦い）は、クネイトラの北平地とヘルモン台地の南東の間で生起した。シリア軍の戦車約一六〇両が殺到して来た。守る第七旅団の戦車二〇両は圧倒され、その命運はまさに風前の灯となった。絶望的な状況のなかで後退が考えられている時、増援戦車一一両が到着し、敵戦車群に潰滅的な打撃を与え、形勢は逆転した。

イスラエル国防軍部隊は、六日戦争時に設定された停戦ライン上で再編成を行なった。その時点でシリア軍がまだ確保しているのは一カ所、ヘルモン山の監視哨だけとなった。

北部正面の攻勢、南部正面の防勢

（一〇月一一～一五日）

国連停戦決議の採択

シリア正面のイスラエル国防軍は、一九六七年の停戦ラインまで戻り、戦力の回復に努めたが、この時大きなジレンマに直面していた。このままシリア領内で戦闘を続けて占領地を拡大すべきか、それともこの停戦ラインで踏みとどまり、余力をエジプト正面にまわして、運河東岸からエジプト軍を撃退する方に努力を集中すべきか。問題は、終戦時どちらがイスラエルにとって有利に作用するかであった。

だが、このジレンマはソ連の行動によって解消された。ソ連が、国連で停戦決議の採択に向けて動き出したからである。停戦決議の発効時点で軍の確保している線が停戦ラインになる。ソ連の提案が現実になるまで、すなわち戦闘停止になるまで、あと数日しかないと考えれば、シリア領内での戦闘続行が有利と判断された。

南部正面で反攻に転じるためには、北から一個師団を転用しなければならない。師団の移動にはかなりの日数を要し、その間、国防軍は戦果なしの状態で待っていなければならない。

イスラエル軍の進撃止まる

シリア正面では、ダマスカスを火砲の射程圏内におさめる所まで進撃という勢いにあった。一〇月一一日早朝、エイタン、ラーナーの両師団は、航空および砲兵による準備砲爆撃に続いて、ゴラン高原北部域で行動を起こした。エイタン師団はマツラアトベイトジャンおよびハラスの方向に約八～一〇キロ進み、同時に一九六七年の停戦ラインから東へ三キロほどのハーンアルナベ域で、ダマスカスへ至る幹線道路（ダマスカス街道）をブロックしているシリア軍部隊を分断した。一方、ラーナー師団は突破しようとして強力な抵抗にあい、大損害をこうむった。一〇月一一日の朝にかけて、両師団は戦力の増強を受け、シリア領内を二五キロ前進、テルシャムスとクナケルにせまった。

攻撃衝力が失われる事態が起きた。突然、イラク軍部隊が戦闘圏内に入ってきたのである。一〇月一二日の午後、ラーナー師団がクナケルへ向かう途中、横手に旅団級の部隊が出現し、ナセジ村とテルシャアルの方向へ進んでいた。イラク軍部隊の先遣部隊であった。

一〇月一三日、イスラエル国防軍は、伏撃位置からこのイラク軍部隊を攻撃した。この部隊は後続の一個旅団が到着し、倍の戦力になっていた。イスラエル軍部隊は、これを撃破したあと、テルマシャラ

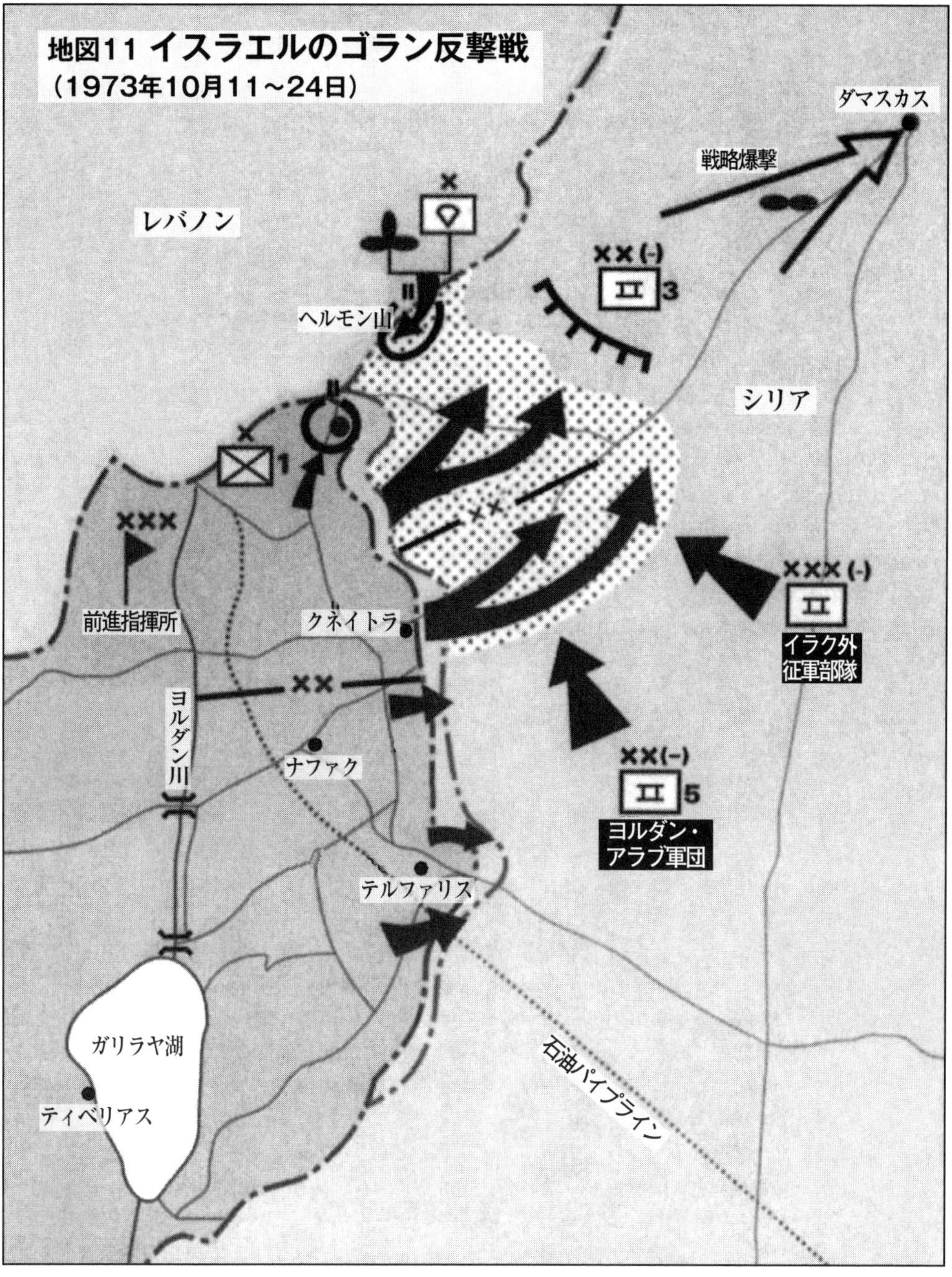
地図11 イスラエルのゴラン反撃戦
（1973年10月11～24日）
ダマスカス
戦略爆撃
レバノン
XX(-)
3
ヘルモン山
シリア
1
XXX
前進指揮所
クネイトラ
XXX(-)
イラク外
征軍部隊
XX
ヨルダン川
ナファク
XX(–)
5
ヨルダン・
アラブ軍団
テルファアリス
ガリラヤ湖
ティベリアス
石油パイプライン

とテルマレーの間の平地で態勢をたて直した。停戦ラインから約一八キロ東である。

一〇月一三日の夜から一四日の明け方にかけてエイタン師団の空挺部隊が徒歩で行動し、テルシャムスを確保した。さらに長距離砲が、ダマスカスの南郊外に位置するエルマゼー軍用空港を砲撃した。一〇月一四日は、この正面でイスラエル軍の進撃が終った日であった。イラク軍の追加部隊とともにヨルダン軍部隊がシリアに到着したのである。イラク軍が五〇〇両、ヨルダン軍は一七〇両ほどの戦車戦力であった。シリア軍の戦車もまだ残っている。これに対するイスラエルの手持ちは三〇〇両。これで進出域を守りぬくのである。

政治正面

アメリカのイスラエル支援

ヨムキプール戦争は、ソ連の影響下にあるエジプトおよびシリアとアメリカ圏内にあるイスラエルとの間の戦いである。二つの超大国は、自己の衛星国が戦争に勝利することを願った。アメリカは、さらに別の目的があった。それはエジプトを自己の影響圏内に入れることであった。そのため、イスラエル優位を確立する一方、エジプトを敗北から救い出す必要があった。

戦争の初期、奇襲のおかげでエジプト、シリア両軍ともに一定の進出を果たし、二つの超大国は介入しなかった。イスラエルとアメリカは、時間が十分にあれば、形勢を逆転し、敵を駆逐し徹底的に叩きのめすことができる、と考えていた。

イスラエルが反攻に転じ、シリア軍をその進出域から駆逐して停戦ラインを越え、シリア軍の状況が悪化するに至り、ソ連は一〇月一〇日から大々的な空輸を開始した。地対空ミサイルを含む戦闘資材のシリアへの供給である。翌日には、エジプトへの空輸も始まった。ソ連は、シリアの立場がさらに悪くなるのを恐れ、対峙する線で銃を置く、すなわち、その場停戦に向けて動き出した。二つの超大国が組み立てたシナリオによると、イギリスが国連安保理に停戦決議案を提出し、投票時米ソは棄権する。かくして決議は採択される。アメリカは、イスラエルが戦時中に軍事援助を受けることなく速やかに勝利するとの理解で、この停戦発議に賛成したのである。しかるに、ソ連が友邦のエジプトおよびシリアに大々的な軍事支援を行なっている事態を考慮して、アメリカは停戦が近い将来成立しないという予想のもとに、イスラエルに対する武器弾薬の空輸を決めた。

アメリカはイスラエルに、シリア懲罰を勧め、一〇月一一日には、叩きのめすにはどのくらい時間を必要とするかと尋ねた。イスラエルは、シリア正面の戦闘完了には四八時間を要し、エジプト正面で納得のいく勝利を手にするには、その後一週間が必要と回答している。ヘンリー・キッシンジャー国務長官は、安保理協議の四八時間延期を約束した。

停戦と武器空輸との間には関連があると主張する人たちがいる。その主張によると、キッシンジャーが戦争を利用してエジプトに対する影響力を強めようとしたので、アメリカは対イスラエル空輸を遅らせた。絶体絶命の状態にあれば別であるが、そこまで追いつめられていなければ、大々的な対イスラエル支援はしない。そう考えるキッシンジャーは、停戦を模索するソ連の動きに自分の希望を託した。

停戦が急速に履行されるならば、対イスラエル空輸の必要はない。この筋書を粉砕したのがエジプトである。国連安保理で決議採択に向けて動いていたイギリスが、エジプトに意向を打診したところ、エジプトは否定的態度を示した。翌日に次の攻勢作戦を開始する計画であったからである。キッシンジャーは、速やかな停戦が期待薄であることを知ると、ソ連の空輸によって戦力上イスラエルが不利になることを恐れ、さらには、エジプトが停戦への動きを阻止した事実を考慮して、イスラエルに対する武器弾薬の供給を決めた。

戦闘による損耗分を補充し、補給に関しては同等の条件で戦闘を継続できるようにした。リチャード・ニクソン大統領は空輸による急送を命じ、一〇月一四日、軍事資材を搭載した第一陣のC5ギャラクシー輸送機がイスラエルに到着した。

エジプト軍の次期攻勢作戦

参謀総長は、安保理で停戦協議を始めようとする動きと意図があることから、国防軍に停戦は必要かという問題を検討し、必要との結論に達した。停戦提案の促進を考えた末に、参謀総長はエジプト正面における敵前渡河が対応上最善の方法であるとの結論を得る。政府首脳と軍首脳が共同で敵前渡河の是非について協議している時、エジプト軍の次期攻勢作戦情報が伝えられた。それには、複数の機甲師団の東岸進出も含まれるという。イスラエルの参謀総長は、この点を考慮して、相手を先に渡河させる方を善しと考えた。東岸でその機甲師団を撃破し、運河西岸のエジプト領内での戦闘に移行できる条件をつくるのである。西岸に残るエジプト軍の戦力はかなり少なくなっているはずである。

停戦については、モシェ・ダヤン国防相は——あとになってみれば、その着想は正しかったことがわかる——次期攻勢作戦のためエジプトは停戦提案を拒否する、と考えた。さらにダヤンは、エジプトが拒否するため、安保理で停戦協議はなく、停戦決議を早急にのまされることもないと判断した。一方、イスラエルはアメリカの示唆に表面上前向きに答えていれば、シリア正面で反撃戦を続けても圧力はかからないであろうし、エジプト正面で反攻を開始すれば、アメリカは支持し、必要な武器弾薬を供給するだろう。ゴルダ・メイヤー首相は、このような判断を示すダヤンの提案を受け入れた。

つまり、アメリカの提案するシナリオに前向きに反応しておくのである。いずれにせよ、そのシナリオが成立することはないとの読みである。新しい状況が生まれつつあり、参謀総長は速やかな停戦に備える必要はないと判断した。戦争が長びけば、国防軍は進出域を拡大できる。

エジプト正面—サダト大統領の決断

エジプト軍は、一〇月九日から一一日にかけてスエズ運河東岸の確保域の防備強化を行ない、イスラエルの南部軍部隊は、彼らの確保域拡大の阻止に努めた。一〇月一三日、シナイ師団のアルバート・マンドラー少将が戦死し、後任の師団長にカルマン・マゲン少将が任命され、マゲン少将の指揮下にあってシナイ北部の防備担当であった部隊は、サソン・イツハク准将が引き継いだ。エジプト軍の次期攻勢意図が明らかになると、南部軍部隊は万全を期して待機した。

エジプトのアンワル・サダト大統領は次期攻勢作戦を発令した。作戦開始の理由の一つが、シリアの要請である。シリアにかかっているイスラエルの圧力をシナイで吸収して欲しいというのである。サダトには別の思惑もあったようである。つまり、シリアが敗北してイスラエル軍がシナイ方面へ全力投球をしてくる前に、進出域をできるだけ拡大しておきたいのである。しかし軍首脳は、これ以上の前進攻撃は戦理に反すると考えた。軍参謀総長サード・アディン・シャズリ大将は、著書の中で「エジプトが（スエズ運河より三〇マイル東のギジ・ミトラ両峠の攻略を含む）作戦計画を立てた理由は、シリアをなだめすかすためであった。それがなければ、シリアは参戦を拒否したであろう」と述べている。軍の上級指揮官たちはこの挙に出ないようサダトに圧力をかけた。しかし政治的考慮が優先され、攻撃は中止されなかった。開始が一〇月一三日から一四日に一日延期されるだけである。

一〇月一四日、エジプト軍が攻撃を開始、同時に西岸残置部隊を東岸へ移し始めた。イスラエル国防軍は、多大な損害を与えて攻撃隊を撃退した。この日の戦闘で、エジプト側は戦車を約二〇〇両喪失した。イスラエル側の損害は二五両ほどであった。敵領地へ戦闘を移す条件が揃ってきた。

スエズ運河西岸の橋頭堡構築と強化
（一〇月一六～一八日）

渡河部隊の集結

一〇月一五日夜から一六日朝にかけて、イスラエル国防軍はスエズ運河の逆渡河を開始した。軍はこの渡河を何年もかけて準備し、渡河機材を調達し備えていた。機材を使って訓練し、水際で予行演習をしたこともある。しかし、現在の問題は、エジプト軍が支配している運河への経路をまず啓開《けいかい》しなければならないことであった。渡河地点に選ばれたのは、グレートビター湖の北に位置するドヴェイル・スアル（デベルゾアル）であった。戦前この地域が渡河点として計画され、広い敷地に渡河部隊の集結地が設けてあった。本戦争のこの時期にこの地点が選ばれたのには理由がある。シャロン師団が、エジプト軍の第二軍と第三軍の境界を（一〇月一〇日）に発見していた。この地点こそまさにその間隙部であった。ここは部隊の配備がない隙間であり、さらに南側はグレートビター湖で、左翼はこれで守られているから、激しい戦闘なしで水際へ容易に近づける。

シャロンは、自分の師団に与えられた渡河任務のため一連の特殊渡河機材を受けとった。第一は浮き台（ユニフロート）で、これを連結すれば渡河橋ができる。第二がイスラエル人の開発したローラー橋である。平らな鉄のプレートをロール状にして、それを連結したもので、すべてを連結すれば長さ二〇〇メートルの浮力のある渡河橋となる。いくつかのセクションに分けて渡河点へ搬送し、連結のうえ対岸へ押し出す。第三がクロコダイル自走橋（ジロワともいう）である。左右に膨張式フロートがついており、これに空気を入れると浮力がつき水中でも航走可能である。前二者は自走能力がないので、車載輸送ないしは牽引しなければならない。

承認された計画によると、シャロン師団の機甲一個旅団が、歩兵の増強を受けて、エジプト両軍（第

二、第三）の間隙部に進入して運河東岸に到達する。機甲旅団が渡河橋搬送用ルートを二本（浮き台とローラー橋）啓開し警備するなかで、空挺一個旅団が強襲艇に分乗して渡河する。この後シャロン師団主力が、両岸域の橋頭堡を北方のティムサ湖とイスマイリア運河まで拡大していく間に、アダン師団が渡河し、運河東岸の南域に進出しているエジプト第三軍を包囲する目的をもって南下する。

渡河橋の完成

一〇月一五日夜に渡河した空挺旅団は、〝農耕障害地帯〟として知られる地域を確保した。そこには樹木が生い茂り、小さい畑が散在し運河に流れこむ複数の水路がある。空挺旅団はその地域に橋頭堡を設け、機甲部隊の到着を待ったが、この機甲部隊が、エジプト両軍の境界域で障害に遭遇して前進できなくなった。東岸へ至る東西道のティルツール道（エジプト両軍の境界になっている）と運河とほぼ平行して南北に走るレキシコン道の交差域で、エジプト軍と衝突したのである。猛烈果敢に戦ったが、ルートを啓開できなかった。そのうえ、ローラー橋が壊れて修理に長時間かかった。浮き台の搬送も交通渋滞にまきこまれて前進できなくなり、路肩から出て迂回しようとして砂に埋まってしまった。自走式のクロコダイル（ジロワ）だけが運河に到達し、一〇月一六日朝に戦車一七両を西岸へ渡した。

この一〇月一六日朝、空挺部隊が橋頭堡の守りを固め、戦車隊は〝農耕障害地帯〟を出て、地対空ミサイル陣地の攻撃に向かい、ミサイルと施設を次々と破壊した。これにより空軍の対地支援が可能になった。一方、運河東岸では機甲部隊が激戦の末にティルツール・レキシコン交差域を占領したが、ティルツール道（軸路）は啓開できず、ルートはブロックされたままで、渡架橋は設置できなかった。この状況をみて、南部正面の指揮官は、西岸で立ち往生しては困るので、これ以上の部隊の渡河を禁じた。

アダン師団は、シャロン師団の第一陣が渡河したあと、主力をもって渡河する予定であったが、このような状況のため渡河できず、代わりにティルツール道の啓開と、浮き台の東岸搬送を命じられた。日中の努力は実を結ばず、現役空挺一個大隊の増強を受け、一〇月一六日の夜から翌一七日にかけて、道路啓開の重責を背負って攻撃を再開。〝中国農場〟域で激戦となった。そこはドヴェイル・スアル（デベルゾアル）の対面にあり、六日戦争前、日本の専門家がつくった農業試験場で、未完成のまま戦争で放置された。漢字の表記があったので、イスラエル国防軍が間違って〝中国農場〟と名付けたのである。イスラエルの空挺大隊は敢闘したが、甚大な損害をこうむった。彼らはティルツール道を啓開できず、この地域から撤収した。しかし、エジプト軍はこの戦闘に拘束され、浮き台の搬送が可能になった。さらに南方のアカビシ（蜘）道を使って、一〇月一七日の朝、運河の入口に到着したのである。その日の夕方、工兵隊が浮き台をつなぎ、渡河橋を完成させた。

この日エジプト側は、逆渡河の重大性を認識したようである。渡河用集結地と橋頭堡に対して激しい砲爆撃を加え、さらに東岸所在の部隊で対応した。エジプト軍部隊は、南北から渡河点を攻撃しようとした。イスラエルの部隊は北からの攻撃隊を撃退し、南でも撃破した。アダン師団はグレートビター湖の東方で伏撃して、エジプトの一個旅団に潰滅的打撃を与えた。

一〇月一七日深夜、アダン師団が完成した渡河橋を使って、西岸へ渡り始めた。師団は、一〇月一八日早朝、師団は、西岸橋頭堡を出撃し、エジプト軍の拠点を次々と占領し、地対空ミサイル陣地を破壊した。そして、運河から西へ八キロのところで広い道に出た。ツァフ道である。同じ日、シャロン師団の部隊が東岸の〝中国農場〟を占領し、ティルツール道を啓開した。ローラー橋も運河に到達し、一〇月一八日の夜から一九日にかけて、水中に押し出され、両岸をつないだ。

運河西岸地域突破戦と北部正面におけるヘルモン山奪回戦（一〇月一九〜二二日）

政治正面――米ソによる停戦決議

一〇月一六日、ソ連のアレクセイ・コスイギン首相がカイロに到着、速やかな停戦受諾を求め、サダトを説得しようとした。しかしエジプト大統領はコスイギンの懇請に従わなかった。一〇月一九日、コスイギンはロシアに戻り、その翌日サダトは厳しい現実を認識する。すなわち、エジプト軍がイスラエル軍の進撃をくい止めることはできない状況を知り、ブレジネフの提案に従い、速やかな停戦を求めるのである。

ソ連側は、停戦協議のためアメリカの国務長官をモスクワに招いた。一〇月二一日夕方、米ソは停戦決議案のテキストに同意し、国連安保理は決議三三八を採択した。一〇月二二日一七時五二分（イスラエル時間）停戦発効とする内容である。

シリア正面――ヘルモン拠点の奪回

停戦時間が来るまで戦闘は二正面で続いた。北部正面においては、アラブ諸国軍部隊が出現し、イスラエル軍の前進を阻んできた。北部軍司令部は新しい状況に対応すべく、部隊のたて直しを行なった。

一〇月一五日、ラーナー師団の部隊が東へ突進し、所在の部隊を攻撃したところ、相手はイラク軍であった。一〇月一六日、イスラエル軍はシリア、イラクおよびヨルダンの部隊に攻撃されたが、この一連の攻撃はものの見事に撃退した。一〇月一九日の戦闘でもイスラエル国防軍はさまざまな敵部隊を撃退した。

アラブ側はこの三カ国軍間の連絡調整に欠けていたので、イスラエル側は機甲部隊を前に出して、要地を増強し、攻撃を撃退することができた。シリア正面ではその日以降イスラエルにかかる圧力が弱まったので、シナイへの部隊転用が可能となり、縮小機甲一個旅団がスエズ運河正面へ派遣され、戦闘に参加できた。

ヘルモン山の拠点は、戦闘初日にシリア軍が占領した。以来拠点は同軍の手にあり、一〇月八日に実施された奪回作戦は失敗した。停戦時間が迫るなか、再度奪回作戦が実施されることになった。一〇月二一日の夜から翌二二日にかけて、予備役空挺一個旅団がヘリに分乗してシリア側ヘルモン拠点と山頂を急襲し、二カ所とも占領した。一方、ゴラニ機甲旅団は下から攻め上がり、激戦の末イスラエル側ヘルモン拠点を奪回した。かくしてシリア正面の戦闘は終った。イスラエル国防軍は、緒戦時シリア軍が占領した地域はすべて奪回し、さらに進撃してシリア領ゴラン深くに楔を打ち込んだ。

エジプト正面—停戦前の攻勢

一〇月一九日、南部軍隷下部隊はいっせいに西岸橋頭堡を出撃した。シャロン師団は、運河の東回廊と西岸の橋頭堡を守る一方、エジプト軍部隊を北へ追い上げた。橋頭堡を砲撃しているエジプト軍砲兵を射程圏外へ駆逐するためである。師団の渡河部隊は、両岸を掃討しつつ北上し、イスマイリアの郊外に到着した。

アダン師団は、平原へ打って出ると、南のジェベル・ジェニファへ向かって一路驀進した。南に約一〇キロ、運河と平行する山地で、グレートビター湖の西岸域にあたる。師団は所在の敵部隊を次々と撃破して進んだ。マゲン師団は、一〇月一九日朝、渡河し、アダン師団のあとを追って橋頭堡を出ると、アダンの西側に位置して南下した。

一〇月二一日、停戦発効までに、エジプト第三軍の包囲環はこのままでは形成できないことが明らかとなり、アダン師団は方向転換を命じられ、ビター湖の南へまわり込むことになった。西岸に打ちこんだ楔を強化するためであった。

一〇月二二日、部隊はジェニファ台地に殺到し、運河西岸に哨所を設けた。一方マゲン師団の一部は、同じ日にスエズ・カイロ街道の一〇一キロ地点（カイロまでの距離）に到達し、停戦入りの前に街道を封鎖した。

第三軍の包囲（一〇月二二〜四日）

停戦発効後の戦闘

第三軍の包囲環形成は間に合わなかった。しかし、国連が第一線を統制しているわけではないので、停戦が効力を発したあとも、戦闘は続いた。停戦発効直後一〇月二二日の夜から翌朝にかけて、エジプト軍が西岸のイスラエル軍部隊に攻撃をかけてきたのである。地域は運河の南、イスラエルが打ちこんだ楔に対するもので、態勢を立て直し、西への脱出をはかろうとしたものと思われる。エジプトは停戦決議を順守していないことがはっきりして、イスラエル政府は戦闘継続と第三軍包囲環の完成を軍に許可した。

一〇月二三日、マゲン師団がスエズ湾沿岸のアダビヤを占領し、包囲環は完成した。同じ日アダン師団が、スエズ市郊外に到達し、翌日市内に進入した。占領して第三軍の包囲を強固にする目的であったが、猛烈な抵抗にあい、逆に大きい損害をこうむってしまった。部隊の一部は寸断され、市内に取り残され、夜になって救出された。スエズ市攻略は失敗し、師団主力は郊外で待機した。

国連安保理が再度召集され、決議三三九を採択した。双方に停戦を順守し、決議三三八が効力を発した時点の線へ戻るよう求める内容であった。

政治正面—兵力分離協定まとまる

一〇月二四日朝、安保理決議三三九が効力を発し、それ以降、政治戦が展開した。最初は安保理決議三三九の適用に関して、次いで運河東岸の南部戦区に取り残された第三軍の包囲解除あるいは同軍に対する補給問題で交渉が行なわれた。

一〇月二七日、イスラエルが交渉方式を提案し、エジプトがそれを受け入れた。それは、重要案件は両国の軍代表が交渉のテーブルについて協議するというもので、同じ日に第一回協議がスエズ・カイロ街道の一〇一キロ地点で開かれた。その後何度も協議が行なわれた。

一九七四年一月、アメリカの調停でイスラエル・エジプト間の兵力分離協定がまとまった。イスラエル・シリア間の協定は同年五月に成立した。一九七五年九月は、一つのプロセスが始動した時期で、アンワル・サダトがその流れのなかでイスラエルと平和を結ぶため、一九七七年一一月にエルサレムを訪れた。

ヨムキプール戦争がもたらしたもの

イスラエルの慢心

ヨムキプール戦争は、一九七三年の贖罪日（ヨムキプール）の午後、エジプト、シリア両国の軍がイスラエル国防軍に対する奇襲をもって開戦した。夕方の時間帯に攻撃開始という信頼すべき情報をイスラエルが入手したのは、その日の朝であった。

イスラエル国防軍には従来から二つの確信があった。一つ目は、エジプトは、イスラエルに対する長距離打撃能力を身につけるまで開戦しない。二つ目は、開戦する場合もイスラエルは時間的余裕をもって事前に知り得る、であった。この確信が仇になってしまった。よい情報に欠けたから奇襲される結果になったのではない。開戦前、シリア、エジプトの両軍が正面のそれこそ目の前で戦闘隊形を整えつつあるのを見ても、イスラエル国防軍は平然としていた。敵軍がいくら頑張ってもたいしたことはできない。いくつか占領しても、イスラエルは短時間のうちに奪回し、敵に潰滅的打撃を与えられるという思い上がりもあった。

イスラエル国防軍は、戦術レベルでも奇襲された。たとえば、軍は〝サガー〟対戦車ミサイルが多数敵の手にあることを知っていた。しかし、その集中使用の効果（イスラエルに大きい損害を与えた）について、正しい計算をしていなかった。エジプト軍の本格的渡河作戦の重大性についても正しい計算がなかった。従来イスラエル国防軍は、戦闘の主導権を握る攻撃者であったが、この奇襲効果によって守勢に立たされる防者になってしまった。

イスラエル国防軍は、攻撃本位の編成で、防御の構築が十分ではなかった。奇襲の結果、空軍の作戦運用が変則的になってしまった。既存の計画に従ったやり方がとられなかったのである。イスラエル国防軍の計画によると、空軍は開戦当初に制空権を握り、敵の地対空ミサイル陣地を破壊し、敵機群も撃破、戦場上空を支配するはずが、奇襲を受け、空軍は二正面を行ったり来たりする羽目になった。

一〇月七日、空軍はシリアのミサイル基地を爆撃したが、無惨な失敗に終った。その後、空軍は、敵の地対空ミサイルが密集する地帯で、地上部隊を支援することになり、空軍は多大な損害をこうむった。空軍機は、敵のミサイルシステムにハエのごとく叩き落された。その結果、アメリカの（機材供給）空輸に依存することになる。それは、まわりまわってイスラエルの対米依存を強めた。

アラブ最大の国家エジプトとの和平

イスラエル国防軍は、最悪の状態で戦闘に入り、戦前予想されたような「初期的後退からの逆転」ができなかった。しかし、軍は数日の間にショックから立ち直り、シリア軍を完全に撃退したのみならず、シリア領奥深く進攻し、火砲でダマスカス郊外を制圧できる地点に進出した。南部正面では、緒戦時にエジプト軍が占領した地域の大部分は彼らの手に残ったが、イスラエル国防軍は運河を逆渡河して、西岸のエジプト領を確保、エジプトの首都まで一〇一キロの地点まで迫った。さらにイスラエル国防軍は、スエズ運河東岸のエジプト二個軍の一つ（第三軍）を包囲することまでやった。アメリカの介入がなければ、第三軍は潰滅したであろう。

イスラエル国防軍は、軍事的には大きな勝利を手にした。しかしそれでも、ヨムキプール戦争は、国民、政界、アラブ世界、そして国際社会からは、イスラエル国防軍が失敗した戦争と受けとめられた。初動の失敗は、固定観念にもとづく想定と現実との差に起因していると思われる。現実に起きつつあることを、固定観念は否定する。さらにアラブの軍と戦えば必ず国防軍が勝つ。これが皆の見慣れた戦いであった。

緒戦時の出来事が、敗北感を引き起こしたように思われる。これは、国防軍が不意をつかれ、大きい損害を出し、敵軍が土地の一部を占領、確保した最初の戦争であった。アグラナット調査委員会は、開戦までの事情と緒戦三日間の状況を調査し、参謀総長をはじめ何人かの上級指揮官の更迭を勧告したが、政治指導者に対する措置勧告は控えた。しかしイスラエル国民は、政治家にも責任があると感じ、世論の圧力が高まった結果、ゴルダ・メイヤーを首班とする政府は、一九七三年の総選挙後に辞職に追いこまれた。

この総辞職を「ヨムキプール戦争の終り」とみる人々がいる。それはともかく、この戦争が一連の事象を引き起こして和平への道を切り開き、戦争を引き起こしたアラブ最大の国家エジプトとの平和条約の締結をもたらしたのである。

第9章 不正規戦（一九六〇～一九八五年）

ベニー・ミハエルソン

PLOとの戦い

共闘する反イスラエル勢力

イスラエルは、反イスラエル闘争に直面し、この三十数年間はPLOが前面に出てきて、国家主権が不断に挑戦を受けている。パレスチナ革命運動の目的は、昔も今も変らず一貫している。すなわち、イスラエルなきあとにアラブパレスチナ国家を建設することである。

エジプト、シリア、ヨルダン、レバノン、イラク、リビア、サウジアラビア、イエメンといったアラブ諸国は、パレスチナ人武装集団にあらゆる種類の援助を行ない、率先して武力増強に乗り出すこともよくあった。イスラエル撃滅後の国家建設というゴールは、イスラエル領、海外のイスラエル権益およびイスラエル代表部に対する継続的攻撃、敵対行為を必要とする。

PLOは、ほかの武力集団を統括する機関であるが、そのキャンペーンを遂行するため、毛沢東方式を選び、中東の風土環境に合わせて運用し、作戦の戦術概念を極めて柔軟かつ巧みに変えた。彼らは情報網を確立し、傘下にいくつもテログループ、ゲリラ隊を置き、亡命政府軍（パレスチナ解放軍PLA）をつくり、状況や政治的便宜に応じて、この闘争手段を使い分けた。

国際社会に対する宣伝活動も巧みであった。世界中に外交・プロパガンダ網を張りめぐらし、支援国の後押しを得て宣伝活動を行なった。本腰を入れて支援したのはソ連をはじめとする東側諸国である。ユーゴスラビアやインドのような第三世界諸国も、パレスチナ闘争に同情し支援した。解放運動と称する集団とも共闘した。南アフリカのアフリカ民族会議（ANC）、モザンビークのモザンビーク解放戦線（FRELIMO）、南西アフリカの南西アフリカ人民機構（SWAPO）、ドイツのバーダーマインホフ、イタリアの赤い旅団（BR）、日本赤軍等々の非合法、反政府〝姉妹組織〟と助け合った。

正規戦および不正規戦の両方に対応

イスラエルの目的は、パレスチナアラブ人のゴール達成を拒否することであった。そしてその基本政策は自衛自存をベースとしていた。イスラエル国防軍は、イスラエル国家の潰滅、抹殺を意図する相手の執念と際限のない努力に対処するため、アラブ諸国正規軍との通常戦闘に勝利し、それと同時にパレスチナゲリラとの対テロ戦に勝つ必要がある。すなわち正規、不正規戦の両方に対応できる、ユニークな部隊をつくり上げなければならなかった。

本章は、この闘争史を扱う。対不正規戦最初の二〇年間の略史である。我々はこの二〇年間を次の四つの時期に区分している。

一九六五～六七年　ファタハの勃興
一九六七～七三年　消耗戦争
一九七三～八二年　北部境界域の戦い
一九八二～八五年　レバノン内における対ゲリラ戦

ファタハの勃興（一九六五～六七年）

シリアのファタハ支援

ファタハ（FATAH）は、アラビア語のHareqat at-Ttahrir al-Watanyye al-Falastinyye（パレスチナ民族解放運動）の頭文字を逆に並べた名称である。ファタハ組織は、クウェートで一九五九年一〇月に設立された。当初そのメンバーは極めて少なく、どのアラブ国家からも支持されず、影響力も限られていた。一九六〇年代、シリアの政治体制が過激主義の傾向を強め、エジプトとはライバル関係で対抗意識をあらわにする。ファタハはその状況に身を置き、その状況を利用しつつ、イスラエル攻撃の方法を研究した。このような経緯でファタハ支援の環境がつくられていった。

当初その支援は、アドバイスとプロパガンダに限定されていた。一九六五年の中頃、ファタハ指導部はその司令部をダマスカスに移した。シリア政府は、メンバー募集、武闘訓練、武器供与などでファタハを支援するようになった。シリアがつけた条件はただ一つ。イスラエル攻撃に際して「シリア領から発進するな」であった。

ファタハの第一回イスラエル攻撃は、一九六五年一月一日で、全国配水網(ナショナルウォーターキャリアー)の用水路爆破であった(爆薬は爆発しなかった)。しかしその年にファタハは合計三五回イスラエル攻撃を実行した。主に給水施設がターゲットであったが、民家襲撃や地雷埋設もやった。発進地はヨルダン(二八件)とレバノン(七件)であった。

六日戦争の引き金

当初イスラエル国防軍の対応は原則として防御的であった。境界域のパトロール強化や待伏せ攻撃、給水施設には金網を張って囲いを厳重にするといった措置である。そしてテロリストの発進国に責任を問うのが、その基本戦略であった。その戦略にしたがって、テロ発進国のヨルダン、レバノンに対して何度か警告の報復攻撃が行なわれた。最大の報復作戦が、一九六六年一一月一三日に実施されたサムア攻撃。ヘブロンの南にあるアラブ・ヨルダン村である。これらの報復作戦の結果、ヨルダンとレバノンはファタハの活動規制を強めた。

イスラエル国防軍の報復作戦とヨルダン、レバノンにおけるファタハ規制で、シリアは態度を変えた。ファタハは、細かい管理監督のもとで、シリア領発進の反イスラエル行動を許されたのである。一九六六〜六七年にファタハがイスラエルで起こしたテロは七〇件を超えるが、約三分の一（三〇パーセント）は、シリア領発進のものであった。

この時期を総括すると、六日戦争前のイスラエルに対するテロ活動は、主としてシリアが震源地であった。シリアは、新興のファタハ組織を国策推進と権益拡大の道具として使い、反イスラエル闘争を主導したのである。イスラエル・シリア関係は緊張の度を強め、さらにはテロリスト発進国に対するイスラエル国防軍の報復作戦から、ソ連はイスラエル国防軍があたかもシリア攻撃のため兵力を集中しているかのような警告をエジプトに伝えた。この情報でエジプトのナセル大統領は、自国軍のシナイ半島展開を決め、結局この動きが六日戦争に行き着くのである。

消耗戦争（一九六七～七三年）

「三つのノー」

六日戦争の結果、イスラエル国防軍はいくつかの地域を占領し、これが新しい状況をつくり出した。新しい停戦ラインが、中東地図を塗り変えてしまったのである。停戦ラインを基本にして考えると、陸上の境界線は六五〇キロに縮小し、海岸線は一〇〇〇キロに伸びた。イスラエルの人口密集地が敵性諸国から遠くなったので、イスラエル国防軍の配置、展開も都市部に近いところを考慮する必要はなくなった。一方、占領地にはアラブ人が一〇〇万人居住しているので、それが新しい統治対象になった。軍政部が設置され、シナイ半島、ガザ回廊およびウエストバンクを管理することになった。

六日戦争の三カ月後にあたる一九六七年九月、スーダンの首都ハルツームでアラブ首脳会議が開催され、イスラエル政府の平和と土地の交換提案を検討した。この首脳会議の決議が、イスラエルに対する有名な「三つのノー」である。すなわちアラブ側は、平和を結ばない、国家として承認しない、交渉しないとした。この首脳会議のすぐあと、エジプト軍がスエズ運河沿いで、挑発行動を開始した。この境界域はすぐに絶え間なき〝消耗戦争〟の場と化すのである。

イスラエルの停戦ラインの東部域は、ヨルダン河谷とヨルダン川を境界線とし、イスラエル国防軍と国境警備隊は、基地の多くをジュディア・サマリア地方（ウエストバンク）へ移した。一九六七年から六九年にかけて、ヨルダン川西岸（ウエストバンク）に拠点二五カ所を建設している。そのうち隊員常駐の拠点は一八カ所である。長さ八〇キロの防護柵も設置された。間に地雷を埋設した二重フェンスである。さらに防護柵の西側には二本のパトロール道路が建設されている。一本はアスファルトの舗装道、もう一つは未舗装である。パトロール隊が足跡を探知するため砂地になっている。新しい特殊兵器も数多く開発され、境界線沿いに配備された。

テロリストと地域住民の分離

六日戦争のあと、複数のパレスチナ組織が、ジュディア・サマリア地方で〝人民解放戦争〟を開始しようとした。組織の司令部もここに移されている。イスラエル打倒に人民を奮起させ、メンバーを大量に確保し、禁制の兵器を入手して占領地内で反イスラエル武力闘争を展開するのである。最初の頃、彼らは地域の住民から食料と住居を提供されるなど、協力と支援を得た。

イスラエル国防軍は、テロリストと地域住民の分離を戦略とした。治安部隊がテロ分子とその支援者を厳しく追及していくのに対し、軍政部は生活手段を提供して地域住民が普段の正常な生活を送れるように配慮した。

六日戦争後、ヨルダン両岸域の交流促進を目的として導入された〝オープンブリッジ政策〟を通して、ヨルダン・ハシェミテ（ハーシム）王国との関係が維持された。テロリストは、イスラエル人やイスラエルの施設をターゲットにジュディア・サマリア地方（ウエストバンク）、ガザ回廊およびイスラエル国内で盛大にテロ攻撃を行なったが、解放・革命戦争の教唆煽動には失敗した。

占領地域内で失敗したあと、革命組織はヨルダン川東岸へ移動し、活動拠点を停戦ラインの近くに置いた。その時代の彼らの活動には、ヨルダン川渡河による越境テロ、地雷埋設、停戦ライン越し射撃が含まれた。期間中数百件の事件が起きた。大半はテロリストの犯行であったが、ヨルダン軍のからんだ事件もよく起きた。テロリストに対する援助、イスラエル側の応戦で軍施設が被弾した場合の応射などである。六日戦争後、ヨルダンに残留したイラク軍部隊も事件に関与した。

対ゲリラ索敵殲滅戦

この時代に起きた越境テロで、ベトシャン盆地のイスラエル人村落が非常な被害を受け、多数の犠牲者が出た。イスラエル国防軍の対応も当然厳しくなり、時には民間施設をターゲットにすることもあった。対テロ活動のピークが、一九六八年三月に実施された「インフェルノ」作戦と「アソウタ（癒し）」作戦である。

イスラエル国防軍がヨルダン河谷の東部域を急襲し、カラメの町や死海北端に近い地域を含めた広い地域を一時占領した。ヨルダン領内でのテロ掃討作戦で、テロ組織はやむなく活動拠点をヨルダン河谷から死海東方の山地ギレアド・モアブへ移し、のちにヨルダンの中心部へ移動した。

ヨルダン川を越えてジュディア・サマリア地方への侵入に成功したゲリラ集団は、新しい戦闘形態──対ゲリラ索敵殲滅戦──に直面した。戦闘用車両とヘリコプターを使う、極めて機動性の高いイスラエル国防軍歩兵と偵察隊が追撃するのである。追跡部隊が未舗装道で足跡など侵入の形跡を探知すると、予想経路を遮断し、機動力を発揮して追いつめていく。

パレスチナゲリラ組織は、ギレアド山地に本拠地を移さざるを得なかったが、その後ヨルダン王国の都市部と都市化した難民キャンプの中にアジトを設け始め、やがてヨルダン政府がコントロール力を失い、国家内国家をつくり出すのである。これが、ヨルダン当局との摩擦をますます強めていく。一方イスラエル国防軍は、彼らの基地を主として航空機で叩いた。

当時この革命組織は、イスラエル国外でイスラエル人やイスラエル関連の施設を襲撃することもやった。この時期、国外でエルアル（イスラエル航空）の旅客機に三回テロ攻撃を実行している。イスラエル国防軍は「ギフト」作戦で対応し、ベイルート空港を急襲してアラブの民間航空機一五機を爆破した。

一九六九年三月〜七〇年八月（ヨルダン内戦）

ヨルダン内戦

この時期は、スエズ運河沿いでエジプト軍の展開した消耗戦争が支配的で、イスラエル国防軍はこちらに努力を傾注した。それでも、東部および北部境界域と占領地で対テロ戦争は続いていた。むしろ激化したといえる。シリアとパレスチナアラブ人は、エジプトの対イスラエル闘争を支援しようとしたのである。

ヨルダン河谷沿いでは、イスラエル国防軍の拠点に対する攻撃と越境砲撃が日常的に起きた。ベトシャンの村落へは、迫撃砲とロケット攻撃が執拗に繰り返された。ヨルダン河谷におけるイスラエル国防軍の作戦が成功し、テロリストはこの地域から排除され、活動拠点を死海の南とワジアラバ沿いの地域へ移した。軍は、民間人の〝立ち入り禁止地区〟を設けるとともに、長距離監視哨のネットワークを整備し、パトロールと待伏せ攻撃を強化した。死海ではイスラエル海軍が警備を担当し、特別偵察隊を編成して水上および沿岸の組織的捜索を実施。死海東岸については急襲、捜索を行なった。

険悪になりつつあったパレスチナ革命運動とヨルダン軍との関係は、一九七〇年二月頃にはすでに危機的状況を迎えていた。一九七〇年四月、フセイン国王は、パレスチナテロリストの圧力で親パレスチナ政府を任命せざるを得なくなった。しかし、ヨルダン軍とテロリストの間に事件が頻発し、関係は悪化の一途をたどり、一九七〇年九月にピークに達した(ヨルダン内戦)。

イスラエル国防軍の積極防御

一方、シリア国境は六日戦争後の二年間は比較的静穏であったが、この時期動きが急になってきた。スエズ運河正面におけるエジプト軍の戦闘を支援するためである。この時期境界域では、月に四〇件の事件が発生した。イスラエル国防軍の拠点および監視哨に対する砲爆撃、伏撃、そしてテロ攻撃が、この時期のシリア軍の行動の特徴である。

シリア軍は、テロ集団とくに子飼いのテロ組織アルサイカに、越境攻撃を許した。それには、待伏せ攻撃、車両襲撃、地雷埋設が含まれた。

そのためイスラエル国防軍は、停戦ライン沿いに拠点一五カ所をつくり、要所に対戦車壕、防護柵、地雷原を設けて、停戦ラインの一部を守った。シリア正面におけるイスラエル国防軍の積極防御は、〝戦闘日〟と称され、シリア領後方に対する火砲、戦車砲による砲撃、空爆、そしてヘリボーン攻撃が実施された。

この積極防御のピークが、「キトン10」と称するコード名の作戦で、〝戦闘日〟が三回実施された。一九七〇年六月、空軍の支援を受けながら機甲部隊が山地でシリア軍の防衛線を突破し、シリア兵と戦闘になった。シリア側は兵員数百人を失い、イスラエルの部隊はシリア軍の戦車三両を戦利品にして基地へ帰投した。

ファタハランド

テロ集団は、一九六八年にヘルモン山の南西山麓に基地をつくり始めた。ゴラン高原の北西部にあたる。彼らはここをイスラエルに対する越境テロに用いた。この基地はファタハランドと通称され、一九六九年の一年間で、この基地発進のテロが八〇件ほど起きた。一九七〇年には二〇〇件である。テロリストは、ハスバニ川の西からテロをやる意図であった。当初、レバノン政府はこれを許さなかったが、一九六九年一一月、テロ組織とレバノン政府の間でカイロ協定が調印され、ファタハランドからのテロ発進が認められた。それ以後、テロ活動はイスラエル北部国境沿いに広がってきた。

この地域におけるテロ活動の特徴は、ロケットによる越境攻撃、北部の道路を走行する車両を狙った越境射撃、イスラエル国内への越境テロであった。数あるテロ事件の中でいちばん有名なのが、一九七〇年五月にアヴィヴィム村で起きたスクールバス襲撃で、児童一二人が死亡、二九人が負傷した。

ヘルモン山麓の防護柵網

〝防護柵網〟の建設も始まった。この人工障害物は、ヨルダン河谷とゴラン高原につくられたものとまったく同じで、未舗装道と舗装道の間に地雷が埋設され、外側にフェンスを張ったシステムである。大々的な土木工事が実施され、道路網がつくられた。それには、ファタハランドを眼下にする舗装道路が含まれた。ヘルモン山の西山腹で、防御工事を施した拠点も一カ所建設された。のちに数本の道路が追加された。ファタハランドにもつながっており、反撃、掃討戦の機動用として使われた。レバノン国境域の作戦は、越境伏撃、防護柵沿いのパトロール、監視哨の総合運用を特徴とした。

一九七〇年六月まで、積極防御の主たる手段は航空機による対地攻撃と砲撃であった。その年イスラエル国防軍／北部軍の対テロ戦に変化が生じた。陸上部隊によるレバノン領内のテロ基地急襲が導入されたのである。多くの作戦が実施されたが、なかでもいちばん大規模なものが、一九七〇年五月一二日に実施された「カラハット（大釜）二号」作戦で、機甲部隊が南レバノンの村落数カ所を急襲した。

この時期、ガザ回廊内のテロが急増した。手榴弾投擲、短距離内での射撃、地雷埋設が主なテロ手段であるが、対イスラエル協力者の殺害が大きい特徴であった。

国際テロは、主としてイスラエル行き旅客機とイスラエルの在外公館を攻撃対象にした。いちばん大きな事件がスイス航空機攻撃で、イスラエル発チューリッヒ行きの旅客機が飛行中に爆破され、搭乗客四七人（うちイスラエル人一三人）が犠牲になった。

一九七〇年九月〜七三年一〇月（レバノン基地化）

拠点を追い出されるテロリスト

この時期、パレスチナテロリズムと戦うイスラエル国防軍の戦闘正面はレバノン国境であった。ヨルダン内戦（ブラックセプテンバー）とテロ集団のヨルダン追放にともない、パレスチナテロリスト約六〇〇〇人がレバノンへ移動し、数地域に集中することになった。東部のファタハランド、その後背地のクク、イアンタ、レシャイア・エル・ワディの三つの村の周囲、レバノン中央域、そしてティレとベイルートの都市内部である。彼らの行動は、イスラエルへの越境テロ、海上経由による上陸テロ、イスラエル軍のパトロールと走行車両に対する境界越え射撃、民間施設に対する境界越えロケット攻撃に代表される。

イスラエル国防軍は、ヘルモン山麓に防護柵網と道路網をつくり上げた。イスラエルの村落群のまわりに舗装されたバイパス道が設けられたほか、新しい小道がつけられた。この防護柵沿いのパトロールが日夜実施され、イスラエル国内のレーダーと連動した特殊兵器の伏撃も行なった。この正面はしばしば立ち入り禁止地区に指定されている。

一九七二年初め、北部国境地帯からのテロ攻撃が激しくなり、イスラエル政府はレバノンに最後通牒をつきつけた。イスラエルに対する越境テロを防止しなければ、イスラエルが南レバノンに進攻するという内容であったが、状況の鎮静化は一時的にすぎなかった。

一九七二年二月、イスラエル国防軍は、再び作戦概念を変え、大部隊をもって急襲し、空軍が遠距離のターゲットを攻撃した。同じ月には、エイナタ村に機甲攻撃がかけられた。この一連のレバノン急襲作戦で、テロリストは都市部と村落内に設けた基地から追い出され、野原や山に基地をつくり始めた。その結果イスラエルに対するテロ活動は減少した。

イスラエル国防軍の急襲作戦

一九七二年九月、シリア正面の状況悪化、パレスチナアラブ人による海外テロの頻発を背景として、イスラエル国防軍はレバノンのテロ基地に対する小規模な積極防御作戦を開始した。この作戦時、主な急襲戦が三回実施されている。第一回は、南レバノンのテロリスト集中域に対する歩・機旅団連合の機甲攻撃。「カラハト4延長戦」（一九七二年九月）と称し、二二の村落を占領して空軍の密接な対地支援を得ながら地域を掃討した。空軍はレバノン全域を対象にテロ基地を攻撃した。第二回は、レバノン北部トリポリにある巨大なテロ基地を対象とした空と海からのいわゆるヘリボーン／シーボン攻撃で空挺隊が中心となった。「フード54―55」作戦（一九七三年二月）と称する。第三回は、ベイルートのテロリスト指導部を叩いた「青春の泉」作戦（一九七三年四月）。PLO本部と指導者の居宅をモサドと軍の連合部隊が急襲した。この作戦時、ブラックセプテンバーの全指導部が抹殺された。

シリア正面に関しては、一九七二年九月がイスラエル国防軍の作戦概念が変わった時である。その月が分水嶺となった。停戦ライン沿いの事件が九月にピークに達し、軍は、小規模積極防御作戦でシリアおよびレバノンのテロ基地を叩いた。まずイスラエル空軍がダマスカスの北までシリア領内深く進空し、シリア軍とテロリストの基地を爆撃、砲兵も射撃に任じた。作戦コード名をキャピタルと称し、一九七二年一〇月までに戦闘日が四回実施された。以来ゴラン高原では、この種の作戦が定型化する。シリア方面は一九七三年一月以降静かになった。

ガザ回廊での対テロ作戦

一方、ガザ回廊における作戦は、一九七一年に劇的な変化をとげた。これまでもこの地域はテロ攻撃が多数発生していたが、両親と散歩中の子供二人が殺害される事態になり、その脅威は看過できなくなった。そこで南部軍が回廊の全面的掌握に乗り出した。民政部が住民全体の生活を担当する一方、軍事関連を専門に扱う管区旅団が新しく編成された。その旅団編成は、現役のエリート歩兵大隊二ないし三、国境警備隊一個中隊、特別偵察隊一個隊である。

この対テロ部隊は、住民の動静掌握と回廊内地形地物を熟知するため、長期間駐留した。外出禁止令と家宅捜査が極めて頻繁に実施された。数時間後に同じことが繰り返されることもあった。難民キャンプは構造が改革され、住民の一部はキャンプ外の地区に移され、さらにイスラエル国防軍部隊が迅速に行動できるように、キャンプ内に広い道路が通された。

イスラエル海軍が海上を警備し、沿岸には海岸道路がつくられた。この一連の軍事活動でテロは鎮圧され、細胞も潰滅した。テロ組織の指導者の多くは殺害ないしは逮捕され、残りは投降あるいは逃走した。かくしてガザ回廊は平穏になった。

南部軍司令部は、一九七二年三月までにしっかりした治安の仕組を作り上げ、そのもとで軍政府諸機関は環境を整備し、インフラを再建することができた。軍部隊も、順次ガザ回廊から秩序正しく撤収し、中部軍司令部の指揮下に入った。

国外でのテロ活動

パレスチナ民族運動は、ウエストバンクで革命を呼号して蜂起に失敗（一九六七〜六八年）、ガザ回廊でも同じ結果になり（一九七〇〜七一年）、ヨルダン・ハシェミット王国については、イスラエルの攻撃から組織を守る〝隠れ場〟にすることに失敗した（一九六八〜七〇年）。そして、シリア、レバノン境界域における行動もほとんど進展せず、（一九七一〜七二年）、イスラエル国防軍が、すべての正面で革命を標榜するテロ組織をことごとく撃退したため、彼らは新しくイスラエルの弱点を探し求めた。そして見つけたのが、イスラエル国外のイスラエルおよびユダヤ関連の権益や人物をターゲットにすることである。

彼らは他国の〝姉妹組織〟の協力を得て攻撃を仕掛けた。国際社会の注目を引いて、パレスチナの大義に対する支持をとりつける目論みもあった。テロ組織は、航空機ハイジャック、国際空港急襲、手紙爆弾の発送、要人暗殺などさまざまな手段とテクニックを用いた。重大な結果になったテロ活動も少なくない。たとえば、

（1）ブラックセプテンバーによるサベナ航空機ハイジャック事件。ハイジャックされた機体はロッド空港に着陸（一九七二年五月八日）、翌日イスラエル国防軍の特殊部隊が機内に突入して乗員乗客を解放した。

（2）ロッド空港無差別乱射事件（一九七二年五月末）。パレスチナ解放人民戦線（ＰＦＬＰ）に雇われた日本赤軍のテロリスト三人が、同空港で無辜の市民二六人を殺戮し、七六人を負傷させた。

（3）ミュンヘンオリンピック事件（一九七二年九月）。ブラックセプテンバー所属のテロリスト八人がオリンピック村のイスラエル選手団宿舎を占拠し、選手一一人を殺害した。

イスラエルの防衛当局は、この新しい脅威に対応するため、組織を改編した。イスラエル国防軍、モサドおよびシャバクの責任分担関係を明確にしたのである。シャバク（国家安全保障機関）は、重要施設と全世界に及ぶ航空運輸の保護および予防指針の維持管理を担当する。モサド（諜報および特別作戦機関）は、積極攻勢任務を与えられ、ヨーロッパその他世界各地で暗躍するテロリスト指導者と破壊活動分子の確認、排除を担当。国防軍は、レバノンのテロリスト基地を対象とし、その基地の破壊、武器弾薬の製造者と外国でのテロ活動要員を訓練する者を攻撃する。

一九七三〜一九八二年（北部へ移った戦争）

パレスチナテロ集団との戦い

ヨムキプール戦争（贖罪日の戦い、十月戦争）が終ったあとの数カ月間、すなわち安保理決議三三八にもとづく新しい停戦ラインが、まだしっかりと確立されていない頃、シリア、エジプト両正面で、ミニ消耗戦争が起きた。テロリストがレバノン国境でテロを続けていたが、イスラエル国防軍は主としてミニ消耗戦争に対応した。しかしながら、エジプトおよびシリアとの通常戦争で停戦が確定すると、パレスチナテロ集団との戦いが再び前面に出てきた。

パレスチナゲリラ運動にまだ〝安全な隠れ場〟を提供しているのは、レバノンだけとなった。その時期イスラエル国防軍は、対ゲリラ戦と対テロ戦に集中する公算が大きかった。北部では、一九七四年四月以来、テロリストは主に次の二つのパターンで行動した。

（1）可能な限り多数のイスラエル人を殺害、ないしは人質をとる。

（2）海上経由で侵入し、境界線から遠く離れた地域を攻撃する。

一九七四〜七五年には、イスラエルに対する大量殺害および人質作戦のテロ攻撃が七回発生した。キリヤトシュモナ事件（死亡一八人、負傷一六人）、マーロット事件（死亡三〇人、負傷七九人）、キブツ・シャミール事件（死亡三人、負傷一人）、ナハリヤ事件（死亡四人、負傷五人）、ベトシャン事件（死亡四人、負傷二二人）、サボイホテル事件（死亡一一人、負傷二〇人）、クハル・ユバル事件（死亡三人、負傷六人）である。

このうちの二件（ナハリア、サボイ）は、海上からの侵入である。この一連のテロが深刻なのは、彼らが与えた被害の大きさ、そして彼らが引きつけた国際世論のためである。

一九七五年のレバノン内戦

一連の大量殺害テロ事件のあと、イスラエル国防軍はいくつかの教訓を学び、一九七四年に〝防護柵システム〟を改善した。電子装置をつけ、システムを延長し、拠点と監視哨を増設し、さらに地雷敷設を増やしたのである。さらに、指揮系統も改造された。海上挺進テロとの戦いに勝つため、沿岸レーダーを海軍が運用し、海上哨戒も実施された。レバノン国境の防衛に関しては、境界線の両側でのパトロールと伏撃が含まれる。

テロ集団に対するイスラエル国防軍の攻勢作戦は、この時期極めて活発となり、境界に近い南レバノンの村落に対する捜索（ドアのノック作戦と称せられた）、急襲作戦、レバノン沿岸の基地、港内および停泊地の漁船を目標としたミサイル艇による、大々的砲撃、レバノン内陸部に対する頻繁な爆撃が含まれる。

一九七五年、レバノンで内戦が勃発した（五年前のレバノンに類似する。勃発原因も同様）。しかし、レバノンはパレスチナ運動の主導する反乱を鎮圧できる力がなく、国の統制もできなかった。この状況に押されて、シリア軍がレバノンに侵攻した。少数派のキリスト教徒社会の要請にこたえ、パレスチナ人と戦うのである。シリア軍の攻勢作戦によって所定の目標を達成し、パレスチナ勢力は敗北した。その後シリアはテロリスト三五〇〇人の南レバノン展開を許した。イスラエルに接近した地域への展開である。

イスラエルは、南レバノンのキリスト教徒社会を支援し、訓練面で民兵隊の編成に協力、火力支援も行なった。それと同時にイスラエルは、人と物の交流を可能にする善隣の垣根（グッドフェンス）政策を導入し、南レバノン住民のために国境を開放した。

この段階でPLOは、海外テロの停止を決めている。しかし、これに反対する〝拒否戦線〟派は、世界各地でイスラエルおよびユダヤ人をターゲットにテロ活動を続けた。よく知られている事件がエールフランス機のハイジャック（一九七六年七月）で、イスラエル国防軍の特殊部隊が遠路ウガンダのエンテベまで飛び、乗員乗客を救出した（エンテベ作戦）。

リタニ作戦（一九七八年三月一四日）

一九七八年三月一一日、史上稀にみる凄惨なテロ攻撃が、テルアヴィヴに近い海岸道路で起きた。マーガンミハエル海岸に上陸したファタハ所属のテロリスト一一人が、女性観光客一人を殺害し、タクシーを一台とバス一台を奪い、テルアヴィヴへ向かった。途中で彼らは別のバスを奪っている。そのバスはカントリークラブの交差点付近で停止し、イスラエルの救出部隊とテロリストの間で戦闘になって、バスが炎上した。死亡三五人、負傷七一人。テロリストは九人が死亡し、二人が逮捕された。あと二人いたが上陸時溺死している。

この残忍きわまりなきテロが引き金となって、リタニ作戦（一九七八年三月一四日）が発動された。この作戦でイスラエル国防軍は、リタニ川まで南レバノン全域（ティレとラシディエ難民キャンプの周辺部を除く）を占領した。テロリスト三〇〇人が死亡、三〇〇人が負傷した。軍は部隊を段階的に撤収し、六月一三日に南レバノンからの撤収を完了した。

この段階で、ヨルダン正面も安定した。ウエストバンクでは、レバノン内戦やアラファト議長の国連の演説など、政治状況の変化に合わせて、市中デモが組織された。それが時々暴力に発展した。イスラエル領内でテロ発生することもあった。テロ組織は、都市部の人が大勢集まる場所を狙って攻撃した。なかには巧妙な仕掛けを使ったテロもあった。エルサレムで起きた冷蔵庫爆発（死亡一五人、負傷七六人）、エルサレムを狙ったロケット弾発射（一九七六年四～五月）がそうである。しかしながら、この種のテロは散発的な事件であった。

レバノン国境域のキリスト教民兵

一九七九年三月にエジプトと平和条約が調印され、イスラエル国防軍は、シナイ半島（タバを除く）から逐次撤収し、一九八二年四月に新しいラインに展開した。

しかるに、レバノン情勢の悪化が影響して、ジュディア・サマリア地方でテロ攻撃が増えてきた。当時最も強烈なテロが一九八〇年五月に発生したヘブロンのハダサハウス（旧診療所）事件で、死亡六人、負傷一六人の被害が出た。

イスラエル兵を〝事故を装って轢く〟テロもあった。しかしテロの大半は、テルアヴィヴのカルメル市場のような人で混雑する場所が選ばれている。リタニ作戦後、イスラエル国防軍は、レバノン国境域がキリスト教徒民兵によって掌握されたのを見極めたうえで撤収を完了した。

南レバノンには、主要なキリスト教徒社会が三つあり、それをつないでキリスト教徒支配地帯が形成されていた。東のシュバ村から西の地中海へ至る地帯で、長さ八〇キロ、幅五～一六キロ。その人口は約一〇万人で、南レバノン域（SLA）ベルト地帯と呼ばれるようになった。

一九七九年四月、レバノン中央政府はSLAに対し国家主権を適用しようとした。しかし、キリスト教徒民兵司令官のサアド・ハダッド少佐は、「レバノン独立国家」の建国および独立宣言をもって応じた。ハダッドの指揮下にある兵は一三〇〇人、ほかに警備員が約七〇〇人いた。

リタニ作戦のあと、国連によって在レバノン国連暫定駐留軍（UNIFIL）が編成された。兵力六〇〇〇人、歩兵七個大隊がリタニ川とSLAとの間に展開した。イスラエル国防軍の撤収後の力の空隙を埋め、平和を維持するためである。しかし、国連駐留軍は無能であり、テロ集団は国連軍の駐留域に浸透し、基地を再建してしまった。ガリラヤ平和作戦までに、国連軍の〝目の前〟で陣地二五カ所をつくっていた。イスラエル北部の農村地帯に対する（ロケット弾発射を含む）砲撃陣地、あるいは越境テロの出撃地として使うためである。この一連の陣地は、すべて国連軍（ＵＮＩＦＩＬ）の管轄地帯にあった。

レバノンをめぐる対立の激化

リタニ作戦後、テロ集団はリタニ川以北で再編成され、兵站インフラを整備し直した。この再建行動でも、海上経由のテロ能力は影響を受けなかった。レバノンの海岸地帯に引き続き存在していたからである。

この期間中、テロ集団は地上攻撃を続けたが、南レバノンにはＵＮＩＦＩＬとＳＬＡの二重のベルト地帯があり、さらに国境沿いの防護柵システムが改善されているため、地上からの越境テロには障害が多すぎた。そこで彼らは海上経由テロを増やすことに決めた。成功したのがナハリヤ事件（一九七九年四月）である。ほかにも海上経由テロがいくつか試されたが、イスラエル海軍に阻止された。たとえば、イスラエル南端のエイラート市を攻撃しようとして（一九七八年九月）、ロケット発射艇が、ナバクの北（紅海）で撃沈された。パレスチナ人たちは空中経由のテロも実験した。グライダーと気球でベルト地帯を通過しようとしたのである。彼らはＳＬＡにもゲリラ攻撃をかけた。それは、一種の〝消耗戦〟の様相を呈するほど執拗であった。

イスラエルに対する攻撃がうまくいかないのはＳＬＡのせいであるという怒りと挫折感からパレスチナテロ集団は、南レバノンのキリスト教徒社会全体を敵視、イスラエル国防軍との協力関係を断ち切ろうとして、テロ攻撃をＳＬＡに集中した。

この時期イスラエル国防軍は、レバノンに対する積極攻勢を強めた。レバノンの後方にあるテロリストの施設等に対しては、陸海空連合作戦が実施された。海軍がレバノン沿岸の攻撃目標を艦砲射撃で叩き、砲兵と空軍は内陸部のテロ施設を砲爆撃した。海上挺進隊による上陸急襲も数多く実施された。

一九七九年六月、レバノンに展開するシリア軍が、この地域におけるイスラエル国防軍の活発な行動に対して、反応を示すようになった。イスラエル空軍の戦闘機を迎撃して、テロ集団を支援したことが何度かあった。一九八一年四月、レバノンをめぐるシリアとイスラエルの対立が一挙にエスカレートした。シリアのヘリコプター二機をイスラエル空軍が迎撃し、これに対抗してシリア軍はベッカー高地に地対空ミサイルを展開した。

ガリラヤ平和作戦

レバノンのパレスチナ組織は、次第に行動が難しくなり、有力なゲリラ戦に発展させていくどころか、戦闘方法もわずかに一種類になってしまった。ロケット弾による越境攻撃である。攻撃対象はイスラエル北部の市町村で、一九八一年一月以来、同年七月までロケット攻撃がエスカレートした。七月には国防軍とテロ集団が一〇日間ミサイルと火砲で撃ち合った。七月にテロ集団がイスラエルに撃ちこんだロケット弾と砲弾は一八七〇発である。イスラエル側の人的被害は死亡六人、負傷一二二人だった。

イスラエル空軍は航空機をもってレバノン全域のテロ基地と橋梁を爆撃し、海軍はザハラニとカスミア両地域のテロリスト陣地を艦砲射撃した。アメリカが仲介者として調停工作を行ない、一九八一年七月二四日に停戦が成立した。

その後、比較的静穏な状態が続いたが、テロ組織は停戦協定がレバノンだけに適用されると解釈し、ヨルダンおよび海外での攻撃権はあるとみなした。一九八二年六月三日、イスラエルの駐英大使を狙った暗殺未遂事件が発生し、イスラエル空軍はレバノンのテロ基地に報復攻撃を加えた。これに対してテロリスト集団は、火砲とロケット弾をもって越境射撃を開始した。一九八二年六月六日、ガリラヤ平和作戦が始まった。

イスラエル国防軍のレバノン進駐

イスラエル国防軍の進駐は、ガリラヤ平和作戦の終了（一九八二年八月）から最終撤収と南部への兵力再展開（一九八五年六月）まで三年に及んだ。

その三年間に、イスラエル国防軍に対するテロリストの攻撃は、二九一四件に達した。人的被害は死傷者一一〇六人（死亡一八七人、負傷九一九人）である。

この時期の終りに、イスラエル政府は、国防軍の一方的撤収と安全保障地帯への再展開を決定した。イスラエル国防軍のレバノン進駐は、ゲリラ戦、対ゲリラ戦の特徴を有する一種の〝消耗戦争〟であったといえる。

一九八二年九月～八三年八月（シーア派の台頭）

シーア派組織の台頭と対イスラエル戦

この期間は、テロ集団のレバノン追放とシリア軍のベイルート撤収から、イスラエル国防軍のショウフ山地撤収およびアワリ川沿いへの再展開までを指す。この時期は、イスラエル国防軍に対するテロ、ゲリラ活動が顕著な増加をみせた時代である。

レバノン駐留国防軍に対するテロは六五二件。四六九人が死傷した（うち死亡七七人）。パトロール隊や司令部、道路封鎖隊に対する襲撃、車両攻撃、ロケット攻撃、兵士暗殺、自動車爆弾が、彼らの戦法の特徴である。パトロール隊と車両に対する襲撃がいちばん効果的で残虐であった。

この反徒たちは、ＰＬＯとアラファト議長がベイルートから退去したあともレバノンに残った〝パレスチナ拒否戦線派〟の連中であった。ところが一九八三年春以降になると、シーア派のテロリストによる攻撃が始まり、次第にこれが前面に出てきた。この現象は、イスラエル国防軍がショウフ山地から撤収した結果である。以来、シーア対イスラエルの関係は悪化の一途をたどる。

シーア派の指導者ナビア・ベリは、ショウフ山地からの撤収が、レバノン分割支配の第一歩と判断した。イスラエルが南部、キリスト教徒社会が残りを支配するという構図である。そこでレバノンのシーア派は、二者による分割支配を阻止すべく、シリアとの関係を強め、その政治運動アマルをシリアの同盟者に変えるなど自己陣営の強化に努めた。

ドルーズ教徒民兵の攻撃

ショウフ山地からの撤収は、レバノン所在のほかの部族・宗派集団とイスラエルとの関係にも大きな影響を与えた。ドルーズ教徒社会も、イスラエル国防軍の撤収意図を第一報で知ると、レバノンにおける自己陣営の強化を目指して、闘争をエスカレートし始めた。彼らは、キリスト教徒が撤収地域への進駐をイスラエルによって許されると考え、その恐れからこの挙に出たのである。

一九八三年五月一七日、イスラエルがレバノンと平和条約を締結すると、ドルーズ社会はこれに抗議し、ショウフ山地のイスラエル国防軍とキリスト教徒に対する攻撃を激化させた。ドルーズ教徒民兵は、イスラエル国防軍の撤収とともに間髪をいれず行動し、キリスト教徒レバノン部隊を撃破し、ショウフ山地からこれを駆逐した。

一九八四年二月、アマル民兵が西ベイルートを制圧した(シリアは、キリスト教徒の主導するレバノン政府の力を弱め、一九八三年五月一七日に調印した対イスラエル平和条約を破棄させるため、シーア派とドルーズ教徒に武器を供給し、アマルに力をつけそれを利用した)。

一九八三年九月〜八四年八月 (レバノン占領地の管理強化)

三つの政治状況

この期間に三つの主な状況展開があった。互いにからみあっており、これがこの時代の政治的特徴となった。

(1) レバノンにおけるキリスト教徒社会の地位の低下。

(2) アマル指導者ナビア・ベリの地位強化とイスラエル対シーア派の緊張拡大。

(3) レバノンにおけるシリアの地位向上と影響力

増大。

この時期イスラエル国防軍に対するテロ攻撃は増加したが、攻撃効果は低下した。一年間の攻撃件数九一五件で、被害は死傷三二一人（うち死亡六〇人）であった。小火器による被害が最も多く（二五パーセント）、ついで道路際の仕掛爆弾（二〇パーセント）であった。自動車爆弾テロはわずかに六件起きただけであるが、イスラエル側に甚大な被害を及ぼした（死亡二九人、負傷二八人）。

その頃のシーア派テロリストは、パレスチナ人と比べれば、練度が低く組織化も劣っていたようである。イスラエル国防軍は戦訓を活かして、レバノンの占領地の管理力を高めた。

一九八四年九月～八五年六月（撤収）

レバノンからの撤収

この期間は、撤収交渉が始まり、撤収に至る時期を指す。この期間にテロ攻撃が増加して一一九一件となったが、被害は死傷二五五人（うち死亡五〇人）で、前期死傷三二一人、前々期死傷四六九人と比べれば減少した。自動車爆弾が最も殺傷力が高いのは、この期間も同様で、一九八五年三月一〇日に凄惨な事件が起きた。シーア派のテロリストが、走行中のイスラエル軍コンボイに対して、自爆攻撃を行なったのである。死傷者二七人（うち死亡一二人）の被害が出た。

イスラエルとシーア派集団の関係は急速に悪化した。そして、シーア派、ドルーズ教徒、そしてレバノンの左派勢力が連合を組んで、イスラエルに対するテロ攻撃を強めた。イスラエルは戦略の見直しをせまられ、シーア派集団、そしてテロリストに隠れ家を提供する村落に〝鉄拳〟政策でのぞんだ。

一九八四年一二月一四日、イスラエル政府はレバノンからの漸次撤収を決定した。一九八五年四月二一日には、撤収完了日を一九八五年六月一〇日にすることを認めた。すなわち、キリスト教徒の南レバノン軍支援で〝安全保障地帯〟に残留中のイスラエル軍部隊は、この日をもって大半の地域から撤収を終えるのである。

レバノン進駐時代、イスラエル国防軍の派遣駐留部隊には、二つの師団司令部が含まれていた。二つの司令部はそれぞれレバノンの東部と西部を担当した。東部に布陣したのは、ベッカー盆地とアンティレバノン山脈稜線のシリア軍に対処し、レバノン西部に展開した方は、テロ集団に対するゲリラ戦を主任務とする情報統制部隊であった。

イスラエル国防軍は、SLAとの作戦連携を担当するレバノン連絡隊を設けた。一方、レバノンで対敵情報戦を遂行したのは、シャバク（国家安全保障機関）の特殊作戦部である。

第10章 ガリラヤ平和戦争（一九八二年）

エヤル・ジッサー

選択肢としての戦争と選択肢なき戦争

〝抑圧された戦争〟

レバノン戦争（第一次）は〝ガリラヤ平和作戦〟とも呼ばれるが、〝抑圧された戦争〟という名がふさわしい戦いであった。開戦からイスラエルのレバノン撤収まで（一九八二年六月～二〇〇〇年五月）、一〇〇〇人を超えるイスラエル国民が戦死したにもかかわらず、開戦に踏みきった理由や戦争指導に関して、本格的な公開討論どころか学術的な論議もなされてこなかった。

ジャーナリストたちは、イスラエル内外のメディアで、イスラエルをレバノンへ誘いこんだ張本人としてアリエル・シャロンを非難し、批判した。シャロンが彼らを告訴したので、レバノン戦争に関する論戦の場は法廷になってしまった。この戦争に関する情報はすべて知れ渡っているので、公開討議をやる理由はない、と主張する人々が必ずいる。

この戦争ではさまざまなことが起きたが、なかでもいちばん知られている重大問題の一つが、一九八二年九月に起きたベイルートのサブラ、シャティラ両パレスチナ難民キャンプ虐殺事件であろう。本件は国家調査委員会（カハン委員会）の調査対象となり、同委員会の総合的調査報告書のほかに数点の本が出版され、いずれも政府に対する批判的な内容である。その一つにゼーブ・シフとエフード・ヤアリ共著『イスラエルのレバノン戦争』がある。当初、ヘブライ語で『欺瞞の戦争』と題されて一九八四年

に出版された。(1)

当時、通信相であったモルデハイ・チポリの回想録は、『ベカヴ・ヤシァル（前にならえ）』と題され、一九九七年に出版された。(2) 国民の間では、チポリ通信相はレバノン戦争に反対した閣僚としてよく知られており、彼の反対理由もわかっている。しかし、これで討論するまでもないということにはならない。討論なしでは不十分である。この戦争は、すぐに政治色がつき、イスラエルの左派と右派の間で果てしのない論争が続くようになった。これで公開の場での討論不在の理由を一部説明できるかもしれない。

当事者のうち数人が、とくに当時国防相であったアリエル・シャロンと参謀総長ラファエル・エイタンが、批判されながらも結局は復活（エイタンは、一九九〇年代歴代政権で、農相、副首相、環境相を務めた。一方シャロンは二〇〇一年二月、首相に選出された）したので、これも討論不在にあずかっていると思われる。

いずれにせよ、公開禁止の資料が解禁される時になれば、戦争指導の実態を説明できる新しい識見が得られるだろう。つまり、その日まで待つ必要がある。さらにまたイスラエル社会がさらに成熟するのを待つ必要もあろう。

公開討論の有無に関係なく、ガリラヤ平和作戦は、ヨムキプール戦争のように、イスラエル側指導者の意志決定と世界観のみならず、国民の意識も反映していた。それは一種の信念であった。ヨムキプール戦争のトラウマにもかかわらず、軍事力の行使手段によって、中東地域の状況を変え、自国にとってもっと有利な戦略環境をつくり出せる。そのような信念に固執する向きがあったのである。

〝緊急性のない戦争〟

イスラエルのレバノン戦争は、開戦当初から論争の的となり、イスラエル社会の広範な支持をとりつけることができなかった。それに油を注いだのが、〝緊急性のない戦争〟という認識である。追いつめられ生存の危機にさらされて、万やむを得ず銃を取った〝選択なき戦争〟ではなく、長期戦略をにらんだ軍事行動であるということである。

戦争初期、当時首相であった故メナヘム・ベギンは、ガリラヤ平和作戦は〝選択の戦争〟ではあっても、作戦実施の価値はあり、正当化されるとし、死活的権利を守り推進するためには、国家が発動すべき不可避の戦いであると主張した。何も間違っていないという認識である。(3)

この論議に、当時、国防相であったアリエル・シャロンがすぐに介入した。今もこの戦争を提議した一人と考えられている。シャロンは、この戦争の本質に疑問を呈して論争が展開していることに、驚きを表明し、この戦争はいくつかの面で一九五六年のシナイ作戦に類似する、と主張した。この作戦も、一種のイスラエル主動型戦争であるという。シャロンによると、この主導性は、イスラエルの安全保障と国家の権益を積極的に守ろうとする姿勢が基本にあり、その手段として、戦争が選択されたのである。

シャロンは、シナイ作戦が社会的批判を浴びなかったのに、ガリラヤ作戦は多くの者が「照準器に捉えて狙い撃ちにしている」と主張した。シャロンによると、それは、メナヘム・ベギンを主班とするリクード政権が開戦の決断をしたためである。イスラエルの左派陣営の目からみれば、この政権は正統ではない。(4)

シャロンのこの一連の発言は、イスラエル労働党内で、非常な反発を引き起した。シャロン批判で先頭に立ったのが、労働党書記長のシモン・ペレスであった。ペレスは、シナイ作戦時ベングリオン側近の一人で（ベングリオンは国防相を兼任し、ペレスは国防次官であった）、自分の行動を正当化するためイスラエルの歴史を歪め、汚しているとしてシャロンを非難した。(5)

作戦名にこめられた意図

シャロンに対する批判はあるものの、それほど間違ったことは言っていない。逆にその発言には相当の真実があると考えられる。シナイ作戦とレバノン戦争（ガリラヤ平和作戦）は驚くほど似ている。一見したところ何でもないようにみえるが、イスラエルが公式につけた作戦の名称には、重大な意味がこめられている。レバノン戦争の正式名称は、「ガリラヤ地方の平和を守るための作戦」であり、その名称から時期、区域および規模が限定されている。シナイ作戦も同様である。

一見当り障りのない双方の名称は、遠大な政治目標を持つ、広くて深い動きを内に秘めていた。さらに二つの作戦の立案者と実行者の指針になっていたのは、同じような世界観であった。それは、イスラエルに現実を変える力があるという信念であった。イスラエルにとり、さらに有利な地域環境をつくり出すため、中東に抜本的な変化をもたらす、イスラエルにはその力があるという考えである。

一九五六年一〇月、イスラエルはこの目的に向かって、英仏連合に加わった。イスラエルからみれば、第一段階はナセル大統領体制の打倒であり、イスラエルが身近に感じている脅威の排除である。レバノンの場合は、イスラエルに友好的かつ都合のよい環境を中東につくる第一段階として、レバノンに親イスラエルの政権を樹立するのが目的であった。

シナイ作戦とガリラヤ作戦の共通性と違い

以上の共通概念は、次に述べる事実にルーツを持つ。すなわち、ガリラヤ平和作戦を提唱した者の人格と世界観は、シナイ作戦時の一九五〇年代に形成されたということである。当時、彼らがイスラエルの防衛関連機構で重要な地位にあって、作戦にかかわっていた。とくに注目すべき人物は、ガリラヤ平和作戦時の国防相アリエル・シャロンで、シナイ作戦では空挺旅団の旅団長であった。ほかの者についても同様なことがいえる。(6)

しかしながら、この二つの作戦には、かなり大きな違いもある。たとえばシナイ作戦では、イスラエルの幻想は国際圧力にさらされて、一週間のうちに粉砕され、ダビッド・ベングリオンはシナイ半島からの撤収を決断せざるを得なかった。

一方、ガリラヤ作戦を主導したイスラエルは、二六年前の作戦と比べれば格段に強力であり自信もあった。つまり、国際社会の圧力や批判をはねかえし、目的からずれることはなかった。さらに、この種の圧力はほとんど感知できない程度であった。それどころか、今回はアメリカがこの作戦を支持し、支援したのである。

シナイ作戦で英仏連合の意図が挫折したのは、アメリカの反対が大いに作用していた。ガリラヤ作戦は、アメリカの支持を得たので、イスラエルの野心的行動は妨害されずに実施されたのみならず、肥大して長期化し、何年も居座った結果、流血の事態が続くのである。レバノンに関するイスラエルの幻想は、レバノン進駐で大きい損害をこうむったため、無惨に打ち砕かれた。

新たなトラウマ

ベングリオンは、国内で猛烈な反対があったにもかかわらず、米ソを中心とする国際社会の圧力に従う勇気があった。その勇気のおかげで、シナイ作戦から戦略的成果を手にしたといっても過言ではない。エジプトをはじめとするアラブ諸国に対し、抑止力を手にしたのである。周知のように、レバノンではこれは起きなかった。

この戦争の最中、イスラエルのテレビインタビューで、メナヘム・ベギンは、本作戦の目的の一つは、間接的とはいえ、ヨムキプール戦争のトラウマを癒すことにあると説明した。しかしながら、ヨムキプール戦争のトラウマは別のトラウマにとって代わっただけであった。(7)

イスラエルは二〇年近くもレバノンに長期駐留したため、レバノン戦争の時間と区域の定義が難しい。ガリラヤ平和作戦は、前日の閣議決定を経て、一九八二年六月六日に開始された。開戦時期はこれが定説になっている。しかし、作戦終結の日については答えがない。

一九八二年六月一一日はどうであろうか。この日は（シリア軍との）停戦が効力を発する日であったが、イスラエルが完全に無視した。それでは、一九八二年六月二三日はどうであろうか。イスラエル軍がレバノンの首都ベイルートの包囲環を完成し、シリア軍部隊との戦争が終った日である。さらに一九八二年八月二三日も考えられる。ＰＬＯとシリアの戦闘要員がベイルートからの撤収を開始した日である。次期大統領バシール・ジュマイエルが暗殺された一九八二年九月一四日も考えられる。あるいは、一九八二年九月一六〜一七日とも考えられる。サブラ、シャティラ両難民キャンプで虐殺が起きた日である。これは、ジュマイエル暗殺がらみで起きた事件であるが、イスラエルがレバノンから手を引く端緒になった。もう一つ考えられるのは、ずっとあとの二〇〇〇年五月である。少なくとも当面は、イスラエル軍がレバノンから完全に撤収した時である。

我々は、この記事執筆のため、一九八二年六月六日から一九八五年夏までを作戦期間として選んだ。その夏に、イスラエル軍はレバノンの大半の地域から撤退している。イスラエルにとって望ましいこと、有利になることをその国で成し遂げようという思いは妄想にすぎず、多くのイスラエル人がレバノンから手を引く必要を痛感した。最後の一兵がレバノンから撤退したのは、妄想が粉砕され、国民が当地での体験が身にしみたことを象徴するものであった。[8]

ガリラヤ平和戦争のルーツ

ＰＬＯを野放しにしたレバノン政府

我々がすでに指摘したように、ガリラヤ平和作戦は慎重に考え抜かれた周到な行動であった。それは、イスラエルのレバノン介入の過程で、深みにはまる結果をもたらした。この介入は、当初抑制されたものであり、北部国境域でイスラエルが直面する複雑な状況を解決する目的で始まったが、時間の経過とともに、介入は次第に慣例化し、ますます遠大な目標を持つようになった。

一九六〇年代の終り頃、パレスチナアラブ人がレバノンに基地を設け、イスラエル・レバノン国境沿いで、イスラエルに対するテロ活動を開始した。この種テロ活動は、一九七〇年に増加する。ヨルダンからPLOがレバノンに流入し、イスラエル攻撃を目的としてこの国を軍事基地化したのである。静穏であった北部域は、テロ活動の極めて激しい境界線になった。毎年数百件のテロが発生するのである。テロリストが狙ったのは、多くがイスラエルの民間人であった。これに対してイスラエルは報復政策をもって応じた。ヨルダンに対して実施した政策と同じである。ヨルダンの場合はこの政策が大変うまくいき、結局ハシェミテ王家率いるヨルダンは、自国からレバノンへPLOを追放するのである。(9)

しかし、レバノンではうまくいかなかった。PLOにとって、失うものは何もなかった。イスラエルがこの組織に対してとった厳しい作戦は、逆に組織を強め、その目的を増長させるだけであった。一方、レバノンは、ヨルダンと違って極めて脆弱で、イスラエルの報復という脅威のよって来たる原因(PLOの存在)を排除できなかった。すなわち、報復を呼ぶ根を断ち切ることがなかった。

イスラエルの脅威を考えれば、レバノンには二つの選択肢しかない。PLOに厳しく対処するか、あるいは野放しにするかである。後者であれば報復攻撃で経済活動は麻痺し、政治体制にも打撃を受ける。だが、レバノンはPLOに対する厳しい対処を差し控え、その活動を阻止しなかった。かくして、イスラエル・レバノン国境域では、暴力の連鎖が続き、状況が悪化していった。

テロリストがイスラエルにテロ攻撃をすると、イスラエルは報復攻撃を加える。そのためレバノンのインフラと軍が大きな損害をこうむった。レバノン政府がPLOを野放しにしたので、PLOは増長してテロを続行し、イスラエルの報復も増える。その繰り返しである。本来であれば、レバノン政府がしっかり取り締まればよいのだが、ベイルートに政策変更をせまることができなかった。さらにレバノン国境域におけるイスラエルの報復攻撃は逆の効果を生み、レバノンの政治機構の弱体化を加速させ、やがて崩壊するに至った。

レバノン政府の特異性

ここではっきりさせておかなければならないが、レバノンを基地とするテロリストのテロ行為はすさまじいものがあり、イスラエル北部の農村に相当な被害を与えた。さらにレバノンから発進する攻撃は、国際テロリズムであるが、そこの当事者の能力を考えれば、イスラエルが報復を控えるわけにはいかなかった。イスラエルは、レバノンにおける活動が持つ意味を十分に認識せず、あるいは気遣いが足りなかったのかもしれないが、前述したように、報復法の選択肢は極めて限定されていた。

さらに強調しておかなければならないが、レバノンの政治機構の崩壊は、イスラエルの行動がもたらした結果ではなかった。それはレバノンの政治機構の特異性がもたらした内部崩壊であった。レバノンは、政治的、経済的、部族的、宗教的要素が複雑にからみ合った、微妙な力のバランスで成り立っていた。いちばん大きくて重要な宗派がキリスト教マロン派で、ムスリム社会はスンニ派が優勢であった。このバランスが崩れていくなかで、ムスリム社会は、覇権とは言わないまでも、マロン派が維持してきた優位な地位に挑戦することを願い、これがさらに状況を悪化させた。暴力的な衝突は避けられず、間もなくして国は無政府状態に落ちていった。

同時に、レバノンと張り合う勢力として、レバノンに居座ったＰＬＯの存在も忘れてはならない。さらに中東地域とアラブ内部の力学もレバノンに重くのしかかり、耐えがたいほどの圧力となった。もう一つ忘れてならないのが、東の隣国シリアの圧力である。シリアは、レバノン情勢に対して影響力行使を強めていた。(10)

キリスト教マロン派の狙い

一九七〇年代初期のイスラエルは、レバノンとの間の摩擦が継続し、それが増加していく状況にあっても、レバノンの内政あるいは内部問題に干渉する気はなく、同様にレバノンの政治的新秩序の確立のため何とか手を打とうとする姿勢も見られなかった。しかし、一九七〇年中頃、レバノンの政治体制が完全崩壊の兆候を見せ始め、それが新しい状況をつくり出した。それは、イスラエルにとって千載一隅のチャンスに思われ、レバノン問題に対する介入を強めることになった。

一方、PLOがレバノンの一定地域を支配し、南レバノンを〝ファタハ・ランド〟に変えたことは、イスラエル打倒をめざすテロリストの支配地帯が北部国境沿いに形成されたことを意味した。脅威が目前にせまったという認識である。

一九七六年、レバノン内戦の勃発にともない、シリア軍が同国に進出した。シリアのレバノン支配は、イスラエルにとってやはり脅威であり、対応をせまられる問題であった。北部国境域には真空地帯が出現し、シリアが対イスラエル東部正面の形成を意図する可能性もあった。

他方、キリスト教徒社会の一部には、イスラエルのレバノン介入を歓迎する向きがあり、引きずり込もうとする動きがあった。その最右翼がジュマイエル一家で、なかでも熱心であったのが、次男のバシール・ジュマイエルだった。バシールはマロン派社会で頭角を現わし、一九七〇年代の終り頃、その代表的人物となった。彼は、父親のピエールが一九三六年につくったファランジスト運動を自己の権力基盤として使い、この運動をベースに、〝レバノン部隊（Lebanese Forces）〟を創設した。どこからみても民兵隊である。

ジュマイエルは、マロン派出身の大統領になることを視野に入れながら、マロン派社会でしっかりした足場を築こうとした。その目的実現のため、彼はマロン派内のライバルをはじめ、ほかの宗派や部族集団を抑えるためにイスラエルの支援を望んだ。さらにレバノンの一部を手中にするPLOと戦い、ひいてはシリアを撃退してくれることをイスラエルに期待した。

ジュマイエルの計略は簡単であった。まず自分の民兵隊を用いてシリア軍を挑発し、その小競り合いをレバノンのキリスト教徒を抹殺しようとする有力な証拠として利用する。これに注目したのが、一九七七年に首相になったメナヘム・ベギンである。彼には共感するところがあった。ユダヤ民族は第二次世界大戦時、諸国民から見捨てられ、苦しみ抜いた。ベギンには、自分はその生き残りであるとの思いが強かった。ベギンは、この自己イメージにこり固まり、同じような苦しみに直面する小さいマロン派社会を支援しようと考えるのである。(11)

一九八一年の春、閣議でイスラエルのレバノン介入を強め、ファランジスト兵(バシール派キリスト教民兵)に敵対行動をとるシリア軍部隊の攻撃が決まった時、ベギンは決議反対者に「イスラエルはジェノサイドの発生を許さない」と一言のもとに切り捨てた。(12)

ラビン政権下のイスラエル

レバノン危機が発生して数年、その間も北部境界域でテロ活動がエスカレートする状況にあったが、イスラエルの政策は慎重であり、国境地帯の沈静化をめざしたバランスのとれたものであった。

一九七六年にマロン派の指導者たちがイスラエル側と接触し、敵との対応に支援が欲しいと要請してきた。敵とは、PLO、レバノン左派、スンニ派ムスリム社会の連合である。当時首相(一九七四〜七七年)であった故イツハク・ラビンは、「イスラエルはキリスト教徒の自助行為を助ける」と答えた。換言すれば、レバノンにおけるマロン派社会の地位を維持するため、キリスト教徒部隊が戦っているのであれば、イスラエルは武器を供給し、助言もするが、現地に赴いて一緒に戦争をすることはない、という意味である。(13)

マロン派の指導者たちはシリアと接触し、マロン社会のために介入するように求めた。シリアは要請を受け入れ、軍部隊が一九七六年六月にレバノンに進出した。マロン派の敵を討つためであるが、レバノン駐留、つまり自国の地歩を固めるのがいちばんの狙いであったのは確かである。[14]

ラビン政権下のイスラエルは、驚いたことにシリア軍のレバノン進駐を黙認した。シリア軍の駐留がその国の安定に寄与し、イスラエルの北部国境地帯の鎮静化につながるとの期待からである。当時はイスラエルとシリアの間に、一種の暗黙の了解があった。レバノンでしてもよいこと、してはならないことに関して、双方は暗に了解していたということである。[15]

強まるレバノン介入

イスラエルで政権交代があり、リクード党の進出で、イスラエルのレバノン介入が強まった。これを主導したのがメネヘム・ベギン首相である。前述したようにベギンは、レバノンのマロン派社会は抹殺の危機にさらされるマイノリティである、と信じていた。

一九七八年四月に参謀総長に任命されたラファエル・エイタンも、イスラエルのレバノン介入を推進した一人であった。この動きに一段とはずみをつけたのが、アリエル・シャロンの国防相任命(一九八一年七月)である。

シャロンは中東の指導国家としてのイスラエル像を構想していた。中東で、アメリカあるいはソ連と肩を並べる地域パワーになるということである。一九八〇年代初め、国防相就任後はさらにその構想を打ち出し、シャロンは一連の演説で、イスラエルの影響圏を規定した。東はパキスタンからソ連邦の中央アジア諸国一帯を含め、チャドとニジェールの西アフリカまでである。当時イスラエルでは、たとえばクウェートが攻撃され、アメリカが支援力のある同盟国を必要とすれば、援助するといった話も出ていた。[16]

一九八〇年代初めからイスラエルの政治を主導し

ていたのはメナヘム・ベギンとアリエル・シャロンであるが、レバノン介入を強める動きはあまりに強力かつ深遠であり、この二人の連携だけの責任にしてしまうのは無理がある。ここで指摘すべきは、イスラエルの治安・情報機関内では、多くの者がレバノンへの介入拡大を真剣に提言していた。その急先鋒が、マロン派社会との関係促進の任務を受けていたモサド関係者である。彼らにとって、レバノン介入に力を注ぎ、介入を続けていくこと自体が目的になってしまい、レバノンに対するイスラエルの基本目的を見失うところへきていた。

しかしながら、ここで強調しておく必要があるが、モサド関係者のみならず、治安機関の関係者や国民の間に、マロン派社会はイスラエルのごく自然な味方であり、わずかな援助と多少の努力で、マロン派社会の支持が得られ、その支持でイスラエルはレバノンの様相を変えることが可能という戦略的含みをもって、行動を主導できると考える向きがあった。(17)

つまり、レバノンにおけるイスラエルの行動に勝機ありと考える強い確信がなければ、ガリラヤ平和作戦は発動されなかったであろうし、発動されても方法は違っていたであろう。

マロン派支援を決定

ガリラヤ平和作戦は、この確固たる信念とさまざまな要素がリンクした結果であった。イスラエル・マロン派同盟の確立機会を考えるイスラエル国民、レバノン介入を深めようとする官僚実務派（たとえばモサド）の願望、そしてレバノン介入を深めようとするメナヘム・ベギンとアリエル・シャロンの政治意志などである。

シャロンの国防相任命の前に、イスラエルのレバノン進攻の総合的基本計画はすでにできていた。一九八〇年には、イスラエルの盟友バシール・ジュマイエルが、反対派の一掃を含め、血みどろの苛烈な行動で、レバノン・マロン派社会の指導部を掌握していた。バシールは、マロン派社会の大幹部になったあと、今度はシリアに対し敵対行動をとるようになった。イスラエルをレバノンへ引きずり込む明確な意図をもって、シリアとの対決姿勢を強め、敵対行動をエスカレートさせたのである。

一九八一年四月、ベッカー高地のザフラでシリア軍部隊とマロン派民兵が激突した。これを受けてイスラエル政府はマロン派支援を決定し、イスラエル空軍機がシリア軍の輸送ヘリ二機を撃墜した。これに対抗して、シリアのハーフェズ・アサド大統領は、複数の地対空ミサイル中隊をレバノン領内に展開するように命じた。イスラエルはその陣地破壊を示唆して威嚇した。アメリカの調停によって事態の急速な悪化は避けられたが、危機そのものが解決したわけではなかった。

一九八一年七月、イスラエル・レバノン国境地帯が緊張してきた。今度は、PLOとイスラエルのからんだ戦闘で、やはりアメリカの介入で停戦となり、それがガリラヤ平和作戦の発動まで続いた。この停戦も根本的な解決ではなく、小康状態が続くだけで、いつ再燃してもおかしくなかった。(18)

レバノン介入の口実

いずれにせよ、アリエル・シャロンが国防相に任命された瞬間から、戦争勃発は時間の問題となった。従来からイスラエルは、国境地帯の治安問題に対応する〝小松林〟計画を持っていたが、シャロンはこれを〝大松林〟計画に変更し、盛んに提唱するようになった。

この〝小松林〟計画は、ひと言で言うと安全保障地帯幅の拡大である。イスラエルは、サアド・ハダッド少佐の統制下にある南部レバノンのマロン派社会の協力を得て、レバノン・イスラエル国境沿いに安全保障地帯を設けていたが、イスラエルの農村地帯がカチューシャ・ロケット(多連装ロケット)で攻撃されないように、幅を四〇キロに拡げる計画である。

一方〝大松林〟計画は、四つの目的で構成されていた。第一は政治および軍事組織を含むレバノン所在のテロリストの物理的潰滅。第二は南レバノンに隣接するベッカー、ベイルートとザフレ間の地域からシリア軍を強制排除する。第三はレバノンにおける独立主権政府の確立。自由世界の一員として活動し、イスラエルと平和条約を結び、あるいは少なくとも平和裡にイスラエルと共存する政府を隣人に持つ。第四はイスラエル北部境界沿いの農村に対する砲撃の完全中止である[19]。

しかしながら、ベギンとシャロンはこのような行動をとるには、口実を必要としていた。行動には、イスラエル軍の大々的な投入と遠方への進出をともなう。一九八二年六月三日、イスラエルの駐英大使シュロモ・アルゴブが襲撃され、この暗殺未遂事件が口実となった。一九八二年六月四日、この事件に対してイスラエル空軍機がレバノンのＰＬＯ基地を爆撃し、ＰＬＯがイスラエルに反撃し、これがイスラエル軍のレバノン進攻につながるのである。

アルゴブ大使暗殺未遂事件の対応が決まった時、犯行集団がＰＬＯでないことはすでに明らかであった。それは、ＰＬＯ執行委員会から離脱したアブ・ニダル派の仕業であった。バグダッドを拠点とし、イラクの指導者サダム・フセインの保護下で行動する組織である。しかしイスラエル政府は、駐英大使襲撃を口実として、雄大かつ野心的計画の実施に踏みきった。レバノン進攻を決めた会議に参加した人々が後日証言したところによると、軍情報部員がアルゴブ襲撃犯はアブ・ニダルの手下であると説明したが、ベギンは手で払いのける仕種をして、「彼らはどいつもこいつもアブだ。この際どのアブか関係ない」と言った（ヤセル・アラファトがアブ・アンマルと呼ばれていたことに由来する。ちなみにアブ・ニダルの本名はサブリ・マジン・アルバンナ）[20]。

ガリラヤ平和戦争の四つの目的

一九八二年六月に始まるレバノン進攻の目的を調べていくと、いくつかの動機が浮かび上がってくる。

第一は、イスラエル北部境界域の農村地帯に対するPLOの脅威排除である。アメリカの仲介によるイスラエルとPLO間の停戦合意は、一九八一年七月に成立したが、しっかりした内容ではなく、長くは持ちこたえられないというのが、イスラエルの判断であった。いずれにせよイスラエルは、イスラエルの北部境界域に脅威を及ぼしているPLOの軍事力に潰滅的攻撃を与えて、二度と立ち上がれないようにしたかった。

第二は、マロン派の親イスラエル政権をベースとする新秩序の構築である。この種の行動は、イスラエルの国境沿いの静穏が保証されるだけでなく、さらに広範な状況をつくり出すことを視野に入れている。イスラエル・エジプト平和条約を一つの基盤とし、それを強化しつつ、平和の合意に達しアメリカ側についた諸国の輪を広げていく。つまり、平和の基軸の拡大・強化である。

第三は、シリアに打撃を与えることである。一九七九年三月にイスラエルとエジプトは平和条約を結んだ。かくしてエジプトは対決戦線から外れた。残る主たる脅威はシリアである。当時シリアは、イスラエルとの軍備競争の最中にあり、軍拡中であった。しかしながら、シリアが国内危機に見舞われて、苦しんでいた事実も認めなければならない。当時、バース党政権に対してムスリム同胞団が反乱を起し、その闘争が最高潮に達していた。イスラエルでは、この機会を利用して、不倶戴天の敵シリアを討ちたいと考える者がいたようである。シリアを弱体化し、中東のこの地域におけるイスラエルの支配権を確立するのが狙いである。(21)

第四は、パレスチナ問題の重荷を軽くすることであった。イスラエルの目的の一つは、PLOというトゲを抜くことにあったと思われる。パレスチナ人はレバノンに国家内国家をつくり上げていた。PLOがこの領土的足場を失えば、組織は相当に弱体化し、パレスチナ人の民族主義的思考も、二つの面で衰えるであろうと考えられた。一つはイスラエルに対するテロ活動である。これは、パレスチナ人の民族意識を高め、強める手段になっていた。

二つ目は、これも重要度において前者と勝るとも劣らないが、ＰＬＯの情宣活動を通した宣伝能力の弱体化である。当時ベイルートを本拠地としたＰＬＯの情報、プロパガンダ、教育および文化機関が盛んに活動していた。

その頃発表された複数の情報によると、アリエル・シャロンは、ヨルダンがイスラエル・シリア間の軍事衝突に参加すれば、戦争の後段でヨルダンを攻撃する計画を立てていた。この情報が正しいとすれば、意図は明らかである。すなわち、ハーシム王朝を打倒し、代わりにそこにパレスチナ国を建設するのである。そうなれば、イスラエルがパレスチナ問題の解決責任を負うことなく、問題が解決される。[22]

ガリラヤ平和戦争の推移

「ベイルート到達の意図はない」

一九八二年六月六日、イスラエル政府は国防軍に対して、「テロリストがレバノンに配置している火器――兵員、指揮官および基地を含め――の射程圏外に北部農村地帯を置く」ことを目的とした作戦の開始を命じた。

その時の閣議で、作戦名を〝ガリラヤ平和作戦〟と呼ぶことが決まった。作戦命令と目的に関する政府発表では、イスラエル国防軍は「シリア軍が我が部隊を攻撃しない限り、我が部隊は同軍を攻撃しない」ように指示されていた。そしてこの発表は「イスラエル国は、領土保全の原則を守りつつ独立主権国家レバノンとの平和協定の成立に向け、引き続き努力していく」という言葉で結ばれている。[23]

イスラエル政府によるこの決定は、すでに指摘したように、一九八二年六月三日、アブ・ニダル派パレスチナテロリストによるシュロモ・アルゴブ駐英大使の暗殺未遂事件があり、これに続いて下された。この事件に対し、イスラエル空軍機が直ちに出動し、ベイルートとその周辺にあるPLO施設を爆撃した。反撃に出たPLOは、カチューシャ・ロケットおよび火砲で、北部国境地帯の農村を攻撃した。すでに述べたように、その対応として、イスラエル政府は国防軍にガリラヤ平和作戦の開始を命じた。

政府の認めた作戦計画は、北部国境地帯のテロリストの〝巣窟〟を一掃し、北部農村に対する脅威の排除を目的とする、短期掃討戦であった。作戦を承認した閣僚会議に参加した人々は、同作戦は二四時間から四八時間で完了する短期作戦で、イスラエル・レバノン国境から北へ四〇キロの線まで到達してイスラエル北部の農村を狙うカチューシャ・ロケットを射程圏外へ排除するのが作戦目的であると聞かされた。

その会議で閣僚たちは、アリエル・シャロン国防相から、イスラエルにベイルート到達の意図はないという説明を受けた。シャロン国防相は「ベイルートは問題外である。そこには諸外国の大使館がある。我々はそこから距離をおかなければならない。〝ガリラヤ平和作戦〟は、ベイルート占領をもたらすようには意図されていない。カチューシャと火砲を排除して、我々の村落を射程圏外に置くことが目的である。距離にして四〇キロである。それが政府によって承認された到達距離である」と説明した。(24)

メナヘム・ベギン首相も、一九八二年六月八日に行なったクネセット（議会）報告で、同様のことを述べた。そのなかでベギンはシリアについて触れ、イスラエルはシリアを攻撃する意図はないので、イスラエル軍とPLO武装勢力との戦闘に介入しないで欲しい、と言った。ベギンはとくにその点を次のように説明している。

「私は再度申し上げる。我々はシリアとの戦争を望んでいない。私はこの壇上からアサド大統領に呼びかける。イスラエル兵を攻撃しないようシリア軍に指示を出して欲しい。攻撃を受けなければ、（シリア兵には）何も起きない。我々はシリア軍との衝突を望んでいない。北部国境から北へ四〇キロの線まで進出すれば、戦闘はすべて終る。私は自分のこの言葉をシリアの大統領に向かって発している。彼は合意の守り方を心得ている。彼は我々と停戦協定に署名し、以来それを守った。彼はテロリストの行動を許さなかった。彼がレバノンでこの態度を守るならば、シリア兵は我が軍の兵士によって一兵たりとも傷つけられることはない」[25]

当初の計画より規模拡大

ベギンのこの声明は、イスラエル軍部隊が、レバノン山のジェジン付近にあるシリア軍の前方陣地に攻撃をかけ始めた時に、発せられていた。

当初、この作戦はイスラエルの世論で幅広い支持を受けた。国民に対する説明では、イスラエル北部の村落に対するテロ組織の脅威を排除するのが、目的になっていたからである。たとえば、労働党メンバーの大半は、この作戦を支持した。少なくとも最初はであるが。クネセット（議会）で、本件が討議された時、野党の労働党は、幹部数人が警告を発して留保したが、党議員の大多数は支持した。

ちなみに、イスラエルが有する最大最強の友邦国アメリカは、当初、作戦支持を隠さなかった。アレグザンダー・ヘイグ国務長官は、シャロンに作戦開始のゴーサインを出した。そう主張する人が何人かいる。しかしながら、一九八二年六月末、ヘイグは国務長官の職を辞し、シャロンはレーガン政権で頼りになる有力な人物の一人を失った。[26]

一方、この限定作戦は、イスラエル政府に提示・承認された本来の目的をはるかに超えて、規模が拡大しつつあった。イスラエルのスポークスマンは、シリアとの交戦を望まないと念を押して強調していたが、すぐ両国はレバノンで直接撃ち合うようになった。

シリア軍との交戦は、イスラエルの意図した行動の結果である。シリア軍に打撃を与えて、レバノンからシリアの影響力を排除する。これがシリアを戦争に巻き込むうえの狙いであった。

作戦を承認した閣議で、すでに数人の閣僚が疑問を呈していた。たとえばモルデハイ・チポリ通信相は、国境から北へ四〇キロの線に到達する意図と、シリア軍と交戦することを望まないとする宣言の間には、矛盾があると指摘した。チポリが同僚の閣僚たちに説明したところによると、シリア軍が東部レバノンの四〇キロ以内の地域に展開していることを考えれば、イスラエル軍が四〇キロの線を掃討後、守りを固めようとすれば、必ずシリア軍と衝突することになる。実際にそうなった。イスラエル軍部隊はジェジン域のシリア軍を攻撃したのである。そのシリア軍は、イスラエルの北部国境から四〇キロ以内の地域に布陣していた。レバノンに進駐し当地を勢力圏とするシリアとイスラエル両軍との間には摩擦がある。レバノン所在シリア軍に対するイスラエルの包括的処置のために、その摩擦が利用された。

ジュマイエル政権の樹立

イスラエル軍は、レバノン側ベッカー高地のシリア軍を攻撃し、さらに戦略道路制圧のためにレバノン山域でベイルート・ダマスカス街道の方向へ進撃を開始した。戦略道路に進むについては、イスラエル政府のみならず国民の目にも目的が明らかとなった。西側からまわりこんでシリア軍を包囲し、イスラエル軍と交戦することなくベッカー高地南部の陣地を放棄させるのが狙いであった。

メナヘム・ベギンは、この動きに感激し、ハンニバルの見事な（アルプス越えの）動きを想起するとさえ言った。しかしながら、結果は、シリア軍との全面戦争であり、政府に対して提示された作戦目的と完全に矛盾していた。それと同時に、前年夏、ベッカー高地に配置されたシリアの対空ミサイルは爆撃で破壊された。その件に関して閣僚たちには、対空ミサイルの脅威で空軍は地上部隊に対地支援ができないと説明された。イスラエルの上級指揮官たちは、シリア軍と交戦することなく作戦目的は達せら

れる、と述べたが、そのようにはならなかった。(27)

次に、イスラエル軍がベイルート方向へ進撃を始め、当地でキリスト教徒民兵隊と連結した。軍は迅速に動き、西ベイルートのＰＬＯ部隊とシリア軍部隊を包囲した。この包囲戦は長引き、それが国際世論に影響し、イスラエルのイメージに大きな打撃を与えた。ＰＬＯとシリア軍部隊がベイルートから撤収したのは、一九八二年八月である。

やがて、イスラエル軍はレバノンの大統領選まで持ちこんだ。そして、一九八二年八月二三日の議会で、バシール・ジュマイエルを大統領に当選させるのである。イスラエルの将兵は、立法府メンバーを必ず下院に到着できるよう手配した。ジュマイエルは、下院に到着あるいは運ばれてきた議員六二人のうち五七人から支持され、大統領に選出された。ジュマイエル選出は、レバノンの新秩序確立に至る第一歩となるはずであった。(28)

マロン派との同盟―折れた葦

ジュマイエル新大統領の暗殺

かくして戦争の初期段階は、赫々たるイスラエルの勝利に終った。イスラエル軍部隊は、ベイルートへ猛追し、またたく間に到達した。それからイスラエルは、バシール・ジュマイエルのレバノン大統領選出にも成功した。しかしながら、三週間後の一九八二年九月一四日、ジュマイエルは、ハビブ・タニュス・アル・シャルトゥニに爆殺された。犯人は、シリア国民党（ＰＰＳ）メンバーでギリシア正教会の信徒であり、シリアの命令で暗殺を実行したのである。ファランジスト党本部の入っている建物があり、犯人は建物の持主の息子であった。

かくしてシリアは、イスラエルが苦労して手にした成果を、一瞬のうちに破壊した。トランプカードの家のようにあっけなく崩れたのである。以来イスラエルは、レバノンのどろ沼に沈み始める。バシール・ジュマイエルの死は、その第一歩であった。レバノンの新秩序建設は、イスラエルにとって利益になるはずであったが、ジュマイエルの死は幻想から少しずつ覚めていく、苦しい覚醒の第一段階でもあった。(29)

しかしながら、ジュマイエル暗殺の前から、イスラエルは本人の能力に限界があることを判断できたはずである。イスラエル・マロン派同盟に対する本人の公約を見ればなおさらである。ジェマィエルが大統領に選出されて間もなく、ベギンとこの次期大統領との会談が行なわれた。この会談でイスラエルの首相は、このレバノンの指導者がイスラエルとの関係強化の意志に欠けることを痛感した。ベギンはイスラエルとの平和プロセス始動の誓約を求めた。ジュマイエルは、平和プロセスどころか、自分はレバノンのムスリム社会とシリアとの関係維持を前から公約しているので、対イスラエル関係は内密で維持したい、と言ったのである。(30)

ジュマイエルがイスラエルに望んだのは、補強役としてのイスラエルである。対シリア関係と対ムスリム社会関係で自分の立場を強める方向で、イスラエルの助力を求めたのである。彼は、シリアおよびムスリム社会との対話を計画していた。レバノンを統合したいのであれば、この二者の存在を無視できず、対話が必要なのは、レバノンに生まれ育った者の一人として、自明の理であった（レバノンはさまざまな部族、宗派集団で構成されるいわゆるモザイク社会であり、そのうちのどれかが他を押しのけて覇を唱えることはできない）。

マロン派の政治的立場

ジュマイエルは、シリアとの対話維持が不可欠であることも十分認識していた。レバノン経済は、昔も今もアラブ諸国との通商に依存しており、その通商は、シリア国境を開放していなければ成立しなかった。

それでも、イスラエルの為政者たちの間には、マロン派がイスラエルにとって当然の味方であるとの確信があった。その信念は何も無から生まれたわけではない。いちおう根拠はある。一九三〇年代、そして一九四〇年代には、シオニスト指導部とマロン派との間に接触があり、それが続いていたことから、確信があったのである。一連の話し合いで、マロン派は相手のユダヤ人パートナーに友好を約束した。しかし、いざという正念場になると、彼らは公にその友好を表明することはなかった。行動については言うまでもない。

一九五四年の事例もある。当時ダビッド・ベングリオンは、首相の職務を辞したあと、ネゲブ砂漠のスデボケルに引きこもっていたが、後任となるモシエ・シャレットに接触し、レバノンに抜本的改革を導入する提案を行なった。シャレットは、長文の回答書を送り、提案を拒否した。シャレットは、レバノンに土足で踏みこむような行動をとるべきではないとし、その理由を縷々説明していた。その理由のなかには、マロン派の立場に関するものもあった。この派はもはや多数派としての地位にはなく、イスラエルの真の友人でもない。主たる関心事は保身であり、自己の利益の追求である。さらに、マロン派そのものが対イスラエル関係で意見が割れている。一枚岩の社会でもない。シャレットはこのように説明している。

ちなみに、この文書は、一九七八年に出版された『シャレット日記』に収録されている。しかし、この日記は誰も読まず、あるいは内容をよく把握しないまま読み飛ばしたのであろう。関心を持たれず注目されなかったのである。(31)

イスラエル軍の撤収

ジュマイエル暗殺後、イスラエルは西ベイルートを制圧し、パレスチナ難民キャンプの管理をバシール・ジュマイエルのファランジスト隊に任せた。ファランジストは、一九八二年九月一六日から一七日にかけて、サブラ、シャティラ両難民キャンプで身の毛もよだつ虐殺を行なった。この虐殺事件を契機として、イスラエルはベイルートの守備拠点を放棄せざるを得なくなる。かくして、国境まで長い後退の旅路が始まる。拠点と同盟者——友軍と言えるかどうか疑問もあるが——そして例の世界観（イスラエルに現実を変える力があるという信念、中東に根本的変化をもたらす力があるという確信）をあとに残して、レバノンから去って行くのである。(32)

イスラエル国防軍は、一九八三年八月にまずショウフ山脈から撤収する。この地帯では、ファランジスト党軍と現地住民であるドルーズ教徒民兵の間で、ミニ戦争が勃発していた。イスラエル軍は停戦させようとして、何度か間に入って調停を試みたが、被害をこうむるだけの結果に終った。イスラエル軍は、アワリ川の線まで後退した。

一九八四年七月、シモン・ペレスを首班とする挙国一致内閣が成立し、イスラエルの政策に大きな変化が生まれた。一九八五年六月、この内閣は（イツハク・ラビンが国防相として入閣していた）、軍をレバノン領のほとんどの地域から撤収させた。この閣議決定は、採決時リクード党出身閣僚（D・レヴィ住宅相）が撤収賛成の労働党出身閣僚側にまわったので、一票差の賛成多数となって、採択されたのである。

イスラエル軍は、南レバノンに設けた細長い安全保障地帯を保持し、補強目的で南レバノン軍（SLA）をつくった。隊員はキリスト教徒を主とし、一九七五年のレバノン内戦勃発以来イスラエルが協力してきた人々だけで編成された。

この安全保障地帯設定上の考慮は、テロリストの攻撃からイスラエル北部国境地帯を守ることにあり、イスラエルからみれば、これが主たる関心事であった。

いずれにせよ、一九八五年夏の撤収は、少なくともイスラエルの観点からすれば、レバノンにおけるイスラエルの冒険的行動が終る先駆けであった。イスラエルがこの安全保障地帯から最終的に撤収したのは、二〇〇〇年五月である。こうして二〇年近いレバノン介入の歴史は幕を閉じた。

当時首相であったエフード・バラクは、これをイスラエル側がとった行動であり、これで〝レバノンの悲劇〟は終る、と考えようとした。彼によると、イスラエルは一九八二年から二〇〇〇年まで、その悲劇の中にどっぷりつかっていたのである。

しかしながら、レバノンからの離脱は十分ではなかった。レバノンをイスラエルから完全に引き離さなければならないのであるが、その後明らかになるように、ヒズボラがすぐにイスラエル・レバノン境界沿いで、イスラエル攻撃を再開するのである。それと同時に、イスラエル国民の間でレバノンへの復帰をあらためて呼びかける者が出てきた。イスラエル北部に対する脅威の排除で、今回は、〝ヒズボラの巣窟〟掃討である。(33)

まとめ――戦争の遺産

戦う必要のない戦争

一九八四年に出版されたゼーブ・シフとエフード・ヤアリ共著による『欺瞞の戦い』(Milhemet Sholal)で二人は、イスラエルが足をとられた経緯に焦点をあてながら、ガリラヤ平和戦争を次のように総括している。

「レバノン戦争は、限界を知らず、梃でも動かぬ一人の人間の粗っぽい無謀な心に生まれ、想像にすぎぬものが混じる目的を追って、全国民を望みなき競争に駆り立てた戦いである。それは、幻想の上に成り立つ戦争であり、失望に終るしかない欺瞞の策略であふれていた。それは、我々が莫大な対価を払いながら、わずかな成果のために戦った戦争であり、それで決着がついたわけでもない。そして、その戦争は、時間の経過とともに、変質していった。遠くが見えない近視眼的政策の遠大なる野望が前面に出てきて、防衛上の正当化が脇に寄せられてしまった。かくしてイスラエルは、浅はかな任務で道義心に深い傷を負う冒険主義的行動に引きずられていき、イスラエル軍は外国の地へ送りこまれ、実施することになっていな

い任務を無駄に実施するなかで、五〇〇〇人を超える最良の兵士の命が奪われたのである」(34)

自ら進んで罠にはまった

我々が入手可能な資料から判断すると、閣僚の大半と軍の上級幹部将校の何割かは、アリエル・シャロンの主導する動きの背後にある壮大な計画に気づいていなかった。閣僚の場合は、時間と区域が限定された作戦を承認していると信じ、上級幹部将校は、その限定作戦を準備していると思っていたが、次第に包括的かつ野心的な動きに引きずられていった。終りの見えない動きである。

それでも、上級幹部将校たちは無駄飯を食べてきたわけではない。海千山千の政治家たちも同様である。欺かれたといっても、薄々知りながら進んで罠にはまった。そのような印象を払拭できない。さらに、イスラエルの安全保障機構の指揮中枢、指揮命令系統の中では、シャロンのタカ派的姿勢を支持する者が多くいたという印象も拭いきれないのである。

作戦は結局失敗したので、多くの者が、そもそものような行動をなぜ認めたのか、と自問し始めたのは当然である。それと並行して、言い逃れと責任回避のキャンペーンが始まった。すでに指摘したように、閣僚の多くは、作戦の背後にある大きな計画には気づかなかったと釈明し、軍首脳は、受けた命令は限定的なものであり、開始から終結に至る総合的な措置ではなかった、と主張した。

とくに目立つのが、当時北部軍管区司令官であったアミール・ドロリ少将の発言である。ドロリは、作戦目的が最初からベイルート到達にあることを事前に知っていたなら、指揮部隊の配置も作戦行動も、つまりは部隊運用が違ったものになったはずだと述べた。(35)

このような経緯を考えれば、ガリラヤ平和戦争の問題をめぐる食い違いが法廷闘争にもつれこんだのは決して不思議ではない。それは、シャロンの法廷闘争を嚆矢《こうし》とする。シャロンは、イスラエル政府とその首相を籠絡《ろうらく》したとして自分を非難しようとする者を、名誉棄損で訴えたのである。タイム誌の記事はその一例であった。

シャロンは、サブラ、シャティラ両難民キャンプにおけるファランジストの虐殺意図を事前に知っていたとする記事に対し、同誌を名誉毀損で訴えた。二〇年後シャロンは、ハアレツ紙のウージ・ベンチマン記者を訴えた。ベイルート進駐問題でベギン首相に嘘をついたとする記事に対し、シャロンはベイルート進駐問題を含め自分の処置はすべてベギンに報告し、許可を得て実施したと主張した。最高裁では、メナヘム・ベギンの息子ベニー・ベギン（科学相一九九六～九七年）が、シャロンは自分の父をパートナーとせずに、大計画を実施したと証言した。このような証言もあり、裁判は（二〇〇二年二月一九日に）結審し、ベンチマンが勝訴した。(36)

力の行使の限界

長い目で見た場合、このガリラヤ平和戦争がどのような位置づけになるのか、いろいろ論議もあるであろうが、次に指摘する諸問題が検討上のポイントになる。

この戦争は、アラブが束になってもかなわない、イスラエルの技術的、軍事的優越性を証明した。その一方で、この技術水準が高く装備もよい軍事力は、それだけでは近隣諸国にイスラエルの意図をのませるには十分ではなく、力の行使には限界があることも明らかになった。この限界から、行動する場合には国内においては幅広い連立を形成して、それを支持基盤とし、国際社会の世論の支えが必要であることもわかった。そして、力の行使の限界に照らしてみれば、イスラエルにせまる脅威の度合に応じて武力を行使する必要も自ずと明らかになった。

すでに指摘したように、アラブに対するイスラエルの軍事的優位は、このガリラヤ平和戦争で再び証明された。イスラエル空軍は、一機の損失もなく一〇〇機を超えるシリア機を撃墜し、シリアの地対空ミサイル二〇個中隊を破壊した。地上戦については、うまくいったといっても、それは航空戦に比べれば極めて限定的な成功であった。

イスラエル軍がベイルート・ダマスカス街道へ向かって進もうとした時、シリア軍コマンド隊の遅滞戦闘によって、しばらく進出を阻止された。イスラエル、シリア両軍の機甲戦闘では、シリア軍が何度か勝利した。スルタン・ヤークブの戦闘はその一例である。

敵がイスラエルに脅威を及ぼし、その脅威を排除しようとして、イスラエルが軍事力をもって敵に打撃を与えても、脅威の排除には十分でないことが再度明らかになった。さらに言えば、イスラエルがシリアに打撃を与え、戦力増強のプロセスを阻止することを、戦争目的の一つとして選択したのであれば、それはまさに逆効果であった。シリアは、この戦争から戦訓を学んだ結果、イスラエルとの戦略的均衡を目的とする世界観の一環として戦備増強を加速させた。

シリアは、深刻な経済、政治問題のため、この戦略的均衡を達成できなかったが、シリアが脅威であった事実は残る。すなわち、一九八〇年代を通じてイスラエルの存在に対する明白な脅威であったことに変りはない。[37]

さらにイスラエルは、レバノンに対するシリアの影響力を全面的に排除しようとして、結局失敗した。実際のところ、このガリラヤ平和戦争でイスラエルは、戦前ダマスカスが何年も縛りつけられていた戦略的拘束から、シリアを解放したのである。イスラエルが撤収したあと、シリアは前よりも強い存在としてレバノンへ戻って来た。

一方、イスラエルは、味方であるはずのマロン派社会に対し、足腰が立たぬほどの打撃を与えてしまった。戦前レバノンでは、状況がイスラエルの望まぬ方向へ発展し、さらにマロン派の権益に反する事態になると、イスラエルが陰で威嚇し、マロン派はこの隠れた支援で助けられていた。しかるに、イスラエルがレバノンに進駐し抜き差しならぬ状況に陥ると、その威嚇は効力をなくすのである。

新たな脅威シーア派ヒズボラ

イスラエルは、PLOに打撃を与え、パレスチナ問題の棘抜きをしようとしたが、希望通りにはいかなかった。確かにイスラエルは、PLOをレバノンから排除し、チュニジアへ追い出すことに成功した。このチュニジアへの追放で、PLOは領土上の足場を失い、たとえ口先だけのリップサービスであったとしても、穏健化の過程に入る。この穏健化は、一九八八年のアラファト声明で表明された。PLO議長がイスラエルの承認を示唆したのである。それがさらに進んでイスラエルとのオスロー合意(一九九二年)となる。パレスチナ問題に結着をつけようと望む者がイスラエルにいたとすれば、逆説的な話であるが、このガリラヤ平和戦争がPLOによる政治プロセスへの転換に一役かったことになる。

最後はシーア派社会の問題である。レバノンにおける最大の好機喪失は対シーア関係で、南レバノンのシーア派社会との友好関係構築に失敗し、憎悪にみちた手に負えぬ敵にしてしまったことである。イスラエルは、マロン派を唯一の味方と考え、シーア派の存在を完全に無視して、ガリラヤ平和戦争を開始した。シーア派は多数派であり、共同体としての地位も上がりつつあった。シーア派社会の一部は、実際にイスラエルと協力する用意があった。たとえば、シーア派社会の有力幹部数人がイスラエル軍に接触し、軍と協力しながら以前に果していた行政の仕事を担当してもよい、と提案した。

アマルの指導者ナビーフ・ビッリーは、一九八二年六月の時点で、バシール・ジュマイエル率いる国民救済戦線に参加する用意があった。つまり、暗黙裡にイスラエルに協力すると言っていたのである。しかしながら、イスラエル側はシーア派の完全無視を選んだ。やがて、ヒズボラをつくったのは事実上イスラエルである、と主張する人々が出てくる。イスラエルがその行為を通してヒズボラの勃興に手を貸したというのである。

かくして、PLOの突きつける戦術的脅威は、レバノンの過激派であるシーア派組織の戦略的脅威にとって代わった。頭の天辺からつま先まで武装し、イランの支援を受けた過激派が、前面に踊り出た。PLOを南レバノンの拠点から駆逐し、この地域をヒズボラに明け渡したのは、イスラエルである。イスラエルはシーア派社会に対し徹底して無視政策を決めこみ、この社会をヒズボラの手へ押しやった。しかしながら、これには別の意見もある。つまりヒズボラは、レバノン・シーア派社会の中で当時起きていた内部プロセスから発芽成長し、イスラエルがほとんど作用し得ないイスラム革命に影響されたことも確かである。(38)

ガリラヤ平和戦争の教訓

ガリラヤ平和戦争がイスラエルに力の限界を教えたのは、疑いない。この戦争で明らかになったのは、ほかにもある。遠大な政治的動きを推進するには、通常の軍事力では十分ではない。イスラエルがアラブから受ける挑戦は、極めて強力な正規軍だけではなく、投石と仕掛け爆弾もある。この戦争はイスラエル社会のアキレス腱――犠牲者に対する痛み――も明らかにした。むき出しになったといってもよい。作戦の是非をめぐって最初からコンセンサスが怪しかっただけになおさらである。

このレバノン戦争の教訓は、イスラエルの隣人たちも学んだ。それは、次の事実に現れている。すなわち、南レバノンでのイスラエルの経験から、圧倒的な軍事力に対応できる道があることを学ぶ。その学習が第一次インティファダ（一九八七年）の勃発を促す。さらにそれは、二〇〇〇年五月のイスラエルの一方的撤収を経て第二次インティファダ（二〇〇〇年九月）につながっていくのである。

イスラエルの戦史討論

ついでといっては何であるが、イスラエルの歴史研究に関する論争を指摘しないわけにはいかない。論争の徴候は前からあったが、このガリラヤ平和戦争を契機として一挙に吹き上がったのである。一九八〇年代のイスラエルは、すでに満ち足りた社会となり、自信にあふれていたから、批判に対してずっとオープンになり、問題提起はもとより、国家の安全保障問題と国防軍を含め、慎重に扱わねばならぬものを槍玉にあげることも自由であった。

この傾向は、ガリラヤ平和戦争を契機にさらに強まったように見える。日頃イスラエルの行動に批判的な人々が議論を先導した。作戦の論理、正当性、そして道義に疑問を呈したのである。もちろん、作戦とその後の経過を正当化する人もいれば、リクード党が与党になって以来おかしくなったとして、失敗を党出身の指導者のせいにして非難する人もいる。

あるいは、話を昔に戻して、ガリラヤ平和戦争のルーツは、イスラエルの対アラブ政策の基本概念にあるとして、その概念は建国前の紛争の始まりに由来する、と主張する者もいる。この観点をおし進めていけば、早晩〝新歴史学派〟の登場に至る。この派は、近年（建国後三〇年ほどたって）初めて公開された機密文書類を自己の目的のために利用した。これ以降、イスラエルの戦史討論は史観論争に落ちこんでいくのである。(39)

ガリラヤ平和戦争の時間と地域を区切るのは、いつかは可能になる。しかしながら、多くのイスラエル国民にとって、この戦争はまだ終っていない。終りがないように思われる。戦死者の遺族、被害者、そして望みなき無意味な冒険にまきこまれていくのを無惨な気持ちで見ていた人々にとってはなおさらである。多くのイスラエル国民にとって、このレバノン戦争が心に傷が残る経験であったのは間違いない。そして現時点で、彼らはこれを抑圧し、そして忘れる方を選んでいる。

第11章　パレスチナのインティファダ（一九八七～一九九一年）

ルーベン・アハロニ

パレスチナ紛争史

一世紀に及ぶユダヤ人とパレスチナ人との闘争

パレスチナ解放機構（ＰＬＯ）は、ウエストバンクとガザ回廊に支配の中心地を築こうとして、さまざまな困難に直面し、支持者獲得力にもいろいろ問題があった。しかしそれでも、一九八七年一二月に反イスラエル蜂起がついに始まった。それは大々的な抵抗運動で、インティファダ（アラビア語で〝はねつける〟の意）という名称を得た。

同じ小さな土地をめぐるシオニストのユダヤ人とアラブのパレスチナ人との闘争は、ほぼ一世紀に及ぶ。一九八七年の人民蜂起は、この闘争の一環である。それは、ユダヤ・パレスチナ社会間紛争の三度目の爆発にあたる。前二回は、英委任統治時代の中期（一九三六年）と末期（一九四七～四八年）に起きたが、社会間闘争としては伝統的性格を持っていた。二つの社会集団は、比較的同等の条件で戦った。つまり、双方ともに政府による徴兵制の運用ができず、非合法の民兵に依存せざるを得なかった。三度目の闘争は様相がまったく違っていた。イスラエルは主権国家としての装置をすべて備えているのに対し、パレスチナ人側はそれを欠いていた。つまり非対称的な戦いであった。

ＰＬＯはレバノンから追放され、アラブ世界の周辺部に分散してしまい、パレスチナ人の夢である〝武力闘争〟の選択肢は、とれなかった。テロ、ゲリラ戦あるいは通常戦でイスラエルを屈服できる夢が持てない。一九八二年以来、〝管理地区〟（一九六七年にイスラエルが占領したウエストバンクとガザ回廊）で激烈なデモと規律違反が六倍に急増した。そして、自発的な規律違反と計画的テロ活動の比率に劇的な変化が起きた。一九八四年の場合、テロ行為一件に対し規律違反一一件の割合であったが、一九八七年になると、テロ行為一件に対し規律違反一八件の割合となった。

パレスチナ闘争の変遷

ダン・ホロビッツとモシェ・リサクは、共著『理想境の災難』（Trouble in Utopia）で、アラブ・イスラエル紛争に関するリクード党と労働党の認識の違い、すなわち〝基本的態度〟の相違を定義した。イスラエル建国後の見方は国家間の紛争であり、イエシュヴの時代には社会間の紛争と受けとめられていた（イエシュヴは一九四八年以前のエレツイスラエル―イスラエルの地―におけるユダヤ人社会の意）。

労働党は前者の紛争観を持ち、リクード党は後者の紛争側面を強調する傾向にあった。この相反する認識が、現実の対応上のガイドラインになった。キャンプ・デービットの合意、エジプトとの平和条約締結、そしてレバノン戦争が、紛争のパレスチナ化をもたらした。

レバノン戦争の末期、紛争は社会間闘争の様相を呈してきただけでなく、地域的にイスラエルの地を中心する委任統治領へ帰着していく。〝基本的態度〟間の論争は、あたかもまだ決着がついていないかのごとく続く。労働党政権と防衛当局は（国家間紛争モデルにしたがって行動を続けたが）、インティファダの意味を理解しなかったのは、そこに理由がある。

PLOは、紛争をイスラエル・パレスチナ間の対決と本当に認識していたが、（レバノン戦争後の）新しい段階で社会間紛争が当初の領域的限界、すなわちイスラエルの地を中心とする英委任統治領へ戻ったことを理解しなかった。そのため、パレスチナ社会の〝内部〟が闘争の原動力になるのである。後年ＰＬＯはあたかも一九八七年以降の紛争（インティファダ）を主導したようなふりをしたが、各地に分散していたため、実際にはインティファダを開始、先導しなかっただけではなく、長い間インティファダの持つ意味に気づくことすらなかった。

インティファダは、イスラエルの政治、社会、文化および経済発展が進んで成熟期に入り、それがイスラエルをユダヤ・イスラエル国民国家から事実上の二民族国家（binational state）へ変えていた頃、勃発した。この点からみると、一九八七年一二月九日は、社会間紛争の象徴的発現の日であった。現実に直面して、認識のバリヤーが崩れた日である。

激烈な対決が全面的に勃発した時、ユダヤ・アラブ紛争史に新しい章が開いた。この紛争はなかなか古い（一〇〇年の歴史がある）。今回のインティファダは（六〇年代のパレスチナ民族解放機構主導闘争を含めると）四回目の暴動にあたるが、今回はパレスチナ人自身が主導するユダヤ・イスラエル支配に対する最初の一斉蜂起であった。その意味で特異である。

パレスチナ人のインティファダは、広い文脈で検討しなければならない。それには、イスラエルの政策も含まれる。すなわち、ＰＬＯ、ヨルダン、地域のパレスチナ指導部、そして管理地区に対する政策である。イスラエル国内の政治動向、主要政党の姿勢と政策、イスラエル社会の反応を考察することで、インティファダへ至る道筋をより正確に描ける。

歴史的イスラエルの保持と土地と平和の交換

インティファダの目的は、声明によれば、イスラエルの地における支配体制と、ユダヤ・イスラエル社会による公共資産、領土の独占に終止符を打つことである。しかし、逆説的であるが、この支配体制が確立され、二つの社会間に両方向の関係がつくられてはじめて、インティファダの開始が可能になったのである。つまり、政治、社会、経済および文化の分野で関係が築かれていたということである。

政治評論家のメロン・ベンベニステは、紛争下における二つの社会の関係を、〝親密な敵意〟と定義した。敵愾心にみちた対決の関係は、疎外と分離を生み出しただけでなく、両社会の相互作用関係をつくり出した。そして、こちらの方が、平和的関係より強いのである。

ここでは二つのプロセスが進んだ。パレスチナ人の間では、立て直しの努力（〝再構築〟と呼ばれた）があり、イスラエル人の間には、パレスチナ人の資産に対するゆるやかな取り込みプロセスが進んだ。具体的にはガザ回廊とウエストバンクにおける土地収用ならびにユダヤ人入植地の建設である。

イスラエルは占領体制にどっぷりつかり続け、一九六七年の戦争後早くも管理地区をしっかりと掌握した。その年の一〇月、〝イスラエルの地（Land of Israel）〟運動が発足し、英委任統治領を中心とする歴史的パレスチナ全域に対する、ユダヤ人の支配権を主張した。政治課題の論点と集団的かつ歴史的記憶の強調点が急速に変った。防衛可能な境界線かそれともユダヤ民族の歴史的権利かといった問題は、すでに解決済とみなされていたが、これが論争の核になった。世論の真剣な論議は、平和と土地の交換（Land for Pease）合意の可能性、歴史的イスラエルの地（聖書時代の領域）の新領地（すなわちウエストバンク、ガザ）におけるユダヤ人の入植をめぐるものであった。

併合なき入植運動

入植プロジェクトの背景には、新しい社会運動がある。ヨムキプール戦争後の一九七四年二月に設立された、グシュ・エムニム（献身ブロックの意）である。管理地区には、一九七七年時点で八〇を超える入植地が存在していた。その年は、選挙でイスラエル国民がメナヘム・ベギンを党首とする民族主義色の濃い右派リクードを選択し、労働党政権をしりぞけた時であった。

新しいリクード政権下で、ユダヤ人入植者約一〇万人が一九八〇年代末までに管理地区へ住まいを移した。しかしながら、ウエストバンクとガザ回廊はイスラエルに併合されず、イスラエルの管理地区として区別されて統治された。

併合の選択肢をとる可能性を欠き、平和と交換に管理地区から撤収する可能性もない。アラブ人をどこかへ移すこともできない。このような事情から現状維持が続き、それがユダヤ人入植地という事実を定着させることで、管理地区の漸進的併合に変った。

一九八〇年代初期までに、ユダヤ人の管理地区進出が次第に強まる状態になった。人の住まぬ土地の多くは公有地と宣言され、パレスチナ人の居住密集地のすぐ近くであっても、ユダヤ人入植地の建設用に開放された。イスラエルの占領管理は、パレスチナ人の民族主義が加速していることに恐れがあり、硬直した軍支配の傾向を強めた。

国際社会の紛争解決努力は失敗し、パレスチナ人社会のなかでリーダーシップをとる若い世代が登場し始めていた。社会〝内部〟の〝底辺〟から成長した世代である。このような背景のもとで、国防相イツハク・ラビンは、〝鉄拳〟の用語を導入した。一九八五年のことである。

パレスチナ社会の変化

ウエストバンクとガザ回廊のパレスチナ人社会は、若年層の占める割合が大きかった。イスラエルがこの地域を管理するようになり、一〇年間で人口はほぼ一九パーセント増えた。一九六七年から一九八六年までをみると、二〇パーセント増となる。数字でみると、ウエストバンクでは、一九八六年までに一四万人増えた（六九万六〇〇〇人から八三万六〇〇〇人）、一方ガザ回廊は、九万四〇〇〇人余の増加である（四五万一〇〇〇人から五四万五〇〇〇人）。

若年層の人口増は、教育の飛躍的普及と並行していた。一九七〇年時点で、一四歳以上の約半分は、正規の教育を受けていなかったが、その比率は一九八六年までに半分以下となった。高等教育の普及もある。一九六七年以降に高等教育機関が設立されたおかげである。

イスラエルが進駐した時、大学は一つもなかった。それが、一九八二年までに八校がウエストバンクとガザ回廊に開設された。学生数の増加は、この地域では前例がないほど目覚しい。一九七〇年中頃でウエストバンクの大学生数は一〇八六人であったが、八〇年代中頃までに一万人になった。

新しい大学の設立ほど重要な役割を果したものはない。ヨルダン当局は（一九六七年六月までの支配時代に）、高等教育機関の設置をウエストバンクに許さなかった。大学が政治活動の中心拠点になることを恐れたのである。〝リベラルな政策〟の一環として、大学三校の創立を承認したのは、モシェ・ダヤンである。

現在、ウエストバンクにはほかに六校が機能している。この一連の高等教育機関は、知のセンターとして成長し、新しい若手指導者を育てる温室となった。大学の在学生、そして卒業生は、学卒者にふさわしい職業に就くことを望んだ。しかし、イスラエルあるいはパレスチナの労働市場に吸収される望みはなく、学歴は無駄だった。学卒者の多くは、イスラエルの諸都市でブルーカラーの単純労働に就いた。取るに足らぬ仕事で満足しなければならなかったので、これがフラストレーションを強めた。かくして、総合大学、単科大学を含む学生たちは、自前の社会的制度的ネットワークづくりを求めて、社会的政治的活動の場をキャンパスの外に広げていこうとした。

若者は猪突盲進の傾向をみせる。過激な突進で生じる瞬間湯沸し器的反応、つまりは社会的に激しやすくなり、これに就職難のフラストレーションが重なる。火に油を注ぐようなものである。若い世代に教育機会は大いに増えたが、就業の機会は少ない。大学卒者の数は増えても、それに見合う仕事は、管理地区あるいはイスラエルの労働市場にほとんどなかったのである。

青年層のフラストレーション

イスラエルがウエストバンクとガザ回廊を管理するようになって、最初の一〇年間は、確かにGNPと一人当たりの個人消費は増えた。管理地区労働者をイスラエル国内で雇用したからである。しかしながら、管理地区の雇用市場は農業分野が主で、ほかには単純労働の市場があるだけであった。一九六七年以来、イスラエルは管理地区のインフラ整備や産業への投資を避けた。これが当時の政策である。経済基盤に変化がないので、若い世代の教育に釣り合う雇用機会は大きくならなかった。一方、イスラエル社会は単純労働など最低レベルの労働以外、パレスチナ人の国内就労を望まなかった。

大学卒業生で、資格に見合った職業に就くことができたのは、わずか一五パーセントであった。残りは学業を続けるか、彼らの期待するレベルよりずっと下のブルーカラーの仕事に就いた。仕事を求めてアラブ産油諸国に流れて行った者もいるが、産油諸国も一九八三年に始まる経済不況のため、この種の移住は少なくなった。

イスラエル軍政局の統計（一九八五年）によると、ウエストバンクの学卒者のうち四千人が失業中であった。それが、インティファダ勃発時には八千人になっていた。

高校卒業生も同じ状況であった。大多数は、失業中かイスラエルの建設またはサービス部門で働くかである。どちらの選択肢も、教育と釣り合わず、彼らの期待と大きくずれていた。

パレスチナ人の若い世代は、教育機会が広がったが、適当な就業機会がない。これが政治的過激主義の風土を育てた。このギャップが既存の秩序を変えようとする願望を助長した。失うものは何もない。この状況を変えると新しい展望が開けると受けとめられ、それが魅力的にみえた。

パレスチナ社会の組織

組合活動は、一九六七年の戦争（六日戦争）のあと劇的に増えた。いちばん急速に成長したのは、一九七五年以降で、とくにウエストバンクが顕著であった。もっとも組合が毎日イスラエルへ通勤している労働者の半分も取り込むことはなかった。一方、イスラエルでは、その組合が認められているわけではなかった。

組合は、学生主導のグループと同様に、左翼組織に牛耳られていた。その左翼組織は、住民を取り込もうとして猛烈に運動を展開中であった。そこでは、政治的急進主義が最優先された。家族らの結びつきを超越しようとする共通の努力にとって、職種別組合はモデルであった。組合活動は、地域の指導者にとって優れた教育の場であったが、組合指導者の多くは、闘争過程でイスラエルによって拘束ないしは追放されてしまう。

学生グループと労働組合はもともと小さくて、インティファダが勃発した一九八七年時点で存在していた組織のネットワークの中では取るに足らない存在であった。慈善団体、赤三日月支部組織、パレスチナ医師協会、薬剤師協会、弁護士協会等々の専門機関や団体があり、これらはいずれも盛んに活動していた。ヨルダン支配時代に比べればその傾向は顕著で、長期に及ぶ占領下で社会基盤の整備に一役かっていた。

一九八〇年に始まる経済的苦境

一九八〇年代にみられた経済生活の悪化も重大な要因の一つとなった。イスラエルの管理下に入って最初の一五年間は、外見上発展する経済が常態のように思われた。経済的繁栄には三つの要因が作用している。第一は、高度な労働集約型市場を持つイスラエル。第二が、農業の盛んなヨルダン。第三が無尽蔵ともいうべきオイルマネーを持つ湾岸諸国である。

一九八〇年代初期、それぞれが長期に及ぶ不況に見舞われ、それがウエストバンクとガザにはねかえり、両地域を締め上げた。経済的無力感は、萎えていく希望と結びついた。国際外交、PLO、あるいは外部のアラブの軍事力が、イスラエルの占領に終止符を打つという希望が薄れていった。

ウエストバンクとガザ回廊の経済状況は、一九八〇年を境に劇的に変化した。一九六七年から一九八〇年まで、経済成長率は年率五パーセントを超え、管理地区は、ヨルダンとエジプトの支配時代に苦しんだ物資的欠乏が緩和された。とくにガザでは、イスラエルの進駐時、一人当たり平均年間所得が八〇ドルであったが、インティファダ勃発時点で、一七〇〇ドルのレベルに到達した。

ウエストバンクは、急速な経済成長を遂げるヨルダン経済の一部で（一九五四年から一九六七年まで年率八パーセントを越える経済成長を享受していた）、その個人消費は、イスラエルの進駐時ガザとは比較にならぬほど大きかった。当地の域内総生産（GDP）は、一九六八年から一九八〇年の間に三倍以上となった。世界基準からみても極めて異例である。住民の大半はその恩恵をこうむった。

一九七〇年代後半、憂慮すべき経済徴候が出てきた。イスラエル経済の長期に及ぶ低迷が始まったのである。それは極めて高いインフレ率をともなった。イスラエル経済に深く組み込まれているパレスチナ人にとって、不況は悲惨であった。一九八五年時点で、イスラエルで働く管理地区労働者の実質賃金は相当に低下していた。一九八〇年代初め失業問題が管理地区に打撃を与え始めた。いちばん深刻な影響を受けたのが、若年層と教育を受けた層である。経済上の不満と占領問題が結びあって、すぐに火のつく民族主義熱の土台を形成した。

伝統的地域指導者の弱体化

イスラエルにおける状況を複雑にしたのが、外部の経済情勢である。一九七〇年代、パレスチナ人多数が就労機会を求めてウエストバンクとガザから流出した。しかしながら、一九八〇年代になると、広域に及ぶ中東経済の危機が波及して、ヨルダンの吸収能力が尽きてしまった。産油諸国も激しい縮小に直面していた。ウエストバンクとガザのパレスチナアラブ人は、管理地区とイスラエル経済の中へ押し戻された。最悪のタイミングであった。人参と経済的機会を与えるイスラエルの政策は——抵抗の考えが頭によぎった時、旧世代のパレスチナ人ならその損失を熟考する必要があったが——占領下で成長し教育を受けた世代にとっては、ほとんど意味はなかった。それに若年層の多くは失業し、経済上将来に望みを持てない状況にあった。

パレスチナ人若年層が始めた活動は、少なくとも二つの面ですぐ結果が出た。一般住民にとって、共同体の活動に参加することで、自力・自立の観念を強めた。若手の活動家にとっては、住民とじかに接触することで、日常の問題処置上経験になった。長い目でみると、青年たちと地域住民との間に生じた相互作用が、ムフタール（選ばれた者の意、村の長《おさ》）といった地域指導者の権威を弱めた。つまり、地域住民とイスラエル当局との〝橋渡し〟役の影響力が弱くなったのである。軍政局と民政の実効性も損なわれるようになる。このような過程を経て、インティファダの組織的基盤ができていく。

青年層の活動

管理地区では、イスラエル当局の日常業務が妨害されるようになった。最初からパレスチナ人青年に、地域住民の幅広い協力をとりつける力があったわけではないし、こうなったのは不可避の結果でもない。まず青年たちが進んで地域住民に接触し、土台づくりをしなければ、インティファダの勃発は考えられなかったであろう。しかし、若者たちの共同体活動だけでインティファダが長期間継続できたと考えるのも難しい。インティファダが弾力性を持ち得たのは、商人とホワイトカラーグループの参加があったからである。途中で挫折しなかったカギはそこにある。声を発すれば耳を傾ける者がおり、集団的対応に必要な凝集性（団結）が力を持ち得た背景には、占領体制そのものの作用があった。

地主と商人グループは最も影響力を有する社会階層であるが、イスラエルの占領がこの階層を相当に弱体化させた。新たな組織的活動は、大学と高校の卒業生に率いられ、パレスチナ人社会のさまざまな集団が出会う場となった。かくして占領は、第一段階で社会の政治的均一化をもたらした。青年たちの革命熱と行動スタイルは、心情的にはこの階層（地主と商人グループ）の内なる感覚に通じるものがあっただろうが、彼らの財布と世界観、そして生き方とは合っていなかった。彼らは果敢な行動より慎重さを善しとし、華々しい劇的な行動より計算した方法を望んだ。

以上の事情から、インティファダ勃発時、パレスチナ社会は学生グループ、労働組合、女性団体、福祉団体、文化団体などをすでに組みこんだものになっていた。どの組織も活動的で、発達した市民社会の建設を目的に活動し、長期に及ぶ占領下の生活に活力を与えた。そしていずれも蜂起に積極的に参加する用意があった。

さらに、インティファダは、イスラエルの支配に対する抵抗表明だけではなかった。管理地区の外にいるパレスチナ指導部とその政策に対する、不満の表明でもあった。イスラエルの支配に積極的に抵抗したパレスチナ人青年のうち数千人が逮捕された。イスラエルの刑務所、あるいは難民キャンプで、彼らの民族意識と政治的主体性が涵養されていった。こうして青年活動家たちが地域の指導者になるのである。

中産階級の対応

しかしながら、中産階級がインティファダに仲間として参加したとしたら、参加理由は二つある。第一は、圧力回避のためである。若手過激派がかける圧力から守ってくれる有力な地域（管理地区）指導部がなかった。第二は、ウエストバンクに対するヨルダンの立場にほころびが生じ、拡大していたことである。過激派の影響を相殺できる力が弱まっていた。ヨルダン当局が姿を消したので、組織上の真空が生じ、そこへ浸透した過激主義が噴出した。イスラエルとヨルダン双方は、どうしたら封じこめ、あるいはコントロールできるのか判断できず、途方にくれるばかりであった。手をこまねいた結果、インティファダ期前の中産階級の観点からすれば、起こりそうにないように思われたことが、蜂起の過程で勃発不可避の雰囲気を帯びてきた。

ウエストバンクには特有の状況があり、従来の地域指導者は、これといった有効な対策もなく、結局はヨルダンとPLO双方に支援を求めざるを得なかった。ウエストバンクには、政治的独立の伝統はなく、独自のイデオロギーと自立した経済を欠いていた。アラブ世界で境界を接するのはヨルダンだけである。このような状況から、自治的権力基盤の構築は排除される。これがあれば、ヨルダン・PLO共存の指針を越えた政治的イニシアチヴをとることも可能だが、それは無理である。

イスラエルが、恒久的解決を目的とする交渉で、地域の指導者たちに政治的パートナーとして接近した時、その接触に領土上の大々的譲歩計画がともなっていたならば、このような権力基盤構築に都合のよい空気が生まれていたかもしれない。その譲歩の気持ちがなかったから、ウエストバンクに独立した権力基盤が生まれると期待するのは、非現実的であった。

地域の指導者たちには、ヨルダンとPLO双方がそれぞれ資金を与えていたから、彼らが新しい方向性を打ち出そうとしても、双方が自分たちの権益の脅威になると受けとめられる恐れがあるので、新しい道を進むことにますます消極的になった。管理地区にいる地域の指導者たちは、日常レベルを超えた政治活動に参加したり、あるいは活動を提起することに慎重であった。

つまりPLO、ヨルダンあるいはその双方から切り離して政治解決の交渉を進めるのは、躊躇する。あるいは、イスラエル側と接触を断ち、全面的な市民的不服従を主導すれば、イスラエルから厳しい対応を受ける。ヨルダンとPLOは、それぞれ管理地区の諸機関を通してパレスチナ人住民を掌握しようとしており、イスラエルの対応で、それが傷つく恐れがある。政治解決について地域の指導者がイスラエル側と話をすれば、ヨルダンとＰＬＯの機嫌を損ねる。双方は管理地区の将来に関する決定に支配的役割を果そうとしており、地域指導者の行動で、それが阻害されることになるからである。

ヨルダンとＰＬＯの立場

ヨルダンとＰＬＯ間に共存の兆しが見えていたので、ウエストバンクのパレスチナ人指導者は後押しされるかたちで、いわゆる〝統制された過激主義〟に向かって動き出した。この後の活動は、イスラエルの占領拒否、イスラエル当局との正面衝突の回避の二大特徴を有する。日常業務ではイスラエルに協力する。過激派の指導者は、ストライキと大衆デモを組織し、「政治交渉はＰＬＯがあたる。これがパレスチナ人の唯一正統な代表である」と唱えた。しかしそれでも、過激派、そしてもちろん穏健派も、イスラエルとの関係を後戻りできぬほどに緊張させることは控え、注意した。地方自治体の業務に支障なく、保健衛生、社会福祉、教育、商業といった基本事業が停滞しないように、軍政局と不断に連絡を維持したのである。

統制された過激主義という管理地区の活動は、ヨルダンに黙認され、ＰＬＯから支持された。このような活動をＰＬＯが支持するのは、わかりきった話ではない。統制された過激主義の精神にもとづく活動で、ウエストバンクの政治および経済インフラは維持されたが、ＰＬＯはイスラエルから合法的存在として認められている管理地区の組織に依存することにもなった。この背景から、ＰＬＯは管理地区におけるイスラエルの継続的駐留を異存なく黙認し、日常生活の正常化に努力するイスラエルを支持している、と考える向きがあるかもしれない。

ファタハ率いる主流派は、やりたい放題の反イスラエル過激行動に戻るよりは、統制された過激主義の行動パターン支持を善しとした。アラファトは、得意とするレトリックの才能を駆使して、計算された過激行動を正当化し、「パレスチナ人の計画で肝腎なのは、土地に踏みとどまることであり、戦闘だけではない。戦闘だけに終始するなら、悲劇である。いちばん大事なのは土地にしっかり踏みとどまることだ。そのあとで戦闘する」と言った（アル・フィキル、一九八五年六月、パリ）。

統制された過激主義の実行には大きな困難がともなった。それでも地域の指導者たちは、統制された過激主義のなかに、選択肢としての行動様式をみていた。ヨルダンとPLOの共存が続く限り、そしてイスラエルが管理地区外のアラブ側パートナーとの政治解決に希望を託している限り、PLOとヨルダンに同時に依存しつつ、イスラエルと協力的関係を維持していくのが、ウエストバンクの選択する行動様式であった。

この統制された過激主義の立場を維持することで、管理地区内の指導者たちは、住民の間で自身の地位、立場を維持し、急進主義に走ろうとする若年層の圧力をはね返した。その結果、中産階級——商人、行政職員、そのほかのホワイトカラー従業員は、長期に及ぶ占領のなかで日常の活動を続けることができた。

対応が割れるイスラエル

イスラエルでは、テロリストに関する政治上の主張は、平行線をたどる二つの相矛盾する政治概念がベースにある。一つは、右翼リクード（統合の意）党の大イスラエル主義の概念であり、もう一つは、労働党連合の領土的妥協主義のアプローチである。労働党は、一九七七年まで政権の座にあったが、ウエストバンクとガザ回廊を安全保障上の観点から捉えていた。労働党のあとを継いで政権についたリクード党は、歴史的権利の観点も重視した。

労働党は、人口構成上の変化を恐れ、アラブの人口稠密地域を引き離すことのできる、政治解決の道を選んだが、リクード党は、地理——イスラエルの地全域——を意識し、ウエストバンクとガザ全域にイスラエルの永続的プレゼンスを求めた。

労働党がヨルダン河谷とエルサレム南方のエチオンブロックを主とした選択的入植を提唱したのに対し、リクード党からみると、ユダヤ人入植は合法的かつ不可欠であり、ウエストバンク全域がその入植対象になった。リクード政権下では、ウエストバンクへの入植のペースが早まり、入植者人口は増え、同地域のインフラ整備用予算も増加した。

インティファダが勃発した最初の一年間、イスラエル政府は政治的には何もしなかった。それには三つの理由がある。第一は、管理地区問題で内閣が行き詰まっていたことである。当時内閣はリクード党と労働党を含む連立政権で、政治的な動きをすると、連立が崩壊する恐れがあり、新しい選挙になるので、身動きがとれなかった。

第二は、リクードブロック（派）が、パレスチナ人との交渉による解決にあまり熱意がなかったこと。第三は、イスラエルの有権者の動向である。有権者はさほど状況を懸念しておらず、紛争の政治解決に向けて政府をいっせいにプッシュするほどまとまってもいなかった。

イスラエル国民は、同じ土地の所有権を主張する別の独立国家など受け入れることができなかった、と思われる。受け入れることは、自分たちの独占的権利の放棄を意味するからである。それが変わったのは二〇〇三年、血みどろの第二次インティファダが始まって三年後、アリエル・シャロン首相がはじめて、ウエストバンクとガザ回廊を領土とするパレスチナ国家の建設に同意する、と宣言したのである。

政治的にはそのような経緯があるのだが、一九八八年三月に実施された世論調査によると、イスラエル国民の三九パーセントは、可及的速やかな交渉の開始を望み、五八パーセントは、〝土地と平和の交換〟をベースとするシュルツプランの原則に前向きに応えるべきであると考えた。イスラエル国民の多くは、エレツイスラエル（イスラエルの地）がウエストバンクとガザ回廊全域を包含する地域とは定義していなかった。

二つの制約条件を考えなければならない。一九八四年の選挙まで、労働党、リクードいずれのブロックも連立政権をつくれず、〝挙国一致〟内閣が成立した。ほかに左派、右派、そして超正統派宗教ブロックを含む六つの少数派が参加した内閣である。一九八四年の連立協定で、首相は二年交代とされた。まず労働党の党主シモン・ペレスが首相になり、その後リクード党指導者のイツハク・シャミールが内閣を率いるのである。

政治権力が互いにライバル政党であるリクード党と労働党に二分された政府は、別々の有権者支持層を代表し、管理地区の扱いについて異なる立場が並立していた。内閣には、同格ルールも存在した。つまり、政府はコンセンサスが得られてはじめて行動できるのである。一方が反対すれば、それでおしまいである。かくしてパレスチナ問題は行き詰まり状態になった。

挙国一致内閣の成立

一九八四年、挙国一致内閣は二つの課題を帯びて成立した。比較的短期の時間単位で対応すべき緊急問題の解決である。具体的には、猛威を振るうハイパーインフレーションの解決とレバノンからの撤収である。労働党とリクード党が組めば、解決しやすいと思われた。二つの主要政党が組んで一つの政権をつくり、協力して対処するには、それなりの理由があった。ばらばらになった政治システムのためである。

一九七〇年代に政治体制に変化が生じた。労働党が後退し、リクード党が勃興してくる。一九八〇年代には、左から右まであらゆる種類の小政党が乱立するようになった。主要政党は単独では政府がつくれず、そのおかげで小政党は影響力を持った。やがてそれが行き詰まりの政治状況をつくり出し、その状況のなかで労働党とリクード党は、選択肢をなくし、連立を組まざるを得なくなった。

政治に影響する人口構成とイデオロギー

この新しい事態は、社会の基本構造に生じた変化によるところが大きい。人口比でヨーロッパ系（アシュケナージ）が格段に小さくなり、オリエント系（スファルディ系）が大きくなるとともに、文化のうえでも同じようになった。オリエント系が大きくなったからである。これが、すでに存在する緊張と分裂が重なり、身動きのとれない社会にしてしまった。つまり、国家が直面する根源的諸問題に基本的な合意ができなくなったのである。行き詰まった政治システムは、選挙民の分裂の結果である。

政治的イニシアチヴに及ぼす第二の制約がイデオロギー、とくに一人の男――シャミール首相――と彼が率いるリクード党の思想と政策である。シャミールは大イスラエル主義（Greater Israel）の信奉者であった。この大イスラエル主義の思想を現実の政策に反映させ、選挙民の間に大きい支持層をつくり上げたのが、リクード党である。イスラエルでは、パレスチナ問題で強硬姿勢をとれば、有権者の支持を容易にとりつけることができた。オリエント系選挙民の場合はとくに然りである。イスラエル国内では、入植運動は神聖にして侵すべからずの行為となり、予算面で不釣り合いなほど優遇され、過分な扱いを受けた。

イスラエルのインティファダ対応

インティファダ勃発当初（最初の一年間）、政府が政治上の対応を急がなかった理由がもう一つある。それは、イスラエル社会がパレスチナ側の覚醒を一般的に認めたことであった。社会は仕方のないことであるとみなした。勃発して数カ月間は、興奮があり、論争が起き、そして分裂が広がった。その後イスラエル国民は、インティファダに対する我慢を身につけた。このように政府に強い圧力がかからなかったのが、政府が相当消極的になった要因であった。

インティファダが社会に及ぼしたいちばん大きなインパクトは、心理的なものであった。覚醒が、占領の正当化を取り去った。それまでイスラエル国民は、占領によってパレスチナ人の生活水準が上がっていると信じていた。しかし、いまは、自分たちの政府が、そこでなんら建設的な役割を果していると は思えないのである。占領は正当化できないのであった。

第二の影響は政治的なものであった。インティファダが国民を刺激し、あらゆる社会層で侃々諤々の議論を引き起し、社会はさらに分裂した。インティファダ以前、パレスチナ問題は、客観的にみて最も重要な政治問題であったが、大多数のイスラエル国民は、うまい具合にそれを日常生活から締め出していた。インティファダが勃発したあと、国民はやむなくパレスチナ人について論じざるを得なくなった。政府はPLOを承認し、これと交渉すべきかどうか。管理地区を全部放棄すべきなのか、それとも一部の放棄にするのか。その場合の条件は何か……等々、盛んに議論された。その結果、問題が整理され、普通の政治論議として扱われた。

イスラエル国民の反応

インティファダは、イスラエルの左派、とくにピースナウ運動に刺激を与えた。この運動は、ペレスが労働党をリクードとの連立にもっていってから、死にかけていたのである。イスラエルの左派は、パレスチナ人デモ隊に対して国防軍が厳しく対処したので、良心が痛んだ。左派のなかには、軍の残虐行為を大々的に宣伝した者もいた。たとえば、パレスチナ人青年四人を生き埋めにしたとか、乳幼児が催涙ガスを吸って死亡したといった話である。イスラエルの右派も、インティファダが、彼らのグレーターイスラエル構想の実現に重大な脅威となっているので、行動に出た。かくして右派は右寄りに、左派はさらに左傾化した。

しかし、時間が経過するうちに、イスラエル社会は少しではあるが右寄りに動き始めた。一九八七年一一月時点で実施された世論調査では、労働党がリクード党を一〇パーセントリードしていた。それが翌年六月になると同率になった。パレスチナ人の

〝移動〟の考えを受け入れ始めるのもこの頃である。一九八八年六月の世論調査で、回答者のほぼ半分が、ウエストバンクとガザ回廊からパレスチナ人を大量追放する案を支持した。しかし、同じ調査で同じく半数が管理地区の再分割を支持した。イスラエル人とパレスチナ人の間で分けることで、交渉開始の前であっても構わないとしている。

多くの世論調査が矛盾する結果を出した。イスラエル国民は、根本的に混乱しており、同じ問題に矛盾する見解を示したと思われる。

現状維持を望むイスラエル国民

イスラエル国民の多くは、一九八八年の秋には、間断なく流れくる管理地区情勢ニュースに、うんざりするようになってきた。国民は問題について引き続き話題にしていたが、大半の人はインティファダを日常の生活から遮断することで生活をすることを学んだ。このような対応の仕方について、政治評論家のトム・セゲヴは、「逃避現象」とみている。レバノン戦争と挙国一致内閣の成立に由来する政治問題から目をそらし、もはや現実に即した論争は無意味になった。

これまでの経緯を考慮した、より包括的な解釈もある。イスラエルの中で丸々一世代が、具体的に言えば兵役年齢の世代が、ウエストバンクとガザ回廊をイスラエルの一部と考えるように育ってきた。歴史的経緯に関し、学校教師の説明が意を尽し十分であったとはいえない。教室に貼られた地図には、グリーンラインのついていない場合が多い（注：グリーンラインは一九四九年の休戦ラインで一九六七年六月までの境界線。この線をとると、ウエストバンクおよびガザ回廊との境界がわからない）。

さらに、パレスチナ人がインタビューで、激烈な反イスラエル感情を吐露し、デモ隊が治安部隊と衝突を繰り返す様子を日々ラジオやテレビで見聞きするイスラエル国民は、二〇年間に溜めこんだパレスチナ人の憎悪と敵意が吹き上がっているのを知る。このような状況下では、イスラエル国民の目から見れば、占領に対する抵抗なのか、イスラエルそのものに対する存在否定なのか、はっきりした区別がつけられなくなる。

イスラエル国民の大半は、この蜂起に直接影響を受けなかった。国民は、さしせまった状況とは感じていなかったので、前述したように政府に早急の政治解決を求めなかった。国民が興奮するのは、イスラエル人が殺害された時だけで、この頃の初期のインティファダでは稀であった。勃発から一〇カ月間に殺害されたのは、五人だけである。リベラルな左派は、紛争について論じることがあっても、ウエストバンクやガザを訪れる者はあまりいなかった。イスラエル国民にとって、インティファダは主要課題の一つではなく、大半の人は引き続き管理地区の現状維持を支持した。

皮肉なことに、インティファダでいちばん影響を受けたのは、政治の世界であった。作戦を立てて〝戦争〟を遂行し、パレスチナ人の反乱が連鎖的に拡大し、制御不能に陥るのを見て挫折感を味わった。その一方で、政府の保護がなっていないと入植者から非難され、国際社会の批判とマスコミの攻撃をかわさなければならなかった。矢面に立たされたのは政府であった。

インティファダの分水嶺

しかしながら、インティファダの経過には、一線を画す時期がある。すなわち、一九八七年一二月九日（インティファダ勃発日）から一九八八年一一月一五日までが第一段階、パレスチナ民族評議会（PNC）が宣言を出した一九八八年一一月中旬以降が第二段階である。第二段階で起きたパレスチナ国家の建設宣言、PLOのイスラエル承認、そしてアラファト議長の演説とジュネーブでの記者会見は、国際社会のプロパガンダ戦で、パレスチナ人側が大きな勝利を収めたことを物語る。

ヨーロッパでは、各国政府がPLOと正式に対話の道を開き、アラファトを公式に招くなど全体的にパレスチナ問題が格上げされた。さらにアメリカ政府がＰＬＯとの接触を決めたことは、政策に転換が生じたことを示唆した。これは米・イスラエル関係にとって重大な意味を持つものであった。これに関連して、一九八八年一二月後半にイスラエルの政治アナリスト数人が予想を発表した。近くアメリカが提案を行なうから、イスラエル政府が政策を出すにはあまり時間がないというのである。このような新しい環境下では、イスラエル政府といえども、次第に強まる圧力を無視することはできなかった。

一九八八年一二月二二日、新しい挙国一致内閣が成立した。これはある程度この政治状況に対応するものであった。一一月一日の総選挙で、政治権力の中枢の弱体、分極化の傾向が一層鮮明になった。リクード党は四〇議席（得票率三〇・八パーセント）、労働党三九議席（同三〇パーセント）を獲得したが、本当の勝利者は、左派政党と右派、そしてとくに超正統派宗教ブロックであった。しかし、新しい挙国一致内閣は、弱くなったとしても少なくともリクード党と宗教政党の連立した右派政権よりは強い、と論じる向きもあった。

選挙の結果、リクード党が強くなった（一九八四年の選挙に比べ、労働党が五議席失ったのに対し、リクードは一議席減にとどまった）。今やシャミールが首相を丸々四年間つとめるのである。しかしながら、その挙国一致内閣は、前回と同じ基本的制約を導入した。有力閣僚で構成される閣内内閣（インナーキャビネット）は、労働党とリクード党同数とし、賛否の投票が真二つに割れると、自動的に検討中の提案は却下される。どのような発議も、連立を組む双方の支持を必要とするのである。

イスラエルの対ＰＬＯ観

一九八八年のＰＮＣ宣言のあと、ペレスとシャミールは、彼らの宣言はイスラエルに対するＰＬＯの敵意を変えてはいないと言明した。パレスチナ国家は認めず、ＰＬＯとの交渉もないという。しかしながら、これは政策が同じであることを意味しなかった。ペレスをはじめ労働党は、領土上の妥協を望んでいたが、シャミールは、パレスチナ人代表を含めた国際会議の開催に反対であった。一方労働党は、東エルサレムのパレスチナ人有力者との接触に期待をかけた。党首脳は、彼らがほかの者より穏健であり柔軟性がある、と信じていたのである。

一九八九年一月、ラビンが管理地区の選挙を提案した。〝自治〟という暫定期間中の指導者を選ぶのである。ラビンは、選挙によってパレスチナ人社会を分断し、インティファダを弱体化させることを期待したのかもしれない。シャミールは、平和提案と聞いただけで、気持ちが落ち着かなかった。彼は、アメリカのジョージ・ブッシュ新政権が、前のロナルド・レーガンと比較して、イスラエルから距離を置き、転向しているのではないか、と気にしていた。アメリカは、パレスチナ人住民に対するイスラエル軍の発砲も辞さない政策を批判した。ブッシュはシャミールをワシントンに招き、明確な提案を出すように発破をかけた。

長年リクードは、パレスチナ人に一インチの土地も譲らぬという立場をつらぬいている。アメリカはその立場を危うくしている。そこで本来の問題は、立場を堅持しつつアメリカをどう満足させるかである。ラビンの選挙提案は、その段階でリクードの要求にぴったり合っていた。シャミールは、管理地区の代表選を提案した。パレスチナ人によって選出された代表が、五年間の自治をめぐってイスラエルと交渉するのである。遅くとも三年までの間に、恒久解決に向けた交渉を開始する。その交渉では、双方がそれぞれの望む構想を提案するのである。しかしながら、リクード党の基本的立場も再確認されていた。〝基本前提〟と銘打った文書の中で、イスラエルはPLOと交渉せず、ウエストバンクとガザを領土とするパレスチナ国家を認めず、管理地区の地位変更に同意しないとあった。

一九八九年四月、シャミールは自分の方針を正式にブッシュ大統領に提示した。大統領は慎重ではあったが、いずれにせよその提案を受け入れた。大統領は、自治と最終地位の交渉がリンクされたので喜んだ。ありていに言えば、結局このシャミール・プランがアメリカの中東政策のベースになるのである。

急場をしのぐ曖昧策

多くの問題が曖昧なままであった。たとえば、恒久的解決の性格については、まったく白紙のままだった。選挙については、インティファダを先に終息させてから実施するのか、東エルサレムの住民は投票できるのかなど、いずれも不明であった。だがシャミールにとって、曖昧さがよいのである。急場をしのぐカギがこれである。恒久的解決の内容、条件の検討先送りで、労働党とリクード党の衝突は避けられ、両者はこのプランの支持で結束ができた。意見の合わない問題を扱わないことで、政府はこのイニシアチヴの可能性をさぐることが可能となり、国際社会における立場も改善できた。

このプランは、パレスチナ人が受け入れる可能性はほとんどなかった。インティファダの勃発から一年余を過ぎ、イスラエルを承認し、二国併立の解決を受け入れたあとであるのに、パレスチナ人にとって肝腎な問題の考慮をあと何年も先送りにするのは、納得のいかない話であった。

シャミールは、占領管理地区の最終地位に関する話し合いでは、あらゆる選択肢が出されてよいと、どのような課題でも提示できると言っていたが、先の文書では、パレスチナ国家は受け入れ可能な選択肢ではないとなっているのである。一方、アメリカはこれでパレスチナ人を誘いこむことができ、少なくとも交渉プロセスを開始できると期待した。しかしシャミール自身が、これを難しくした。

イスラエルは、管理地区の指導者たちと話をしなければならない。これがシャミールの基本前提であった。つまり、指導者を特定するために選挙をする必要はない、ということであった。管理地区の指導者が誰かなど、イスラエルにはわかりきったことで、これまでずっと彼らと話をしてきたのである。シャミール・プランは、宣伝活動におけるＰＬＯの勝利に反撃しようとするものであった。イスラエル側は足場を固め、時間稼ぎをすることに決めた。

確かにしばらくはシャミールの方法は効を奏した。ブッシュ＝ベーカー・チームは、パレスチナ側の交渉相手を見つけるため、シャミールに六カ月から一二カ月の時間を与えた。意味するところは明らかであった。イスラエル政府はその主目的を達成していた。シャミールはアメリカで主導権をとり返していたのである。一九八九年五月一四日、全閣僚の同意を得てシャミール・プランはイスラエルの公式政策となった。新しい状況に対応するのは、パレスチナ人、とくにＰＬＯの出番となった。

自治プランとパレスチナ側の反応

管理地区の指導者と住民に対するイスラエルの政策は、全体としては変っていなかった。リクード政権は、ウエストバンク入植を強めながら、その指導部があたかもこのような状況下でもきちんと機能し、イスラエルのさまざまな当局者を納得させているかのように振る舞った。

イスラエルは、日常の業務については地域の指導者と協力し、その協力関係を通した管理地区の平穏確保を優先した。その一方で、彼らを恒久的解決に向けた、将来有望な交渉のパートナーとは考えていなかった。このイスラエルの政策は、二つのはね返りを生み出した。第一は、管理地区の指導者たちと政治交渉をしないため、彼らは引き続きヨルダンとの政治的、経済的結びつきを強め、のちにＰＬＯの継続的影響力の黙認を意味した。それは、管理地区のパレスチナ人がヨルダンとＰＬＯ双方に対して親近感を深めることでもあった。第二は、地区指導者との協力を通してパレスチナ社会と平穏な関係を維持したいとするイスラエルの願望は、ヨルダンとＰＬＯが引き続き指導力を維持することを認めることに帰着した。

イスラエルは、一九七六年のウエストバンク自治体選挙でも、地域指導者がＰＬＯおよびヨルダンと関係を深めるのを引き続き黙認した。親ＰＬＯの候補者が当選し、自治体の首長に任命されても、軍政局が阻止することはなかった。その軍政局は、自治体の首長たちが、ヨルダン政府要人やPLO幹部に会うため、アンマンなどアラブ諸国の首都に出向くことも許した。ヨルダンとPLOは、管理地区の地方自治体や機関に資金援助を続けたが、イスラエルはなんら阻止策をとらなかった。

一九七八年一〇月に設立された民族指導委員会（NGC）は、イスラエルのこの政策で組織を維持できた。同委員会は、自治体首長のほか、労働組合、慈善団体、女性団体、学生組織、そして宗教界の各代表で構成されていた。そもそもこの委員会は、PLOに促されてつくられたものである。いわゆる政治闘争をめざした組織で、その目的はキャンプ・デービッドの合意に含まれる自治プランの阻止である。

サダト大統領のエルサレム訪問（一九七七年一一月）とキャンプ・デービッド合意の調印（七八年九月）のあと、管理地区では反イスラエル活動がエスカレートしていた。それにもかかわらずイスラエルは、PLOおよびヨルダンに対する地域指導者の二重の協力関係を引き続き大目に見ていた。デモはますます激しくなった。学生デモや商業ストライキが次々に起きる。請願も出される。法と秩序に挑戦する空気がますます濃厚になった。

地域の指導者たちとPLOの協力が強まっているのは、否定しようのない事実であった。それでも、地域の指導者たちが、統制された過激主義パターンの域を越えるような反イスラエル活動に走らない限り、そしてPLOとヨルダンの枠組みの中で行動する限りにおいては、イスラエルはPLOとヨルダンに対する住民の同時二重依存を受け入れようとした。

イスラエルの立場は、自治協議の延長線上にあった。これは、エジプトとの平和協定をめざして、イスラエル、アメリカ、そしてエジプトが協議し、その結果生まれた合意の一つで、それをベースにしたということである。

イスラエルの関心は、自治プランについては、ヨルダン代表と管理地区のパレスチナ人指導者で構成される混合チームと交渉することにあった。地区の指導者たちは、今やPLOと通じている人々である。しかしイスラエルは、ヨルダンとウエストバンクの代表たちがもっと実のある参加になるようにせよと求めても、それにともなう独立国家につながるような代償を払う気はなかった。

ヨルダンとウエストバンク双方の指導者たちは、イスラエルが管理地区での入植活動を中止し、将来の恒久的合意という構想に言質を与えるならば、自治プランの精神で暫定合意に向けてイスラエルと交渉してもよい、と考えていた。パレスチナ人指導者にとって、恒久的合意とは、自治期間のあと、パレスチナ独立国家が創設されることであった。

このような条件に対するイスラエルの肯定的反応がないなか、地区指導者たちとの正面衝突は、イスラエルとエジプトおよびアメリカとの論争を必然的に引き起こした。

インティファダ勃発の経過

管理地区に上がった火の手—発端と経過

インティファダは、ほかの何にもまして状況を変えた。一九八七年一二月、パレスチナ人住民による抗議が蜂起のかたちをとって勃発した。管理地区のあちこちで火の手が上がったのである。このインティファダで象徴的なのは、恐れを知らぬ青少年たちが完全武装のイスラエル兵に対し、投石で戦ったことである。彼らの不穏な動きは、早くも一年前の一九八六年一二月に見えていた。ビルゼイト大学で衝突があり、学生二人が死亡した。これが引き金となって、ウエストバンクとガザ回廊で暴動が発生、一〇日間続いた。先頭に立ったのは、学生と青少年である。この事件が分水嶺であった。

くすぶり続ける状況に油を注いだ出来事が二つある。一九八七年四月、第一八回パレスチナ民族評議会総会の前、PLO執行委員会が対ヨルダン協定の破棄を決めた。これが第一である。次は一九八七年一一月、アンマンで開催中のアラブ首脳会議でヨルダンとシリアが、パレスチナの大義を奉じる唯一正統な代表とするPLOの立場を弱めようとした。

ウエストバンクとガザで騒ぎが多発し、軍との衝突も多くなった。火炎瓶が乱れ飛び、投石事件が頻発した。行動の主導権は青少年の手に移り、イスラエルだけでなくヨルダン、そしてPLOもコントロールできなくなり、事態はそのまま展開していった。

暴動勃発、そして対決
（一九八七年一二月～一九八八年七月）

発火点になったのはガザである。一九八七年五月一八日、イスラム聖戦運動（al-Jihad al-Islami）のメンバー六人が、ガザ中央刑務所から脱獄した。八月八日、この脱獄因たちがガザで憲兵隊将校一人を殺害した。一〇月一日、そして六日、この脱獄グループとイスラエルの治安部隊との間に凄惨な戦闘が起き、パレスチナ人四人、イスラエル人一人が死亡した。

一二月八日、ガザの市場でイスラエル人一人が刺殺された。一二月九日、ガザ回廊北部のエレツ検問所付近で自動車事故があり、難民キャンプ住民四人が死亡、七人が負傷し、このあとジャバリヤ難民キャンプで暴動が発生した。自動車事故は故意で、市場での刺殺に対する復讐という噂が流れたためである。

一二月一〇日、暴動はほかの難民キャンプに広がり、ウエストバンクにも飛び火し、燃え広がった。一九六七年の占領以来、ガザはウエストバンクよりも暴力事件が多いことで知られていた。ウエストバンクに比べると、ガザは経済的に困窮し、人口は超過密状態にあり、難民であふれ返り、人々は宗教熱にうかされていた。このような背景が、暴力事件の多発の下地にあった。

しかし今回は、ウエストバンクにも一触即発の気運が醸成されていた。インティファダは、投石、火炎瓶投擲を中心としたが、詩や壁一杯に描いたグラフティ（落書き）、アングラ紙の発行など言語手段も使われた。記録資料だけ見ても、勃発から六カ月間で四万二三五五件の事件が発生している。その一二月には、パレスチナ人住民とイスラエル兵との衝突は主にキャンプで発生している。悲惨の極みとも呼べるキャンプは、これまで、過激主義の巣窟でもあった。一九八八年一月中旬から二月中旬にかけて、村や町も闘争に積極的にかかわった。

蜂起の組織化と体制化（一九八八年四月〜七月）

一九八八年春、蜂起の性格が変ってきた。蜂起は自発的運動として始まった。大型デモが数十カ所で発生し、路上で衝突するのが特徴であった。それが次第に組織化、そして体制化が始まった。

イスラエル製品のボイコットは、パレスチナ人の自力・自立を強める努力と結びついていた。三月になると、パレスチナ人は全体として、市民的不服従（非暴力手段による抵抗）を実行する心構えができてくる。住民たちは、自給自足の確立を目的として、隣近所、村、町、そしてキャンプで組織化を開始した。

七月、ヨルダンがウエストバンクとの法的、行政的関係の断絶（司法と行政権の放棄）を発表した。PLOが管理地区の諸問題に対する介入を始めた。

路上の暴力から政治行動へ（一九八八年八月〜九月）

蜂起の勢いは政治の領域へ移って行った。それにともなって、二つの問題が浮上してきた。一つは、一連の課題をめぐって、政治グループの間に生じた見解の相異、立場の違いである。アラファトの宣言と新しい政策、パレスチナ人有力者とイスラエル側当局者との話し合い、シャミール・プラン、アメリカとの対話、いずれに関してもグループ内で立場が割れた。

もう一つは、新しく生じた厳しい経済事情である。ヨルダンディナールの通貨危機、イスラエル通貨シェケルの購買力の急激な低下にともなうものである。それと同時に、行動の範囲と規模がコントロールされたかたちをとり、その線に沿って事件が発生していることが目に見えてはっきりしてきた。たとえば、宗教上の祭日や歴史上の出来事（記念日）が、過激行動や暴動の日に使われるのである。

一九八八年一一月一五日、第一九回パレスチナ民族評議会において、ＰＬＯが〝パレスチナ独立宣言〟を発表した。

過激行動と消極的抵抗（一九八九年）

さらに、政治活動の加速化が目に見えてはっきりしてきた。

五月、イスラエルは紛争解決に向けた新しいイニシアチヴを発表した。蜂起の統制管理をめぐって、〝外部の〟ＰＬＯと〝中にいる〟ＰＬＯ組織の間の争いが深刻になってきた。

停滞とエスカレーション（一九九〇年）

パレスチナ人の間に高まる挫折感と政治的停滞を背景として、イスラム原理主義集団の蜂起関与が深まってきた。

一〇月八日には、エルサレムの神殿の丘で暴動が発生した。この年には、ほかにもいろいろテロ攻撃が起きている。

転換の年（一九九一年）

湾岸戦争が勃発し、パレスチナ人たちは（クウェート侵略国の）イラクを支持した。これが政治プロセスの始動につながり、このプロセスがインティファダに終りをもたらした。

一〇月三〇日、マドリッドで中東和平会議が開催された。

パレスチナ人たちは、暴動の意味をどう受けとめていたのであろうか。つまり、暴動の延長線上にあるものであるが、彼らはインティファダを個人の不満の表現としてではなく、集団全体の蜂起として受けとめていた。この点が大事である。一九三六年～一九三九年の反乱が頭に浮かび、これとの比較がすぐに考えられる。インティファダの戦士たちは、プロのゲリラ戦士ではなく、マスクやカフィヤで顔を隠し、路上でイスラエル兵に挑む〝投石の子供たち〟であった。新しい英雄を賛美する詩が無数につくられ、パレスチナ社会は子供をシャヒード（殉教者）の地位へ祭り上げた。

殉教が、〝投石の子供たち〟の行為を伝説に仕立てる概念になった。殉教者の遺族は、特別の栄誉をもって遇され、殉教者のポスターがデモで掲げられ、壁に貼られた。PLOが殉教者の遺族に財政援助をした。

殉教者に対する一般のイメージは、若武者的英雄像であるが、実際は、シャビバといった既存の青少年団体（シャバブ）の投石であった。もちろん新しいグループがたくさんできたが、前面に出ているのは組織化制度化の進んだ〝打撃部隊〟で、新グループはその背後にいる存在であった。

インティファダの〝突撃〟に任じるのは、マスクをつけた一人の若者に代表されたが、新しい管理地区指導者の顔は、市中にまかれる作者不明のパンフレットやビラに代表された。ビラ自体本当の正体を隠す方法である。

インティファダの時、広範囲な活動を行ない、住民の間に深く根をおろしたのは、二つの陣営、すなわち民族派と宗教派である。双方の陣営は、行動指示や住民教宣の手段としてパンフレット類を発行した。その内容や表現を決めるのは、つまりインティファダの背後にいるのは、四つの主な組織であった。統一民族司令部（UNC）、イスラム抵抗運動（ハマス）、パレスチナ左翼集団、そしてイスラム聖戦（Islamic Jihad）である。

UNCは、ファタハ、民主戦線、人民戦線および共産党の各支持グループの連合体である。一二月の終り頃になると、全土を対象としたパンフレットがUNCの名前で出されるようになる。発行は「被占領地蜂起の統一民族司令部」であったが、のちにPLOの名が併記された。UNCとPLOの密接な相互関係はUNC発行パンフレットの前書きに、はっきりと表明された。UNC発行パンフレットに掲載される声明は、「パレスチナ人民――PLOの人々――の声を圧倒する声はない」という宣言で始まる。

左翼系諸組織は、UNCと提携しているとはいえ、別個にパンフレットを発行した。そうすることによって、闘争現場で際立つ存在であることを強調できた。さらに対ヨルダン関係や政治解決などの重要問題についてファタハとの違いを強調し、イデオロギー上、組織上の独自性を誇示できた。

もう一つの主要組織であるハマスは、上部機構で、その傘下にガザのムスリム同胞団運動の活動家とムスリム協会（al-Mujamma al-Islami）の二つをかかえていた。イスラム聖戦は、やはり宗教系であるが、ハマスとは別個に行動し、独自にパンフレットも発行した。

パレスチナにイスラム国家建設を進めるうえで、イスラム聖戦は、ムスリム同胞団およびムスリム協会と非常な違いがあり、それが独立した活動をする動機となった。イスラム聖戦は、組織上ファタハと関係を維持したが、UNCとは提携することを避けた。ファタハと協力したのは、蜂起上の活動を円滑に展開するための実務上の考慮からと思われる。四つの組織が、イデオロギー上、組織上相互に関連し合ったので、激しい活動レベルを維持できたし、パンフレットの指示に対する住民の従順な服従も確保できた。

しかし、インティファダはそれだけではなかった。それは、社会、文化、そして教育機関の創造行為でもあり、経済的自立を目的とした努力もあった。インティファダは、新しいパレスチナ市民社会の種をまいた。時間の経過とともに、インティファダは独自の命を育み始め、住民は占領から可能な限り独立した生活をしようとした。

インティファダの目指したもの

インティファダで活動した諸集団は、いろいろな違いはあるが、二つの目的では共通していた。市民蜂起によって、占領地におけるイスラエルの支配の権威を傷つけ、イスラエルにその地域からの撤退を強要し、パレスチナ国家を建設する。インティファダは、チュニジアのPLOを介したしっかりした連絡と調整によって、パレスチナ国家の実現に向けた実践的枠組みとなってきた。

ハマスとUNCは、パレスチナ国家の性格について意見がまったく合わず、その結果、イスラエルとの政治解決に対して、立場が違った。

ハマスは、パレスチナ全域（ヨルダン川から地中海まで）にイスラム国家を建設するのが目的であった。一九八八年八月、ハマスは憲章を発表した。パレスチナの地はムスリムの信託財産であると規定した内容であった。ハマスは、自己をジハード（〝奮闘〟）の鎖の輪とみなし、そのジハードはイスラエルに対する止むことなき聖戦と位置づけた。パレスチナ全域を自分たちの土地と唱える強硬な主張は、発行するパンフレットにしばしば登場した。たとえば、第二八号パンフレット（一九八八年八月一八日付）は、「イスラム国パレスチナは海（地中海）から川（ヨルダン川）までを領域とする」と定義している。

ハマスの目からみると、ムスリムの権利はパレスチナ全域に及ぶのであるから、これを前提とすればイスラエルとの話し合いとか政治解決といった話は成立しない。ハマスのパンフレットには、これが強調され、「平和と土地の交換――これは幻想にすぎない。詐欺的な考え方である」（一九八八年三月四日付）とか、「神の敵の利益のため、一粒の砂といえども、パレスチナの地を手放す証書に署名する手は、切断されよ」（一九八八年三月一三日付）といった主張が、繰り返された。

一方、UNCのパンフレットは、民族派の立場を表明し、内容が違ってくる。UNCは、対イスラエル紛争を宗教よりも世俗的、政治的問題として捉えている。その主張によれば、パレスチナ人社会は、パレスチナ世界にイスラム王国を押しつけるより、「自決とアラブのエルサレムを首都とする独立国家の建設」によって癒されるのである（一九八八年八月一八日付第二八号パンフレット）。

ＵＮＣの第二の狙いは、管理地区内で人民蜂起を起こすことである。これはハマスも共有する行動指針である。パレスチナ人住民に対する指示では、両組織がほとんど同じように蜂起の役割を与えている。

住民は、暴力、非暴力のいずれの行動にも協力するように求められた。前者では、投石と火炎瓶投擲、バリケードづくり、タイヤ燃焼、ナイフや斧を使った武闘、イスラエルの治安部隊との衝突、内通者に対する襲撃が含まれる。

ＵＮＣは、一連の指示が実行されるように、一種の突撃隊（al-firaq al-deriba）を使った。彼らの任務は、暴力および非暴力性行為の確実な実行である。彼らの活動については、パンフレットの一つに詳しく記述されている。以下そのさわりである。

「統一民族司令部は、敵占領軍とその手先および部署に対する突撃隊の積極的役割に敬意を表す……突撃隊は鉄拳をもって敵を打撃することを任務とし……ゼネスト日における道路封鎖、救急車以外の車両通行阻止等の実施を求められる。彼らは、民族連帯のスローガンを（壁に）描き……旗を掲げ、デモを組織し、タイヤを燃やし、石や火炎瓶を投擲しなければならない」（一九八八年七月二一日付ＵＮＣパンプレット第二二号）

イスラエルとの関係断絶の指示には、次の事項が含まれる。まずイスラエル国内で働かない。管理地区内のユダヤ人入植地で働かない。イスラエル製品をボイコットする。イスラエル民生局の仕事をやめる。自前経済の開発、教育、情報、警備任務および農業問題を担当する人民委員会の設置と拡充などである。

市民的不服従に関する指示には、税金と罰金の不払い、選択的商業スト、特定日のゼネスト、四人あるいは犠牲者遺族との連帯スト、一九七〇年九月のヨルダン内戦のような衝撃的事件を記念する追悼日行事がある。

過激主義の背景

二〇年間のイスラエル支配時代にみられた、イスラエル人とパレスチナ人のすれ違い関係を見なければ、インティファダを理解することができない。危険因子は人口問題、経済、そして若い世代が受けた教育である。一九七〇年代後半パレスチナ人青少年の間に政治的過激主義の風潮を助長したのは、三つの因子が一つに集中したからであり、過激主義の空気をさらに助長し、戦闘行動に変化させたのは、一九八〇年代のイスラエルの政策のためであった。管理地区内のPLO支持派パレスチナ人指導者を追放しようとしたのである。これがプロセス加速の一因となった。

蜂起の背後にいる集団は、暴力の必要性を信じていた。若い世代のイデオロギー上の熱狂と政治的挫折感のはけ口として、過激行動を利用するのである。人口構成上、若い世代の占める割合が大きかった。この人口上の比率に加えて彼らの教育レベルと政治的意識が組織にとりこまれ、暴動の前面に押し出されて、過激行動の先導役になったのである。

さらに暴力が増幅拡大し、パレスチナ側の被害も大きくなるにつれて、インティファダの政治的成果はあがった。住民とイスラエルの治安部隊との間に展開する日常的な小競り合いは、メディアに大々的に報じられ、そのおかげでパレスチナ問題が注目され、国際社会の意識の中にPLOを押し戻した。

イスラエルと友好的な諸国では、著名人や政界要人、そしてメディアが、イスラエルの政策を厳しく批判した。各国政府と国際機関は、暴動鎮圧法を非難した。

寄せては返す波のように、暴動はイスラエルとその社会にも深く影響した。イスラエル国民の多くは、占領を道義上弁護できないと受けとめた。占領は社会的に有害であり、経済的には多大な負担となり、政治的、軍事的にも有害という認識を抱いた。

イスラエル政府は、社会の広い階層から圧力を受けた。力による暴動鎮圧をやめよ、流血の惨状に終始符を打つ政治解決を提案せよという要求が日増しに強まっていった。

インティファダの結果―その一

簡潔に言えば、インティファダを推進し、政治的成果を生みだすうえで、暴力の果した役割は決定的であった。パレスチナ人はこの認識を次第に強めていった。それと二人三脚のかたちで、UNCのパンフレットには激烈な指示が増え、定期的に配布された。ハマスのパンフレットには、猛烈な暴力的指示がいつも掲載されていた。

しかしながら、インティファダの本当の持久力は、パレスチナ人の経済的、自給力にかかっていた。自立した経済がないので、イスラエルに依存せざるを得ない。これが現実である。過度にイスラエルとの接触を断とうとすれば、逆効果であった。インティファダの呼びかけに従うことは、経済的困難に耐えることを意味した。

イスラエル国内で働く数万のパレスチナ人労働者は、生活手段を失い、イスラエルの企業と取引のある商人や工場主は、莫大な収入を失うことになる。以上の部門で生じる厳しい経済危機は、UNCとハマスを弱めることにもなった。商人、工場主、そして一般労働者はイスラエルとの経済的関係を断つことができず、あるいは断ちたくないため、UNCとハマスはやむなく、この面の状況に合わせ妥協せざるを得なかった。

インティファダの結果―その二

インティファダの力の源泉は、中産階級と過激派青年層との相互依存と連帯意識にあった。商人、実業家、医師、弁護士、そのほかホワイトカラーと〝ローリングストーン（風来坊、若者）〟世代との連帯である。この若者世代は、インティファダ勃発の前から存在していた。しかし、中産階級との連帯に導く条件は、都市の有力者たちが権力を維持し、イスラエル、ヨルダン、そしてPLOと同時に協力することができる限り、醸成されなかったであろう。この政治連帯のおかげで、地域の指導者たちは、青年隊（過激派青年層）による過激な圧力から中産階級を守ることができた。

商人をはじめとする中産階級と若者との協力は、怒りの爆発には説明がつくが、活動の持続性については説明がつかない。商人と実業家は金銭的に損をし、苦情を訴えた。辞職しなければならぬ民生局の従業員も、同様である。彼らの関心事は、民族熱と自己犠牲の激情に火のついた青少年のそれとは異なる。

中産階級集団と若者世代の連帯は、UNCとハマスの運用能力によるところが大きい。組織上の処置、経済手段、そして象徴的報奨を使って、分裂の危機を低めたのである。

インティファダの結果―その三

イスラエルは、インティファダの鎮圧に失敗した。暴動の背後にいる集団は、強制と説得の手段を使って、ウエストバンクとガザの住民をかりたてた。イスラエルは、暴動対処にふさわしい適切な行動を迅速にとれなかったのである。

対応に苦慮した背景にはいくつかの原因がある。政治上の気兼ね、国内意見の対立、法律上の制約、国家の政治および軍事レベルの行動を律する道義上の配慮などが指摘される。この一連の要因がイスラエル側の対応を後々まで拘束した。そのためインティファダの背後にいる勢力は、住民の服従と追従をその後も確保できた。

かくして政治対話が不可避の選択肢となり、パレスチナ人およびPLOとの交渉の道が開けた。それは、一九九一年一〇月のマドリッド会議に始まり、イスラエル・パレスチナ協定の成立をもって終る。双方の間で包括的な秘密交渉が行なわれたあと、一九九三年にまとまったもので、基本原則の宣言（Declaration of Principles）がオスロで調印された。

一九九五年九月二八日には、ワシントンで、イスラエルのイツハク・ラビン首相とPLOのヤセル・アラファト議長によって、オスロIIが調印された。それは、アラブ・イスラエル紛争の処理上多くの点において新しいアプローチであり、中東にとって衝撃的な出来事であった。

しかし、創造力のある平和という意味では、この〝オスロ・プロセス〟の効果は乏しかった。五年後〝エルアクサ・インティファダ〟が勃発するのである。

第12章

防盾作戦

（イスラエル・パレスチナ紛争二〇〇〇～二〇〇三年）

シャウル・シャイ

エルアクサ・インティファダ

〝潮の干満〟事件

二〇〇〇年九月二八日、野党リクード党首のアリエル・シャロン議員が、エルサレムの神殿の丘を訪れた。微妙な問題であるので、訪問はパレスチナ自治政府およびエルサレムのワクフの責任者たちと事前に調整されていた。訪問が平穏に終るための措置である。秩序維持を約束したにもかかわらず、アラブの抗議デモ隊（イスラエルのアラブ系議員たちを含む）が騒ぎ、訪問の警護隊と激しく衝突した。

翌九月二九日、神殿の丘に参集する信徒数万は熱狂状態にあり、礼拝後暴発した。この時の暴動でパレスチナ人六人が死亡、数十人が負傷した。この激烈な暴発が、エルアクサ・インティファダの始まりとなった。イスラエル国防軍が〝潮の干満〟（ebb and flow）と名づけた事件である。

アリエル・シャロンの訪問と、それにより火のついた暴発は、パレスチナ自治政府によって利用され、戦略的方向転換を促した。すなわち、武力闘争への回帰である。すべての責任をイスラエルに帰して非難する一方、暴力に訴えていく方式である。

この戦略的決断はアラファトが行なった。おそらくキャンプ・デービッド首脳会議の結果をみてのことであろうが、二〇〇〇年の初頭、すでに闘争再開の入念な準備が行なわれていた。それは、ＰＡ（パレスチナ自治政府）の治安機関の大半を含む、組織の総動員であった。手はずを整えていたから、アラファトはジュディア・サマリア地方（ウエストバンク）のみならずガザ回廊でも、すぐに火をつけることができた。

この武力闘争を事前に準備していたとはいえ、国際社会にはプロパガンダ目的で、人民の一斉蜂起（インティファダ）として提示された。これによってパレスチナ側は、抑圧に苦しむ弱者の抵抗という犠牲者戦略をとることができた。パレスチナ自治政府とイスラエル治安部隊の武力闘争としてとらえるのではなく、独立を求める一般住民を武力で弾圧するとしてイスラエルを非難し、それに対するやむにやまれぬ人民の蜂起として、武力闘争を正当化したのである。

その暴力行為は、燎原の野火のごとくジュディア・サマリア地方とガザ回廊にひろがった。当初は、住民が群がって激しい襲撃を繰り返す暴動、仕掛爆弾、そして銃撃（二〇〇〇年末まで）が中心であった。そして事件は大半がジュディア・サマリア地方とガザで発生したが、エルサレムとグリーンライン内（一九四九年の休戦ライン）で起きることも稀ではなかった。

オスロ合意後に発生した暴動は、過激派イスラム組織が主導したが、エルアクサ・インティファダは、パレスチナ自治政府とその基盤であるファタハ、そしてマルワン・バルグーチが率いるファタハの武闘組織タンジムが、パレスチナ自治政府のアラファト議長のお墨付きを得て実行した。しかしアラファトはタンジムとPA治安機関の暴動関与を否定した。

紛争終結に向けた調停工作

暴力行為は二〇〇一年から二〇〇二年初めにかけて規模、頻度ともに大きくなった。グリーンラインを越えるいわゆるイスラエル国内への越境テロも増えた。それにともなって一般住民と治安部隊の被害も増大した。

二〇〇二年初め、自爆攻撃が頻発するようになった。この種テロ攻撃の特徴は、死者が多数出ることである。一般住民の被害が（治安部隊の被害と比べて）増え、イスラエル国民の間に、疑心暗鬼と不安感がひろがっていった。攻撃につぐ攻撃で、あちこち（人の集まる所）で、爆発が起き、タンジムがこの立役者として積極的にかかわった。対テロ警戒は果てしなく広がるばかりである。

イスラエルの治安部隊と警察は、軍および警察力を大々的に投入し、国民に注意を喚起して警戒態勢を強めたが、効果は限定的であった。治安対策に力を入れたものの、自爆テロは頻度を増すばかりで、猛威をふるった。

二〇〇〇年から二〇〇一年にかけて、暴力のエスカレーションとともに、たくさんの政治解決策が主としてアメリカを調停者として、同国を通して提案された。停戦合意と平静の回復を目的としたもので、最初に調停に乗り出したのが、クリントン大統領であった。任期を終えるにあたり、イスラエルとパレスチナ間の停戦、あるいは合意をとりつけて、有終の美を飾ることを願った。

二〇〇〇年一二月二〇日、クリントン大統領が、解決策（クリントン・プラン）を提案したが、二〇〇一年一月二〇日時点で、そのプランは履行されぬままの状態にあった。

続くジョージ・ブッシュ大統領は、紛争解決に向けた本格的な調停を求めるエジプトのホスニ・ムバラク大統領の要請に応じた。ブッシュ大統領は、CIAのジョージ・テネット長官、前中央軍司令官のアンソニー・ジーニー大将、そしてコリン・パウエル国務長官を調停任務で中東へ派遣した。双方に受け入れ可能な妥協案を出すのが目的であったが、アメリカの関心事を考慮した調停工作でもあった。つまり、9・11テロ事件後の中東の安定維持と、予期されるイラク作戦を念頭においていたのである。

紛争終結に向けて、次々と調停工作が行なわれた。国連のコフィ・アナン事務総長をはじめ、EU（ヨーロッパ連合）、そしてサウジアラビアの和平提唱があった。

限定されたイスラエルの報復作戦

当初イスラエルは行動を抑制し、軍事上の対応を極力控えようとした。イスラエルとパレスチナ双方に受け入れ可能な解決策をめぐる政治交渉に、チャンスを与えるためである。軍事上の対応は報復措置に限定され、先制攻撃が実施されることは稀であった。だが、テロ攻撃はやまず、執拗に続いたので、イスラエル側は、目前にせまる脅威の〝措置〟をもって対応するようになり、〝一点集中先制攻撃〟を実施した。テロ攻撃の計画と実行に直接関係しているる、指名手配中テロリストの居所をつきとめ、これを殺害した（この作戦が初めて実施されたのは、二〇〇〇年一一月九日、ベツレヘムでハシン・アビアトの乗る車を、ヘリコプターのミサイルで狙い撃ちにした）。

イスラエル国防軍の報復作戦は、パレスチナ側支配域目標の破壊が含まれたが、それに付随するものに可能な限り被害が及ばないように配慮された。つまり一般住民が死傷しないようにした。この対処法は、パレスチナ自治政府の行動の過ちを指摘し、自治政府に政策変更をせまるのが主眼であった。テロリストの浸透防止を目的として、パレスチナ側の町を封鎖する作戦もあった。

二〇〇一年二月六日、イスラエルの総選挙が実施された。首相に指名された第一党のリクード党党首アリエル・シャロンは、シモン・ペレスを外相、ビンヤミン・ベンエリエゼルを国防相とする挙国一致内閣を発足させた。

新政権は行動を抑制し、継続するテロ攻撃に直面しながら自制した。一点集中先制攻撃と政治交渉の政策を堅持したのである。しかしこれは効果がなかった。国防軍は、ユダヤ人社会に対する攻撃を防止するため、A地区への再進駐を政府に命じられた

（注：一九九三年九月一三日調印の基本原則宣言にもとづき、管理地区内のPAに対して権限移譲が行なわれ、移譲の程度によって、A、B、Cの三つに区分された。AはPAが民事分野――教育、文化、保健衛生、社会福祉、徴税、観光――と地区内の公

共の秩序および治安維持の権限を持つ地区)。

破られた停戦合意

二〇〇一年四月一六日、イスラエル南部の町スデロットが迫撃砲による攻撃を受け、国防軍はオスロ合意後はじめてA地区に進駐、ガザ回廊のベイトハヌンを占領した。国防軍は陸海空の戦力を投入して、A地区内のほかの地域も占領したが、アメリカの圧力ですぐに撤収した(ワシントンは本作戦を非難した)。

二〇〇一年五月、ミッチェル委員会の報告が発表された(二〇〇〇年一〇月のシャルムエルシェイク首脳会議の了解事項をベースとしている)。この報告は、地域の安定法を概括したものである。イスラエルは委員会の勧告を受け入れ、首相は国防軍に〝直接脅威にさらされた場合を除き〟停戦順守を指示した。一方、ヤセル・アラファト議長は、停戦を宣言することを拒否し、治安問題協議の再開のみを受け入れた。

二〇〇一年六月、CIAのジョージ・テネット長官がブッシュ大統領の名代として現地入りし、交渉のベースとなる方式をつくろうとした。双方がこれを受け入れ、停戦達成後これをベースに交渉を再開することとされた。

イスラエル政府は、躊躇した末にテネット計画の受諾を決め、文書で公約した。ヤセル・アラファトも、圧力にさらされて文書に署名した。六月一三日、パレスチナ側とイスラエルはともに停戦を受け入れたが、六月二二日、パレスチナ自治政府は停戦合意を破り、入植者に対する攻撃再開を発表した。テロ攻撃(主として自爆テロ)の急激な増加にともない、死者数が急増した。イスラエル国防軍は、八月六日付でもっと柔軟な発砲を認める指示を出し、テネット計画で合意に達する前に保持していた地域を再占領した。

エルサレムのギロ地区を狙って、迫撃砲による攻撃と銃撃が繰り返されていたが、これに対処するため、二〇〇一年八月二七日、イスラエル国防軍が近くのベイトジャラ村に進出した。しかし、その三日後の八月三〇日、ベイトジャラに限定した停戦合意文書の署名を受け、国防軍は村から撤収した。ペレスとアラファトの合意したものであったが、テロ攻撃は続いた。

9・11テロ事件とイスラエル・パレスチナ紛争

一時中断されたテロ攻撃

二〇〇一年九月一一日、米国を襲った同時多発テロで、約三〇〇〇人の市民が犠牲となった。それは、アメリカ議会筋の強力な反応を招き、その一方でパレスチナ人によるテロ攻撃の即時中断（一時的であったが）を引き起こした。

パレスチナ自治政府は（二〇〇一年九月一一日時点で）停戦を宣言し、アメリカに対する攻撃を非難し、テロ攻撃の背後にいるビンラディンとの連帯や共感表明を直ちに封じた。

9・11テロ事件から間もなくして、一七のパレスチナ人組織が、〝無辜《むこ》の民間人に対する（いかなる）攻撃〟も非難する声明を出した。署名者は、〝イスラム・パレスチナ民族勢力〟と名乗っていたが、イスラエル国内と占領地の両地域で民間人を襲撃している武装集団もこの中に含まれていた。アメリカで民間人が殺害されたことを非難しながら、イスラエルと占領地での民間人殺害を続けたのである。だが、彼らはこの矛盾を認めなかった。彼らが出した声明には、「我々はテロを断固として非難する。我々は、我々の正当な反占領闘争をそのようなものとして定義することは、絶対に許さない。反占領闘争は国際法で認められ、宗教上は基本教義でもある。我々は、テロリズムと正当なる反占領闘争を区別するよう、全世界に呼びかける」とあった。

PA（パレスチナ自治政府）と、おそらくアラブ数カ国も（たとえばサウジアラビア）、少なくともグリーンライン内すなわちイスラエル国内では、自爆テロをやめるように、ハマスとイスラム聖戦に強い圧力をかけた。9・11テロ事件後、国際社会に醸成された空気を恐れたのである。自爆攻撃はテロ活動の一環とみなされ、これを実行する組織は、米国のブラックリストに入れられるからである。

さらにパレスチナ自治政府は、かつては〝許容されていた〟ことでも不可としてイスラエルが痛めつけて厳しく対処し、アメリカもそれに同調するのではないか、と危惧した。そこでアラファト議長は、国際社会における立場を改善し、パレスチナ人の行動とビンラディン式のテロ活動に名目上一線を画すため、パレスチナ自治政府はアメリカの対テロ戦争を支持する旨、急遽声明を出したのである。

相次ぐテロ攻撃

二〇〇一年九月二六日、アラファト・ペレス会談が開かれた。この会談で、双方は停戦で一致し、ミッチェル勧告とテネットの合意事項の履行で合意した。治安協力の再開も双方は同意した。イスラエルは、合意文書の署名後、ウエストバンクの都市部封鎖を直ちに解除し始めた。

二〇〇一年一〇月一七日、エルサレムのハイヤットホテルで、イスラエルの観光相レハバム・ゼービが暗殺され、状況は振り出しに戻った。そしてアラファトに誠意のないことが再度明らかになった。テロ容疑者の逮捕にも煮えきらなかった。イスラエル国防軍は、ゼービ観光相の殺害犯を逮捕すべく、再びジェニン、ラマッラ、トルカレム、そしてベイトジャラに進出した。

アメリカのコリン・パウエル国務長官は、状況悪化を食い止めようとして、ジーニー大将を特使として現地へ派遣した。二〇〇一年一一月二六日、ジーニーはイスラエルに到着し、首相および国防相と協議したほか、ヤセル・アラファトをはじめパレスチナ自治政府の幹部たちとも会った。

ジーニー大将のイスラエル訪問時、凄惨なテロ攻撃が相次いで起きた。二〇〇一年一二月一日、エルサレムのベンエフダ通り（歩行者専用の商店街）で自爆テロがあり、一一人が死亡、一八〇人を越える住民が負傷した。翌一二月二日にはハイファの一五番バスで自爆テロが発生、一五人死亡、四六人負傷の被害があった。この連続テロを受けて、シャロン首相は一二月三日に声明を出した。パレスチナ自治政府は〝テロを支持〟し、タンジムとファタハはテロ組織であるという内容である。そしてこの宣言が、イスラエルの対PA認識の転換点となった。政治交渉のできる平和のパートナーであり、合意した協定を尊重し順守する機関として認めなくなったのである。

アラファトとの交渉中止

アラファトは、再度テロリズムと戦うことを約束したが、二〇〇一年一二月一二日、再びテロが発生した。エンマニュエルでバスが襲撃されたのである。まず道路脇に仕掛けた爆弾が破裂し、ついで複数のテロリストがバスを銃撃した。死者一〇人、負傷二四人である。この事件の直後、犯人像が明らかになった。イスラエルが以前からアラファトに逮捕を要請していたテロリストグループであった。シャロン首相はコリン・パウエル国務長官に、重大決定が間もなく下される旨を伝えた。この段階で、ジーニー大将の調停工作は意味がなくなり、二〇〇一年一二月一四日、ジーニーは手ぶらでアメリカへ戻った。

状況の安定と停戦確立の努力がすべて水泡に帰したことが明らかとなり、やむを得ずイスラエルは政策を変更し、アラファトとの交渉を全面的に中止して、二〇〇一年一二月三日、大規模な軍事作戦の実施を決めた。

イスラエル国防軍はラマッラに進駐し、同市の要地数カ所を制圧した。タンジムの指導者マルワン・バルグーチの自宅も含まれた。アラファトの司令部周辺には戦車が配置された。一方、ガザ回廊は三つの地区に分断され、空軍がパレスチナ自治政府の施設を攻撃した。アラファトは首尾一貫性を欠き〝相手にならない存在〟として扱われ、ラマッラにおける行動の自由を制限された（恒例になっているベツレヘムのクリスマスミサ参列も許されなかった）。イスラエル国防軍の作戦には、テロ容疑者数十人の逮捕、兵器類の押収、テロ犯の住居破壊が含まれた。

9・11テロ事件は、短期的には自爆攻撃の一時停止をもたらしたが、その後すぐにアメリカの政策が明らかとなり、対テロ戦争で戦う相手を明確にした。一方、ハマスと聖戦組織はテロ攻撃を再開し、前よりも自爆攻撃が増加した。

アラファトの矛盾した態度

9・11テロ事件は、短期的には自爆攻撃の一時停止をもたらしたといえる。しかし長期的にみれば、9・11テロの攻撃はイスラム過激派にとって強力な刺激剤になった。過激分子は、アメリカや中東のイスラエルのような強国に対しては、武器としての自爆攻撃が戦略上、効果的なことを認識した。少数のイスラム教の聖職者が、9・11の自爆攻撃を非難したが、次第に沈黙していった。代わって登場したのが、イスラムの名における〝自己犠牲を義務〟とする裁定である。これが次々に出され、支配的なメッセージになってしまった（なかでも悪名高いのがシェイク・カルダウィで、イスラム過激派の間で最も影響力のある宗教指導者の一人である）。

9・11テロ事件後に再発した自爆攻撃の第一弾が、二〇〇一年一〇月七日の自爆テロである。ベトシャン盆地にあるキブツ・シュルホットの近くで発生した。犯人はイスラム聖戦のメンバーであった。一〇月一七日、世俗派が初めて自爆攻撃の仲間入りをした。人民戦線所属のテロリストが爆薬ベルトを腰にまき、ガザ回廊のカルニ検問所の近くで自爆し、イスラエル人二人が負傷した。自爆テロが頻発するようになるのは、二〇〇一年一一月後半からで、攻撃は管理地区に限定されず、グリーンライン内とエルサレムでも起きた。その年の終りまでに、自爆テロが一一件発生した。そのうち五件はハマスの犯行であった。

一二月一五日、ファタハのメンバーが初めて自爆攻撃を試みた。場所はジュディア・サマリア地方（ウエストバンク）の、イスラエル国防軍の設けた道路封鎖地点である（二一件の自爆テロで、イスラエル人三三人が死亡、二五七人が負傷した）。

二〇〇一年一二月一六日、アラファトは自分のイメージを改善し、イスラエルをなだめるため、パレスチナ自治政府と複数のテロ組織に停戦順守を呼びかけた。しかしながら、二日後（一二月一八日）アラファトは、ラマッラで行なった演説で、エルサレムに対する闘争の継続を求め、自爆犯を称えた。

このアラファトの矛盾した態度は、騒乱の始まりからその時点まで極めて顕著で、ある時は停戦順守の意志を示し、その次にはテロ支持を表明した。アラファト特有の行動であったが、その時点から、外部向けの声明は熱狂的となり、過激の度を強め、自爆攻撃に身を捧げシャヒード（殉教者）になる意志を示したのである。

アラファトのテロリズム支持は、支持表明にとどまらなかった。二〇〇二年一月四日、彼の直接関与が明らかになる。この日イスラエル海軍が、武器弾薬を満載した貨物船「カリンA」を拿捕した。パレスチナ自治政府向けの貨物である。パレスチナ自治政府の議長が、船舶の調達と武器弾薬の自治政府宛発送に自ら関与していた。

暴力の連続にもかかわらず、イスラエルとパレスチナ自治政府との接触は続いた。ペレス、そしてアラファト顧問のアブアラを窓口とし、二人がかろうじて接触を維持した。現状打開に向けた方策をつくるのが目的であった。

防盾《ぼうじゅん》作戦の発動を決定

二〇〇二年三月が最も難しい月であった。自爆攻撃がほとんど毎日のように起き、被害は甚大だった。メディアが伝える状況あるいは映像は、身の毛がよだつものがあった。国民の間には、失望と不安感が高まっていった。二〇〇二年三月二日、エルサレムで自爆テロがあり（死者一一人、負傷者五一人）、翌三日にはオフラー地区の道路障害物の近くで同じく自爆テロが起きた（死者一〇人）。この連続テロのあと、国家安全保障閣議は、パレスチナ自治区に対する継続的な軍事圧力の行使を決定した。

二〇〇二年三月七日、ブッシュ大統領はジーニー大将の二度目となる現地派遣を決めた。首相はミッチェル勧告の原則に準拠し、交渉を開始する一条件として、七日間の鎮静を求めたが、アメリカの撤回要請に応じ、その条件を撤回した。

二〇〇二年三月一四日、アンソニー・ジーニー大将が現地に到着し、治安協力会議の再開に一役かった。アメリカは追加の要請をした。管理地区におけるイスラエル国防軍の活動停止である。シャロン首相はこれに同意した。ジーニー後援による治安協力会議が開かれ、協議後、イスラエル国防軍はA地区からの撤収を開始した。しかし、自爆攻撃はやまず、むしろ激しくなった。前述のように、騒乱勃発以来二〇〇二年三月が最悪の月で、自爆テロの発生件数で記録を更新した。

二〇〇二年三月二〇日、テルアヴィヴ発ナザレ行きのバス内で自爆テロが発生、七人が殺された。翌二一日再び自爆テロが起きた。今度はエルサレムの中心部で三人が死亡した。次に起きたのが、同年三月二七日、パークホテルでの自爆テロである。過越祭（ペサハ）入りの夕べで、ホールにはたくさんの客がいて、テーブルに着席しセデルという儀式に参加していた。そこで爆発が起きたのである。死者二九人、負傷が多数（一四〇人）犠牲になった。翌三月二八日、過越祭の初日が終ったこの日、一人のテロリストがアロン・モレー入植地に侵入し、一家を襲って家族四人を殺害した。

この連続テロを受けて、イスラエル政府は、三月二八日深夜、緊急閣議を開き、抑制策の継続はできない、政府は全力をもって国民の安全を守る責務があるとし、防盾作戦（Operation Defensive Shield）の発動を決定、国防軍に作戦開始を指示した。

ヤセル・アラファトは、パークホテルに対する自爆攻撃のあと、停戦発表の用意ありとする声明を出したが、留意されなかった。以前同じような状況に対して何度も停戦の宣言を出し、実際には履行されなかったからである。

防盾作戦の発動から二〇〇二年九月まで

アメリカ政府の強い圧力

パレスチナテロのエスカレートで極めて深刻な状況となり、二〇〇二年三月二八日深夜、イスラエル政府が防盾作戦の発動を決めたが、その狙いは二つあった。パレスチナテロリズムの組織構造を破壊することと、首尾一貫性を欠き〝相手にならない〟とレッテルを貼られた、パレスチナ側指導者アラファトの行動の自由を制限することであった（彼がこの不名誉なレッテルを貼られたのは、一二月一三日。その前日エンマニュエルで発生したバス襲撃事件のあとである）。

二〇〇〇年九月二八日に勃発したインティファダ以来、イスラエルはアメリカの政治工作と調停努力に資するため、対テロ行動を抑制し、自制政策をとってきた。イスラエルは、アメリカの調停に対して前向きに応じ、ミッチェルおよびテネットの勧告を受け入れた。軍事作戦は制限され、とくに報復的性格のものは抑制された。さらに政治安保閣議は、規模の大きい作戦の発令を控えた。

だが、自爆攻撃はやまず、むしろ頻発するようになり、ますます凶暴となった。テロが激しくなるにつれ、政治工作の成果があがっていないことが明らかとなった。かくしてイスラエル政府は、方針を元に戻し、厳しい報復措置をとることに決め、国防軍に作戦の変更と攻勢作戦の実施権を認めた。

アメリカ政府はこのイスラエルの動きを公然と批判した。アメリカの目からみると、イスラエルのこの動きは、中東における自国の思惑に反するのであり、シャロン首相に圧力をかけた。テロリストのインフラを破壊できるようアラファトに時間を与えよというのである。

前述のようにアメリカは、防盾作戦時、イスラエルに強い圧力をかけて作戦中止を要求した。ブッシュ大統領は公式声明で、パレスチナ人都市からの部隊撤収を求めた。

パウエル長官の調停失敗

二〇〇二年四月一一日、軍事作戦の最中であったが、アメリカのコリン・パウエル国務長官が現地に到着した。敵対行為の中止と停戦確立を目的としていたが、パウエル長官がシャロン首相とあった日（四月一二日）、エルサレムのマハネ・エフダ野外市場で、自爆テロが発生した。死者七人、負傷七一人である。その翌日（四月一三日）パウエル長官に会ったアラファト議長は、長官が求めた二つの条件を拒否した。第一は停戦順守。第二がゼービ観光相殺害犯の引き渡しである。殺害犯たちは、包囲下のアラファト司令部（ムカタ）にかくまわれていた。

二〇〇二年四月一七日、パウエル長官は、停戦にもちこむことができず日程を終え、ブッシュ大統領に報告のため、アメリカへ戻った。

パウエル長官の調停失敗と、イスラエル国防軍のウエストバンクからの撤収開始が、イスラエルに対するアメリカの態度に変化をもたらし、ブッシュ大統領はイスラエルの行動を称賛、シャロン首相を〝平和の指導者〟ともちあげた。ブッシュは、イスラエルがアメリカの出した管理地区からの撤収要請に応えたとし、ラマッラとベツレヘムに駐留する必要があることは理解している、と述べた。

この態度の変化には、9・11テロ事件の影響などが指摘される。この事件は、テロリズムに対するアメリカ国民の態度を根本から変えた。さらに、二〇〇二年一月三日のカリンA拿捕事件がある。これは、パレスチナ自治政府がテロ活動に直接関与していることを明確にした事件であった。アラファトは依然として譲らず、イスラエルが管理地区に部隊を駐留させている限り、停戦問題の話し合いはないとして、交渉を拒否し続けた。

作戦後、テロ攻撃は激減

二〇〇二年四月二五日、シャロン首相が防盾作戦の第一段階終了を発表した。同じ日、国防軍はナブルス、ラマッラの一部から部隊を撤収した。しかし、アラファト司令部は包囲されたままであった。

アラファトの司令部にはゼービ観光相殺害犯がかくまわれ、ベツレヘムのキリスト生誕教会には武装テロリストたちが立てこもっていた。アラファトの司令部包囲は、この二つの問題が解決しない限り継続される。イスラエル、パレスチナ自治政府双方に受け入れ可能な解決策を求めて、国際社会の調停が続いた。

二〇〇二年五月一日、アラファト司令部にいる殺害犯たちの処置に関して双方が同意した。犯人たちはエリコに移送され、英米の監視下で同地の刑務所に収監された。その結果、アラファトの司令部の封鎖は解かれ、イスラエルの国防相は、治安協力会議の再開を決心した。

生誕教会の立てこもり事件は、ヨーロッパ連合（EU）の外相たちの調停で解決した。テロリストを受け入れる国を見つけるのは容易ではなく、移送手続きも厄介であるため、交渉が難航した。結局、二六人がガザ回廊へ移送され、そこから受け入れ国のイタリア、スペイン、オーストリア、ギリシア、ルクセンブルク、そしてカナダに分散、移送された。残り（八五人）は釈放された。

「防盾作戦」とその後の「決断の進路作戦（Operation Determined Path）」は、現代のイスラエル・パレスチナ紛争史上の分水嶺となった。二〇〇二年三月、自爆テロの嵐に見舞われたイスラエルは、パレスチナテロに対する政策を変えざるを得なくなった。防盾作戦は、ガリラヤ平和作戦以来最大規模の作戦であった。この作戦では、予備役兵の一部動員が必要で、ジュディア・サマリア地方（ウエストバンク）の都市部および農村地帯の再占領を目的に、前例のないほど多数の兵力が投入された。

この作戦期間中、パレスチナ人約二五〇人が死亡、六〇〇人が負傷した。逮捕約五〇〇〇人である。大量の武器弾薬が押収されている。さらに、爆薬、カッサムロケットおよび迫撃砲の生産工場も摘発され、テロ組織のインフラは破壊された。

戦闘でイスラエル兵三〇人が死亡、一二八人が負傷した。防盾作戦、そしてとくに決断の進路作戦の結果、ジュディア・サマリア地方における行動の自由が文字通り完全に確保され、イスラエル国防軍のテロ攻撃阻止力は劇的に向上した。その結果、防盾作戦前に比べると全体的に攻撃、とくに自爆攻撃が急減した。

防盾作戦とそれに続く決断の進路作戦は、敵に直面した時イスラエルの耐久力と決心のほどを、パレスチナ人に見せつけたと思われる。この作戦は、武力闘争の特質についてパレスチナ人社会に議論を引き起こし、アラファトの〝方針〟が初めて公然と批判されるきっかけともなった。作戦とその軍事行動がアラファトを隔離状態において孤立させ、威信を弱めた。そして、パレスチナ自治政府の機構改革のプロセスを再始動させた。

長期暫定合意という構想

二〇〇二年五月五日、防盾作戦の終結を待って、シャロン首相は訪米し、再度ブッシュ大統領と会った。共同計画の樹立のためである。会談後、首相の同行筋は、「大統領と首相は、平和パートナーとしてのパレスチナ自治政府が、現在の陣容、人員構成では不適当という点で意見が一致した」と語った。

この訪米で予想されたように、ブッシュ大統領は六月二四日の演説で、イスラエル・パレスチナ紛争の〝信条〟を提示した。その会談で話し合われたのは、国際会議の構想である。シャロンは、この構想を「政治プロセスを始動させる触媒」とみなし、イスラエルとパレスチナの直接交渉に代わるものではない、と考えた。先の会議ではパレスチナ自治政府の改革問題も話し合われた。

シャロン首相の訪米中リション・レ・ツィオンで自爆テロが起き、死亡一五人、負傷五〇人の被害が出た。そのため首相は訪問を中断して帰国し、政治安保閣議を召集した。この閣議で、国防省がガザ回廊への部隊派遣計画を提示し、了承された。リション・レ・ツィオン攻撃の背後でハマス指導部が糸を引いていたので、部隊はハマス掃討を主任務とした。国防軍は予備役動員を開始したが、作戦は凍結された。アメリカの圧力があり、作戦の発表の仕方に問題があったからである。予備役動員は中断され、作戦は延期された。

二〇〇二年六月初め、ブッシュ大統領がシャロン首相を再度アメリカに招いた。今回は新しい政治提案を協議するのが目的である。

この訪米時、首相は大統領および議会に長期暫定合意という構想を発表した。この期間中に、最終的な境界の線引きなしでパレスチナ国家を建設するのである。アメリカ政府は、この構想を合意のベースになり得ると考えた。

再びアラファトの司令部を包囲

二〇〇二年六月五日、メギドの交差点で自爆テロが起きて、一七人が殺され、四二人負傷した。この後イスラエル国防軍は「道路ローラー」（Road Ruler）と称する作戦を開始し、再びアラファトの司令部（ムカタ）を包囲したうえで、建物の一部を爆薬で破壊した。

国防軍があらためてムカタを包囲したことに対して、ブッシュ大統領は以前の包囲・封鎖と違って理解を示し、防御的手段としたうえで、「イスラエルは自衛する権利がある」と述べた。ブッシュ大統領は、その後連続して発生する自爆テロで、何度か同じ主旨の発言をしている。すなわち、二〇〇二年六月一八日の事件（エルサレム、死亡一二人、負傷七三人）、同年六月一九日の事件（エルサレムのギバ・ハ・ツァルファティット、死亡七人、負傷三七人）である。

イスラエル国防軍は、一連の自爆テロのあと「揺るぎない決心」（Determined Manner）作戦を開始した（二〇〇二年六月九日）。A地区に相当長期にわたって駐留する計画で、長期作戦になるはずであった。ウエストバンクの主要都市を包囲し、封鎖しただけでは、自爆攻撃者のイスラエル侵入を阻止できないので、このタイプの作戦が必要であった。国防軍は、政治安保閣議から必要とする行動の許可を受けた。

ブッシュ大統領の新提案

二〇〇二年六月二四日、ブッシュ大統領は（イスラエルに対する攻撃のため数回延期されていた）演説を行なった。それは紛争と解決方法に関するアメリカの立場に際立って明確な変化がみられる内容であった。演説で大統領は、パレスチナ自治政府の改革と新しい指導部の選出が大事だとして、その重要性を強調しつつ、イスラエル・パレスチナ紛争の解決のための構想に触れた。大統領は、パレスチナ住民に変革に向けた努力を求め、この変革は平和のため、かつまたアメリカがパレスチナ国家を支持するための前提である、と述べた。

ブッシュ大統領は、アメリカの構想を総括したが、その目玉になるのが、パレスチナ自治政府と諸機関の包括的改革後にくる、パレスチナ独立国家の建設である。大統領は、この計画の履行如何は一にかかってパレスチナ人にあるとしてパレスチナ人側に履行責任を求め、この独立を手にするために彼らが踏まなければならない、一連の段階を指摘した。

イスラエルでは、ブッシュ大統領の演説は、大いなる満足をもって迎えられ、政府筋は大統領がイスラエル・パレスチナ紛争の解決に関して、イスラエルと同じ見解であることを明らかにした。一方、この演説に対するパレスチナ人の反応は素気ないもので、彼らは演説が〝親イスラエルの内容〟と主張した。

エジプトのムバラク大統領は、この演説を「バランスがとれているが、明確にすべき点が多々ある」と評した。一方ヨルダン政府は、「演説はアラブ・イスラエル紛争の終りの始まり」と述べた。二日後（二〇〇二年六月二六日）、カナダで開催されたG8（工業先進国）首脳会議で、ブッシュ大統領は参加国首脳に自分の構想を支持し、パレスチナ指導部の交代をもたらすように呼びかけた。

パレスチナの内部問題に介入したとしてアメリカに対する批判の声が上がり始めた頃、コリン・パウエル国務長官は、メディアに主旨を説明し、アメリカが特定の指導者をパレスチナ住民に押しつけようとはしていないが、現在の指導部が権力の座に居座る限り、パレスチナ側の立場を支持するわけにはいかない、と述べた。大統領の演説は、アメリカとパレスチナ自治政府の関係に一時的な亀裂をもたらした。

前進した和平プロセス—ガザ先行提案

二〇〇二年七月一五日、ビンヤミン・ベンエリエゼル国防相がアレキサンドリアでムバラク大統領と会い、和平プロセス促進に向けた計画を提示した。〝ガザ先行案〟と呼ぶ内容である。この計画によると、テロの中止と引き換えに、イスラエルはガザの正常化対策をとる。国防相は、この計画が成功すれば、ほかのパレスチナ諸都市でも実施すると述べた。ベンエリエゼル国防相は、エジプトの大統領がこのイニシアチブを前向きに考えているという印象を得た。大統領は、パレスチナ側治安機関の要員訓練、諸機関の統合管理で、支援を考えると約束した。

ムバラク大統領は早速シャロン首相に電話して、本件について話し合った。シャロンは国防相にパレスチナ側への計画提示と実施の権限を与えた。

翌一六日、エンマニュエルで銃撃事件が起きて、九人が殺害された。当日、交渉再開予定の政治協議チームの会合は中止された。

二〇〇二年七月三一日、ヘブライ大学（エルサレム）のカフェテリアが爆破された。アラファトは犯行を非難せず、「国際社会に対するパレスチナ人民の微妙な立場から、慎重を期する必要がある」と述べるにとどまった。

この後、連続自爆攻撃が二回起きた（八月四日ミロン交差域、八月五日ウム・エルファヘム交差域）。それでもベンエリエゼル国防相はパレスチナ自治政府のアブデル・ラゼク・エルハイヒヤ内務相と会い、イスラエルと自治政府間の治安協力の再開手順について協議した。

アメリカの政府高官は、「現在の指導部では、いくら協議しても成果を出せる可能性はない」と繰り返し表明していたが、八月七日に治安協議が行なわれた。

パレスチナ側との協議で、ベツレヘムをベンエリエゼルの計画に加える案が検討され、二〇〇二年八月一八日、「ガザおよびベツレヘム先行」計画の履行が合意された。

この合意にしたがって、イスラエルは銃を常時携帯するパレスチナ人警官の当該都市（ガザ、ベツレヘム）の進出を許し、武威をもってガザとベツレヘムの秩序を維持していた部隊の撤収を認めた。イスラエルは、パレスチナ住民の苦痛の軽減に最大限努力することも約束した。国防軍部隊は、合意にもとづきベツレヘムから撤収し（二〇〇二年八月一九日）、この都市の出入管理体制を強めた。

〝的を絞った先制〟攻撃

パレスチナ自治政府内の穏健派は、暴力に訴えることなく、政治上軍事上の成果をあげることができるとの気持ちを強め、自治政府のアブデル・ラゼク・エルハイヒヤ内務相は、「インティファダ戦略は改めなければならない。闘争は、合法性をもつ国際規準にしたがって、展開していかなければならない」と言明した。

二〇〇二年九月二日、パレスチナ自治政府のエルハイヒヤ内務相は「暴力の道は、放棄しなければならない」と再度述べ、市民的不服従の闘争方式を示唆した。この期間中イスラエル国防軍は、〝的を絞った先制〟（Focused Preemption）政策を実施した。指名手配犯の逮捕・拘束、隠匿武器・弾薬の摘発である。

二〇〇二年七月二三日、イスラエル国防軍は〝的を絞った先制〟にしたがって、ガザ回廊を仕切るハマス軍事部門の責任者ツァラフ・シハーデを殺害した。シハーデのいる家屋が、イスラエル空軍機によって爆撃され、パレスチナ人一五人が死亡、一二〇人が負傷した。この作戦は、国連事務総長やヨーロッパ連合（EU）の高官などが非難したが、ブッシュ大統領の反応はもっと穏やかで、「大統領は、無辜の命が失われたことに遺憾の意を表明する。イスラエルはどのような結果になるかをよく考えて行動すべきである」と述べるにとどまった。アラブ連盟は、この事件後、緊急会議を開き、非難決議でお茶を濁さず、〝戦争犯罪人〟を裁きの場に引き出すべく具体的対策をとれ、と国連安保理に要求した。

二〇〇二年七月二九日、アラファトに率いられたパレスチナ指導部がラマッラに会し、同じく拘束力のある決議を採択するよう、同じく国連安保理に求めた。第一は停戦、第二は二〇〇〇年九月二八日の線までのイスラエルの撤退である。指導部は、国連監視員の現地派遣も提案した。

二〇〇二年九月九日、パレスチナ立法評議会が開催され、席上アラファトは、無辜の一般住民攻撃を中止すべきであると言った。イスラエルが、パレスチナ人を対象とする軍事作戦のエスカレートの口実にするからである、と議長は理由を述べた。アメリカ国務省のスポークスマン、リチャード・バウチャーは、アラファトのメッセージを控え目に称え、「そのような声明は前にも聞いた」とし、「アメリカは、パレスチナ自治政府の新しい指導部の登場をまだ待っている」と述べた。

アラファト司令部の包囲解除

二〇〇二年九月一九日、テルアヴィヴで四番線バスに対する自爆攻撃が発生し（死者六人、負傷者七〇人）、イスラエル国防軍が再び出動することになり、軍は「時間の問題」（Matter of Time）作戦を開始した。アラファトの執務室は再度包囲された。ラマッラのムカタは未だ残っていたが、一部が破壊された。イスラエルは、かくまわれているテロ犯たちの引き渡しを要求し、ウエストバンク諸都市に夜間外出禁止令が出された。

この作戦はこれといった結果を出せなかった。作戦の性格とタイミングは時機を得ておらず、ヨーロッパ連合とアメリカは、イラク戦争の準備に忙殺され、イスラエルに圧力をかけるだけであった。

国連安保理は、イスラエルにラマッラのムカタの包囲解除を求める決議を採択した。アメリカは票決を棄権し、イスラエルの作戦に対する不満を強調するため、以前とは違って拒否権を行使しなかった。ブッシュ大統領は「イスラエルの作戦は、パレスチナ国家の建設に必要な機関の設置、あるいはその発展に役立たない」と述べた。ブッシュは、アメリカ大使を通して首相に伝えたメッセージのなかで、「アラファト包囲を可及的速やかに中止せよ。イラク問題の対応を妨害するな」と忌憚のないことを言った。

アメリカは、イスラエルのムカタ包囲作戦が、イラク戦争に対する国際有志連合の形成努力を妨害すると明言し、イスラエルは包囲を解いて、アラファトの司令部にかくまわれているテロ犯の逮捕はあきらめて、撤収しなければならない、と主張したのである。

二〇〇二年九月三〇日、イスラエル国防軍はムカタから撤収し、アラファトは包囲されていた司令部から勝利者然として姿を現し、隠れていたテロリストのうち数人に行動の自由を認めた。ムカタの包囲が終ったので、アメリカは満足した。そして、パレスチナ住民は撤収を勝利として受けとめていた。この作戦は、アラファトの立場を強め、パレスチナ住民の支持をいくらか回復する結果に終った。

パレスチナ自治政府の改革

追いつめられたアラファト

武器弾薬運搬船カリンAが拿捕され、さらにパレスチナ自治政府がテロ攻撃の計画、実施に直接関与している数々の具体的証拠を提示され、ブッシュ大統領はすでに二〇〇二年一月二八日時点で、アラファトを対テロ戦争のパートナーとはみなさないと言っていた。「武器弾薬運搬船が到着した時、私は大変失望した。私は彼が対テロ戦争で我々の味方になってくれると考えていたのだ」と大統領は述べた。

アラファトについて失望を表明したのは、アメリカだけではなかった。エジプト、ヨルダン、サウジアラビアは、西側世界からテロ支持国家と見られるのを嫌い、アラファトにシグナルを送り、テロ行為とテロリストに対する戦いを強めよ、と示唆した。ヨルダンのアブドラ国王は訪米中、公に「私はアラファトに失望した」と言った。

失望組に加わったのは、この三カ国だけではない。EU諸国も同様である。それまでアラファトの動きに同情的でパレスチナ国家の速やかな建設を公然と支援していたのである。

パレスチナ自治政府がテロに共謀し、さらに経済的腐敗にまみれていたのは、防盾作戦時に捕獲された文書類で明らかであり、これが、アラファトと彼の指導力に対する失望を強めた。この失望感の副産物が、パレスチナ自治政府の行政機関の改革始動である。改革といっても、混乱した過程で前進後退を繰り返した。

二〇〇二年五月六日、シャロン首相とブッシュ大統領が会談し、パレスチナ自治政府の構造改革案が検討された。アメリカ側は、〝仮政府〟の設置について説明した。新しい選挙が実施され、新しい憲法が批准されるまでパレスチナ自治区を統治する暫定政府のことである。アメリカ側は、パレスチナ政府機関の民主化支持で前例のない言明があったので、満足の意を表明した。

この時の会談でシャロンはブッシュに、「改革プロセスがうまくいくためには、たとえ表面的でもイスラエルの介入があってはならない」と言ったのである。ブッシュ大統領は、パレスチナ自治政府を支えているのは主としてヨーロッパ諸国であり、財政支援の大手でもあるから、この改革プロセスにはEUをとりこむことが大事であるとした。

パレスチナ新内閣誕生

自爆攻撃が執拗に続くなかで、二〇〇二年五月のワシントン訪問時、大統領と首相は双方の立場を調整し、足並みを揃えた。それは、アラファトに対するアメリカの立場に、明確な方向転換が生じたもう一つのしるしであった。これは、六月二四日の大統領演説でも表明されている。この演説で大統領は、パレスチナ国家の建設支持に条件をつけた。アラファトの更迭、自治政府の政治、経済および治安機関に新しい統治規範をもたらす、改革の実行である。

ブッシュ大統領の演説で、アラファトは自分の権力が弱まり、自分の足許があやうくなっているのを感じとり、自治政府諸機関に変革をもたらす具体的な対策導入は避けられないと考えた。そこで選挙意図を発表するのである。立法評議会選と議長選が二〇〇三年一月、地方自治体選は遅くとも二〇〇三年三月までに実施となった。

二〇〇二年六月九日、アラファトは新しい暫定政権をつくり、宣伝相のヤセル・アブド・ラボが記者会見を開いた。この会見でアブド・ラボは、政権編成には四つのガイドラインがあるとし、改革、透明性、イスラエル軍によって生じた破壊の修復、予算削減をあげた。アブド・ラボによると、閣僚一二人が更迭され、七人が担当省を替わった。閣僚数は従来の三一人から二一人に削減された。二一人のうち五人は新人である。その五人とは、国際通貨基金の自治区代表であったサラーム・ファイヤドが財務相、アブド・エル・ザデク・エル・ハイフィヤが内務相（パレスチナ治安機関の指導統制を含む）、ビルゼイト大学講師のガッサン・エル・ハティーブ博士が労働相、ナイム・アブ・エル・フムス博士が教育相、イブラヒム・ドルマが法務相である。

ファイヤドの財務相任命は、アメリカの主張する基準と立法評議会の要求に従った措置であった。ファイヤドは財務の専門家で、パレスチナ自治政府に横行する尋常ならざる慣習に大鉈を振うのが仕事であった。

改革と民主化を求める内なる声

二〇〇二年六月二六日、一二日に発足したパレスチナ新内閣が「一〇〇日プラン」を提出した。アブド・ラボ宣伝・文化相を委員長とする内閣委員会がまとめたものである。詳細は、記者会見でサイブ・アリカット地方自治相が発表した。アリカットは、プランがパレスチナ人の利益に従い、ブッシュ大統領が演説をする前から検討されており、外部の圧力に屈してまとめられたのではない、と強調した。このプランは、三権分立の原則を実行し、さまざまな改革対策を開始するよう政府に求めている。

パレスチナ自治政府機関の改革と民主化を求める声は、外部からきただけではない。それはこれまで誰も聞く耳を持たなかった、パレスチナ住民の願望でもあった。

二〇〇二年七月、アラファトは引き続き改革に取り組んだ。自治機関のエリート数人を解雇し、ガザの予防治安機関長ムハンマド・ダーランをパレスチナ自治政府の民族治安保障アドバイザーに任命し、管理地区のパレスチナ治安機関の改革任務を与えた。

イスラエル国防軍の高官たちは、パレスチナ自治政府内の変化に気づき、自分たちの政治および軍事政策が正しかった証拠とみなした。退任にあたり、シャウル・モファズ参謀総長は「パレスチナ自治政府内で変化が生じつつある。変化の一つは、アラファトの地位が弱まっていることだ。本人は、国際社会だけでなくアラブ人の間でも、紛争解決には向いていない、当事者能力がないと思われている」と述べた。

二〇〇二年八月一〇日、中部軍司令官イツハク・エイタン少将は、退任にあたり同じ主旨のことを語り、「防盾作戦をはじめ国防軍の行動のおかげで、パレスチナ人社会は激動の渦中にあり、水面下での動きが指摘される。密かに議論が展開中なのである。議論に加わる者の大多数は、今までのところ表で自分の本音を堂々と述べる勇気がない。しかし大半の者は、反イスラエル運動で負けたと理解している」と言った。

改革実行を支援する国際機関

二〇〇二年七月一七日、カルテット（米、EU、露および国連）の外相会議がニューヨークで開催され（国連はアナン事務総長が出席）、改革実行を支援する国際〝タスクフォース〟の設置を話し合った。アメリカの立場は、パレスチナ国家建設を推進するためには、アラファトの交代が絶対に必要ということであったが、その立場と裏腹にカルテットは選挙が実施され、新しい指導者が選出されるまで、アラファトが正統かつ合法的指導者であり、本人と交渉する意志を表明した。

それと同時にカルテットは、六月二四日の演説でブッシュが述べた三つの目標（対テロ戦争、パレスチナ国家の三年以内建設、管理地区内の厳しい生活状況の改善）を支持した。

アメリカ政府は、パレスチナ自治政府の治安機関に関するテネットプランを見直し、二〇〇二年七月二一日にその改訂版を発表した。それは次の三つの原則をベースとしている。

（1）二ないし三の組織の支配下にあった複数の治安部隊を統一する。その業務は統一された文民機構によって運用、遂行される。またイスラエル国防軍が撤収する地域に関しては治安権限がこの統一機構へ移行される。

（2）テロ活動にかかわった者は、治安機関の業務から排除し、エジプトおよびアメリカの支援を得て、新しい治安戦力を養成する。治安機関は、経済、財政部門の管理、統制から切り離される。アメリカ人に率いられたチームが、このプランの初段階履行を監督する。

（3）アメリカのプランにより、治安および経済分野の改革履行に続いて、総選挙の準備が始まる。アラファトに従属するパレスチナ自治政府首相が任命され、平和と平穏が定着すれば、暫定パレスチナ国家の建設に関し、パレスチナ人とイスラエルとの直接交渉が開始される。

パレスチナ新内閣が総辞職

二〇〇二年八月八日、ファタハ運動が、アブ・マゼン（アッバス）の首相任命をアラファトに求めた。アラファトは、占領が終り、パレスチナ独立国家が建設されたあとに、首相を任命するとし、その要請を拒否した（六月六日、アラファトは立法評議会の信任投票提案を拒否した）。

二〇〇二年八月九日、アラファトは報道機関のインタビューで、アメリカ、ヨルダンおよびエジプトの治安専門家が、パレスチナ治安部隊の改革を監督し、新人を訓練すると言った。この発言は、テネットプランが原則的に受け入れられたことを意味した。二〇〇二年七月二一日にアメリカが発表した、パレスチナ自治政府治安機関の改革に関する提案である。

一方パレスチナ諸組織は、包括的政治綱領づくりを目的として一同に会して、目標の設定と達成手段について協議した。その時、自治政府機関の民主化要求も行なわれた。八月一四日、アラファトは、経済改革の実施における一段階として、「パレスチナ投資基金」の設立を許可した。

前出の〝タスクフォース〟は、パレスチナ自治政府の改革を監督する目的を持っていたが、そのチームメンバーが八月二三日、パリで協議し（メンバーはカルテットのほかノルウェー、日本、世銀および国際通貨基金ＩＭＦの代表で構成。協議にはパレスチナ側代表も参加）、経済分野における改革実施状況を前向きに評価した。

二〇〇二年九月一一日、パレスチナ自治区では、内閣が総辞職した。経済面での対策など、改革に向けた積極的歩みとみられる動きがあるにもかかわらず、この挙に出たのである。立法評議会のメンバー大多数が〝不信任〟投票を支持する意向で、これがはっきりしたので総辞職したわけである。

アラファトが、二週間以内に暫定内閣を組閣することになった。暫定であるのは、アラファトが翌年一月二〇日に議長選および立法評議会選を実施する旨の議長令に、九月一〇日付で署名していたからである。九月一五日、エジプトおよびヨルダンの治安担当幹部が到着し、エリコでパレスチナ側と打ち合せを開始した。改革プランに従った、パレスチナの新しい治安部隊編成に向けた協議である。

新しいパレスチナ自治政府の成立

組閣責任を持つアラファトには、遠大な変革を求めて内外から圧力がかかった。主な要求は腐敗役人の更迭である。自治政府の公金を懐に入れ、あるいは不正に流用するなど疑いのある人物がいろいろいた。アラファトは、二〇〇二年九月に新内閣を発足させなければならないことになっていたが、イスラエル国防軍のムカタ包囲が都合のよい延期の言い訳になった。

二〇〇二年一〇月一日一日、ファタハ中央委員会が首相指名の延期を決めた。理由をつけて圧力がイスラエルとアメリカに向かうことを期待し、政治的窮地からアラファトを救うのが目的で、二〇〇二年一〇月二日の会議で、アラファトのデッドライン三週間延長の決議が通った。

外野席では、メディアが大車輪で報道を続けた。問題はアラファトが誰を首相に指名するかで、憶測が憶測を呼び、分析や論評が盛んに流された。いちばん頻繁に名前のあがったのが、アブ・マゼンで、オスロ会議でイスラエルと交渉した経験豊かな人物である。

アメリカは、アラファトの広範囲な権限を、今後誕生するパレスチナ指導部へ委譲することをあくまでも求め、この条件が守られなければ、カルテットの改革要求が実行されなかったと考える、と主張した。一〇月九日、アラファトは、この要求をアメリカの横やりと攻撃し、それよりも停戦を順守するようイスラエルに圧力をかけよ、と言った。

一〇月二九日、パレスチナ自治政府の閣僚名簿が立法評議会に提出された。本質的には前の内閣と同じであったが、評議会は名簿を承認した。新しい政府は、政策を基本的なところで変えず、約束した改革は実施されなかった。

パレスチナ自治政府の首相は任命されず、アラファトが手にする権限は元のままであった。閣僚の構成は少し変りはしたが、表面をとり繕っただけで、本質的には何も変っていなかった。

紛争解決に向けたアメリカの新たなプラン

三段階のロードマップ

二〇〇二年一〇月初旬、アメリカ政府は、六月二四日のブッシュ大統領の演説の延長線上に、新しい政治プランをつくり始めていた。

一〇月一日、PLOのワシントン代表ハサン・アブドゥル・エルラーマンが「ウィリアム・バーンズ国務次官がイスラエル、パレスチナ双方に新しいプランを伝えるため、近く現地入りする旨、アメリカ政府から連絡を受けた」と言った。

一〇月一五日、シャロン首相がイスラエルを出発、ワシントンに向かった。翌日、ブッシュ大統領がシャロンに新しいアメリカのプランを提示した。イスラエル・パレスチナ紛争の解決に向けたもので、以来〝ロードマップ〟と呼ばれるようになる。ロードマップは三つの段階からなる。

第一段階は、〝緊急ステージ〟ともいわれ、状況の鎮静化、暴力の停止、パレスチナ自治政府が公約した改革の実施が中心課題となる。そしてその改革には、アラファトが手中にする権限の一部移譲、治安機関の改革が含まれる。これに対しイスラエルは、相応の人道的措置をとり、道路障害物を除去し、包囲環を解く一方、都市部の夜間外出禁止令を解除する。順調にいけば、テロが止んだあとイスラエルは、二〇〇〇年九月二八日現在の線まで国防軍部隊を撤収し、部隊を再展開する。

第二段階は、二〇〇三年末までに終るものとされ、その間パレスチナ自治区の選挙が実施され、それに続いて国際会議が開催される。会議では、暫定的境界を持ち国際社会の保証を得たパレスチナ独立国家の建設合意をめざす。

第三段階は、二〇〇五年末に終るものとされた。この段階で、恒久的な地位に関する協議が行なわれ、合意に達する。エジプト、ヨルダンの両国大使はテルアヴィヴへ戻り、アラブ世界によってさまざまな信頼醸成措置がとられる。この段階は、二〇〇五年末までとし、遅くとも二〇〇六年末初めに完了する。

ロードマップの基本的合意

二〇〇二年一〇月二六日、アメリカの対中東特使ウィリアム・バーンズ国務次官が、イスラエルでシモン・ペレス外相と会った。席上ペレスは特使に「ロードマップは政治的可能性を秘めている」と伝え、「しかしイスラエルは、治安問題に関して不安があり、留保をつける」とつけ加えた。イスラエルは、パレスチナ人には、最初から対テロ戦争で断固たる措置をとらせるべきであるとも要求し、ある段階から次の段階へ進むかどうか。進むとすればどの時点であるかを決める権限はカルテットにはない、と主張した。翌日、アメリカの特使はシャロン首相に会った。首相はアメリカのプランに意見を述べ、パレスチナ人は最初からテロと戦わなければならない、と再度要求した。

一〇月二四日、ウィリアム・バーンズ特使は、〝ロードマップ〟の決定版をまとめる一環として、パレスチナ自治政府の首脳と数回会った。パレスチナ側は、アメリカの提案プランは真面目な内容のように思われるとしながらも、アメリカのイニシアチブに対する正式回答には、いつくかの留保点を含める必要がある、と主張した。

パレスチナ側は、イスラエルにしっかり順守させるため、厳格な時間割りを課すべきであると述べた。彼らの意見では、イスラエルはプランの要件にこたえるため苦労するだろうが、必ず実行させなければならないのである。アラファトは、アメリカのプランは〝建設的〟である、と言った。しかしながら、新しく選出された閣僚たちの間に反対する向きがあった。まず領域が問題であった。プランに指摘された暫定国家は、A地区とB地区に限定されている。一九六七年にイスラエルが占領した地域の半分にもならない。反対派は、プランが入植活動の即時中止を指摘していないことにも不満であった。

二〇〇二年一一月一二日、アラファトは、パレスチナ人の留保があるにもかかわらず「パレスチナ自治政府は、〝ロードマップ〟を原則として受け入れた」が、「まだアラブ諸国と〝ロードマップ〟について議論している」と言った。協議の時、パレスチナ側はこのプランに対する留保を説明し、次の要求を行なった。

(1) 入植活動停止の明確な時期の明示
(2) パレスチナ国家建設のタイムテーブル
(3) イスラエルによって閉鎖されたエルサレムのパレスチナ側施設の再開

協議の終りに際して、サイブ・アリカットは、「双方は、アメリカがロードマップの最終版を二〇〇二年一二月中旬にカルテットへ提示することで同意した」と言った。この発言は、エルサレムのイスラエル側担当者の声明と矛盾していた。担当者は、シャロン首相がイスラエルの総選挙と新政府の成立まで〝ロードマップ〟の凍結を要請した、と述べたのである。

〝ロードマップ〟改訂版

二〇〇二年一一月一一日、シャロン首相が〝ロードマップ〟に関するイスラエルの立場を検討するため、特別会議を召集した。首相は、草案の主要部分に留保をつけたが、同時にこの一連の問題は淡々と提示すべきで、政治危機をつくり出すようなことをしてはならない、と考えた。首相はアメリカ側に、提案に対する回答を延期したいが、どうであろうかとたずねた。これは、首相がネタニヤフ外相の提案を受け入れたことを示す。外相は〝ロードマップ〟の履行、不履行の問題はイラク戦争後に扱うべきであると主張していた。また、モファズ国防相が厳しい留保をつけていたが、それも考慮されたのである。

二〇〇二年一一月一二日、アメリカ政府は、総選挙と新内閣の発足まで〝ロードマップ〟に対する回答を延期したいというシャロン首相の要請に応じた。パレスチナ側とヨーロッパ諸国は理解を示さなかったが、アメリカが遅延を求めたので、パレスチナ側とイスラエルのほかにカルテットの意見を考慮したプラン改訂版の発表は、二〇〇二年一二月から二〇〇三年三月に延期された（プラン改訂は、アメリカのイラク戦争介入のため、三月の発表も延期された）。

改訂版に盛りこまれた日程は二〇〇二年一一月につくられた。それによると、二〇〇三年五月までに、テロ活動を含む各種の暴力の停止、パレスチナ社会の生活正常化、パレスチナ側施設の設置を求めている。イスラエルはパレスチナ自治領から撤収し、インティファダ前の現状が回復され、テネットプランに従って治安協力も再開される。また、ミッチェルプランに従って、入植地内の建設が凍結される。

〝暫定段階〟は、二〇〇三年七月から一二月までの期間中に履行される。すなわち、この間に暫定的境界と新憲法を持つパレスチナ国家が建設される。その段取りでは、まずカルテットの主導する国際会議が〝双方と協議したあと〟（当初のプランでは、双方が会議開催に同意したあと）開催される。会議後、暫定的境界を持つパレスチナ国家の建設について、イスラエル・パレスチナ交渉が始まる。国家建設のあと、カルテットのメンバー諸国が、パレスチナ国家の国際認知と国連加盟に向けて努力する（このパラグラフは意見が割れた）。

〝ロードマップ〟が最終の究極的段階に到達するのは、二〇〇四年、二〇〇五年である。二〇〇二年一一月につくられた改訂版は、イスラエル・パレスチナ紛争に決着をつける、と明記されている。二〇〇四年初めに第二回国際会議が開催され、国際社会の祝福を受けて、パレスチナ国家の成立が宣言される。そして恒久的地位の交渉が開始される。

〝ロードマップ〟の改訂版には、〝エルサレム条項〟が含まれている。一〇月に作成された原案にはなかったが、「エルサレムの最終地位に関する交渉は、双方の政治的、宗教的関心事を考慮に入れ、世界各地のユダヤ人、キリスト教徒およびムスリムの宗教的権益を守ることを眼目にする」と明記されている。

終らぬ自爆攻撃

防盾作戦が始まってから、パレスチナ人の間で自爆攻撃に反対する声が聞かれるようになった。自爆テロは極めて破壊力の大きい攻撃手段ではあるが、西側におけるパレスチナ人のイメージを著しく傷つけ、イスラエル国防軍が外出禁止令や封鎖、包囲といった苛酷な手段で対応するので、普通の正常な生活ができなくなった。批判の徴候が出たのは、二〇〇二年一一月開催のファタハ総会であった。

アメリカの〝ロードマップ〟に関する検討が行なわれ、当初パレスチナ人たちは、対米協力の印象をつくり出そうと願った。そのため自治政府は停戦確立を求めるアメリカの圧力に配慮せざるを得なかった。この空気のなかでは、自爆攻撃が和平プロセスを難しくするのは明らかであり、パレスチナ人に対する国際社会の批判が増すばかりで、パレスチナ人にとっては有害であった。しかしながら、ハマスの幹部たちはロードマップに肩入れしているわけではなく、拘束されているとは別に思っていなかった。停戦達成努力に与しているわけではなく、二〇〇二年一一月一一日、自爆攻撃に終止符を打つことはなく、この戦術が対イスラエル戦にはベストであるとの声明を出した。

二〇〇二年一一月一三日、エジプトの後援の下、カイロで開かれていたファタハ・ハマス代表者会議が終った。議題の一つが、自爆攻撃問題で、意見の違いは明らかであった。エジプトは調停者として会議に参加し、二つの組織の歩みよりを期待していた。

二〇〇二年一一月一四日、エジプトの情報機関長オマル・スリマンがイスラエルを訪れ、合意達成努力についてシャロン首相に説明した。代表者会議の終りに各組織の出した声明は、互いに矛盾し、認識の一致がない。メディア向けに出された公式声明は、次の通りである。

（1）あらゆる手段を使って占領軍の好戦的行為を止めることが決定された。

（2）抵抗（武力による）と政治闘争は、パレスチナ人民の自然かつ合法的権利である。

（3）独立国家建設に関するパレスチナ人民の願望顕現のため、幸先のよい雰囲気づくりがなければならない。

自爆攻撃をめぐる内部論争

二〇〇二年一一月一九日、メディアがアラブ世界内の動きを報じた。一部の国が、「ハマスとイスラム聖戦がイスラエルをターゲットにする自爆攻撃をやめなければ、支援を打ち切ると警告した」という。ハマスの最高幹部アブデル・アジズ・アル・ランティシは、すでに明らかなように、自爆攻撃は政治上強い力を生み出すので、減らすよりむしろ増やすべきである、と応じた。ランティシによると、労働党の首相候補アムラム・ミツナは、占領管理地区から撤退する必要性を指摘しており、この言明こそ自爆攻撃の効果を物語る有力な証言である。

二〇〇二年一一月一二日、エルサレムで自爆攻撃が起きた。イスラエルをめぐる対応で、まさにファタハとハマス間で意見を調整中だったが、この事件でイスラエルに対する姿勢の不統一が露呈し、調整の必要性をめぐってパレスチナの内部論争が激化した。

二〇〇二年一一月二六日、アブ・マゼンは自爆攻撃の中止を呼びかけた。アブ・マゼンは、この自爆攻撃がイスラエルに占領継続の口実を与えていると し、「私はこれまで武器の使用にいつも反対してきた」「私の意見では、インティファダに際して、武器を使用し、イスラエルで犯行に及ぶのは間違いであった。イスラエルにガザ回廊占領の口実を与えたからである。私は、投石や非暴力的手段の使用には反対しない」と語った。

イスラエルでは、挙国一致内閣が崩壊し、暫定内閣のもとで総選挙実施(二〇〇三年一月二八日)が決まった。一方、アメリカはイラク戦争の準備などに追われ、〝ロードマップ〟に関する協議は一時凍結の状態になった。二〇〇三年四月、アメリカのイラク作戦はひとまず終了したので、中東における外交活動は再開され、〝ロードマップ〟が再び検討課題になった。

パレスチナ自治政府が同意した改革プランの一環として、アラファトとの激しい権力闘争を経て、アブ・マゼンを首班とする新しいパレスチナ自治政府が二〇〇三年四月二五日に成立した。

新しい自治政府の誕生と、〝ロードマップ〟を土台とするイスラエルとの政治交渉の再開は、深刻な反対行動に直面した。和平プロセス破壊を目的とするパレスチナテロ組織がテロ作戦を展開したのである。

終わりなきイスラエル・パレスチナ紛争

二〇〇三年五月一八日から二〇日までの三日間で、自爆攻撃が五件発生し、一二人が死亡、七〇人を超える負傷者が出た(ヘブロン一件、エルサレム二件、ガザ回廊一件、アフーラのショッピングモールで一件である)。テロ組織は、自爆テロのほかネゲブ西方のスデロットへ向けて、カッサムロケットを撃ち、その発射頻度が増えてきた。イスラエル国防軍は、ロケット発射を阻止するため、ガザ北端域のベイトハヌンでテロ組織と戦う羽目になった。

二〇〇三年六月初旬、ブッシュ大統領は、政治プロセスの再開を目的として、シャロン首相、そしてアブ・マゼン自治政府首相と会談した。三者は合意に向けた真剣な取り組みを表明した。

アブ・マゼンは、パレスチナ諸派と一時休戦(フドナとしても知られる)を交渉した。自治政府に状況鎮静化の機会を与えるための措置である。二〇〇三年七月初め、イスラエルは、パレスチナ側へ管理地区を戻す第一歩として、ベツレヘムの治安業務をパレスチナの治安機関に引き渡した。国防軍は、ガザ回廊内で管理していた地域から撤収し、善意のしるしとして、パレスチナの囚人たちをイスラエルの刑務所から釈放した。いずれもアブ・マゼンを支援するための行動であった。

しかしながら、この一時休戦は本物ではなかった。テロ組織はこの小康状態を利用して、武器弾薬の備蓄と自爆志願者の確保に努めた。当時イスラエルは自制し、ロシュ・ハ・アインとアリエルにおける自爆攻撃のあとでも反撃せず、アブ・マゼンに状況コントロールの機会を与えようとして、爆発寸前の〝爆弾の信管抜き〟に作業を集中した。八月中旬、エルサレムの路線バスが自爆テロに見舞われ、イスラエルはやむなく自分の手で状況の掌握に乗り出した。イスラエル国防軍はパレスチナ自治区内の諸都市で本格的な掃討作戦を開始した。そしてとくにガザのハマス幹部を狙い撃ちにする先制攻撃が再び導入された。

〝フドナ〟は崩壊し、アブ・マゼンは九月初めに辞任し、代わってアブ・アラが首相に任命された。新任首相は一〇月に組閣し、本章執筆の段階で、パレスチナ諸派と新しい〝フドナ〟を築こうとしている。

新しい自治政府の将来、あるいはアメリカの〝ロードマップ〟が今後どうなるか、判断するには時期尚早である。しかしながら、極めてはっきりしていることがある。イスラエル・パレスチナ紛争は決着からほど遠い状況にある。パレスチナ自治政府は、政治プロセスの前進に関心を抱くに至ったからには、武力闘争の継続を主張する過激派との厄介な対決を迫られるのである。

「訳者あとがき」に代えて

その後の『イスラエル軍事史』

滝川義人

執筆者たちが筆をおいたあと、さまざまな事件が起き、事態はめまぐるしく動いている。しかし、彼らが指摘した紛争の性格はいよいよ鮮明となり、状況はその方向へ動いているように思われる。

国家としてのシリアやイラクなどは深刻な国内問題を抱え、対イスラエル戦線から後退し、代わってイスラム過激派が前面に踊り出てきた。

北のレバノンではヒズボラ、南のガザ回廊はハマスが勢力を増し、イランの支援を受けてイスラエルと対決姿勢を強めている。二一世紀に入って、数年間隔でかなり大がかりな戦闘が発生しており、今後イスラエルには、南レバノン、ウエストバンク、ガザ回廊からの三正面同時攻撃の可能性もある。一方、周辺諸国自体が、過激派の挑戦を受けて体制崩壊の危機にあり、中東大乱の様相も見られる。

ここでは、原著刊行以降のイスラエルをめぐる軍事・紛争史について解説を付して、「訳者あとがき」に代えたい。

ガザ回廊からの撤退とハマスの台頭

野戦指揮官として活躍し、国防相時代レバノン戦争を主導したアリエル・シャロンは、二〇〇一年に首相となり、周囲の強い反対を押し切って、ガザ回廊からの完全撤収を決断した。

二〇〇五年夏、ガザ回廊のユダヤ入植地グシュ・カティフが撤去され、最後まで残っていた軍の撤収管理部隊も、秋にはイスラエルへ引き揚げた。シャロンは、イスラエルの安全を保証したうえの二国併存による解決をめざしたが、二〇〇六年一月、病に倒れ、意識不明のまま八年後に死去した。

一方、ＰＬＯ議長として君臨し、反イスラエル闘争を主導してきたヤセル・アラファトは、自治区のラマッラで病に倒れ、フランスの陸軍病院に搬送されたが、二〇〇四年一一月に死去した。

その自治区では、シャロンが病に倒れた同じ月に立法評議会選挙が実施され、ハマスが勝利して、ハマス政権が成立した。二〇〇七年六月、パレスチナ抵抗運動の主流派ファタハと、ムスリム同胞団を母体とするハマスは真正面から衝突し、武力闘争の結果、ファタハが駆逐され、ガザはハマスの天下になった（同年八月、ガザを追われたファタハの活動家約一八〇人がイスラエルへ逃げ込んだ）。イスラエルとパレスチナ自治政府の政治交渉は停滞し、自治政府の基盤であるＰＬＯ中央委員会は、イスラエルとの政治、経済関係の断絶と治安協力の停止を二〇一五年三月に決議し、二〇一六年五月にはＰＬＯ執行委員会が決議履行を決めた。ウエストバンクでは二〇一五年から一〇代の若者によるイスラエル人刺殺テロが頻発するようになった。

対ハマス戦闘Ⅰ（青空作戦から夏雨、秋雲、暖冬作戦まで）

ハマスの勢力拡大にともないガザからのロケット攻撃が増え、イスラエルは重要施設の安全を懸念するようになった。ガザの北端から聖書に名高い工業都市アシュケロンまでの一〇キロ圏内の工業団地、ズィキム発電所、紅海・地中海パイプラインのターミナルが、脅威にさらされた。

そこで発動されたのが、「青空作戦」（Operation Blue Skies）である。ハマスをロケットの射程圏外に排除するのが目的で、二〇〇五年一二月二八日から翌年二月にかけて、約二カ月間に及ぶ砲撃と地上部隊による掃討で、回廊内の北端域十数キロ幅を無人化した。作戦目的はひとまず達成されたと判断された直後、ガザから飛来したロケットが、キブツ・カルミアの建物を直撃し、以後ロケット攻撃と報復の悪循環が続いた。

ハマスらのイスラム過激派は、イスラエル人の拉致も戦術として用いた。その典型的な一例が、ギラッド・シャリート伍長の拉致（二〇〇六年六月二五日）である。ガザの南端からイスラエル、エジプト、そしてガザの三境界線が接するケレム検問所付近まで、長さ三〇〇メートルのトンネルを掘り、そこから地表に出て伍長を拉致したのだ。二日後の六月二七日、伍長の救出と報復を目的として、「夏雨作戦」（Operation summer Rain）が開始された。特殊部隊の投入と砲爆撃による作戦でロケットを含む軍事力の破壊も同時に実施された。

しかし、北のレバノン方面で重大事件が発生したため、作戦は一時中止となった。その後、レバノン方面がひとまず終息し、ガザを対象とする作戦は目的を達成しないいまま、二〇〇六年一一月、「秋雲作戦」（Operation Autumn Clouds）、二〇〇八年二月、「暖冬作戦」（Operation Warm Winter）と続く。しかし、人質解放は成功せず、ハマスのロケット戦力を叩き潰すこともできなかった（シャリート伍長は、ハマス系テロリスト一〇二七人との交換で、二〇一一年一〇月に解放された）。

対ヒズボラ戦闘（第二次レバノン戦争：二〇〇六年七月一二日〜八月一四日）

二〇〇六年七月一二日早朝、日課業務の一環として四輪駆動偵察車ハマー二両で、レバノン国境沿いをパトロール中のイスラエル兵が、ヒズボラ武装グループに待ち伏せされ、三人が殺害され、三人負傷、二人が拉致された。北部軍司令部は、ハンニバルと称する対応手続きに従って、捜索隊を直ちに越境させたところ、戦車一両が強力な仕掛け爆弾で吹き飛ばされ、乗員四人のほか歩兵一人が死亡した。ヒズボラは、これと連動して、イスラエル北部の市町村をカチューシャロケットで攻撃した。

イスラエル政府は、その日のうちにヒズボラ掃討の「方向転換作戦」（Operation Change of Direction）を発動した。南のガザで実施中のハマス掃討作戦を中断し、北へ方向を転換したという意味である。その作戦目的は次の通りである。

(1) 拉致兵士二人の解放（捕虜交換には応じない）。

(2) ロケットを中心とするヒズボラの軍事力と戦闘組織の破壊。

(3) レバノン国境からのヒズボラ排除。

(4) ヒズボラの非武装化、指導部の潰滅。

(5) イラン、シリアによる補給の阻止メカニズム導入。

七月一三日、現役のクフィル旅団がレバノン国境に待機するなか、空軍が爆撃を開始した。長・中射程ロケット陣地の攻撃、破壊およびベイルート・ダマスカス街道を含む道路、橋梁などの戦略的インフラ（二〇〇六年六月、イランとシリアはレバノン行き弾薬運搬車両のシリア領通過で合意していた）、ベイルート国際空港の滑走路、港湾施設の破壊を主目的とした。海軍艦艇もヒズボラの施設を艦砲射撃した。ヒズボラは艦艇に対して対艦ミサイルで応戦した。七月一四日、ヒズボラの発射したC802あるいはC701が、サール5級ミサイル艦アヒ・ハニット（一二七五トン）に命中し、乗組員四人が死亡、艦は中破した。

七月一三日、予備役（一個師団相当）の動員許可がおり、作戦期間中、合計四個師団が動員された。総数六万人であるが、戦況に応じて少しずつ動員され、逐次投入のかたちとなった。

地上部隊の攻撃は、七月一八日から開始された。オルメルト首相は、短射程ロケットを含む個人携帯火器による攻撃を阻止するため、境界から三キロ圏内を掃討・制圧するとした。それを兵隊たちはフェンス伝いの歩行と自嘲した。だが、作戦は円滑にはいかなかった。

レバノン領内に入っていた特殊部隊（マグランおよびエゴズ）が、ヒズボラの陣地であるマロウン・アルラス村を攻撃した。鎧袖一触とみられていたが、部隊は頑強な抵抗に直面し、たちまち苦戦に陥った。地の利を活かしたヒズボラ戦闘員は、装甲車両だけでなくイスラエル兵が楯とする家屋などの遮蔽物に対しても、RPG29やMET・S・M対戦車ミサイルを撃ちこみ、部隊は身動きがとれなくなった。小さい村を制圧するのに戦死八人、負傷三十余人を出してしまった。ヒズボラは二五人の遺体を残して離脱し、さらに大きい拠点であるビント・ジュバイル村へ逃げこんだ。

七月二四日、イスラエル軍はこの村の攻撃を開始したが、ここでも苦戦し、引くに引けない状態になった。戦闘は一時中断したあと再開し、八月一四日まで続いた。イスラエル側は戦死一八人、負傷五十余人を出し、軍事的にはなんの意味もない場所にこだわり、しかも占領できなかった。

イスラエル軍が安全保障圏の拡大を目的とする行動に出たのは、七月二九日。事件発生からすでに半月以上経過していた。さらに戦略要地の占領（八月一日〜八月一〇日）、そしてリタニ制圧（八月一二日）と、部隊を小出しにしながら少しずつ戦闘を拡大していった。

空中進攻による特殊部隊の遠距離作戦も実施された。拉致された兵士二人の解放、ヒズボラのナスラ書記長逮捕、そして同組織の指揮中枢の破壊である。八月一日、陸（サエレット・マトカル）、空（シャルダグ）連合の特殊部隊約二〇〇人が、ヘリに分乗してベッカー高地に進出し、バールベックを中心に捜索したが、発見することができず、特殊部隊は、ヒズボラの兵站基地を破壊して引き揚げた（地下八メートルに弾薬貯蔵所があった）。三日後の八月四日、今度は海軍の特殊部隊（サエレット13）が、ティレ付近に上陸し、ロケット陣地を破壊した。

ヒズボラのロケットは三段構えで配備されていた。短射程は国境周辺、中射程はリタニ川南、長射程は、アワリ川周辺（リタニ川とベイルートの中間地帯）である。

ロケットは、長射程と中射程は八〇パーセントを破壊した（中射程はすべて破壊）。とくにヒズボラが抑止力として考えていた長射程用は抑止力とはならなかった。しかし、短射程ロケットの多くは破壊されなかったと思われる。連日一〇〇発近くが発射され、その勢いは停戦まで衰えなかった。短射程ロケットは小型トラックやロバで運ばれ、分散格納され、簡単な発射台から時限装置や遠距離操作で発射されるので、探知が極めて難しかった。

ロケットは主に都市部に対するテロ攻撃に使われた。イスラエル警察の初期調査によると、三九七〇発（二二〇ミリ級六四発、三〇二ミリ級二八発を含む）が着弾、うち九〇一発が都市の人口密集地に命中。市民の死亡四四人（ほかに兵士九人）、負傷二四〇〇人（精神障害を含めれば四二六二人）、家屋被害一万二〇〇〇軒（完全破壊は二〇〇〇軒）。残る三〇〇〇発あまりは原野に落ちて、森林一二〇〇ヘクタールが火災で焼けた（最終報告書では四二〇〇発が発射された）。

ヒズボラは、この時の戦争で、爆装無人機（アバビル）を計四機発進させたが、いずれもF16戦闘機が撃墜した。

イスラエル軍による兵力の逐次投入は大した戦力とならず、勝利の象徴としてヒズボラの町ビント・ジュバイルを占領しようとして損害を出し、さらに停戦間際のリタニ北上戦闘では戦死総数一一七人の三〇パーセントほどを出してしまった（ヒズボラ戦闘員の戦死数は遺体確認分で五三〇人）。

そのリタニ北上戦闘で典型的な状況が、南レバノンのワジ・サルキの戦闘である。

八月一一日夜、国連の停戦入りを前にして、リタニ川の線までヒズボラを押し返して作戦の悼尾《とうび》を飾ろうと、第401旅団のメルカバ戦車が、ワジ（涸谷）を渡り始めた。しかし、その夜ヒズボラに伏撃されてしまった。戦車隊はワジの手前で待機命令を受けて停止していたので、事前に発見されていたのである。ロシア製対戦車ミサイル・コルネットで攻撃され、二四両のうち一一両が被弾し立ち往生した。戦死一二人のうち八人は戦車兵であった。

国連安保理決議一七〇一の発効で八月一四日に停戦になるまでの三三日間、イスラエル空軍は七〇〇〇カ所を爆撃、地上部隊は一八万発の砲弾を発射、海軍は二五〇〇回に及ぶ艦砲射撃を行なった。

一〇月一日朝、イスラエル軍は国連暫定駐留軍(UNIFIL)に南レバノンの治安維持任務を引き渡して撤収した。ヒズボラの軍事インフラは五〇パーセント以上を破壊したものの、拉致兵士二人は解放できず(殺害された)、北部の安全保障もあいまいで、作戦目的は達成されず、「方向転換作戦」は中途半端に終った。

前参謀総長モシェ・アヤロン予備役中将や元北部軍司令官アビグドル・ベンガル予備役少将らは、地上戦を理解していないとして、空軍出身のダン・ハルーツ参謀総長を批判した。最初九〇パーセントを超えた国民の支持率も次第に低下、責任を追及する声が高まり、イスラエル政府は、元テルアヴィヴ地方裁判所長のエリアフ・ヴィノグラドフ判事を委員長に、少将クラスの予備役軍人二人を含む調査委員会を設置した。

対ハマス戦闘Ⅱ(測銘作戦:二〇〇八年一二月二七日〜二〇〇九年一月一八日)

ハマスの停戦延長拒否(二〇〇八年一月エジプトの仲介で成立した停戦)と執拗なロケット攻撃に対応して、「測鉛作戦」(Operation Cast Lead)が発動された。

作戦は二段階に分けられた。二〇〇八年一二月二七日から翌年一月二日までが航空攻撃段階。第二段階が一月三日から一方的停戦に至る一月一九日までで、歩兵による地上戦である。精鋭のギバティ旅団を含む三個旅団が投入されたが、戦闘は中隊以下の規模で展開した。爆撃を含む攻撃目標は、ハマスの司令部、幹部事務所、行政ビル、訓練施設、ロケットの生産ならびに貯蔵所、そしてトンネルが含まれ、トンネル破壊は四〇カ所を越えた。ハマスの戦闘員は、技倆、戦意ともに欠け、逃げまどった。

ただハマスは、ロケット（約六〇〇発）と迫撃砲（三〇〇発）で反撃した。ロケットのうち四〇〇発はカッサム、残りは射程七〇キロ（一三〇発）、同二〇キロ（七〇発）を、イスラエル国内に撃ちこんだ。人的損害は、イスラエル側が死亡一三人（うち住民三人）、負傷五一八人（同一八二人）、ハマス側は死亡一一六六人（うち住民二九五人）、負傷数は不明。なおイスラエル兵死亡一〇人のうち四人は同士討ち、一人が国内での死亡であった。

雲の柱作戦（二〇一二年一一月一四日〜一一月二一日）

二〇一二年八月五日、アルカイダ系のサラフィ・ジハード組織メンバーがガザからエジプトへ侵入し、エジプト兵一六人を殺害したうえ、エジプト軍のAPC（装甲兵員輸送車）二両を奪うと、それに分乗してイスラエルのケレムシャロム検問所へ向かい、イスラエルの部隊を攻撃しようとして阻止された。

一〇月一二日、イスラエルの無人機が、アブ・ワリード・アルマクディンを攻撃し、殺害した。彼は八月事件の黒幕といわれる人物である。ガザからのロケット攻撃が増加しつつあったが、一一月一〇日には、ガザの境界近くを走行中のジープが対戦車ミサイルに狙われ、イスラエル兵二人が死亡、二人が負傷した。このような状況を背景として発動されたのが、「雲の柱作戦」（Operation Defense of Pillar）である。

作戦目的は、ハマス政権の打倒ではなく、軍事部門の指揮中枢および継戦能力の破壊による、長期停戦の維持であった。イスラエル政府は七万五千人までの予備役動員を認め、そのうち三万人が実際に動員され、ロケットの製造所、貯蔵所を徹底的に破壊した（トンネルは五〇カ所を破壊）。なおハマスの軍事部門の最高幹部アフメド・アルジャバリは、ガザ市内を車で走行中、ヘリコプター発射のミサイルで殺害された。ハマスは主としてロケットで反撃したが、一五〇〇発余のうち一五二発がガザ内に落ちた。イスラエルへ飛来したロケットとその対処は後述の通りである。

境界防衛作戦（二〇一四年七月八日～八月二六日）

二〇一四年六月一二日、一〇代のユダヤ人少年三人がヒッチハイク中にハマスに拉致され、殺害された。この事件と連動するかたちで、ハマスはガザからロケットを撃ちこみ始めた（三週間に及ぶ捜査期間中二三二発を発射）。

イスラエルは、七月八日から砲爆撃を開始した。こうして始まったのが、「境界防衛作戦」（Operation Defensive Edge）である。報復の一環としての対応であったが、ガザからロケット攻撃はやまず、イスラエル軍は、ハマスの継戦能力を断つことを作戦目的の一つとして、予備役八万二二〇一人の動員許可を得たうえで、準備を整え、七月一七日に地上部隊がガザに突入した。

先の「測鉛作戦」時には、地上部隊が進攻すると逃げてしまったが、今回、ハマスの戦闘員は持ち場を離れず、勇敢に戦った。イスラエル軍は、ガザ回廊西端のラファを経由した戦闘資材搬入路のトンネルを三二カ所破壊したが、この破壊作業で死亡四五人を含む七〇〇人の損害をこうむった。ちなみに今次作戦におけるイスラエル兵の戦死数は六七人である。

この作戦時、アイアンドームの命中率は九〇パーセントに達し、ロケットで死亡した住民は一人であった。しかし、この防空システムは迫撃砲には対処できず、ガザの境界に近い村落に被害が出た。迫撃砲対策は今後の課題となった。さらにハマスは七月一四日と一七日の二回、爆装無人機を投入した。イスラエルは地対空ミサイルＰＡＣ２で応戦し、いずれも地中海上空で撃墜した。

ハマスは武装組織の正規軍化を図り、旅団（カッサム旅団）以下分隊に至るまで、通常の軍隊組織をつくりつつあった。その兵力は一万五〇〇〇人。これ以外に海上警備隊、工兵隊（トンネル掘削隊一〇〇〇人）がある。トンネルを使ったイスラエル奇襲を考えており、この戦闘でも三つのトンネルを使ってイスラエル国内へ突入しようとしたが、三回ともイスラエル軍に探知され、失敗した。

過激派のロケット戦とイスラエルの対応

ハマスをはじめとするガザのパレスチナ人が、自家製の「カッサムロケット」をイスラエルに向けて最初に発射したのは、二〇〇一年一〇月二六日である。狙ったのはガザ回廊北東端から五キロほど東にある開発都市スデロットで、もちろん被害はなかった。以後三五発（〇二年）、一五五発（〇三年）、二八一発（〇四年）と増えていった。

初期のロケットは、砂糖と化学肥料で推進薬をつくり、弾頭の火薬は砲弾や地雷から抜きとったものを用いた。弾体は灌漑用パイプを切断して使った。初期型は弾頭五〇〇グラムを含め全重量五キログラム以下で、射程も三キロほどしかなかったが、最新型のカッサム3型になると、弾頭一〇キログラムを含め全重量九〇キログラム、射程は一〇キロに伸びた（爆薬生産は推進薬を含め、二〇〇一年一〇月から二〇〇八年末までの七年間で三二・四トン）。彼らは、短射程のロケットを活用している。保管と運搬が容易で、集中斉射でイスラエル住民に恐怖感を与え、退避を強要して正常な日常生活を不可能にする狙いであった。なお、ガザにはイスラム聖戦（ジハード）と称する過激派もいるが、こちらはもっぱら密輸によるカチューシャロケットを使用している。

ガザから手作りのロケットが飛んで来るようになったのは、前述のように第二次インティファダの頃で、ウエストバンクでは自爆テロが猛威をふるっていた。一度に住民数十人が死亡とする凄惨な自爆テロに比べれば、射程が短く飛行方向が定まらず、命中しても不発であったりして、ちょっとした迷惑行為と考えられていた。

しかし、ロケットの性能が向上してくると、イスラエルは真剣な対応をせまられ、迎撃手段の開発が始まった。原型のできた化学レーザーシステム「ノーチラス」は（強力なレーザーでロケット弾頭を破壊するが）資金難で改良が見送られ、飛翔体を飛翔体で迎撃する方式の開発が二〇〇五年に始まった。これが「アイアンドーム」である。

二〇〇六年に勃発した第二次レバノン戦争では、いったん発射されると防ぐ手段がないため、アイアンドームの開発に拍車がかかった。試射が繰り返され、二〇一〇年末に開発が完了し、二〇一一年初め空軍に一個中隊が編成された。実際にロケットを迎撃したのは、同年四月七日、アシュケロンに配備された第二中隊であった。

アイアンドームの一個中隊は、レーダー装置一、指揮装置一、発射機三（各発射機にミサイル二〇発）で構成されている。このシステムは、飛来するロケットの着弾地を瞬時に標定し、市街地に向かうものだけを迎撃する。

このシステムの本格投入は「雲の柱作戦」時（二〇一二年一一月）で、五個中隊をもって応戦した。イスラエルのミサイル開発機構の最高責任者ウージ・ルビンらによると、ガザから一五〇〇発あまりが発射され（迫撃砲を含め一六〇〇発とする資料もある）、そのうち一五二発がガザ回廊内、八七五発が無人地帯に落ちた。市街地に到達したのは四七九発（約三二パーセント）で、それに対して五〇〇発の迎撃ミサイルで応射し、四二一発命中した。この作戦時の住民被害は死亡五人、負傷二四〇人であった。

命中率はその後八七・八パーセントに向上し、「境界防衛作戦」（二〇一四年七月）では九〇パーセントになった。アイアンドームの使用で、ロケット攻撃の威力は次第に低下している。消極的防衛（退避）しか方法のなかった第二次レバノン戦争では、四二〇〇発で五三人死亡（七九発で一人）、五個中隊で対応した二〇一二年は一六〇〇発で死亡五人（三二〇発で一人）、九個中隊で対応した二〇一四年は三〇〇〇発（ガザからの発射は迫撃砲約一五〇〇発を含め四五六四発）で死亡二人（一五〇〇発で一人）である。

このようにロケットの脅威は減少しているが、撃ち漏らしがあり、住民の退避で社会、経済生活に支障が生じる（通常ロケット一発に対し一発で迎撃するが、最大都市テルアヴィヴを狙ったロケットには二発で対応）。アイアンドームは射程七〇キロまでのロケットに対応するが、短射程ロケットの発射地点が四〜五キロ先であると迎撃できず、さらに同一方向へのロケット斉射は対応が難しくなる。ミサイル（タミール）は一発五万ドル。一発一〇〇ドル程度でつくられるカッサムロケットにいちいち対応するのは、費用対効果で疑問視する向きもある。さらにこの兵器は純然たる防御用であるため、抑止力とはならない。

しかしながら、脅威には備えが必要であり、イスラエルは、射程三〇〇キロまでのミサイルに対応するダビッドス・スリング（ダビデの投石器）の開発を終え、長距離弾道ミサイル対応のアローとアイアンドームを組み合わせた防空システムを構築中である。

地上戦用新装備の導入

イスラエルは、ＡＰＣ／ＡＦＶ（装甲戦闘車両）を合計七五〇〇両保有し、そのうちＭ１１３装甲兵員輸送車が合計五五〇〇両を占めている（イスラエル国家安全保障研究所編『中東のミリタリーバランス２０１４』）。追加装甲板の装着などの対策がとられてはいるが、この兵員輸送車が対戦車火器に弱いことは、以前から指摘されている。二〇一四年夏の「境界防衛作戦」でも、ゴラニ旅団将兵の搭乗するＭ１１３にＲＰＧロケットが命中し、七人が死亡した。

新型の開発が本格化したのは、第二次レバノン戦争からである。センチュリオンやT52などの車体使用が検討されたが、結局メルカバⅡおよびⅢをベースにすることが決まった。戦闘重量が約六八トンもあり、まさに重戦車である。収容人員は乗員を含め一二名で、二〇〇八年の「溯鉛作戦」でこの新型戦車が三両投入され、実戦での運用試験に合格、三〇〇両の配備が決まった。

通称メルカバAPCの新型車は、正式名称を〝ナメール（豹）〟という。二〇一四年の作戦でRPGにはびくともせず実力を発揮して追加生産が認められた。

イスラエル軍は、戦車およびAPCにアクティブ反応防御システムを装着し始めている。トロフィと称し、小さなボールベアリングを詰めたキャニスターが自動的に発射される。対戦車ミサイルならほぼ撃破でき、イスラエル軍は戦車砲弾にも対処できるとしている。

アラブ・イスラエル三正面の状況と将来

イスラエルとアラブの間には、現在三種類の外国軍が介在している。イスラエルの北から時計まわりに、国連レバノン暫定駐留軍（UNIFIL）、ゴランに国連兵力分離監視隊（UNDOF）、そしてシナイ正面に国際有志連合の多国籍監視隊（MFO）が展開している。この外国軍自体がイスラム過激派の攻撃対象になってきた。

レバノン正面

南レバノンに駐留する国連軍は、暫定という名称とは裏腹に、一九七八年の「リタニ作戦」以来、ずっと駐留を続けている。年間予算約五・一億ドル、兵力一万五〇〇〇人のほか現地人などを一〇〇〇人ほど雇用している。レバノン南部の過激派とイスラエルとの衝突防止が駐留目的で、そのため陣地構築や兵器集積を含む、過激派の戦闘準備を阻止しなければならないが、執筆者のひとりベニー・ミハエルソン大佐が指摘したように、〝無能、役立たず〟の存在で、南レバノンを基地とする過激派のテロ行為を阻止できなかった。そのため、「怒りの葡萄作戦」（一九九三年三月）、「責任遂行作戦」（九六年四月）の発動となり、第二次レバノン戦争（二〇〇六年七月）の勃発につながった。

ヒズボラは、シリア内戦でアサド政権軍を支援し、反体制派や自由シリア軍とシリアで戦っているが、南レバノンが安定しているわけではなく、状況は流動的である。ヒズボラが第三次レバノン戦争を起こす可能性は否定できず、その時は一日あたりロケット一二〇〇発で応戦するといわれる。

ゴラン正面

イスラエル・シリア間の兵力分離協定の成立（一九九四年五月）とともに、監視隊が編成され、以来大きい事故もなく駐留を続けてきた。人身事故といえば、触雷によるものがほとんどで（シリア軍は敷設位置の明確な地図を残していなかった）、シリア軍は停戦を順守していた。しかし、二〇一一年に始まる「アラブの春」が波及して、シリアは内戦状態となり、さまざまな勢力が入り乱れて戦う、百鬼夜行の地と化した。

ゴランは過激派が浸透して危険地帯となった。一九九六年から平和維持活動で駐留していた日本の自衛隊は、二〇一三年一月に撤収している。翌一四年八月には、アルカイダ系のアル・ヌスラ戦線が、フィジー兵四五人、フィリピン兵七二人を捕虜にする事件も起きた。安保理決議三五〇で決まった駐留兵力は一二五〇人であるが、日本以外に三カ国の部隊が撤収し、六〇パーセントの兵力となった。さらにその残留部隊は多くが、アルファー線側に移っている（兵力分離線のうちイスラエル側の線をアルファー、シリア側をブラボーと称する）。

二〇一五年一月一八日、イスラエル空軍がシリア側ゴランの軍基地を爆撃し、幹部二人を含むヒズボラ工作員六人、将官一人を含むイランの革命防衛隊メンバー数人が死亡した。ヒズボラ、シリアのアサド政権軍、イラクのシーア派民兵、そしてイランの革命防衛隊で構成される抵抗枢軸戦線がゴランに形成されつつあるという。

二〇一五年八月にはロシア軍のシリア内戦介入が確認され、シリア側ゴランにロシアの軍事専門家が存在し、クネイトラのテル・アルハラ基地にシリア・ロシアの情報部隊がいたことも確認されている。シリア難民を意図的にこの地域へ移送して混乱を助長する恐れもあり、ゴラン情勢は険悪化しつつある。

シナイ正面

シナイに駐留する多国籍監視隊（ＭＦＯ）は、イスラエル・エジプト平和条約（一九七九年調印）の付則にもとづいて編成され、国境地帯の監視を任務としている。二〇一六年九月現在の兵力は一三六五人、英米仏伊など一二カ国が部隊を派遣している。年間予算は八〇〇〇万ドルほどで、イスラエル・エジプトおよび米国がそれぞれ三一・三パーセントずつ負担し、残りは諸外国の拠出で、日本は〇・二パーセントを負担している。

ＭＦＯは、二回の飛行機事故（一九八五年一二月の米軍チャーター機の空中爆発で、帰国中の米兵二八五人死亡、二〇〇七年五月の連絡機墜落）を除けば、比較的安全に監視任務を続けてきたが、過激派が横行し、二〇一〇年代になって状況が悪化している。

条約によって、シナイ半島におけるエジプト軍の兵力展開には上限が設けられている。イスラエルと境界を接するＣゾーンには、若干の武装警察隊しか認められていないが、この地域の北寄りにはイスラエルの了解のもと、戦車部隊も駐留するようになった。エジプト軍は、ハマスを封じ込めるとともにほかのイスラム過激派とも戦っている。二〇一五年七月には、エジプト兵約七〇人が殺害される事件も起きた。

イスラム過激派のなかで危険度の高いのが、シナイをベースとする土着性の強いアンサル・バイト・アルマクディス（エルサレム支援者の意、ＡＢＭ）で、二〇一四年一一月にＩＳ（イスラム国）の傘下に入り、ヴィラヤト・シナイ（シナイ州）と改称した。この集団はエジプトの施設も攻撃対象にしている。二〇一一年夏以来、とくに狙われているのが、天然ガスパイプラインである。アレキサンドリアからエルアリシュ経由でイスラエルのアシュケロンにつながるパイプラインはすでに操業を中止し、ヨルダンのアカバへ向かうパイプラインも月平均二〜三回襲撃され、操業停止寸前にある。

ＣゾーンのＣ北部域では、ＭＦＯの文民監視団の行動は、エジプト軍の護衛なしでは難しくなっており、二〇一四年一月にエジプト軍の輸送ヘリが撃墜されてから、ＭＦＯの空中偵察も中止された。ＭＦＯが使用してきたアルゴラの航空基地は迫撃砲に狙われている。シナイ州は、ＭＯＦをイスラエル守護の十字軍とみなしており、今後ＭＦＯはその攻撃対象になっていくであろう。

［執筆者］

ルーベン・アハロニ
ハイファ大学教官、インティファダ研究者。著書『石は語る―インティファダの公式声明（Speaking Stones－Communique from Intifada）』（1994年 共著）、『イスラエル・アラブ住民の政治生活』（1993年 ヘブライ語）、『傾くマスト―第２次世界大戦後のユダヤ人非合法難民船と武器輸送』（1998年 ヘブライ語共著）。

モルデハイ・バルオン
ベンツビ（第2代大統領）研究所幹事、ワシントン平和研究所及びベングリオンセンターの各主任研究員、ピースナウ運動指導者。シナイ戦争時ダヤン参謀総長副官、国防軍教育総監、国会議員等の要職を歴任。主要著書に『平和を求めて―イスラエル平和運動史（In Pursuit of Peace : A History of the Israeli Peace Movement）』（1994年）、『ガザの門―スエズへの往復路（The Gates of Gaza : Israel`s Road to Suez and Back .1955-1957）』（1994年）がある。

イガル・エヤル
国防大学（指揮幕僚課程及び戦術指揮課程、ヘブライ大学に併設）教官、戦略、軍事史、限定戦争（ゲリラ、テロ、反乱）の専門家。国防軍上級指揮官、戦史部長を歴任。主要著書に『第1次インティファダ』（1998年 ヘブライ語）がある。

ヨアヴ・ゲルバー
ハイファ大学歴史学教授、ヘルツェル（シオニズム運動史）研究所所長。著書『ユダヤ・トランスヨルダン関係史（Jewish-Transjordan Relations 1921-1948）』（1997年）、『パレスチナ1948年（Palestine 1948）』（2001年）など多数。ヘブライ語による著書には『第２次世界大戦時英軍に従軍したイスラエルのユダヤ人』（1984年）、『パレスチナのユダヤ人情報機関とその活動1920-1948』（2000年）が含まれる。

アミ・グルスカ
対パレスチナ交渉団幹事、公安省上級政治アドバイザー。Y・ナボン及びC・ヘルツォーグ両大統領の補佐官兼スポークスマン、S・ペレス及びE・バラク両首相のスピーチライターとして活動。主要著書に『イスラエルの軍部と1967年戦争の起源（The Israeli Military and the Origin of the 1967 War : Government, Armed Forces, and Defense Policy 1963-1967）』（2006年年）がある。

シモン・ゴラン
国防軍戦史部主任研究員、専門は「近年の戦争における戦略レベルの意志決定過程」。ヘブライ語の著書に『闘争下の忠誠―労働運動と反主流派ユダヤ人秘密軍事運動における積極主義1945-1946』（1988年）、『冷戦下の熱い境界―イスラエルの安全保障政策1949-1953』（2000年）がある。

モッティ・ゴラニ
ハイファ大学イスラエル研究学科長。ヘブライ語の著書に『シオニズムにおけるシオンの

位置—エルサレム問題に対するシオニストの政策1937-1949』（1992年）、『戦争は偶発せず—軍事力、選択そして責任』（2002年）など多数。シナイ戦争をテーマとする英仏版の著書に『Israel in Search of War : The Sinai Campaign 1955-1956』（1998年）、『La Guerre du Sinai 1955-1956』（2000年）がある。

ベニー・ミハエルソン
現ウェールズ社（ミサイル防衛システム開発）の情報及び作戦問題担当。元国防軍戦史部長。25年の国防軍在籍中機甲部隊指揮官、上級情報将校として活動。日本の防衛専門家との交流で知られる。軍事史、戦略、安全保障に関する著書4点のほか多数の論文を発表している。

ミハエル（マイケル）・オレン
現クネセット（国会）議員。国防軍スポークスマン（第2次レバノン戦争2006年、第2次ガザ戦争2008-9年）、シャーレム研究所主任研究員を経て駐米大使（2009-13年）。大国の外交とアラブ・イスラエル紛争に関する著書多数。著書『Six Days of War : June 1967 and Making Modern Middle East』（2003年）は、アメリカでベストセラーとなり、ロサンゼルス・タイムズ賞を受けた（邦訳は『第三次中東戦争全史』として2012年に出版）。

ダン・シュフタン
ハイファ大学国家安全保障研究所主任研究員、ハイファ大学政治学部教授、国防大学指揮幕僚課程教官。専門は中東近現代史、アラブ・イスラエル関係、アラブ世界の政治、アメリカの中東政策。主要著書に『ヨルダンオプション: イスラエル-ヨルダン-パレスチナ社会（A Jordanian Option-Israel, Jordan and the Palestinians）』（1986年）、『消耗戦争—エジプトの戦後政治戦略1967-1970（Attrition : Egypt's Post War Political Strategy 1967-1970）』（1989年）、『撤収—イスラエルとパレスチナ社会（Disengagement-Israel and the Palestinian Entity）』（1999年）がある。

シャウル・シャイ
国防軍戦史部長、対テロリズム政策研究所（ICT）主任研究員。上級情報将校として軍に長期間勤務。テロ関連論文多数、主要著書に『終りなき聖戦—ムジャヒディン、タリバンそしてビンラーディン（The Endless Jihad : The Mujahidin, the Taliban and Bin Ladin）』（2002年）、『グローバル化するテロ—アルカイダの挑戦と国際社会の対応（The Globalization of Terror : The Challenge of Al-Qaida and the Response of the International Community）』（2003年）がある。

ダビッド・タル
テルアヴィヴ大学歴史学科講師。著書に『パレスチナの戦争—戦略と外交（War in Palestine : Strategy and Diplomacy）（2004年）、『イスラエルの安全保障問題の考え方1949-1956』（1998年 ヘブライ語）がある。

エヤル・ジッサー
テルアヴィヴ大学中東・アフリカ学科助教授、ダヤン中東研究センター主任研究員。著書『独立という挑戦（The Challenge of Independence）』（1999年）、『アサドの遺産—過渡期のシリア（Assad`s Legacy : Syria in Transition）』（2000年）がある。

［序文 脚注］

（1）オスロⅡ（パレスチナ暫定自治の拡大合意、1995年）の調印にあたりカイロで演説したイツハク・ラビン首相は、私の妻の曽祖父アブラハム・ヤコフスキーについて触れた。1886年、ネス・チオナ近郊でアラブ人暴徒に殺された人。百年余に及ぶパレスチナ紛争で最初に犠牲になったユダヤ人である。

（2）パレスチナ民族主義の初期段階に関しては次を参照：Rashid Khalidi, *Palestine Identity: The Construction of National Consciousness*, New York: Columbia University Press, 1997. ヨエル・ミグダルとバルーフ・キンマーリングは、1830年代パレスチナを支配していたエジプトのパシャであるアリに対する反乱をパレスチナ人の初期的自立願望の表明と見ている。次を参照：B. Kimmerling and J.S. Migdal, *Palestinians: The Making of a People*, New York: Free Press, 1993.

（3）シオニスト運動の発展に関する総合的研究は次を参照：Walter Z. Laquer, *A History of Zionism*, New York: Schocken Books, 1989. 1920年代の英パレスチナ委任統治の始まりとユダヤ人社会の発展に関しては次を参照：Howard M. Sachar, *A History of Israel*, New York: Knopf, 1987.

（4）シオニストの建国計画に対するパレスチナ側の初期的抵抗については次を参照：Yehoshua Porath, *The Palestinian Arab National Movement, 1929–1939*, Lon- don: Frank Cass, 1977.

（5）Benny Morris, *Righteous Victims: A History of the Zionist-Arab Conflict, 1881–1999*, New York: Vintage Books, 2001; Avi Shlaim, *The Iron Wall: Israel and the Arab World*, London: Allen Lane, 2000.

（6）各章の執筆者略歴と主要著書は執筆者紹介を参照。

（7）委任統治に対する大英帝国の末期対応は次を参照：R. Louis and R. Stookly（eds.）, *End of the Palestinian Mandate*, Austin, Texas, 1986; and Richard L. Jasse, Zion *Abandoned: Great Britain's Withdrawal from Palestine Man- date, 1945–1948*, Ph.D. thesis at the Catholic University of America, Washington D.C., 1980（University Microfilm）.

（8）1948年の戦争に関する総合的調査は次を参照：N. Lorch, *Israel's War of Independence, 1947–1949*, Hartford, CT: Hartmore House, 1968.

（9）エジプトはこの後もガザ回廊を支配した。

（10）オックスフォード大学のアビ・シュライム教授は、委任統治国イギリスの暗黙裡の了解の下でアブダッラー王とシオニストの衝突が生起し、その目的は、パレスチナ人を排除したかたちでパレスチナを分割することにあったとする。次を参照：A. Shlaim, *Collusion across the Jordan: King Abdullah, the Zionist Movement, and the Partition of Palestine*, Oxford: Oxford University Press, 1988. 1948年の戦争でヨルダン軍（アラブ軍団）が関与した経緯については、次を参照：J. B. Glubb, *A Soldier with the Arabs*, London: Hodder & Stoughton, 1957, および B. Morris, *The Road to Jerusalem: Glubb Pasha, Palestine and the Jews*, London, Tauris 2002, Ch. 5, pp.145–208.

（11）PRC（国連パレスチナ和解委員会）の行動については次を参照：N. Caplan, Futile Diplomacy, Vol. 3, The United Nations, *The Great Powers, and Middle East Peace Making 1948–1954*, London: Frank Cass, 1997. A shorter version *in idem, The Lausanne Conference, 1949*, Tel Aviv, 1993.

（12）ベニー・モリスはこれを“境界戦争”と呼ぶ。次を参照：B. Morris, *Israel's Border Wars 1949–1956*, Oxford: Oxford University Press 1993. および M. Oren, *The Origins of the Second Arab-Israeli War: Egypt, Israel, and the Great Powers*, London: Taylor & Francis, 1992,

Ch. 8.

（13）高名な国際法資料集の1952年版でも、一時的な戦闘行為の中止に関する合意と定義する。次を参照：F. L. Oppenheim, *International Law*, London: Longman, 1952, pp. 546–547.

（14）表面的にはチェコスロバキアとの取り引きとされたが、実際にはソ連との取り引きであった。

（15）ヘブライ語版の書名は「来年夏戦争になる—シナイ戦争への道程　1955—1956」（テルアヴィヴ、1997年）である。英訳の短縮版は次の通り：*Israel in Search of War: The Sinai Campaign, 1955–1956*, Brighton: Sussex Aca- demic Press, 1998. この戦争に関しては多数の書籍が刊行された。代表的な書は次の通り：M. Bar-On, *The Gates of Gaza: Israel's Road to Suez and Back, 1955–1957*, New York: St. Mar- tin's Press, 1994.

（16）この問題に関してはアミ・グルスカが博士論文としてまとめ出版された。

（17）六日戦争は1956年のスエズ戦争よりも関心を惹き、多数の書が出版された。その総合的文献目録はマイケル・オレン著／滝川義人訳「第３次中東戦争全史」（原書房、2012年）に掲載されている。

（18）本件をパレスチナ人から見た書としては次のものがある：Salah Khalaf（Abu Iyad）, *My Home, My Land: A Narrative of the Palestinian Struggle*, New York: Times Books, 1981. 状況展開の分析は次を参照：H. Cob- ban, *The Palestinian Liberation Organization: People, Power and Politics*, Cambridge: Cambridge University Press, 1984.

（19）エジプトとの消耗戦争に関しては次も参照：Y. Bar-Siman-Tov, *The Israeli-Egyptian War of Attrition 1969–1970*, New York: Columbia University Press, 1980.

（20）戦争へ至る道筋の計算（エジプト側算定）については次を参照：Field Marshal Mohamed Abdel Ghani El Gamasi's memoirs, *The October War*, Cairo: American University in Cairo, 1993. ガマシはこの戦争では作戦部長であった。この戦争の経緯に関するエジプト側の弁明は、当時参謀総長であったシャズリが提示している。次を参照：General Sa'ad el Shazly in *The Crossing of Suez: The October War*（1973）, London: Third World Center for Research, 1980.

（21）この奇襲に関しては、最近徹底した調査が実施され、その結果がヘブライ語で出版された。次を参照：Uri Bar-Joseph, *The Watchman Fell Asleep: The Surprise of Yom Kippur and Its Sources*, Tel Aviv, 2001.

（22）この戦争をジャーナリストの鋭利な視点で調べたものとして、次の書がある：Z. Schiff, *October Earthquake: Yom Kippur*, Tel Aviv, 2001. アメリカ側の見解と対応は次を参照：Henry Kissinger, *Crisis: The Anatomy of Two Major Foreign Policy Crises*, New York: Simon and Schuster, 2003.

（23）イスラエル・エジプト間の平和交渉に関しては次を参照： W. B. Quandt, *Peace Process: American Diplomacy and the Arab-Israeli Conflict Since 1967*, Washington, D.C.: Brookings Institution, 1993. エジプト側の見方は次を参照： Mah- moud Riad, *The Struggle for Peace in the Middle East*, London: Quarted Books, 1981.

（24）レバノン内戦の鋭い分析として次の書がある：Samir Khalaf, *Civil and Uncivil Violence in Lebanon*, New York: Columbia University Press, 2002.

（25）この作戦をジャーナリストの鋭い視点で分析したのが次の書である：Z. Schiff and E. Ya'ari, *Israel's Lebanon War*, New York: Simon and Schuster, 1984.

（26）レバノンにおけるＰＬＯの末期状況については次を参照：R. Khalidi, *Under Siege: PLO Decision making During the 1982 War*, New York: Columbia University Press, 1986.

（27）反戦活動に関しては次を参照：M. Bar-On, *In Pursuit of Peace: A History of the Israeli*

Peace Movement, Washington, D.C.: U.S. Institute of Peace, 1996, Chapter 7, pp.137–156.
(28) 第1次インティファダの分析は次を参照：F. R. Hunter, *The Palestinian Uprising: A War by Other Means*, London: Tauris, 1991. インティファダに関する記事を１冊にまとめた（大半はパレスチナ人の記述）ものとして次の書がある：Zachary Lockman and Joel Beinin（eds.）, *Intifada: The Palestinian Uprising against Israeli Occupation*, London: Tauris, 1989. 瑣末的な点があるが、興味深い見解として次の書がある：Meron Benvenisti, *Intimate Enemies: Jews and Arabs in a Shared Land*, Berkeley: University of California Press, 1995.
(29) リーダーシップコミュニケが出され、２人の研究者がコメントしたのが次の書である：Shaul Mishal and Reuben Aharoni, *Speaking Stones: Communiques from the Intifada Underground*, Albany, NY: SUNY University Press, 1994.
(30) イスラエル側によるオスロープロセスに関する鋭利な分析として次の書がある：David Makovsky, *Making Peace with the PLO: The Rabin Government's Road to the Oslo Accord*, Boulder, CO: Westview Press, 1996. パレスチナ側の見解は次を参照：Mahmoud Abbas（Abu Mazen）, *Through Secret Channels: The Road to Oslo*, Reading, UK: Gar- net Books, 1995.
(31) 近年パレスチナ側のプロパガンダは、聖書時代イスラエル人がパレスチナに来る以前からパレスチナ人が当地に居住していたと主張している。事実無根である。イスラム化したアラブ人が当地に来たのは紀元638年、すなわち近代シオニストによる移住運動の始まる1250年前である。それまでアラブ人がパレスチナに居住していたことはない。

[第１章 脚注]
（１）ピール調査団については次を参照：Peel Royal *Commission on Palestine, 1936–1937*, pp. 64–65, London, MMSO. See also Charles R. Gellner, *The Palestine Problem*, Washington, DC, 1947.
（２）詳細は次を参照：Igal Eyal, *The First Intifada*, Tel Aviv, 1998（in Hebrew）, p. 57.
（３）Wauchope to Thomas, 30 April, 1936, Central Zionist Archive（CZA）, S25/22725 and Wauchope to the secretary of state for the colonies, 18 April, 1936, Public Record Office（PRO）, CO733/297/75156, p. 11.
（４）Anita Shapira, *Land and Power: The Zionist Resort to Force, 1881–1948*, Oxford: Oxford University Press, 1992.
（５）David Ben-Gurion, *Memoirs*, Vol. 3, Tel-Aviv, 1973, pp. 122–124.
（６）Monthly Summary of Intelligence, Palestine and Transjordan, Air Headquarters, April 19, 1936, CZA, S25/22741.
（７）High commissioner to the secretary of state for the colonies, 21 April, 1936, PRO, CO733/310/1.
（８）Wauchope to Parkinson, dispatch no. 261, 23 May, 1936, PRO, CO733/310/2.
（９）次を参照：J. Arnon-Ohana, *The Internal Political Struggle within the Arab Palestinian Community*, Tel Aviv, 1982（ヘブライ語）, p. 63.
(10) ユダヤ側准軍事組織ハガナの公式戦史によると、5月20日までに爆弾はヤッホで１発、ハイファで35発が爆発した。次を参照：Yehuda Slutsky（ed.）, *History of the Haganah*, Vol. II, Tel Aviv, 1972, p. 645.
(11) Situation Report, 15 October, 1936, PRO, WO32/4177.
(12) 状況の詳細は次を参照：Yehoshua Porat, *From Riots to Rebellion: The Palestinian Arabs National Movement, 1929–1939*, London, 1977, p. 241.
(13) Slutsky, *History of the Haganah*, Vol. II, p. 735.
(14) 詳細は次を参照： Porat, *From Riots to Rebellion*, pp.221–222, Slutsky, *History of the*

Haganah, pp.648–652, and Eyal, *The First Intifada*, pp.90–91, 109–113, and 148.
(15) Weekly Summary of Intelligence, HQ British Forces in Palestine and Transjor- dan, September 11, 1936, CZA, S25/22741.
(16) Charles Smith, *Revolt in Palestine: Examination of the British Responses to the Arab and Jewish Rebellion, 1936–1940*, Cambridge: Cambridge University Press, 1989, p. 81.
(17) Cabinet Meeting of 2 September, 1936, PRO, CAB23/85.
(18) ディル中将の軍歴については次を参照："Dill 1881–1844," PRO, WO282. 参謀本部の増派命令（The Reinforcement Orders of the Imperial General Staff）は次に収録：PRO, WO32/4176.
(19) 英軍の軍事圧力により暴力事件は相当減った。パース英空軍少将は、50パーセント減少したと判断した。次を参照：Peirse's Situation Report, 15 October, 1936, PRO, WO32/4177, p. 105.
(20) PRO, CAB23/84.
(21) Spicer report of 11 December, 1936, CZA, 25/22764.
(22) 詳細は次を参照：Slutsky, *History of the Haganah*, Vol. II, p. 736.
(23) *Ibid.*, p. 743.
(24) *Ibid.*, pp. 851–880.
(25) フォッシュ（FOSH）はアラブの反乱終息にともない、1939年4月に解体された。一方、大戦勃発で枢軸の脅威が中東に及び、英軍とハガナは再び協力し合うようになり、その一環として、専従隊員を擁するパルマッハ（プルゴット・マハツの略称、打撃中隊の意）が1941年5月に編成された。
(26) 英軍撤収を想定した防衛計画のアブネル・プランの詳細は次を参照：Slutsky, *History of the Haganah*, Vol. II, pp. 748–754.
(27) Wauchope to Ormsby-Gore, 26 November, 1936, PRO, CO733/325/13.
(28) *Palestine Royal Commission Report*, CMD 5479, London, July 1937, p. 113.
(29) R. J. Collins, *Lord Waivell 1883–1941, A Biography*, London, 1949, p. 80.
(30) Buttershill to the secretary for the colonies, 29 September, 1937, PRO,CO733/332/11.
(31) Secretary for the colonies to Buttershill, 29 September, 1937, PRO,CO733/332/11.
(32) Buttershill to Shackborough, 12 October, 1937, PRO, CO733/351/1.
(33) Cabinet Conclusion 36, 6 October, 1937, PRO, CAB 23/89.
(34) Buttershill to Shackborough, 21 November, 1937, PRO, CO733/333/12.
(35) MacMichael to the secretary for the colonies, 14 April 1938, PRO, CO935/21.
(36) Sir Arthur Wauchope's speech on the Palestine Broadcasting Service, February 28,1938. The Wauchope Legacy, Black Watch Archives, London.
(37) MacDonald to MacMichael, 15 December, 1937, The MacMichael Papers,St. Anthony College Archives, Oxford, DC/126.2.
(38) MacMichael to MacDonald, 2 July 1938, PRO, WO32/4176.
(39) MacMichael to MacDonald, 2 July 1938, PRO, CO733/358/10.
(40) ウィンゲートは大戦後半インドに派遣されチンディット隊（ウィンゲート兵団）の司令官（少将）として日本軍の後方で行動中搭乗機の墜落で、1944年3月24日に死亡した。戦後独立したイスラエルでは、通り、広場、公園などにウィンゲートの名がつけられた。本人の名を冠した体育学校もある。ＳＮＳで薫陶を受けた者には、イガル・アロン（パルマッハ隊長、南部軍司令官、副首相等を歴任）やモシェ・ダヤン（参謀総長、国防相等を歴任）が含まれる。ウィンゲートについては次を参照 Christopher Sykes, *Ord Wingate*, London, 1959.
(41) Slutsky, *History of the Haganah*, Vol. II, pp. 911–938.

（42）MacMichael to the secretary for the colonies, 14 July, 1938, CZA, S'25/22762. 状況の詳細は次を参照：David Niv, *Battle for Freedom: The Irgun Zvai Leumi*, Vol. I, Tel Aviv, 1965.
（43）MacDonald to MacMichael, 6 September, 1938, PRO, FO371/21863.
（44）MacMichael to the Colonial Office, 9 August, 1938, PRO, CO733/366/4; MacMichael to MacDonald, 2 September, 1938, FO371/21863.
（45）MacMichael to the Colonial Office, 7 September, 1938, PRO, FO371/21881.
（46）*Palestine Gazette* No. 826, October 17, 1938. アラブの反乱鎮圧に対するテガートの役割詳細は次を参照： Y. Eyal and A. Oren, *Tegart Fortresses, Administration and Security under One Roof: Concept, Policy and Imple- mentation*, Cathedra, 104, pp. 95–126.
（47）次を参照：*Davar*, October 19, 1938.
（48）次を参照：O'Conor's 1970 testimony *1938–1939 Operations in Palestine*, in O'Conor's Collection, Liddleheart Center.
（49）MacMichael Report No. 716, 21 October, 1938, PRO, CO733/366/4/P3. 作戦の詳細は次も参照：Slutsky, *History of the Haganah*, Vol. II, pp. 774–775.
（50）次を参照：Y. Gelber, *Growing a Fleu-de-Lis: The Intelligence Services of the Jewish Yishuv in Palestine 1918–1947*, Tel Aviv, 1992（in Hebrew）, p. 236.
（51）MacMichael's Report of 29 December, 1938, PRO, FO371/23443.
（52）Haining to the War Office, 25 November, 1938, PRO, CO733/379/3.
（53）Cabinet Conclusions, 7 December, 1938, PRO, FO371/21868.
（54）MacMichael to the secretary for the colonies, 27 February, 1939, PRO, FO371/232443.
（55）MacMichael to MacDonald, 2 January, 1939, PRO, CO733/398/1.
（56）MacMichael Report, 27 February, 1939, PRO, FO371/232443.
（57）Gils of the CID to Buttershill, 26 April, 1939, PRO, WO106/1594C.
（58）N. Hamilton, *Monty, the Making of a General 1887–1942*, London: FLEET,1981, p. 290.
（59）Jewish Agency Monthly Survey, April 27–May 5, 1939, CZA, S25/22558.

[第２章 脚注]

（１）タンチュラ事件に関する文書記録は、２つの見解、審査報告、法廷審議記録、メディア記事、論証を含めすべてダニ・センソー教授が収集し、次のウエブサイトに保存している：http://www.ee.bgu.ac.il/ ˜censor/katz-directory
（２）Eugene L. Rogan and Avi Shlaim（eds.）, *The War for Palestine: Rewriting the History of 1948*（Edward W. Saidの後記付）, Cambridge: Cambridge Uni- versity Press, 2001.
（３）Israel Ben-Dor, "The Image of the Arab Enemy in the Jewish *Yishuv* and the State of Israel in the Years 1947–1956,"（ハイファ大学提出博士論文, 2003）.
（４）"Memoirs of Anwar Nusseibeh," *Jerusalem Quarterly File*, 11–12, 2001; Con- stantine K. Zurayk, *The Meaning of the Disaster*, Beirut, 1956（当初1948年8月にアラビア語で出版）; Musa Alami, "The Lesson of Palestine," *The Middle East Jour- nal*, October 1949, pp. 373–405.
（５）Abraham Sela, "Arab Historiography of the 1948 War: The Quest for Legitimacy," in Laurence J. Silberstein（ed.）, *New Perspectives on Israeli History: The Early Years of the State*, New York, 1991, pp. 124–154.
（６）Elchanan Oren, *Baderech El Ha'Ir*（ヘブライ語：都への道）, Ma'arachot, Tel Aviv, 1976; *Meir Pa'il, Min HaHaganah Letzva HaHaganah*（ヘブライ語：ハガナからイスラエル国防軍IDFへ）, ZBM, Tel Aviv, 1979; Anita Shapira, *Mipiturey Ha Rama Le Piruk Ha Palmach*（ヘブライ語：ハガナ指揮委員会の発展的解散からパルマッハの解体まで）, Hakibbutz

Hemeuchad, Tel Aviv, 1984; Yoav Gelber, *Gar'in Le Tzava 'Ivri Sadir*（ヘブライ語：ユダヤ軍の出現: 国防軍内の英軍出身者）, Yad Ben-Zvi, Jerusalem, 1986; *Idem, Lama Pirku Et Ha Palmach*（ヘブライ語：パルマッハはなぜ解体されたのか）, Schocken, Tel Aviv, 1986.

（7）Benny Morris, *The Birth of the Palestinian Refugee Problem*, Cambridge: Cam- bridge University Press, 1989.

（8）Avi Shlaim, *Collusion across the Jordan－King Abdullah, the Zionist Movement, and the Partition of Palestine*, Oxford: Oxford University Press, 1988.

（9）Simcha Flapan, *Zionism and the Palestinians*, London: Croom Helm, 1979; *idem, The Birth of Israel: Myths and Realities*, London: Croom Helm, 1987.

（10）Baruch Kimmerling, *Zionism and Territory: The Socio-Territorial Dimensions of Zionist Politics*, Institute of International Studies, University of California, Berkeley, 1983; *idem* and Joel Migdal, *Palestinians: The Makings of a People*, New York: Free Press, 1993.

（11）Tom Segev, *The First Israelis*, New York: Free Press, 1986.

（12）Ilan Pappé, *The Making of the Arab-Israeli Conflict, 1947–1951*, London: I.B. Tauris, 1994.

（13）Rashid Khalidi, "The Palestinians and 1948: The Underlying Causes of Failure," in Rogan and Shlaim（eds.）, *The War for Palestine*, p. 13.

（14）Introduction, *ibid.*, p. 7.

（15）Khalidi, *ibid.*, p. 17.

（16）Yoav Gelber, *Shorshei Hachavazelet*（ヘブライ語："白ユリ紋章—Fleur-de-Lis-の成長"パレスチナユダヤ人社会の情報機関1918－1947）, 2 Vols., Ministry of Defense Publications, Tel Aviv, 1992; *idem, Jewish-Transjordanian Relations, 1921–1948*, London and Portland: Frank Cass, 1996; idem, Nitzanei Hachavatzelet（ヘブライ語："白ユリ紋章の開花—独立戦争時の情報機関1948-1949）, 2 Vols., Tel Aviv: Ministry of Defense Publications, 2000; *idem, Palestine 1948: War, Escape and the Emergence of the Palestinian Refugee Prob- lem*, Brighton and Portland: Sussex Academic Press, 2001; *idem. Tkuma Veshever*（ヘブライ語：独立対ナクバ）,Zmora-Kinnereth, 2004.

（17）Protocol of the Knesset's Foreign Affairs and Defence Committee meeting, 23 February 1960, Israel State Archives.

（18）Protocol of the Provincial Government meeting, 19 December 1948, p.3, Israel State Archives.

（19）Gelber, *Jewish-Transjordanian Relations*, pp. 234–236.

（20）*Ibid.*, chapters 8 and 9, and *idem, Nitzanei Hachavazelet*, chapter 7.

（21）Gelber, *Palestine 1948*, p. 172 ff.

（22）Jacob Tovi, "Israel's Policy towards the Palestinian Refugee's Problem,1949–1956,"（ハイファ大学提出博士論文 2002）.

[第3章 脚注]

（1）David Ben-Gurion, "On the Army Structure and Road," October 27, 1949, in David Ben-Gurion, *Army and Security*（ヘブライ語）, Tel Aviv, 1955, p.138; David Ben- Gurion Diary, entry for October 23, 1950, Archive of David Ben-Gurion, the Center for David Ben-Gurion Heritage, Sde Boker, Israel（henceforth: BGD）; Moshe Sarett in Mapai Political Committee, March 23, 1953, Archives of the Labor Party 26/53（ALP）; Dan Horowitz, "The Permanent and the Changing in Israel's Security Conception," in *War of Choice*, Tel Aviv, 1985, pp. 57–58.

（2）駐リアド米大使発国務長官宛書簡1950年3月25日付, FRUS 1950:V, p. 718. ハルカビは、

アラブ側指導者による対イスラエル威嚇を蒐集した。しかし最初の威嚇は1961年に始まるとしている、Y. Harkabi, *Arab Attitudes Towards the Arab−Israeli Conflict, Tel Aviv, 1968*（page 16）.

（3）BGD, entry for February 23, 1952; 会談覚書（Moshe Dayan with Henry Byraode）, July 16, 1954, NA RG 59, 611/84A/7-1654; Operations Branch: "イスラエル国防軍IDFの組織改変に関する点検1949-1955", March 16, 1955, Israel Defense Forces Archive（henceforth: IDFA）, Givataim Israel, 637/56/1.

（4）会談覚書（P. Ireland, U.S. Embassy and Colonel Shirin, Egypt Court）, May 6, 1950, NA RG 84, Cairo Embassy, General Records, box 4. 脚注2も参照.

（5）"Infiltration"（document from the end of 1950）, IDFA, 108/52/34; S. Ben-Elkana, head of minorities branch, Israel Police, "Survey on the Infiltration Problem," March 8, 1951, ISA, 2246/51/b.次も参照：BGD, entries for February 3, 1950 and July 5, 1951.

（6）"Infiltration"（document from the end of 1950）, IDFA, 108/52/34; S. Ben- Elkana, head of minorities branch, Israel Police, "Survey on the Infiltration Problem," March 8, 1951, ISA, 2246/51/b; BGD, entry for September 30, 1949; Baggot J. Glubb, *A Soldier with the Arabs*, New York: Hodder and Stoughton, 1957, pp. 245–246; Ehud Ya'ari, *Egypt and the Fidayun, 1953–1956*, Givat Haviva: The Center of Arabic and Afro-Asian Studies, 1975, p. 9.

（7）イスラエル警察調査部に対するブルク（S. Bruk）の証言, Police HQ, May 4, 1950, ISA, 2181/51/1a; Ya'ari, Fedayun, pp. 9–10; Zvi Al-Peleg, *The Grand Mufti*, Tel Aviv, 1989, pp. 126–127.

（8）レビンシュタイン議員（Meir David Levinstein）に対するベングリオンの回答, September 21, 1949, Ben- Gurion Archives.

（9）政府各省庁幹部に対する外相の状況説明, September 10, 1948, ISA, 2348/21; 議会外務委員会に対する外相講演, May 2, 1949, ISA 2451/18; パレスチナ調停委員メンバーとの外相会見, August 17, 1949, ISA 2451/1; Protocol of a meeting in the foreign ministry, January 31, 1950, ISA, 4373/14.

（10）*The Knesset Annals VI*, Session 154, June 20, 1950.

（11）Count Bernadotte to M. Shertok, 27 June 1948, in Yaov Gedalya, *Political and Diplomatic Documents*, Jerusalem, 1980, pages 230–234.

（12）"Israel Reply to the United Nations' Mediator Proposals," July 5, 1948, FO/2451/1, ISA; 外相演説, January 9, 1950, ISA, FO/2380.

（13）ユダヤ機関（Jewish agency）入植部長エシュコル（Levy Eshkol）発低地部防衛指揮官プリハー大佐（Col. I. Prihar）宛書簡, 9 January, 1951, Central Zionist Archives（CZA）, S-15/9786; アザリヤ村々村長ドクトリー（R. Doctory, Kfar Azarya）発ユダヤ機関社会治安部イカール（A. Ikar）宛書簡, 26 January, 1951, *ibid*;ベングリオン宛エシュコル書簡, 5 February, 1951, *ibid*; 国務長官宛駐テルアヴィヴ米大使館電報, 31 January, 1953, NA RG 59, 684A85/1-3053.

（14）前線指揮官宛GS/作戦関連電報, 8 September, 1948, IDFA 2539/50/5; Intelligence Service 1: A Weekly Intelligence Report, 16 September, 1948, IDFA 1041/49/28; 旅団各大隊宛第5旅団電報, 19 September, 1948, IDFA 7011/49/5.

（15）テルアヴィヴ地区本部宛地域副監察官書簡, 6 February, 1949, ISA, L/2180 GenCom/51a/1.

（16）Ben-Gurion, *War Diary*, pp. 830, 991–992; BGD, entry for December 5, 1952.

（17）David Ben-Gurion, "On the Army Structure and Its Way," *in Army and Security*, p. 140.

（18）BGD entries for September 30, 1949 and January 24, 1952; 南部地区監察官宛イスラエル警察副総監ナフミアス（Y. Nahmias）書簡, 27 June, 1949.

（19）アブネル（General Avner）宛ベングリオン書簡, 16 August, 1948, Ben-Gurion, War Diary: 2, p. 639; アブネル宛中央戦区司令官マルコフスキー中佐（Lt. Col. A. Markovski）書簡,

30 June, 1949, FO/2401/19, ISA; 軍政部宛副司令報告, 26 June, 1949, FO/2402/12, ISA.

（20）BGD, entry for 21 January, 1951; IDF general staff/intelligence branch: 境界域入植地の防備強化に関する報告, 10 February, 1955, FO/2393/22, ISA.

（21）ベングリオン宛シャルティエル（D. Shaltiel） 書簡, September 1949, 580/86, IDFA; BGD, entry for January 1950（throughout the month）; BGD, entry for August 24, 1950, January 11, 1951, and February 17 and 20, 1951.

（22）BGD, entry for August 24, 1950.

（23）政府各大臣宛ベングリオン書簡, 24 March, 1953, BGA.

（24）IDF作戦部/部長宛イスラエル警察副総監書簡, 18 June, 1953, ISA L/2301/37/2; , IDF参謀本部/人事部宛作戦部/作戦関連書簡, 28 October, 1953, IDFA 63/55/124; 作戦部/作戦関連発作戦部回覧, 3 January, 1954, IDFA 63/55/124; IDF参謀総長宛作戦部/作戦関連書簡, 24 February, 1954, IDFA 8/56/1; テコア（J. Tekoa）宛タゥイル（S. Tawil）書簡, 27 July, 1955, ISA 2488/1b.

（25）David Tal, "The Local Commanders Agreement（Israel-Jordan）: Failure of Direct Negotiations," *Cathedra*（Israel）, No. 71, March 1994, pp. 118, 120.

（26）次を参照：J. Tekoa, Memorandum to the Foreign Minister, 9 March, 1953, ISA, FO2949/2, in the Mixed Armistice Committees, 25 March, 1953, ISA, FO2453/, テコア（J. Tekoa）発イスラエルの各代表宛電報, 2 June, 1953, ISA, FO2948/17.

（27）グラブ（General Glubb）発ライリ（General Reili）宛連絡, 8 February, 1951, NA RG 59, 684A.85/8-251.

（28）Col. Y. Rabin, head of operations division: Operation Order "Cable," May 1951, ISA, L/2251/GI/1/51a.

（29）犯罪対策部長宛地域監察官ラスティヒ（R. Lustig イスラエル警察）発書簡, 16 May, 6 June, and 1 September, 1949, ISA L/2246/51b; "The Infiltration Problem"［署名と日付無しのドキュメント］,*ibid*; 越境侵入防止対策局長カッチェネルブーゲン（A. Katsenlbugen, head of counter-infiltration fight division）発組織部長（イスラエル警察）宛書簡, 21 June, 1953, ISA, L/2257/m.

（30）Knesset Session No. 51, July 4, 1949, *The Annals of the Knesset II*, pp.906– 907; M. Hofnung, Israel: *The Security of the State versus the Rule of Law, 1948–1991*, p. 82.

（31）Annual Summary of Activity, 1952, ISA FO/2428/10; タウイル（S. Tawil）発テコア（J. Tekoa）宛書簡, 27 July, 1955, ISA 2488/1b.

（32）マパイ党書記局および同党出身議員との会合, 18 June, 1950, LPA, 1-11-3.

（33）レバノンからの越境侵入もあったが、レバノン政府が休戦委員会の枠組みでイスラエルと協力したので、両国の摩擦にはならなかった。

（34）Mordechai Bar-On, *The Gates of Gaza*, Tel Aviv: Am Oved, 1992, pp. 376–377; Kennett Love, *Suez: The Twice Fought War*, London: Longman, 1969, pp. 1–2; Benny Morris, *Israel's Borders War*, Oxford, 1993, p.428; Michael B. Oren, *The Origins of the Second Arab-Israel War*, London: Frank Cass, 1992, pp. 7–8.

（35）テコア（Y. Tekoa 外務省）発ハルカビ大佐（Col. Y. Harkabi, head of intelligence branch）:宛書簡 "Infiltration casualties," 22 March, 1956. ISA, FO 2404/14.

（36）T. Tzvia, central command/intelligence: "Review of Murder Cases in the Com- mand Sector, February–October, 1953," 21 December, 1953, ISA, L/2257/10/m.

（37）キィビヤ作戦命令は次に引用、Zeev Drori, *The Reprisal Attacks Policy in the 1950s: The Military and the Escalation Process*（an MA Dissertation, Tel Aviv University, 1988）, p.

54.

(38) "Jordan's Attitude to the Infiltration," 21 January, 1954, ISA L2257/m/10; グラブ（Glubb）発各警察隊長（Nablus, Jerusalem, and Hebron）宛書簡, 11 February, 1954, NA RG 59, 684A.85/2-2254.

(39) テコア発ハルカビ大佐宛書簡, 22 March, 1956, ISA FO/2404/14.

(40) マパイ党書記局およびクネセットメンバーに対するダヤン（Moshe Dayan）の講演,18 June, 1950, LPA 11-1-3.

(41) Quoted in Drori, *The Reprisal Policy*, p. 54.

(42) たとえば次を参照：Summary of the Government Meeting, 7/314, 19 October, 1953, ISA G/5433/1400/g.

(43) Moshe Dayan, *Milestones*（ヘブライ語）, Tel Aviv, 1976, pp. 115, 169.

(44) 歩兵師団長報告, 17 April, 1953, IDFA 63/55/35.

(45) 講演におけるダヤン（Moshe Dayan）の発言: "Diplomacy and Security, 1953–1957," 7 November, 1963.

(46) Sholomo Aharonson and Dan Horowitz, "The Strategy of Controlled Retaliation－The Israeli Experience," *State & Government*, Vol. 1, No. 1, 1971, pp.77–84; Earl Berger, *The Covenant and the Sword*, London, 1965, p. 96; Fred Khouri, "The Policy of Retaliation in Arab-Israeli Relations," *Middle East Journal*, Vol. 20, No. 4, Autumn 1996, p. 438.

(47) David Tal, "The Retaliation Attacks: From Current Security Tool to an Instrument of Basic Security," in Moti Golani, *Black Arrow*, Tel Aviv, 1994, pp. 72–73.

(48) Tal, "The Retaliation Attacks," p. 73.

(49) Hagai Eshed, *Who Gave the Order?* Jerusalem, 1979, pp. 17–32; Moshe Sharett, *Personal Diary*, Tel Aviv, 1978, Vol. 2, pp. 689, 697, vol. 3, p. 800.

(50) Keith Kyle, Suez, London, 1991, p.64; Kenneth Love, *Suez: The Twice Fought War*, London, 1969, p. 83; Michael Oren, *The Origins of the Second Arab-Israeli War* London: Frank Cass, 1992, pp. 7–8.

(51) Sharett, *Personal Diary*, 3, p. 800, entry for 27 February, 1955; BGD, entry for 3 March, 1955; IDF Operational Activity 1955–1956（1）, Archives of IDF History Department, 56/27.

(52) Sharett, *Personal Diary*, 3, p. 742, entry for 20 February, 1955.

(53) Sharett, *Personal Diary*, 3, p.816, entry for 6 March, 1955; 国務長官宛駐イスラエル米大使の電報, 4 March, 1955, NA RG 59, 674/84A/3-455.

(54) 国務長官宛駐カイロ米大使の電報, 1 March, 1955, NA RG 59, 674/84A/3-155;エジプト軍士官学校卒業生に対するナセル大統領の訓示, 3 March, 1955, NA RG 84, CE-GR b/263; Muhamed H. Heikel, *Cutting the Lion's Tail: Suez through Egyptian Eyes*, London, 1986, pp. 66–67.

(55) 外相宛テコア（Y. Tekoa）の覚書, 12, March, 1955, ISA, FO/2951/3.

(56) Benny Morris, *Israel's Border Wars, 1949–1956*, Oxford, 1993, p. 332; Avi Shlaim, "Conflicting Approaches to Israel's Relations with the Arabs: Ben-Gurion and Sharett, 1953–1956," *MEJ*, Vol. 37, No. 2, Spring 1983, p. 189.

(57) 本件は次の研究書で詳しく検討されている、David Tal, "Ben-Gurion, Sharett and Dayan: Confrontation over the Issue of Preemptive War, 1955," *Cathedra*, No. 81, September 1996, pp. 109–122.

(58) 脚注38を参照.

(59) Rami Ginat, *The Soviet Union and Egypt*, London: Frank Cass, 1993, pp. 207–219.

(60) ベングリオンはいくつかの機会に懸念を表明した。次を参照： Oct. 27 1949–*Army and Security*, Tel Aviv: Ma'archot, 1955, p. 138; on Oct. 18 1951－*ibid*, pp. 289–290. 次も参照：Sharett, Personal Diary, 4: 958, entry for 24 April, 1955; ベングリオンは1956年1月5日開催の執行委員会－労組会議における演説でも懸念を述べた、*Ma'arechet Sinai*, pp. 54–55.
(61) From Cairo to the secretary of state, 27 November, 1955, NA, 674.84A/ 11-2755.
(62) Dayan, *Milestones*, p. 175.

[第４章 脚注]
(１) たとえば次を参照：K. Kyle, *Suez*, London: St. Martin's Press 1991; M. Bar-On, *The Gates of Gaza*, London: Palgrave Macmillan, 1994; M. Golani, *Israel in a Search of a War*, Brighton: Sussex Academic Press, 1998.
(２) D. Tolkovsky, *Operation Kadesh: The Air Force Final Report*, November 1957 (Hebrew), Israel Air Force History Branch Archive.
(３) *Ibid.*
(４) 参謀総長戦時日誌 (CoSD), IDF Archives (IDFA), 1956年10月31日付ダヤン宛ネーマン報告; "Minutes with the French Held on 1 November 1956," CoSD.
(５) *Ibid.*, 1956年10月29日付駐イ英大使ニコルス (J. Nicholls) 発本省宛報告, No. 567, 29 October, 1956, PRO, FO371/121782.
(６) ネーマンに対するダヤンの指示、次に引用.Daya to Ne'eman in CoSD, 30 October, 1956.
(７) ダヤン宛ネーマン報告.Ne'eman to Dayan, CoSD, 31 October, 1956.
(８) J. Ne'eman, "Connection with the British and the French during Sinai Campaign," (シナイ作戦時における英仏との関係、ヘブライ語) *Marachot*, 306–307, 1986 p. 36 ; CoSD, 2–6 November 1956; Tolkovsky 1957, *ibid.*
(９) CoSD, 30 October, 1956.
(10) *Ibid.*, 31 October, 1956.
(11) *Ibid.*, フランス側との協議々事録 1 November 1956," IDFA 532/73/179.
(12) カイル (K. Kyle) に対する筆者のインタビュー K. Kyle, London, 10 December 1991; 次も参照：Kyle 1991, p. 372.
(13) Report of Bomber Wing, Cyprus (在キプロス爆撃機隊報告), on Operation Musketeer, PRO, AIR20/9967.
(14) 秘密情報の区分はイスラエルだけの問題ではなかった。カイトリー (General Keightly CNC Operation Musketeer) とロンドンの軍首脳との連絡を参照: chiefs of staff to Keightly, 30 October, 1956, PRO, AIR8/1490; Keightly to chiefs of staff, 30 October, 1956, PRO, AIR8/2111.
(15) *ibid.*, 脚注12を参照; Kyle 1991, pp. 372–375.
(16) *Ibid.*, p. 374.
(17) CoSD, 31 October, 1956.
(18) *Ibid.*
(19) *Ibid.* マスケット銃兵作戦策定にまつわる不透明性に関しては次を参照：M. Golani, *There Will Be War Next Summer . . . , The Road to the Sinai War, 1955–1956*, Marachot, Tel Aviv, 1997, Chapter 20 (Hebrew).
(20) Golani, 1997, Chapters 29–33.
(21) Tolkovsky, 1957, *ibid.*;ツァブタ－共同の意－報告 "Tzavta Report" (ヘブライ語), 駐イ仏空軍部隊との連絡将校エルダール大佐 (Col. N. Eldar) 作成. November 1956, Israel air force branch Archive, File 15.

(22) CoSD, 30–31 October, 1956; 駐イスラエル仏空軍代表団運用担当将校（Lt.-Col Souvier）報告. Service Historique de L'Arme'e de L'Air（SHAA）, Paris, C2496; 駐イ仏代表団戦時日誌, *ibid.*, G5255/Y2.

(23) Tolkovsky 1957; "Tzavta Report" 1956; author's interview with Gen.（当時中佐） Souvierに対する筆者のインタビュー, Paris, 18 April, 1991.

(24) CoSD, 20 October, 1956; フランス海軍の内部報告（当時未回覧）: M. Masson, *La Crise de Suez,* Marine Nationale, Service Historique, Vin- cennes, 1966, pp. 118–120.

(25) CoSD, 29 October, 1956; Masson, 1966, p. 120.

(26) CoSD, 29 October, 1956.

(27) Masson, 1966, pp. 120–121.

(28) CoSD, 1 November, 1956.

(29) CoSD, 1 November, 1956; Masson, 1966, p. 121.

(30) CoSD, 29 October, 1956; A. Beaufre, *The Suez Expedition 1956*, London, 1969, pp. 64, 74, 79–80.

(31) キプロス発ダヤン宛ネーマン報告, CoSD, 31 October, 1956.

(32) CoSD, 2 November, 1956.

(33) 当時ベングリオンは病床にあり日記未記載のため、CoSDの資料に基づく。

(34) CoSD, 3 November, 1956; 当時の仏陸軍の状況に関する全般的記述は次を参照: "Rapport sur L'operation d'Egypt," Force A, Juliet-D'ecembre 1956, SHAA, C2307.

(35) CoSD, 3 November, 1956.

(36) IDF General Staff Branch, "War Diary," operative order "Advance to the Canal and Deployment,"（運河進出と部隊展開に関する作戦命令） 3 November, 1956, IDFA; DoSD, 3 November, 1956.

(37) *Ibid.*

(38) *Ibid.*

(39) Final report by Air Marshal D. Barnett, the Musketeer aerial task force commander（マスケット銃兵作戦空軍部隊指揮官の最終報告）, 27 November, 1956, PRO, ADM116/6133.

(40) CoSD, 3 November, 1956; *Moshe Dayan, Yoman maarekhet Sinai*（Diary of the Sinai Campaign）, Tel Aviv: Am ha-sefer, 1965, pp.142–144; スエズ運河地帯における仏イ協力の可能性に関する議論は次に記載. M. Bar- On, *Etgar Vetigra*（Challenge and Quarrel）, *Bear Sieva*, 1991,（Hebrew）, pp. 318–320.

(41) CoSD, 4 November, 1956.

(42) シナイ作戦における英側の役割に関する背景, Golani, 1998（脚注1.を参照）.

(43) *Ibid.*; 国際社会の動きに関しては、アバ・エバン大使の報告を参照. Aba Eban, "The Political Campaign in the UN and the U.S. following the Sinai Operation, October 1956–March 1957," Washington, June 1957, Ben-Gurion Archive at Sde Boker, Israel（BGA）; 次も参照: Bar-On, 1991, pp. 321–325.

(44) CoSD, 4 November, 1956.

(45) Kyle 1991, pp. 238–240.

(46) ニコルス駐イスラエル大使と英外務省（ローガン）との交信および英外務省レバント（東地中海域）担当部長ロス（Ross）の最終報告、Foreign Office, PRO, F0371/121696, 3 November, 1956; background material for Foreign Office responses to questions in Parliament, PRO, F0371/121706.

(47) たとえば次を参照: "Military Intelligence about the Enemy," PRO, AIR20/9677, 30

October, 1956.
(48) CoSD, 2 November, 1956; report by chief of naval intelligence to the admiralty（海軍本部宛海軍情報部長報告）. 30 October, 1956, PRO, ADM/205/19.本件に関しては、仏空軍戦史部長の記述も参照, L. Robineau, "Les Port-a-faux de L'affaire de Suez," *Revue Historique des Armm'ees, 4*, 1986, pp. 44–46.
(49) CoSD, 28–29 October, 1956.
(50) Bar-On 1991, p.320; Barnett's final report（脚注35を参照）; "Tzavta Report," 1956.
(51) Daily report by the Musketeer aerial task force HQ, 4 November, 1956, PRO, AIR/9675; Tolkovsky 1957.
(52) Daily report by the Musketeer aerial task force HQ, 3 November, 1956, *ibid.*
(53) CoSD, 30 October, 4 November, 1956. 闘牛士作戦（Operation Toreador）に関しては次を参照：PRO, ADM116/6103 vol. VII in ten-volume report by the Royal Navy; Masson, 1966, pp. 121–124; M. Dayan, *Story of My Life*, Jerusalem, 1976, p. 307.
(54) Report to the admiralty and commander, Mediterranean theatre, PRO, ADM205/141, 6 November, 1956.

[第５章 脚注]
（１）次を参照：Y. Rabin, *Service File*（ヘブライ語）, Tel Aviv, 1979, pp.119–125; H. Bartov, Daddo（ヘブライ語）, Tel Aviv, 1978, pp. 106–113.
（２）この地域の水紛争に関しては次を参照：A. Sofer, *Rivers of Fire: The Battle over the Water in the Middle East*（ヘブライ語）, Tel Aviv, 1992.
（３）次を参照：A. Even, *Life Chapters*（自叙伝、ヘブライ語）, Tel Aviv, 1978, p. 186.
（４）次を参照：H. P. Frischwasser-Raanan, *The Frontiers of a Nation*, London, 1955, pp. 87, 91, 130–139
（５）紛争解決に向けたイスラエル・シリア間の接触は、その初期段階でシリア側は「キネレット湖、フーラ湖、ヨルダン川の湖水および河川は中央に線を引き、これを国境線にすべきである」と主張した。次を参照：Husni Zaim's peace initiative, in I. Rabinovich, *The Road Not Taken: Early Arab-Israeli Negotiations*（ヘブライ語）, Keter, Jerusalem, 1991, pp.60–97. 次も参照：Syrian President Adib Shishakli's position, FRUS 1952–1954, Vol. 9, pp.1042–1044. イスラエル・シリア平和協定の成立を目指したビル・クリントン大統領の仲介工作（1999－2000）は、シリアが「イスラエルはこの国際国境線の西方へ撤退」と「キネレット湖の北東岸域はシリア側による確保」を頑として譲らず、失敗した。
（６）イスラエル・シリア休戦協定については次を参照：A. Shalev, *Cooperation under the Shadow of Conflict*（ヘブライ語）, Tel Aviv, 1989, pp. 15–146.
（７）イスラエルとの水紛争に関するアラブの立場については、次の綿密かつ総合的な調査がある。M. Shemesh, "The Arab Battle with Israel over Water," *Studies in the Establishment of Israel*（ヘブライ語）, 7, 1997, pp. 103–168.
（８）Shalev, *ibid.*, pp.149–184; S. Golan, *Hot Border, Cold War*, Tel Aviv, 2000, pp. 301–334.
（９）1953年10月7日、アイゼンハワー大統領がエリク・ジョンストンを任命した。任務の目的は、ダレス国務長官の10月13日付書簡に概括してある。第１、ヨルダン川流域の水の配分使用に関して、レバノン、シリア、ヨルダンおよびイスラエル間の合意を取り付ける。第２、エルサレムの国際化について、国務省が本件の討議を決心した場合、イスラエルとヨルダン間の合意を取り付ける、である。*FRUS, 1952–1954*, Vol. 9, pp. 1345–1348. On the Arab response to the Johnston plan, 次も参照：Shemesh, *ibid.*, pp. 103–114; A. Rabinovich, "The Battle over the

Jordan River Waters as a Component in the Israeli-Arab Conflict," in A. Shmueli, A. Sofer, N. Cliot（eds）, *Lands of Galilee*（ヘブライ語）, Ministry of Defense and Haifa University, 1983, pp. 863–868.

（10）イスラエル・エジプト関係の緊張の高まり（1955年）に関しては次を参照：M. Bar-On, *The Gates of Gaza*, New York, 1994. この時期における中東の全体的状況に関しては次を参照：M. Shemesh, "The Kadesh Operation and the Suez Campaign: The Political Background in the Middle East 1949–1956," *Studies in the Establishment of Israel*（ヘブライ語）, 4, 1994, pp. 66–97.

（11）*Helsinki Rules on the Uses of the Waters of International Rivers,* The International Law Association, London, 1966, p. 3.

（12）Shemesh, *The Arab Battle over the Water*, pp. 138–139.

（13）全国配水計画の実施については次を参照：E. Kalee, *The Struggle for the Water*, Tel Aviv, 1965, pp. 7–107. 最も総合的な研究として次の論文がある。S. Blass, *Waters of Conflict and Enterprise*（ヘブライ語）, Ramat Gan, 1973.

（14）次の報告を参照 Ha'aretz, June 12, 1964, "The Conduit Waters Reached Rosh Ha'ayin."

（15）Shemesh, *The Arab Battle over the Water*, pp. 164–166.

（16）Rabinovich, *ibid.*; M. Kerr, *The Arab Cold War*, Oxford, 1967; P. Seale, The Struggle for Syria, London, 1964.

（17）モシェ・ダヤン少将（予備役）は総選挙後農業相に任命されたが、その選挙前夜、新政権はアラブの同意不同意の如何に関係なくヨルダン川の水を利用しネゲブ砂漠に導水する、と述べた。（*Ha'aretz*, October 5, 1959）.さらに別の機会には「アラブ側が協力しなければ…我々は実力で水を確保する」と言った。（*Ha'aretz*, October 17, 1959）. エシュコル財務相は「ヨルダン川分水計画は最優先課題になっている」と発表した。（*Ha'aretz*, November 19, 1959）。

（18）Shemesh, *The Arab Battle over Water*, pp. 133–134.

（19）Shemesh, *ibid.*, pp. 129–141.

（20）Shemesh, *ibid.*, pp.149–151; A. Gluska, *Israel's Army Command and Political Leadership in the Face of the Security Problems, 1963–1967*（ヘブライ語論文）, The Hebrew University, Jerusalem, 2000, pp. 64–69.

（21）El-Ahram, March 19, 1965.

（22）Shemesh, *ibid.*, pp. 144–146.

（23）Shemesh, *ibid.*, pp. 164–166.

（24）*Ibid.*, pp. 148–164; Gluska, *ibid.*, pp. 70–84.

（25）Ha'aretz, January 2, 1965.

（26）M. Dayan, "Diverting the Jordan Sources," *Ha'aretz*, January 29, 1965.

（27）Gluska, *ibid.*

（28）*Ma'ariv*, January 17, 1965; *Yediot Aharonot*, March 5, 1965.

（29）*Yediot Aharonot*, April 9, 1965.

（30）A. Cohen, *Israel and the Bomb*, Shoken, Tel Aviv, 2000, pp. 276–281. 2年に及ぶ調査の結果この構想は経済上引き合わないとして、お蔵入りになった。

（31）Rabin, *Service File*, a, p. 124.

（32）Shemesh, *ibid.*, pp. 151–156. Golan, *ibid.*, pp. 857–858. Gluska, *ibid.*, pp. 78–80.

（33）Shemesh, *ibid.*, p.158. By "our primary goal," Nasser meant the elimination of the State of Israel.

(34) Gluska, *ibid.*, pp. 80–83.
(35) Shemesh, *ibid.*, pp. 161–163.
(36) Shemesh, *ibid.*, pp. 137–138.
(37) アラブ世界における当時の国家間関係と対立については次を参照：M. Kerr, *The Arab Cold War 1958–1967*, Oxford University Press, 1967.
(38) シリアの新政権は“医師の内閣”と称された。主要閣僚３名がアルジェリア民族解放戦線で義勇兵として反仏独立闘争（1962年独立）に参加した経験を持つ。アタシ博士（Dr. Nur al-Din al-Atasi）が大統領，ズアイン博士（Dr. Yusuf Zuein）が首相、そしてマフース博士（Dr. Ibrahim Mahus）は外相になった。しかし実権は軍人が握っていた。すなわちジャディド国防相（Tzalah Jadid），アサド空軍司令官（Hafez Asad），およびスウィダニ参謀総長（Muhammad Swidani）の３名がとくに実力者であった。次を参照：P. Seale, *Asad of Syria*（ヘブライ語版），Maarakhot, Tel Aviv, 1993, pp. 110–147.
(39) Gluska, *ibid.*, pp. 85–150.
(40) A. Cohen, *Defending Water Resources*（Hebrew），Tel Aviv, 1992, pp. 139–148.
(41) ハマショールド国連事務総長の調停により、イスラエルは1956年に境界域の緊張緩和の一環として、シリア側が支配するキネレット湖北東岸水域に哨戒艇を接近させないことで同意した。Bar-On, *ibid.*, p. 154.
(42) 本件に関しては、背景、地図、スケッチ、参謀本部調査を含め詳細な報告がある。次を参照：IDF Archive files 192/74/1378 and 192/74/1390. 次も参照：A. Cohen, *ibid.*, pp. 149–156; E. Weitzman, *Yours Is the Sky, Yours Is the Earth*（ヘブライ語），Tel Aviv, 1975, pp. 252–253.
(43) Gluska, *ibid.*, p. 139.44. 六日戦争へ至る事態のエスカレーションに関しては次を参照：*ibid.*, pp. 153–291.

［第７章 脚注］
(1) スエズ運河地帯の衝突は、1967年7月以降、日常的に発生していた。1968年9月および10月、エジプトは運河正面で大砲撃戦を展開し、イスラエル兵77人（うち25人死亡）を殺傷した。反撃したイスラエルはナイル河谷へコマンド隊を送りこんで、橋梁や変電所を破壊した。1968年11月から1969年2月まで、運河地帯は軍事的には小康状態にあった。エジプトが荒らされた国内の修復に忙しく、イスラエルはこの小康状態を利用して、運河沿いの拠点築城に努めた。そこは（当時の参謀総長名をとって）バーレブラインと呼ばれた。大々的な砲撃戦が1969年3月初旬に再び始まった。エジプトは1969年4月末から5月初旬にかけて、停戦離脱を宣言した。6日戦争を終結させたあの停戦である。その後猛烈な“消耗戦争”が1970年8月まで続いた。
(2) 消耗戦争でイスラエルは航空機14機を喪失した。そのうち5機は1970年6～8月の損害である。
(3) 1969年末に出されたロジャーズ計画（Rogers Plan）は、（エジプトおよびヨルダン両正面に対して）別々の要素で構成されている。いずれも直接交渉による解決を迂回したアラブとイスラエル間の紛争解決案で、イスラエルが1967年6月以前の線へ撤退することを基本とする。一方、この提案はエジプトの期待よりはずっと小さく、ナセル大統領の個人的重みを加味していなかったが、全正面からの撤退を直接交渉なしでイスラエルにのませる内容で、イスラエルはこれを災難と考えた（ゴルダ・メイヤー首相は、この計画の受諾は反逆罪に等しいと述べた）。

一方、1970年6～7月に出されたロジャーズ提案（Rogers Initiative）は、内容よりは手続きに重点を置き、限定的停戦の確立を中心として交渉を求めた（注：90日間の停戦期間中にヤリング特使の仲介による間接交渉を行なう案）。一方、この交渉に対する委任事項は、イスラエ

ルには受け入れがたいものであった（1967年に成立した挙国一致内閣からメナヘム・ベギン率いるガハル党の離脱を引き起こした）。しかし一方では、大統領がイスラエルに「アメリカは1967年前の線へ撤退するよう圧力をかけることはない」「最終的な境界は当事諸国間の交渉で決める」「正義にもとづく恒久平和が確立するまで、イスラエル軍は1兵たりとも占領地から撤退しない」と確約した。

[第８章 ヨムプール戦争関連参考資料]

Bar-Joseph, Uri, *The Watchman Fell Asleep－The Surprise of Yom Kippur and Its Sources*, Zmora-Bitan, 2001.

Bartov, Chanoch, Dado－*48 years and 20 more days－An Enlarged and Illustrated* Edition, Dvir, 2002.

Braun, Aryeh, *Moshe Dayan and the Yom Kippur War*, Idanim, 1993.

Cordova, Yishai, "The Political Background to the American Airlift in the Yom KippurWar," *Maarachot*, 256, 1977.

Cordova, Yishai, "The Soviet Nuclear Threat at the Height of the Six Day War,"*Maarachot*, 266, 1978.

Cordova, Yishai, "The USA Stance on a Pre-Emptive Strike" *Maarachot*, 276, 1980.

Cordova, Yishai, "The American Effort for a Ceasefire during the First Week of the Yom Kippur War," *Maarachot*, 289, 1983.

Cordova, Yishai, *American Policy in the Yom Kippur War*, Ministry of DefensePublications, 1987.

Dayan, Moshe, *The Story of My Life*, Iydanim, 1976.

Golan, Shimon, "12th October 1973－The Stance of the Chief of Staff and the Political Level towards the Ceasefire and Crossing the Suez Canal," *Maarachot*, 327, 1992.

Golan, Shimon, "Army as Instrument in Foreign Policy: Egypt in the Yom Kippur War," *Maarachot*, 338, Oct-Nov, 1994.

Greenberg, Mattie（Editor）, *Beoz Rucham*, IDF Manpower Division/Ministry of Defense Publications, 1998.

Kahalani, Avigdor, *Oz 77*, Shoken, 1975.

Meier, Golda, *My Life*, Maariv Library, 1975.

Meier, Shmuel, "Nuclear Stand-by October 24－An Intelligence Failure," *Maarachot* 289, 1983.

Nakdimon, Shlomo, *Slight Possibility*, Revivim, 1982.

Oren, Elchanan, "The Yom Kippur War," in Bennie Michelson, Avraham Zohar, andEffie Meltzer, *The Struggle for Israel's Security*, Kal Press, 1999.

Pail, Meier, "The Yom Kippur War－A Historical Look at a Strategic Level,"*Maarachot*, 276, 1980.

Sadat, Anwar, *The Story of My Life*, Iydanim, 1978.

Shai, Avi, "The Yom Kippur War as Seen by the Egyptians," *Maarachot*, 245, 1975.

Shai, Avi, "Egypt Facing the Yom Kippur War－The War's Targets and the Plan of Attack," *Maarachot*, 250, July 1976.

Shazli, Farik Sa'ad Adin, *Crossing the Canal, Recollections of the Egyptian C-in-C during the Yom Kippur War*, Maarachot, Ministry of Defense Publications,1987.

Shiff Zeev, *An Earthquake in October*, Zmora, Bitan, Modan, 1975.

Zeira Elie, *The October 73 War－Myth against Reality*, Yediot Achronot, 1993.

Handel, Michael, *Perception, Deception, and Surprise－the Case of Yom Kippur War*, the Hebrew University, Jerusalem, 1976.
Heikal, Mohamed, *The Road to Ramadan*, Collins, London, 1975.
Herzog, Chaim, *War of Atonement*, Steimatzky, Jerusalem, 1975.
Israelian, Victor, *Inside the Kremlin During the Yom Kippur War*, Park Uni, 1995.
Kissinger, Henry, *Years of Upheaval*, Little, Brown and Company, Boston, Toronto, 1982.
O'balance, Edgar, *No Victory No Vanquished*－the Yom Kippur War, San Rafael,1978.
Quandt, William, *Soviet Policy in Oct 73' War*, Santa Monica, 1976.
（訳注：記載資料は主に1900年代の出版。21世紀の資料として、たとえば次のものがある）
Amir, Amos. *Aish ba'shamayaim（Flames in the Sky）*. Tel Aviv, Defence Ministry, 2000.
Argaman, Josef. *Hiwer Haya Ha-laila（Pale of the Night）*, Tel Aviv, Yediot Aharonot, 2000.
Rabinovich, Abraham, *The Yom Kippur War- The epic encounter that transformed the Middle East*, Random House, 2005（邦訳『ヨムキプール戦争全史』並木書房）
Bar-Joseph, U, *The Intelligence Community in the Yom Kippur War*, Yediot Aharonot, 2008.
Boyne, W.J *The Two O'clock War, The 1973 Yom Kippur Conflict and the Airlift that Saved Israel*, Thomas Dunne Books,2002.
Gordon, S, *Thirty Hours in October*, Maariv, 2008.
Oren, E, *The history of the Yom Kippur War*, IDF History Department, 2004.

［第10章 脚注］

（1）Ze'ev Schiff and Ehud Ya'ari, *Milhemet Sholal*（"イスラエルのレバノン戦争"ヘブライ語）, Tel Aviv: Schoken Publishing House, 1984. 英語版は次を参照：Ze'ev Schiff and Ehud Ya'ari, *Israel's Lebanon War*, New York: Simon and Schuster, 1994.

（2）Mordechai Zipori, *Bekav Yashar*（"In a Straight Line"）, Tel Aviv: Yedi'ot Aharonot, 1997.

（3）Menachem Begin, interview to the Israeli TV, 9, 14 June, 1982. 次も参照：*M'ariv, 11*, 18 June, 1982; Yehushafat Harkabi, *Hachra'ut Goraliyut*（"運命の決断"ヘブライ語）, Tel Aviv: 'Am Oved, 1986, p. 130.

（4）Ha'aretz, 11, 18 June, 1982.

（5）*Ibid*

（6）Ariel Sharon with David Chanoff, *Warrior: The Autobiography of Ariel Sharon*, New York: Simon and Schuster, 2001; see also Yehushafat Harkabi, *Hachra'ut Goraliyut*（"運命の決断"）, pp. 130–136.

（7）メナヘム・ベギンのテレビインタビュー、1982年6月9、14日. 次も参照：*Ma'ariv*, 11, 18 June, 1982.

（8）作戦期間の区切り方については次を参照：Aharon Klieman, "Israel," in Haim Shaked and Daniel Dishon（eds.）, MECS（*Middle East Contemporary Survey*）, Vol. VI（1981–1982）, New York: Holmes and Meier Publishers, 1984, pp.641–650; Schiff and Ya'ari, *Milhemet* Sholal, pp.380–388; Itamar Rabinovich, *The War for Lebanon, 1970–1985*, Ithaca: Cornell University Press, 1985.

（9）Yazid Saigh, *Armed Struggle and the Search for a State: The Palestinians National Movement, 1949–1993*, Oxford: Oxford University Press, 1997; 次も参照：Mar- ius Deeb, *Syria's Terrorist War on Lebanon and the Peace Process*, New York: Pal- grave, 2003, pp. 5–38; Robert G. Rabil, *Embattled Neighbors, Syria, Israel and Lebanon*, Boulder, CO: Lynne Rienner Pub-

lishers, 2003, pp. 5–84.

（10）詳細は次を参照：Farid el Khazen, *The Breakdown of the State in Lebanon, 1967–1976*, London: I. B. Tauris, 2000; Itamar Rabinovich, *The War of Lebanon, 1970–1985*; Marius Deeb, *Syria's Terrorist War on Lebanon and the Peace Process*, New York: Palgrave, 2003; Kamal Salibi, *Cross Roads to Civil War, Lebanon: 1958–1976*, Delmar, New York: Caravan, 1976.

（11）Mordechai Zipory, *Bekav Yashar*, p. 267, Ze'ev Schiff and Ehud Ya'ari, *Milhemet Sholal*, pp.56–57. 次も参照：Robert M. Hatem, *From Israel to Damascus*, New York: Pride International Publications, 1999. Mordechai Zipory, *Bekav Yashar*, p. 268.

（12）Yitzhak Rabin, *Pinkas Sherut*（"Rabin's Memoirs"）, Tel Aviv: Ma'ariv, 1979, pp. 502–507.

（13）*Ibid.*, pp. 502–503.

（14）Moshe Ma'oz, *Syria and Israel, from War to Peace-Making*, Oxford: Oxford University Press, 1995, pp. 144–152.

（15）Mordechai Zipory, *Bekav Yashar*, p. 314; Ze'ev Schiff and Ehud Ya'ari, *Milhemet Sholal*, p. 38; 1982年6月当時イスラエル国防軍情報部長であったエホシュア・サグイ少将との筆者によるインタビュー、1994年4月17日バットヤムにおいて。

（16）Raphael Eytan, Rafol, *Sipuru shel Hayal*（"ラフール：一兵士の物語"、ヘブライ語）, Tel Aviv: Ma'ariv, 1985, p.307. See also Mordechai Zipory, *Bekav Yashar*, p.299; Ze'ev Schieff and *Ehud Ya'ari*, Milhemet Sholal, pp. 110–111.

（17）Aharon Klieman, "Israel," in Haim Shaked and Daniel Dishon（eds.）, *MECS（Middle East Contemporary Survey）*, Vol. VI（1981–1982）, pp.641–650; Ze'ev Schiff and Ehud Ya'arif, *Milhemet Sholal*, pp. 28–31.

（18）Ze'ev Schiff and Ehud Ya'ari, *Milhemet Sholal*, pp. 31–32.

（19）*Ibid.*, pp. 11–13.

（20）Raphael Eytan, Rafol, p. 310; Ze'ev Schiff and Ehud Ya'arif, *Milhemet Sholal*, pp. 28–31.

（21）Mordechai Zipori, *Bekav Yashar*, p. 314; Ze'ev Schiff and Ehud Ya'ari, *Milhemet Sholal*, p. 38; 前出サグイ少将インタビュー。

（22）*Ha'aretz*, 7, 8 June, 1982.

（23）Mordechai Zipori, *Bekav Yashar*, p. 279.

（24）*Ha'aretz*, 9 June, 1982.

（25）Richard B. Parker, *The Politics of Miscalculation in the Middle East*, Blooming- ton: Indiana University Press, 1993, pp.167–178; 次も参照： Mordechai Zipori, *Bekav Yashar*, p. 266; Ze'ev Schiff and Ehud Ya'ari, *Milhemet Sholal*, p. 183.

（26）Mordechai Zipori, *Bekav Yashar*, p.297;当時北部軍管区司令官であったアミール・ドロリ少将との筆者によるインタビュー、1997年6月7日テルアヴィヴにおいて。

（27）Al-Nahar（Beirut）, 24, 25 August, 1982.

（28）*Ha'aretz*, 15 September, 1982; see also Raphael Eytan, *Rafol*, pp. 218–220.

（29）See Ze'ev Schiff and Ehud Ya'arif, *Milhemet Sholal*, pp. 289–291.

（30）Moshe Sharet, *Yoman Ishi*（シャレット日記、ヘブライ語）, Tel Aviv: Ma'ariv, 1978, Vol. 8,pp. 2397–2400. 次も参照：Eyal Zisser, "The Maronites, Lebanon and the State of Israel: Early Contacts," *Middle Eastern Studies*, Vol. 31, No. 4（October 1995） pp. 889–918.

（31）Aharon Klieman, "Israel," in Haim Shaked and Daniel Dishon（eds.）, *MECS（Middle East Contemporary Survey）*, Vol. VI（1981–1982）, pp. 641–650.

（32）詳しくは次を参照：Eyal Zisser, "Is Any One Afraid of Israel?" *MEQ（Middle East Quarterly）*, Vol. VIII, No. 2（Spring 2001）, pp. 3–11; "The Return of Hizballah," *MEQ*, Vol.

IX, No. 4（Fall 2002）, pp. 3–11.

（33）Ze'ev Schiff and Ehud Ya'ari, *Milhemet Sholal*, p. 380.

（34）*Ha'aretz*, 17 June, 2001.

（35）See 'Uzi Benziman, *Emet Dibarti*（"私は真実を話した"、ヘブライ語）, Jerusalem: Keter, 2002; 次も参照： 'Uzi Benziman, *Sharon, an Israeli Ceasar*, New York: Adama books, 1985.

（36）次も参照、Mustafa Talas, *Al-Ghazw al-Israeli liLubnan*（"イスラエルのレバノン侵攻"、アラビア語）, Damascus: Mu' assisat Tishrin lilSahafa wal-Nashr, 1983; Eyal Zisser, *Asad's Legacy: Syria in Transition*, New York: New York University Press, 2000, pp. 11–23.

（37）Fouad Ajami, *The Vanished Imam, Musa al-Sadr and the Shia in Lebanon*,Ithaca: Cornell University Press, 1984.

（38）Magnus Ranstrop, *Hizballah in Lebanon, the Politics of the Western Hostage Crisis*, New York: St. Martin's Press, 1997; Hala Jaber, *Hezbollah, Born with a Vengeance*, New York: Columbia University Press, 1992.

（39）Anita Shapira, "Politics and Collective Memory: The Debate over the New Historians in Israel," pp.9–40; Baruch Kimmerling, "Academic History Caught in the Cross-Fire: The Case of Israeli-Jewish Historiography," pp.41–65; Ilan Pappe, "Cri- tique and Agenda: The Post-Zionist Scholars in Israel," pp.66–90, History and Mem- ory, Vol. 7, No. 1（Spring/Summer 1995）.

[第11章 参考資料]

Benvenisti, Meron, *Fatal Embrace: Intifada, the Gulf War*, the Peace Process（Hebrew）, Jerusalem: Keter, 1992.

Gilbar, Gad, and Susser, Asher（eds.）, At the Core of the Conflict: The Intifada（Hebrew）, Tel Aviv: Tel Aviv University, 1992.

Hilterman, Joost R., *Behind the Intifada: Labor and Women's Movements in the Occupied Territories*, Princeton, NJ: Princeton University Press, 1991.

Hunter, F. Robert, *The Palestinian Uprising: A War by Other Means*, Berkeley: University of California Press, 1991.

Mishal, Shaul, and Aharoni, Reuben, *Speaking Stones: Communiques from the Intifada Underground*, Syracuse: Syracuse University Press, 1994.

Shalev, Aryeh, *The Intifada: Causes and Effects*（Hebrew）, Tel Aviv: Papyrus Publishing House, Tel Aviv University, 1990.

Sheef, Zeev, and Ya'ari, Ehud, *Intifada*（Hebrew）, Tel Aviv and Jerusalem: Schocken Publishing House, 1990.

Swirski, Shlomo, and Pappe, Ilan（eds.）, *The Intifada: An Inside View*（Hebrew）, Tel Aviv: Mifras Books, 1992.

モルデハイ・バルオン（Mordechai Bar-On）
ベンツビ（第2代大統領）研究所幹事、ワシントン平和研究所及びベングリオンセンターの各主任研究員、ピースナウ運動指導者。シナイ戦争時ダヤン参謀総長副官、国防軍教育総監、国会議員等の要職を歴任。主要著書『平和を求めて―イスラエル平和運動史』、『ガザの門―スエズへの往復路』。

滝川義人（たきがわ・よしと）
ユダヤ、中東軍事紛争の研究者。イスラエル大使館前チーフインフォメーションオフィサー。長崎県諫早市出身、早稲田大第一文学部卒業。主要著書に『ユダヤ解読のキーワード』、『ユダヤを知る事典」など。訳書にヘルツォーク著『図解中東戦争』、米軍公刊戦史『湾岸戦争』、オローリン編『地政学事典』、ヴィストリヒ編『ナチス時代ドイツ人名事典』、『イスラエル式テロ対処マニュアル』、ブライアン・リッグ著『ナチからの脱出』、アブラハム・ラビノビッチ著『ヨムキプール戦争全史』、M・オレン著『第３次中東戦争全史』など。

イスラエル軍事史
―終わりなき紛争の全貌―

2017年２月10日　印刷
2017年２月20日　発行

編著者　モルデハイ・バルオン
訳　者　滝川義人
発行者　奈須田若仁
発行所　並木書房
〒104-0061東京都中央区銀座1-4-6
電話(03)3561-7062　fax(03)3561-7097
http://www.namiki-shobo.co.jp
印刷製本　モリモト印刷
ISBN978-4-89063-347-0